高等职业教育人文素质教育系列教材
国家精品在线课程配套教材

职场沟通与写作训练教程

第 2 版

主　编　宋卫泽　彭　彤
副主编　崔　爽　陈志平
参　编　薛　宁　陈姗姗　李清园

机械工业出版社

本书是国家精品在线课《轻松玩转职场——职场沟通与写作技巧》配套教材，是针对高职高专学生编写的职场沟通技能和写作训练教程。编者打破了惯常的编写模式，设计了一系列生活和职场中必须面对的口头与书面沟通的情境，设定了7个学习情境：学习日常文书、训练演讲口才、学好科研文书、进行求职面试、参加商务活动、介绍说明产品、撰写计划总结，共33个教学任务，引导学生完成各项任务目标，逐步解除紧张心理，尝试有效的人际沟通，掌握演讲、辩论、推销等口语表达技巧；并能选择恰当的方式，完成求职信、工作简历、市场调查、策划文书、工作总结、广告文案等应用文书写作，切实培养并提高学生的沟通水平和写作水平。

本书在超星学习通上，建设有示范教学包"职场沟通与写作训练教程（机工版）"，提供课件、微课、讨论、试题等丰富的教学资源，使用本书的教师可通过超星学习通 APP，一键引用示范教学包，开展混合式教学。

本书配备了微课视频、电子课件、测试题等数字资源，通过扫描书中二维码即可进行观看，是立体化的新形态教材。

本书配有电子课件和相关的文本资料，凡使用本书作为教材的教师可登录机械工业出版社教育服务网 www.cmpedu.com 下载。咨询电话：010-88379375。

本书内容通俗易懂、循序渐进，既可以作为大专、高职院校口才与写作类课程的通用教材，也可以作为普通读者自我学习和训练的参考用书。

图书在版编目（CIP）数据

职场沟通与写作训练教程／宋卫泽，彭彤主编. —2 版
—北京：机械工业出版社，2020.8（2023.8 重印）
高等职业教育人文素质教育系列教材
ISBN 978 - 7 - 111 - 66051 - 4

Ⅰ.①职… Ⅱ.①宋… ②彭… Ⅲ.①人际关系学-高等职业教育-教材 ②汉语-写作-高等职业教育-教材
Ⅳ.①C912.11 ②H15

中国版本图书馆 CIP 数据核字（2020）第 120950 号

机械工业出版社（北京市百万庄大街 22 号　邮政编码 100037）
策划编辑：杨晓昱　　　　　　　责任编辑：杨晓昱　刘益汛
责任校对：张玉静　张晓蓉　　　封面设计：马精明
责任印制：刘　嫒
涿州市京南印刷厂印刷
2023 年 8 月第 2 版第 10 次印刷
184mm×260mm · 21.5 印张 · 556 千字
标准书号：ISBN 978 - 7 - 111 - 66051 - 4
定价：65.00 元

电话服务　　　　　　　　　　　网络服务
客服电话：010 - 88361066　　机　工　官　网：www.cmpbook.com
　　　　　010 - 88379833　　机　工　官　博：weibo.com/cmp1952
　　　　　010 - 68326294　　金　书　网：www.golden-book.com
封底无防伪标均为盗版　　　机工教育服务网：www.cmpedu.com

前　言 //

　　新时代高等职业教育肩负服务学生发展、促进学生就业的社会责任，更加注重学生职业核心能力的培养，更加重视学生个人职业发展和社会适应能力的提升。语言表达与沟通不仅仅是学生进行人际交往与适应社会生活的必备能力，更是学生职业发展的关键素养与核心能力。为落实教育部《高职高专教育基础课程教学基本要求》，编者依据高职院校人才培养目标、人才培养规格及课程标准，结合高职学生的学情，在原有教材的基础上，参考应用写作与口语表达相关教材，组织编写了本书。

　　本书以培养学生表达与沟通能力为目标，突出学做一体，理论联系实际，创设职业情境，强化技能训练，具有如下特色。

　　1. 落实立德树人。本书在学习情境的任务中，融入理想信念教育、中华优秀传统文化教育、社会主义核心价值观教育、革命文化和社会主义法治教育。如在撰写文书教学情境中，以教学案例为载体强化社会主义法治精神教育，引导学生尊法、守法、护法和用法。这些前瞻性的教材内容设计与党的二十大报告中关于铸就社会主义文化新辉煌、推进法治中国建设等重要精神的论述高度契合。

　　2. 内容实用。本书突出了高职基础课教学"实用、适用"的特色，选择高职学生在校学习生活，以及进入职场后使用频率较高的文体组成各部分内容，对学生应知应会的内容，以理解贯通为主，强化训练，重在应用。对写作理论知识不做高深的理论阐述，注重通俗易懂，简洁明了，注重培养学生的综合素质，服务于口语表达与写作实践。

　　3. 体例新颖。在体例结构上，本书打破传统教材的结构体系，与企业专业人士密切合作，以企业真实的工作任务为载体，模拟职场情境来设计教学，各情境由情境导入、任务描述、知识平台、案例分析、拓展延伸、实践演练等部分组成，与专业学习相结合，以学生职业素养提高为目的，精心设计每部分的内容，既独立成篇又紧密结合，各部分相互之间构成有机整体。

　　4. 资源丰富。以纸质教材为核心，结合国家精品在线课《轻松玩转职场——职场沟通与写作技巧》的信息化资源，如微课、动画、图片、音频等进行教学。通过移动互联网，将数字化资源与纸质教材相融合，实现了由纸质平面教材到立体化新形态教材的转型。

　　5. 实训扎实。本书强化基本功训练，各情境任务内容重点放在典型例文分析和综合实训内容的设计上，每个学习情境都按照由浅入深、情景模拟的原则，精心设计实训内容，并编写学习任务活动活页手册配合教学，对学生进行口语表达和应用写作训练，注重培养学生职业人的角色意识，提高学生分析问题、解决问题的能力。

　　本书由宋卫泽、彭彤老师任主编，崔爽、陈志平老师任副主编，薛宁、陈姗姗、李清园老师参加编写。宋卫泽老师编写了开篇和附录，崔爽老师编写了学习情境一，李清园老师编写了学习情境二，陈志平老师编写了学习情境三，陈姗姗老师编写了学习情境四，彭彤老师编写了学习情境六，薛宁老师编写了学习情境五和学习情境七。全书由宋卫泽老师审定统稿，案例部分由企业专家于娇、关立开审核。

　　在编写过程中，我们参考了一些专家、学者的著作以及其他院校同行编写的同类教材，收集了一些企业的案例，加入哈尔滨职业技术学院韩笑老师的微课和课件，在此致以诚挚的谢意。

　　由于编者水平有限，本书如有疏漏之处，敬请广大读者和专家、同行们批评指正。

编　者

微课二维码索引

序号	章节	微课	页码	序号	章节	微课	页码
1	开篇 任务1 了解什么是沟通	0-1 心与心的交融——沟通初印象	2	6	开篇 任务3 倾听能力训练	0-6 倾听——世界上最美的语言	21
2	开篇 任务1 了解什么是沟通	0-2 高效沟通的万能钥匙——普通话技巧训练	2	7	开篇 任务4 了解沟通对象能力训练	0-7 秀出你的风采——公共场合表达技巧	30
3	开篇 任务1 了解什么是沟通	0-3 让你的表达更清晰——口语表达技巧训练	2	8	学习情境一 任务1 写好书信类文书：请柬	1-1 请柬不"简"——请柬的写作	43
4	开篇 任务1 了解什么是沟通	0-4 无声的沟通——非语言沟通技巧训练	2	9	学习情境一 任务4 写好书信类文书：倡议书	1-2 行动起来，撰写一封倡议书	60
5	开篇 任务2 学习沟通的方式	0-5 走近你，靠近我——有效沟通技巧训练	13	10	学习情境一 任务5 写好书信类文书：电子邮件	1-3 光速传递的网络文书——电子邮件的写作	66

（续）

（续）

课件二维码索引

（续）

序号	章节	课件	页码	序号	章节	课件	页码
11	学习情境一 任务8 撰写条据告启类文书：条据	1-6 最简便的日常应用文书——条据的写作	83	17	学习情境二 任务4 掌握演讲态势语	2-5 手势语告诉你，演讲的魅力所在	120
12	学习情境一 任务9 撰写条据告启类文书：告启文书	1-7 传递与交流的轻骑兵——启事写作	89	18	学习情境三 任务1 完成实习报告	3-1 实习报告的写作	131
13	学习情境二 任务1 完成一篇演讲稿	2-1 巧妇难为无米之炊——精雕细琢演讲稿	95	19	学习情境三 任务2 完成毕业论文	3-2 学术论文与毕业论文	135
14	学习情境二 任务2 进行命题演讲	2-2 不打无准备之仗——命题演讲训练	103	20	学习情境四 任务1 撰写求职信	4-1 撰写求职信的技巧	151
15	学习情境二 任务3 做好即兴演讲	2-3 出口成章——做成功的即兴演讲者	113	21	学习情境四 任务2 制作个人简历	4-2 完成个人简历	161
16	学习情境二 任务4 掌握演讲态势语	2-4 面部表情——演讲中的一架"战斗机"	120	22	学习情境四 任务3 模拟求职面试	4-3 抓住求职成功的契机——求职面试自我介绍训练	171

（续）

目 录 //

沟通是各种职业活动中最富人性化的活动，在职场中无时不在、无处不有。良好的沟通能力可以使职业人准确和恰当地表达自己的思想和感情，进而获得他人的理解和支持，保持良好的人际关系，促进职业活动的顺利开展和自身职业的发展。

任务1 了解什么是沟通

▶ 情境导入

李静是一名刚刚毕业的大学生，在一家公司的企划部工作。她性格开朗热情，和同事的关系比较融洽，而且已经与同事合作完成了好几个项目。但是，不知为何，同一部门的张丽总是处处为难她，还常常在领导面前说李静的坏话。

李静觉得很委屈，怎么也想不出张丽针对她的原因，心想过了这段时间，关系就会缓和，可是没想到张丽变本加厉，常常让李静在同事面前难堪。于是，李静在办公室和张丽大吵了一架，从此两个人成了冤家。如果你是李静，你会怎么做呢？

▶ 任务描述

沟通技巧是职场人士必备的技能之一，在人际交往过程中发现问题时，首先要想到是否因沟通不畅，造成误会，而不要把问题自己藏在心里，胡乱猜测。进入一个公司后，经常会听到这样的声音："我的领导不信任我，做了这么久了，一直都安排我做同样的事情，稍微有一点点差错，领导就大发脾气""某某员工工作不踏实，好高骛远，尤其是最近工作很不在状态"。我们就会问他们："既然已经发现工作中存在了问题，那有没有找当事人沟通一下，想办法去改变现在的状况呢？"答案往往是否定的。到最后，小问题积成了大问题，再想沟通时已无法解决。

人们在工作、学习、生活中都要进行沟通，每个人都要有沟通的能力。沟通的概念、类型，以及怎样达成有效沟通，这些都需要我们去学习了解。

✎ | 知识平台

| 微课 0-1 | 微课 0-2 | 微课 0-3 | 微课 0-4 |
| 课件 0-1 | 课件 0-2 | 课件 0-3 | 课件 0-4 |

沟通是生活经验的积累，沟通能力决定生活品质，沟通也是一门艺术。如何能做到把自己的想法准确地表达出来，让对方理解、接受，甚至是很高兴地接受，这需要用心琢磨、慢慢总结，它需要一个过程。在现实生活中很多人或是缺乏沟通意识，不愿主动沟通；或是缺少沟通技巧，沟而不通。那么，什么是沟通？主动沟通有什么意义？在生活、工作中有时为什么会出现无效沟通？本章将通过对沟通基本知识的介绍，让学习者了解沟通的重要性，明确有效沟通的含义、要素、原则、步骤、方式，以及影响有效沟通的障碍因素，帮助学生养成主动沟通的意识和习惯；通过克服沟通的心理、情绪障碍，学生能有端正、积极、愉悦的心态，为有效沟通做好准备；在沟通过程中，通过解读肢体语言、有效倾听、正确提问等基本技能的学习和训练，提高学生的沟通能力。

一、沟通的概念

汉语中"沟通"一词最早出现在《左传·哀公九年》："秋，吴城邗，沟通江淮。"杜预注："于邗江筑城穿沟，东北通射阳湖，西北至末口入淮，通粮道也。"这里"沟通"的意思是开挖水道，让水从一个地方流到另外一个地方。引申为能够对话、交流，形成一致。从现代汉语的一般意义上讲，沟通就是发送者通过一定的渠道（或称媒介、通道），将信息发送给既定对象（接收者）并寻求反馈以达到相互理解的过程。

无论在职场上还是在生活中，沟通都是人与人之间交往不可或缺的重要组成部分。人们每天都是信息的发送者，也是信息的接收者，沟通则是信息交换的桥梁。

要达到有效沟通，必须具备3个条件：一是沟通中所使用的符号双方都能理解；二是传递的信息尽量不受外界干扰；三是沟通双方都要有心理准备。

职场沟通是一个人职业发展的需要，是一项最基本而又最重要的技能。在职场上，仅仅踏实肯干是不够的，还需要掌握必要的沟通技能。只有这样，才能妥善处理好职业发展过程中的种种问题，让自己的事业蒸蒸日上。

二、沟通过程的模型

沟通过程包括沟通主体（发送者）、沟通客体（接收者）、信息、信息渠道等基本要素。沟通过程如图0-1所示。

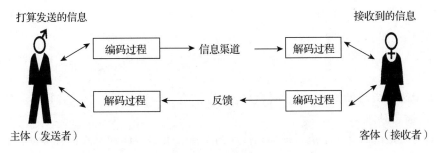

图0-1 沟通过程

1）主体（发送者），即信息源与沟通发起者，是沟通的起点。

2）编码过程，即组织信息，把信息、思想和情感等内容用相应的语言、文字、图形或其他非语言形式表达出来。

3）信息渠道，即媒介、信息的传递载体。沟通除了面谈外，还可借助电话、传真、电子邮件、手机短信等媒介传递信息。

4）解码过程，即译码，是接收者对所获取的信息（包括中性信息、思想和情感）的理解过程。

5）客体（接收者），即信息接收者、信息达到的客体或信息受众。

6）反馈，即接收者对信息的理解和态度，也就是接收者向发送者传送回去的反应。

三、沟通对象的分析策略

1. 沟通对象是谁

（1）最初对象，即最先接收到信息的个体或团体，他们可能与信息传递的主要客体没有直接关系，对信息内容也没有发言权，但对信息进一步准确传递有决定性作用。

（2）信息传递者，即沟通者与最终受众之间的"桥梁受众"，其有权进一步传递信息或阻止信息进一步传递。

（3）主要受众，即直接从沟通主体得到信息的个体或团体，可以决定是否接受沟通主体的建议，是否按照主体的提议行动。

（4）次要受众，即间接获得信息，或受到信息波及的个体或团体，其可能会对主体的提议发表意见，或在主体的提议得到批准后负责具体实施。

（5）意见领袖，即客体中具有强大影响力的、非正式的个体或团体，一般是在某些非正式组织中具有较高威信、较大影响力的个体，其对信息的传递产生巨大影响。

（6）关键决策者，即可以影响整个沟通结果的决策者。

2. 沟通对象有哪些特点

沟通主体需要了解受众对沟通内容的了解情况、对新信息的需求及受众的期望和偏好，其中包括风格偏好、渠道偏好及标准态度与格式偏好。

3. 沟通对象有什么感觉

沟通主体要了解受众对所提供的信息感兴趣的程度，主要包括积极的受众、中立的受众及敌意的受众三种类型。同时还需要了解所要求的行动对受众来说是否容易做到。

四、 沟通的类型

1. 语言沟通和非语言沟通

根据所借用的媒介的不同，沟通可划分为语言沟通与非语言沟通。

（1）语言沟通。语言沟通是指以语词符号为载体实现的沟通，主要包括口头沟通、书面沟通和电子沟通等。

1）口头沟通是指借助语言进行的信息传递与交流。口头沟通的形式有很多，如会谈、电话、会议、广播、对话等。

2）书面沟通是指借助文字进行的信息传递与交流。书面沟通的形式也有很多，如通知、文件、通信、布告、报刊、备忘录、书面总结、汇报等。

3）电子沟通又称 E 沟通，是以计算机技术与电子通信技术组合而产生的信息交流技术为基础的沟通。它是随着电子信息技术的兴起而新发展起来的一种沟通形式，包括传真、闭路电视、计算机网络、电子邮件等。

（2）非语言沟通。非语言沟通是指通过肢体动作、体态、语气、语调等方式交流信息、进行沟通的过程。在沟通中，信息的内容部分往往通过语言来表达，而非语言则用来解释内容，表达信息的相关部分。因此非语言沟通常被错误地认为是辅助性或支持性沟通。非语言沟通主要包括标记语言、动作语言、物体语言等形式。

2. 直接沟通和间接沟通

按信息沟通的过程是否需要第三者加入，可分为直接沟通和间接沟通。

（1）直接沟通。直接沟通是指信息发送者与接收者直接进行信息交流，无须第三者传递的沟通方式。例如，面对面的交谈、电话交谈等。直接沟通的优点是沟通迅速，双方可以充分交换意见，交流信息，迅速取得相互了解；缺点是信息的有效传递需要时间和空间的一致性，有时直接沟通存在一定的困难。

（2）间接沟通。间接沟通是指信息发送者必须经过第三者的中转才能把信息传递给接收者。间接沟通的优点是不受时间和空间条件的限制；缺点是较耗费人力和时间，且可能使信息失真。

3. 正式沟通和非正式沟通

按沟通的组织结构特征，沟通可分为正式沟通和非正式沟通。

（1）正式沟通。正式沟通是指按照组织明文规定的渠道进行信息的传递和交流。例如，组织内部的文件传达，上下级之间例行的汇报、总结，工作任务分配以及组织之间的信函往来等都属于正式沟通。正式沟通具有严肃性、程序性、稳定性、可靠性及信息不易失真的特点，它是职场沟通的基本方式。

（2）非正式沟通。非正式沟通是指在正式沟通渠道以外自由进行的信息传递和交流，它是正式沟通的补充。例如，员工之间私下交换意见、交流思想感情或传播"小道消息"等。其特点是自发性、灵活性、不可靠性。非正式沟通作为正式沟通的补充有其积极的作用，通过它可以掌握组织成员的心理状况，并在一定程度上为自身的职场行为提供依据。但由于在非正式沟通中信息失真比较大，所以职场人员既不能完全依赖它获得必要的信息，又不能完全忽视它。

4. 上行沟通、下行沟通和平行沟通

按沟通的方向,沟通可分为上行沟通、下行沟通和平行沟通。

(1) 上行沟通。上行沟通是指在组织或群体中从较低层次向较高层次的沟通。它是群体成员向上级提供信息、发表意见和反映情况。如果上行沟通渠道畅通,可使下级员工积极主动向上级反映自己的意见和愿望,获得某种心理上的满足,同时也可使领导者及时、准确地掌握下级情况,为做出符合实际的决策和改进管理创造条件。上行沟通是一个组织领导者了解和掌握组织全面情况,做出正确决策的重要环节。因此,组织领导者应大力鼓励下级向上级反映情况,从而确保上行沟通渠道的畅通无阻,同时下级员工也要鼓足勇气进行上行沟通。

(2) 下行沟通。下行沟通是指在组织或群体中从较高层次向较低层次传递信息的过程。它是组织领导者把组织的目标、规章制度、工作程序向下传达的沟通方式。下行沟通可以使下级员工明确工作任务、目标,增强责任感和组织归属感,而且可以协调组织各层次的活动,加强各级间的有效协作。

(3) 平行沟通。平行沟通是指在组织或群体中各平行机构之间的交流及员工在工作中相互交谈等。平行沟通能够保证部门间的相互通气、相互配合和支持,从而减少矛盾和冲突,有利于组织各种关系的平衡和稳定。

5. 单向沟通和双向沟通

按信息发送者与接收者的位置是否变换,可分为单向沟通和双向沟通。

(1) 单向沟通。单向沟通是指信息的发送者与接收者之间相对位置不发生变化的沟通,即信息的交流是单向的流动,如演讲、做报告、广播消息等都属于单向沟通。单向沟通的优点是信息传递快,缺点是缺少信息反馈,沟通的信息准确性差,当接收者不愿接受意见或任务时,容易引起不满与抗拒。

(2) 双向沟通。双向沟通是指信息的发送者与接收者的位置不断变化的沟通,即信息的交流是双向的流动。例如,组织间的协商、讨论或两个人之间的谈心等都属于双向沟通。双向沟通的优点是能及时获得反馈的信息,沟通信息准确性较高,有助于联络和巩固双方感情;缺点是信息完整传递的速度较慢,接收者可以反对信息发送者的意见,在一定条件下可能给发送者造成心理上的压力。

6. 工具式沟通和情感式沟通

按照功能,沟通可分为工具式沟通和情感式沟通。

(1) 工具式沟通。指发送者将信息、知识、想法、要求传达给接收者,目的是影响改变接收者的行为。

(2) 情感式沟通。指沟通双方表达情感、获得对方精神上的同情和谅解,最终改善相互之间的人际关系。

7. 有意沟通和无意沟通

根据沟通者是否意识到沟通的发生,沟通可以分为有意沟通和无意沟通。

(1) 有意沟通　是有因的沟通,如谈话、聊天、上课等。

(2) 无意沟通　是当事人没有意识到的沟通,这种沟通普遍存在但常被人所忽视,如护士看到病人睡觉会放轻脚步。

五、 影响沟通的因素

沟通是一个双向互动的过程,无论是信息发出者和接收者的主观原因,或是外在的客观因素，都可能导致沟通的失败，即双方无法就某一信息共享或达成一致的认识。

1. 个人因素

（1）生理因素。一是暂时性的身体不适，如疼痛、饥饿、疲劳等，会使沟通者难以集中精力而影响沟通。当这些生理不适消失后，沟通就能正常进行。二是永久性的生理缺陷，如感官功能不健全（听力不足、视力障碍等）、智力发育不健全，则会长期影响沟通。与这些特殊对象进行沟通便要采取特殊方式，如加大声音分贝和光线强度，借助哑语、盲文等。

（2）情绪状态。若沟通者处于特定情绪状态时，常常会对信息的理解"失真"。例如，当沟通者处于愤怒、激动状态时，对某些信息的反应常会过度（超过应有程度）。

（3）个人特征。现实中每个人都会因其生活环境和社会经历的不同而形成各不相同的心理、社会特征。许多特征都会不同程度地对人际沟通产生影响。个人特征对人际沟通的影响包括如下三个方面：

1）性格特征的影响。例如，两位性格都很独立、主观性又很强的人相互沟通，往往不容易建立和谐的沟通关系，甚至会发生矛盾冲突。而独立型性格的人与顺从型性格的人相互沟通，则常常因为"性格互补"而建立起良好的沟通关系，有利于沟通的顺利展开。一般来说，与性格开朗、大方、爽快的人沟通比较容易，而与性格内向、孤僻、拘谨、狭隘的人沟通往往会遇到许多困难。

2）认识差异的影响。由于个人经历、教育程度和生活环境等的不同，每个人的认识范围，以及认知涉及的领域、专业等都有差异。一般来说，知识水平越接近，知识面重叠程度越大（如专业相同或相近等），沟通时越容易相互理解。知识面广、认知水平高的人，比较适合与不同认知范围和水平的人进行沟通。

3）文化传统的影响。文化发展具有历史的延续性，不同地域、不同民族的文化在长期的发展过程中会形成许多具有鲜明地域性和民族性的特征，从而形成特定的文化传统。这种文化传统的影响定势总是在左右着每个人的行为，形成既有共性又有个性的"文化"特征。一般来说，文化传统相同或相近的人在一起会感到亲切、自然，容易建立相互信任的沟通关系。当沟通双方文化传统有差异时，理解并尊重对方文化传统将有利于沟通，反之，将对沟通产生不利影响。

（4）沟通技能。有的人口才很好而写作不行，口头交流时讲得头头是道，但书面交流困难重重；有的人则正好相反。另外，口齿不清、地方口音重、不会说普通话、书面记录速度慢等，也属于沟通技能方面的问题，也会影响沟通。人际沟通的情境千差万别、千变万化，其影响因素也颇为复杂多样。了解一些常见的影响因素，有利于沟通者在设计沟通时"兴利除弊"，在沟通进行时随机应变。

2. 环境因素

（1）嘈杂声干扰。例如，门窗开关的碰击声、临街的汽车声和叫卖声、邻居的音响声、各种机械噪声，以及与沟通无关的谈笑声。

（2）环境氛围影响。例如，房间光线昏暗，沟通者看不清对方的表情；室温过高或过低，可使沟通者精神涣散；色彩鲜艳的环境布置和轻松的氛围，可使沟通者放松、愉快，有利于促膝长谈。

（3）隐私条件影响。沟通涉及隐私时，若有其他无关人员在场，缺乏隐私条件，便会干扰沟通。回避无关人员的安静场所，则有利于消除当事者的顾虑，使其畅所欲言。

六、 沟通中易出现的障碍

1. 文化背景

经济全球化的情况下，跨国交往活动日益频繁，跨国公司和合资企业大量涌现，企业员工背景多元化趋势日益明显。在跨文化的沟通中，很多职场人士面临着诸多新问题，常由于种种原因而产生误解。

例如，保加利亚人和印度的某些民族对于点头和摇头的理解与我们的习惯相反。又如，在英国，如果晚宴的时间是 20 时入席，那么多半的客人会在 20 时 15 分到场；在德国，则注重准时；在希腊，即使到了 21 时或 21 时 30 分到达也属正常；如果到了印度，那可能更晚了。如果不了解这种文化差异，就会造成很多误会，造成人际交往中的障碍。

中国是一个幅员辽阔的多民族国家，来自不同地域的人们进行沟通时，可能会出现种种沟通障碍。而不同行业、不同职业以及不同专业之间的人士进行交往时，也容易出现沟通障碍。

2. 语言障碍

由于人们语言习惯和修养上的差异，即使使用同一种语言，也会对其表达的内容产生不同的理解。因方言误解而出现沟通障碍的情况就更多了，媒体上就常报道因此而出现的纠纷。

3. 心理障碍

心理障碍的范围很广，如人们在需求、动机、爱好、兴趣、态度、能力和人格等方面的差异，都可能会造成人际交往中的障碍。

4. 地位障碍

社会地位不同的人通常具有不同的意识、价值观念和道德标准，从而造成沟通的障碍。不同阶级的成员，对同一信息会有不同的甚至截然相反的认识，政治差别、宗教差别、职业差别等也都可能成为沟通障碍。不同党派的成员对同一政治事件往往持有不同的看法；不同宗教或教派的信徒，其观点和信仰迥异；职业的不同常常造成沟通的鸿沟，即所谓的"隔行如隔山"；甚至年龄也会造成沟通障碍，即所谓的"代沟"。

5. 组织结构障碍

如果组织结构过于庞大、臃肿，层次重叠，人浮于事，就会使信息经过层层传递而出现失真、损耗和歪曲，从而造成人际交往中的障碍。

七、 沟通的诀窍和原则

1. 沟通的诀窍

（1）尊重别人。俗话说："种瓜得瓜，种豆得豆。"把这条朴素哲理运用到社会交往中，即你处处尊重别人，得到的回报就是别人处处尊重你，尊重别人其实就是尊重自己。

（2）乐于助人。人是需要关怀和帮助的，尤其要十分珍惜自己在困境中得到的关怀和帮助，并把它看成是"雪中送炭"，视帮助者为真正的朋友、最好的朋友。

（3）心存感激。生活中，人与人的关系最是微妙不过，对于别人的好意或帮助，如果你感受不到，或者冷漠处之，可能生出种种怨恨。

（4）产生共鸣。俗语说："两人一般心，有钱堪买金；一人一般心，无钱堪买针。"人与人之间，如果能主动寻找共鸣点，使自己的"固有频率"与别人的"固有频率"相一致，就能够使人们之间增进友谊，结成朋友，发生"共振"。

（5）真诚赞美。林肯说过："每个人都喜欢赞美。"赞美之所以得其殊遇，一在于其"美"字，表明被赞美者有卓然不凡的地方；二在于其"赞"字，表明赞美者友好、热情的待人态度。人类行为学家约翰·杜威说过："人类本质里最深远的驱策力就是希望具有重要性，希望被赞美。"因此，对于他人的成绩与进步，要肯定，要赞扬，要鼓励。当别人有值得褒奖之处，应毫不吝啬地给予诚挚的赞许，以使人们的交往变得和谐而温馨。

（6）诙谐幽默。人人都喜欢和机智风趣、谈吐幽默的人交往，而不愿同动辄与人争吵，或者郁郁寡欢、言语乏味的人来往。幽默是一种润滑剂，可以使烦恼变为欢畅，使痛苦变成愉快，将尴尬转为融洽。

（7）大度宽容。人与人的频繁接触，难免会出现磕磕碰碰的现象。在这种情况下，学会大度和宽容，就会使你赢得一个绿色的人际环境。要知道，"人非圣贤，孰能无过"。因此，不要对别人的过错耿耿于怀、念念不忘。生活的路，因为有了大度和宽容，才会越走越宽，而如果思想狭隘，则会把自己逼进死胡同。

（8）诚恳道歉。有时候，一不小心，可能会碰碎别人心爱的花瓶；自己欠考虑，可能会误解别人的好意；自己一句无意的话，可能会伤害别人……如果无意伤害了别人，就应真诚地道歉。这样不仅可以弥补过失、化解矛盾，而且还能促进双方心理上的沟通，缓解彼此的关系。切不可把道歉当成耻辱，那样将有可能失去一位朋友。

2. 沟通的原则

（1）平等原则。在职场沟通中，人们需要彼此尊重。在比自己强的人面前，不要畏缩；在比自己弱的人面前，不要骄纵。学问有深浅，地位有高低，但是所有人的人格都是平等的。对于领导者来说，要"礼贤下士""将心比心"；对于一般职员来说，要充满自信，不要有"恐高症"。

（2）尊重原则。在相互尊重的氛围下，沟通才能顺利进行。相互尊重在交往中必不可少，对于创造一个融洽的沟通气氛，具有非常重要的作用。

（3）规范性原则。任何沟通都必须遵循规范性原则，有的规范是成文的，如办公纪律，有的是不成文的，如道德规范和行为准则。尤其是对不同文化背景的人来说，了解不同民族不同地区的交往规范，显得越来越重要。

（4）双向沟通原则。双向沟通是指在交往中，交往双方应积极地进行沟通，分别对对方有一定的了解。应该以相互理解作为交往双方交往的前提，离开了相互理解，交往将困难重重。

（5）适度性原则。适度性原则主要指根据不同对象把握言谈的深浅度，根据不同场合把握言谈的得体度，根据自己的身份把握言谈的分寸度，包括体态语言等都要恰到好处。说在该说时，止在该止处。

📖 案例分析

案例一 ✉

公司为了奖励市场部的员工，制订了一项海南旅游计划，名额限定为10人。可是13名员工都想去，部门经理需要再向上级领导申请3个名额，如果你是部门经理，你会如何与上级领导沟通呢？

部门经理向上级领导说："朱总，我们部门13个人都想去海南，可只有10个名额，剩余的3个人会有意见，能不能再给3个名额？"朱总说："筛选一下不就完了吗？公司能拿出10个名额就花费不少了，你们怎么不多为公司考虑？你们呀，就是得寸进尺，不让你们去旅游就好了，谁也没意见。我看这样吧，你们 3 个部门经理，姿态高一点，明年再去，这不就解决了吗？"

思考：

（1）部门经理跟上级领导沟通的方式是否恰当？如有不妥，不妥之处在哪里？

（2）职场中如何与上级沟通？

案例二

"交往剥夺"的实验

美国心理学家沙赫特曾经做过一个实验：他以每小时 15 美元的酬金先后聘请了 5 位志愿者进入一个与外界完全隔绝的小屋，屋里除提供必要的物质生活条件外，没有任何社会信息进入，以观察人在与世隔绝时的反应。结果，其中 1 个人在屋里只待了 2 小时就出来了，3 个人待了 2 天，时间最长的一个人待了 8 天。这位待了 8 天的人出来后说："如果让我再在里面待 1 分钟，我就要疯了。"有位心理学家曾做过一个"交往剥夺"的实验，结果发现受试者在百米深的洞穴中，单独生活了 156 天以后，精神面临崩溃，神情呆滞、冷漠无情、举止失常。

思考：

沟通对一个人是否重要？

案例三

方言误解导致的纠纷

据报载，小王给河南的老丈人买的"轩尼诗"洋酒和"白鹤"香烟，被老丈人用河南方言念成了"选你死"和"白活"，导致翁婿冲突。还有媒体报道，一对东北姐妹到苏州乘公交车，因不懂苏州话，把司机口中的"你们这两位少见的"误听成了"你们这两位小贱人"，竟暴打了车上的男公交司机，最后因打人被处以拘留 10 天的治安处罚，并罚款 200 元。

思考：

如何避免在沟通中因方言的差异而导致误解？

拓展延伸

受众类型分析和沟通策略选择

成功的沟通首先要分析沟通环境、沟通目标以及沟通双方的关系，并在此基础上，进一步分析沟通对象，从而选择相应的策略。沟通对象的分析与沟通策略见表 0 - 1、表 0 - 2、表 0 - 3。

表 0 - 1　心理需求类型分析和沟通策略

心理需求类型	特征	沟通策略
成就需要型	有自己的目标和工作标准，追求卓越	充分认同这类人对工作的责任感，沟通时应给予他们大量的反馈信息，并对他们表示肯定
交往需要型	看重友情和真诚的工作关系。和谐的、轻松的工作氛围令他们愉快	以交朋友的姿态和语气与他们交流，设法与他们建立良好的人际关系，始终坚持平等相待的原则
权力需要型	对工作负责，有较强的权力欲。行事果断，能影响他人	采用咨询和建议的方式，尽量不要以命令和指导的方式。要认同他们在工作中的职责，对他们的职责给予肯定

表 0 – 2　信息处理风格分析和沟通策略

信息处理风格	特征	沟通策略
思考型	思路清晰，富有条理，善于分析和把握事物的本质，也善于运用事实和数据进行系统的分析和研究	以虚心、谦逊的态度，以需要在理论和逻辑思维上寻求帮助的态度与他们沟通，给予他们充分的信息，使之通过逻辑推理得出结论
感觉型	基于个人的价值观和判断能力来对待事物，善于处理公共关系，商谈事情，做出决策	明确表达价值观念，在沟通信息的组织上，要突出对他们的支持
直觉型	具有丰富的想象力，并且能够提供具有创造性的想法。凭直觉、预感和可能性做事	充分利用和发挥他们的想象力，不要轻易给他们问题的答案，不要轻易否定或批驳他们的观点
知觉型	精力充沛，善于行动而不善于言辞。处理问题当机立断，善于发起一个活动，签订协议，调解纠纷，将理想转化为行动	不要对事物添加太多的细节和幻想的结论。清晰地交流，抓住要点，在实践中获得结果

表 0 – 3　气质类型分析和沟通策略

气质类型	特征	沟通策略
分析型	对待事物严肃认真，不断战胜自我，擅长推理，善于逻辑思维，独自工作效果更佳	给他们机会展开计划，给予他们评价的标准，而不要提供太多的细节，常规行为和实际事物会对其发生干扰
规则型	守信用、认真、忠诚、负责任，稳重、谨慎、实际，给人以安全感。善于做具体工作，不善变化，在有计划和有组织的条件下工作效果最好	要为他们提供完成任务的详细资料，对于他们的贡献和努力要予以充分肯定。对待他们要守信，不要怀疑。事情发生变化时要耐心、详细地向他们解释，以免他们抵制变化
实干型	善于做技术性、循序渐进的工作。有实践精神，适应性强，善于调解纷争。具有一种自发的推动力和活力，并爱好刺激	给予他们循序渐进的训练，帮助他们自我调解，并加强时间管理。给予他们大量的自由和多样化工作，帮助他们从机械的工作中走出来
同情型	善于帮助、支持和鼓励他人。性情温和，有灵性，善于交流。最善于创造和谐的工作环境	给予指导和鼓励，赞赏他们的贡献，使他们认识到自身的重要性。需要给予他们否定的反馈时，言谈要谨慎，不要使他们感觉是个人攻击

实践演练

演练一：介绍自己

设计自我介绍的内容和方式，面对新认识的朋友、同学、同事或客户，在短时间以简洁、形象的语言介绍自己，给对方留下深刻印象。注意理顺内容、简洁明了、讲究态度、展示特点、避免雷同。

设计好不同场合的自我介绍后，试着运用于实践，并根据效果进行修正。

演练二：案例分析

开放式和封闭式提问的交替运用

在某个真实的培训中，上海竞存灯饰的胡敏霞抽到的题是：顾客想给儿子买一台护眼灯，要求健康保护眼睛，并且价格便宜。当然，胡敏霞自己并不知道顾客想买的是什么，有什么样的购买要求。

以下就是两人的演练过程。

胡敏霞：你好，欢迎光临××专卖店，请问您想选一款什么样的灯？

顾客：我想买一款护眼灯。

胡敏霞：是您自己用还是给小孩用？

顾客：给小孩用。

胡敏霞：好的，您看我们这款魔鬼鱼护眼灯怎么样？

顾客：哇，你们这款魔鬼鱼护眼灯的价格也太贵了吧！

胡敏霞：我们的产品价格是比较实惠的，再说，买护眼灯也不能光看价格，最重要的是要看质量，是不是真的对眼睛有保护作用。您说对吗？

顾客：那倒是，可是你推荐的这款我不喜欢。

胡敏霞：是不喜欢它的造型还是不喜欢颜色？

顾客：我不喜欢这个颜色。

胡敏霞：那您看看这款蓝色的怎么样，蓝色的不论男孩女孩都比较合适。

顾客：我还是觉得价格有点贵。

胡敏霞：如果您对其他方面都满意的话，我们可以谈一下价格的问题。

最后，顾客接受了胡敏霞的报价，购买了这款魔鬼鱼护眼灯。

思考：

开放式提问和封闭式提问各有什么作用？胡敏霞是如何巧妙运用的？

演练三：模拟训练

1. 案例资料

日前，哈尔滨市民王女士家中的一台彩色电视机突然自燃并爆炸。尽管消防队迅速赶到现场扑救，但她家仍被烧得面目全非，整台电视机只剩下一堆碎片。王女士称，这台电视机仅买了六七年。购买了该品牌电视机的市民纷纷到商场要求退货。该事件引起了媒体的极大关注。

2. 训练要求

假设你们是该彩电厂家驻哈办事处的工作人员，以小组为单位讨论以下问题：

（1）你们将面临几类沟通对象？这些沟通对象对这一事件的兴趣点是什么？

（2）对沟通对象进行分析，并完成沟通对象分析表。

沟通对象分析表

沟通对象	沟通对象是谁?	沟通对象有哪些特点?	沟通对象感觉如何?
最初对象			
信息传递者			
主要受众			
次要受众			
意见领袖			
关键决策者			

3．训练分享

（1）小组成员通过什么方法确定沟通对象？如何了解沟通对象的需求及感受？

（2）假设你们是媒体记者，那沟通对象又是谁？如何利用读者心理来做好报道？如何最大限度地吸引读者的眼球？

任务2 学习沟通的方式

情境导入

小王是企业管理专业的学生，他个性热情、直率、坦诚。在学校里，与老师和同学相处得都非常好。今年暑假，小王决定找一份暑期兼职工作锻炼自己的能力，最终他选定了一家销售卫生洁具的公司。这家公司是一个典型的家族企业，正处于高速发展期，占据了本市高端洁具市场一半以上的销售份额。公司中的关键职位都由老板的亲属担任，公司内部充斥了各种裙带关系。经过一段时间的观察，小王觉得公司的管理水平滞后，不足以支撑公司的发展，这正好给了自己施展才能的机会，因此在到公司的第十天，小王决定去和经理谈一谈。

"经理，我到公司已经一个多星期了，我有一些想法想和您谈谈，您有时间吗？"小王走到经理办公桌前。

"好啊，我本来早就应该和你谈谈了，只是最近一直忙，就把这事忘了。"

……

"这些还只是我的一点想法而已，但是如果得到了您的支持，我想落实方案只是时间问题。"

"那你先回去工作吧，改天我们好好聊聊。"话毕，经理的注意力又回到了销售报告上。

小王此时真切地感受到了不被认可的挫败感，他陷入困惑之中，不知道自己是应该继续和上级沟通还是干脆放弃这份工作，另找一个学习、发展的空间。

思考：

1）小王和经理的沟通为什么会失败？如果你是小王，接下来你会如何处理？

2）讨论上述事件中各方的处理方式，并提出最佳处理方案。

任务描述

沟通无处不在，要实现有效沟通，好的沟通技巧固然重要，而沟通方式的恰当运用更是举足轻重。良好的沟通方式能达到事半功倍的效果，而拙劣的沟通方式不仅无助于事情的发展，甚至可能适得其反。"情境导入"中的小王就遇到了沟通问题。请大家为小王出谋划策，他应该选择什么样的场合，采取哪种方式与经理继续沟通下去，最终说服老板接受他的建议？

知识平台

微课 0 - 5

一、 语言沟通的方式

语言沟通是指借助语言（文字）符号进行的人际沟通，这是最常用的沟通方式。由于语言是人类共同运用的思维工具，因此语言沟通也是最准确、最有效、运用最广的沟通方式。它可以超越时空的限制，使要表述的信息、思想、情感世代传递下去，为众多的人分享、接受和理解。语言沟通主要包括口头沟通和书面沟通。

1. 口头沟通

所谓口头沟通是指借助于口头语言实现的信息交流，它是日常生活中最常用的沟通形式，主要包括口头汇报、交谈、讨论、会议、演讲以及电话联系等。

口头沟通的优点是有亲切感，可以用表情、语调等增加沟通的效果；可以马上获得对方的反应，并有机会补充阐述及举例说明；具有双向沟通的好处，且富有弹性，可以随机应变。

但是，口头沟通也有以下缺陷。

（1）信息在传送的过程中，存在着失真的可能性。每个人都以自己的喜好增删信息，以自己的方式诠释信息，因此信息到达最终的目的地时，其内容往往与最初的含义存在一定的偏差。

（2）如果传达者口齿不清或不能掌握要点做简洁的表达，则无法使接收者了解其真实意图。

（3）它是即时性的，不易保留。沟通时如果接收者不专心、不注意或心里有困扰，则信息转瞬即逝，无法回头再追认。

（4）它带有随机性，沟通内容如果发生变化，没有仔细斟酌的工夫，就容易出现失误。另外，这种沟通方式比较啰唆，效率较低。

鉴于以上不足，我们在进行口头沟通时，必须遵循以下几个原则。

（1）要有一个良好的开端。简明扼要的开头尤为重要。首先，要了解听者，"知己知彼，百战不殆"。其次，要直接、诚恳、明确地说明自己的动机和需求，消除对方心头的疑虑。最后，要迅速切入主题，以免对方产生厌烦心理。

（2）要有诚恳的态度。诚恳的态度是取得对方信任的关键。如果你是诚恳地进行沟通，对方也比较容易听进你的话。

首先，要真诚。真诚的态度才能取得听话者的好感，消除隔膜，缩短距离。当然，也不可以百无禁忌，应该尽量避免提及别人不愿谈及的事。

其次，要尊重。尊重方能启发对方的自尊自爱，缩短彼此间的心理距离。

最后，要同情和理解。强烈的同情心及满怀深情的言语，可以打开处于矛盾或困难之中人的心扉，可以激起心灵的火花，产生信任和动力。

（3）要用简明扼要的语言。话不在于多而在于精，简洁精练的言语最能吸引听话者的注意力。

一是，抓住重点，理清思路。平时与人寒暄或进行简短的交谈，可以随意一些，或不顾及条理是否清晰。但在正式场合，比如报告会、讲座、演讲中，则要求说话者对所说的内容应有深刻的理解，并对整个说话过程做出周密的安排。

二是，要言不烦，短小精悍。言简意赅，以少胜多，听话者感兴趣，也便于理解，容易记住。那种与主题无关的废话，言之无物的空话，装腔作势的假话，听者往往极为厌烦。

（4）要美化自己的声音。一般来说，得体的声音能够显示你的沉着和冷静，并吸引他人的注意力；可以让过于激动或正在生气的听者冷静下来；也能诱导他人支持你的观点，从而更有力地说服对方。

2. 书面沟通

书面沟通是以文字为媒体的信息传递，主要包括文件、信函、书面合同、广告和传真，还有现在用得很多的微信、QQ、电子邮件等。它是一种比较经济的沟通方式，沟通的时间一般不长，沟通成本也比较低。这种沟通方式一般不受场地限制，因此被人们广泛采用。这种方式一般在解决较简单的问题或发布信息时采用。

书面沟通本质上是间接的沟通，这使它具有许多优点。

（1）书面沟通具有有形展示、长期保存、受法律保护等优点。一般情况下，信息的发送者和接收者都有沟通记录，沟通的信息可以长期保存下去，便于事后查询。

（2）由于有一定的时间准备，可以使写作者从容地表达自己的意思，因此传达信息的准确性高。

（3）书面文本可以通过复制，同时发送给许多人，传播面广。

（4）它比口头表达更详细，可以供接收者慢慢阅读、细细领会。

但是，间接性也给书面沟通造成了一些特殊障碍。

首先，与口头沟通相比，书面沟通的效率低，耗费时间长。

其次，由于缺乏内在的反馈机制，发文者的语气、强调重点、表达特色，以及发文的目的经常被忽略，而易使理解有误。

最后，对文字能力要求较高。

书面沟通能力实际上就是写作能力。在进行书面沟通时，应遵循以下几个原则。

（1）了解读者，有的放矢。与口语沟通一样，书面沟通也需要对读者的情况，如知识水平、理解能力、个人喜好以及对现有问题所持的观点等有所了解。对读者了解得越多，就越能有的放矢，沟通成功的可能性就越大。

（2）简明扼要，通俗易懂。写作者常常觉得要把思想诉诸纸上，必须在语言表达上多下功夫，于是就出现了生僻的词语、复杂的句子、晦涩的专业术语等。殊不知这不仅有损信息本身，还会阻碍读者流利地阅读。所以在进行书面沟通时，文字的简练和通俗是至关重要的。具体的做法是减少复杂的句型，把长句改成短句，要点清晰，便于读者把握；删除不必要的词语，减少重复，提高阅读的效率；少用生僻的词语，扫清文字障碍，便于读者理解。

（3）条理清晰，重点突出。根据沟通的目的，有效地组织信息和思想，然后按照人的认知规律，有序地把它们排列出来。例如，可以按照时间、空间、逻辑顺序等进行排列。选择排列方法时，应综合考虑信息的内容、沟通的对象等因素，以突出重要的信息，实现有效的沟通。

（4）格式规范，眉目清楚。内容固然是书面沟通的重点，但格式的规范和美观与否也会影响读者的阅读情绪。事实证明，规范的文字格式，会让读者有一种赏心悦目的感觉，提高阅读的兴趣。反之，会有一种抵触情绪，使沟通形成障碍。同时，合理的排版，也能起到强调文章重点、激发阅读兴趣的作用，如根据大小标题选择不同的字体等，这些手法都可作为"路标"使读者更易于寻找信息。

二、 非语言沟通的方式

1．体态语在沟通中的重要性

在现实生活中，人们所得到的信息并非都是通过语言来传递的，很多都是通过非语言的方式得来的。后者主要包括眼神、手势、面部表情、身姿、服饰、人际空间位置等，即人们常说的体态语或身体语言。美国学者米迪皮尔认为，即使按最保守的估计，在某一交往过程中，35%的社会信息是通过语言传递的，其余65%的信息是通过非语言手段传递的。精神分析大师弗洛伊德也表达了同样的意思：要了解说话人的深层心理，即无意识领域，单凭语言是不可靠的，因为语言传达的意思大多属于理性层面，经理性加工后表达出来的语言往往不能率直地表露一个人的真正意思，甚至会出现"口是心非"的现象。人的动作比理性更能表现人的"情感和欲望"。因而我们可以断言，与有声语言相比，身体语言的真实性和可靠性要强得多。比如，当某个人说他毫不畏惧的时候，他的手却在发抖，那么我们更相信他是在害怕。特别是在情感的表达、态度的显示、气质的表现等方面，身体语言更能显示出它所特有的作用。

2．体态语的功能

（1）辅助语言。人们运用语言来沟通思想、表达情感时，往往有词不达意或词难尽意的感觉。因此需要同时使用体态语来进行帮助，或弥补言语的局限，或对言辞的内容加以强调，使自己的意图得到更充分、更完整的表达。例如，当别人在街上向正在行走的你问路时，你会一边告诉他怎么走，一边用手指点方向。甚至在打电话的时候，说话人也总是不停地打着手势，以帮助自己更好地和对方通话。

（2）替代语言。体态语作为一种特定的形象语言，可以产生有声语言不能达到的实际效果。在日常生活中，我们也都在自觉或不自觉地使用各种身体语言来代替有声语言。例如，父母摸摸孩子的脑袋表示爱抚，夫妻、恋人、朋友间的拥抱表示相互的爱恋和亲密。

"眉来眼去传真意，举手投足皆语言"，在沟通与交流过程中，适当地使用体态语，确实能够达到"无声胜有声"的效果。

（3）了解对象。经验告诉我们，对于一个人的认识在很大程度上来自对其体态语的观察。有人说，只要和一个新认识的朋友打三分钟（高尔夫）球，就能够对他的情况了如指掌，包括他从成功或失败中吸取经验教训的能力、他的慷慨程度、他对别人的关注、他的感恩本性、他的幽默感、他的积极或消极程度、他的精力旺盛程度、他的专注程度以及他的诚实度等。所以，如果我们想给别人留个好印象，就要注意自己的体态语。

（4）调节交流。当人们在日常生活中不便用语言表达时，可以用体态语达到维持和调节沟通的目的。如点头表示对对方的肯定；抬眉则表示有疑问；当眼神不注视对方时，意味着谈话该结束了；在会上发言，如果看到人们听得津津有味，便可以即兴发挥，多说几句，倘若看到人们交头接耳或频频看表，则应缩短发言内容，提前结束。

（5）缓解情绪。在一些特殊的场合，人们常通过挠头或摆弄手中的东西，缓解紧张不安的心情，适应周围环境。《牛虻》一书描述主人公亚瑟每逢情绪激动时就会把手旁的东西撕碎，以此缓解心绪的起伏。

3．体态语的妙用

（1）目光语。眼睛是心灵的窗户，目光是最富于表现力的体态语。人们的喜、怒、哀、乐，七情六欲等都能从眼睛这个神秘的器官显现出来。据研究，在人的视觉、听觉、味觉、嗅觉和触觉感受中，唯独视觉感受最为敏感，人们通过视觉接收的信息占总信息的83%。

（2）表情语。罗曼·罗兰曾经说过："面部表情是多少世纪培养成的语言，是比嘴里讲的复杂到千百倍的语言。"通常面部表情最能反映出一个人的性格和心理状态。

沟通的面部表情应该是诚恳坦率、轻松友好的，而不应该摆出一副盛气凌人的嘴脸，也不应显出自负自矜的面孔，那样就会从心理上把听者拒于千里之外。同时表情还应该是落落大方、自然得体、由衷而发的，而不应该是矫揉造作、生硬僵滞的。

笑容历来被人们称为"人际交往的润滑剂"，其中微笑最具有感染力，它永远是最受欢迎的。最动人的微笑是发自内心的愉悦的表露。

人在微笑时会流露出热情、自信、快乐、积极的态度。更为重要的是，对别人持开放和欢迎的态度，会给人一种容易接近和交流的印象。研究表明，经常微笑的人和别人沟通时比较占优势，因为别人会认为你很友善、很开放，对你说的话接受的程度也比较高。同时微笑能使沟通在一种轻松的氛围中展开，可以消除由于陌生、紧张带来的障碍。

（3）手势语。手是人的第二张脸，手势是人们交往时不可缺少的动作，是最有表现力的体态语。它可以传达多种信息。如站在路边一举手就表示要叫出租车，拍桌捶腿表示高兴，频频捶胸以示悲痛，不停地搓手是为难的表现，拍拍脑门为悔恨的意思。

手势语在交际中的使用频率很高，范围也比较广泛。它可以增强表情达意的情感色彩，使语言更富有感染力。

（4）姿态语。姿态是说话者文化素养和情趣的侧面体现，具有微妙的作用和效果，能完成有声语言难以完成的任务。如果恰当地运用姿态语，可以使人端庄大方，增加交际的个人魅力。

（5）空间界域。空间界域是体态语的一种特殊形式。人与人之间的空间界域是非常微妙的。虽然它不像表情语那样反映出喜怒哀乐，也不像姿态语那样有明显的趋向性，但它却能真实地表达出人与人之间的亲密程度。一般而言，空间距离越近，双方的关系就越亲密。因此在交际时要注意远近适当，太远了，使人感到傲慢，架子大；太近了，又显得不够重视。

美国人类学家和心理学家霍尔将人与人之间的空间界域划分为四类，即亲密距离、个人距离、社交距离和公共距离。

1）亲密距离（0~45厘米）。这个距离使沟通者能够进行身体上的接触，一般只限于情感联系十分密切的人之间使用。如夫妻或恋人之间、父母与子女之间、密友之间等。由于文化与风俗习惯的不同，对亲密距离的把握，东西方略有差异。例如，东方女子对男子无礼地侵入其亲密距离的反应要比西方女子强烈得多。而在一些公共场所，如火车、公共汽车上，素不相识的人挤在一起，人们被迫进入或处于亲密距离时，东方人能够容忍这种"亲密"的拥挤，而西方人则认为不可忍受。

2）个人距离（45~120厘米）。这是稍有分寸感的距离，较少有直接的身体接触，但能亲切握手，适合于简要会晤、促膝谈心。任何朋友、熟人都可自由进入这一区间。

3）社交空间（120~360厘米）。这个距离已超出了亲友和熟人的范畴，是一种形式化的社交关系距离。人们彼此之间仅仅认识而已，并不熟悉，更没有感情上的联系，一般适用于比较正式、庄重、严肃的社交活动，如谈判、会见客人等。

4）公共距离（360厘米以上）。这是人们在较大的公共场所保持的距离。如参加重大庆典、迎接重要人物或发表演说时，通常用这样的距离。

由于空间界域体现着一种人际关系，传达着一种社交信息，所以恰当使用空间界域，讲究界域礼貌、尊重他人领域权，既能体现个人修养，又能展示自己的社交能力。

（6）服饰语。俗话说：佛要金装，人要衣装。整洁美观的服饰是人们用以改变自己或烘托自己最好的、使用最频繁的"武器"。它是一种无声的语言，向人们昭示着自己的经济地位、社会地位、审美品位、生活情趣、受教育程度等。

因此我们要学会运用服饰这一武器来"武装"自己，获得成功。

1）着装的 TPO 原则。TPO 是英文 Time、Place、Occasion 的首字母，意思是时间、地点、场合。着装的 TPO 原则，是指人们选配和穿着服装时必须考虑时间、地点、场合这三个基本因素。

着装的时间原则包含三个含义，一是指每天的早、中、晚三段时间着装的变化，二是指每年应随四季的不同而选择不同的着装，三是指着装应考虑时代的差异。

着装的地点原则又称为环境原则。不同的环境需要穿与之相协调的服饰，最好的办法是"入乡随俗"。

着装的场合原则是指服饰要与场合的气氛相和谐，根据具体内容、具体环境选择服饰。如喜庆场合要穿得鲜艳华丽，悲伤场合要穿得素雅端庄，公务交际要穿得庄重大方，日常生活要穿得休闲舒适。

2）穿着要得体。选择服装时要考虑到配色、形体、脸形、肤色、年龄等因素。

案例分析

案例一

小王应聘

小王刚进大学不久，外联部招干事，报名的人很多，小王和同宿舍的小李也去了。结果小王和其他同学经过面试后都被淘汰了，而小李却被留了下来。小王很不服气，觉得自己的能力比小李强，长得也比他帅，为什么反而没被录用呢？事后，小王找到了主考老师，想问明原因，以便吸取教训。老师解释道：小李的举止体态就已经交了一份很好的答卷。他进门后沉着地举手向大家打招呼，说明他很有修养；选择了最前排的中间位置就座，表明他希望别人注意自己，善于自我推销，充满自信；并且他就座的地方人多，说明他合群，善于交际；就座后，坐姿极佳，坦然地坐在椅子上，且双眼注视着我们，不左顾右盼，表明他稳重、冷静、大度、办事认真。像这样的同学非常适合这个工作。小王听后，若有所思……

思考：

小王通过这件事，得到了怎样的启示？

案例二

张经理的沟通经验

公司张经理在实践中深深体会到，只有运用各种现代科学的管理手段，充分与员工沟通，才能调动员工的积极性，才能使企业充满活力，在竞争中立于不败之地。

首先，张经理直接与员工沟通，避免了中间环节。他告诉员工自己的电子信箱，要求员工尤其是外地员工要大胆反映实际问题，积极参与企业管理，多提建议和意见。张经理本人则每天上班时先认真阅读来信，并进行处理。

其次，为了建立与员工的沟通机制，公司又建立了经理公开见面会制度。见面会定期召开，也可因重大事情临时召开。参加会议的有员工代表、特邀代表和自愿参加的员工。每次会议前，员工代表都广泛征求群众意见，请经理在见面会上解答。如调资晋级工作刚开始时，员工中议论较多，公司及时召开了会议，张经理就调资的原则、方法和步骤等做了解答，使部分员工的疑虑得以澄清和消除，保证了工作的顺利进行。

思考：

分析张经理与员工沟通时在沟通方式上所做的选择，这些方式有何特点？

🧠 | 拓展延伸

曾仕强深入浅出谈沟通的艺术

人际沟通注重和每一个人进行良性的互动，既不能够偏重某些人，使其他人受到冷落；也不应该只顾自己，想说什么就说什么，爱说什么便说什么。否则你只是在发表意见，根本不是在进行沟通。善于沟通的人，必须随时顾及别人的感受，以免无意中破坏了自己的人际关系。

在我们日常生活当中，人际沟通是不可或缺的活动，必须养成小心应对、用心体会、虚心检讨的良好习惯。一方面使自己的沟通能力不断提高，另一方面促使自己的人际关系获得改善。愉快地把事情办理妥当，是我们共同努力的目标。

先说先"死"

先说为什么会先"死"呢？先说的人说出一番道理来，后说的人很容易站在相反的立场，说出另一番道理。虽然双方都说得有理有据，但后说的人可以针对先说的人，做一番整理和修补，甚至大挖其漏洞。

有时候，人的身份地位不同，先说先死的情形也不同。比如，下属先说，说错了就会受到上司的批评，从下属的角度说，上司批评下属很正常。但是万一上司先说说错了，下属指出其毛病，那上司就会很尴尬：发火的话，就显得自己没度量；如果不发火，面子上又实在不好看。

有一次，化工厂厂长带领一群客人参观工厂，经过仪表控制室，忽然看见仪表板上有若干颜色不同的指示灯，有亮着的，也有不亮的。有一个指示灯，则是一闪一闪的。

有人问："这个指示灯为什么会闪？"

厂长回答："因为液体快到临界点了，如果到达临界点，它就不闪了。"听起来也蛮有道理。

想不到厂长刚刚说完，仪表工程师说："不是的，那个灯坏了。"

结果厂长表情极为尴尬。

中国人习惯于"不明言"，即"不说得清楚明白"，喜欢"点到为止"，以免伤感情。还有些人"有意见也不一定说"，往往鼓励别人先说，然后见机行事。这种让别人站在明处，自己躲在暗处的做法，使得别人不敢先开口讲话，也会造成很多沟通的障碍。

不说也"死"

小丽是老板的秘书，一向勤勤恳恳、规规矩矩，从不出大错。星期四她得到通知，说星期五公司有个舞会，小丽很想参加。虽然按照公司的规定，星期五可以不穿正装，但是身为老板的秘书，小丽每天都要穿职业套装。可是既然有舞会，总不能穿正装参加吧？因此，小丽破例换上连衣裙，把自己打扮得漂漂亮亮的。她在老板办公室进进出出，老板看着很不舒服，但没说什么。下午，老板通知她："3点钟有个紧急会议，你准备一下，负责会议记录。唉，你怎么穿成这个样子，赶快换掉。"小丽这才说："公司有舞会，何况今天是星期五，公司规定……"老板火了："到底是舞会重要还是工作重要？"

小丽认为自己并没有违反公司的规定，回答得理直气壮，老板下不了台，于是恼羞成怒，命令小丽换掉连衣裙，否则就"炒鱿鱼"。结果小丽强忍泪水，赶快打车回家，换衣服。

如果小丽一开始就向老板暗示今天是星期五，可以穿便装，也许老板就会不以为意了。

不要以为多说多错，不说不错。有话不说往往会使你陷入被动的局面。如果你的上司交给你一项很复杂的任务，你完成不了，又一直不敢开口，最后任务完不成，那所有的过错都是你的。如果你早说了，你的上司就会想其他的办法解决。

还有，如果你很少说话，别人就很难了解你，不知你整天想什么，所以有晋升的机会也轮不到你。

如果你本来是个有说有笑的人，结果哪天突然变得沉默寡言，别人就会觉得有些蹊跷。

如果你和老板一起去拜访客户，老板不小心说错了话，你却不提醒，老板很可能指责你隔岸观火，居心不良。其实老板选你一起去拜访客户，必然是经过考虑的，认为你会对他有帮助。

凡事在说与不说之间，看情势、论关系、套交情，衡量此时、此地、此事对此人应该说到什么地步，才算合理。大家都不说，就无法沟通，当然也就无法协调。

说到不"死"

最好能够做到"说到不'死'"，需要在合适的时候、合适的地点，对合适的人，以合适的方式说出合适的话。如何判断合不合适，就要看你的功夫了。

我们说"事无不可对人言"，又说"逢人只说三分话"，就是因为说话的对象不同。对知心朋友，当然"事无不可对人言"；而对一般人，则"逢人只说三分话"。比如，一般人问你："听说你要买辆跑车？"你的反应可能是："没这么回事，我哪有那么多钱啊？"而熟悉的朋友若问你相同的话，你再否认的话，你的朋友就会认为你信不过他，所以你可能说："我最近炒股票赚了点钱，是打算换辆车，但还没选好，你帮我参谋参谋。"衡量轻重，对一般人选择保密的策略，以免"先说先'死'"，对朋友则采取私下透露的方式，以求"说到不'死'"。

比如，在工作年会上，总经理正在讲话，大家都在聚精会神地听，行政主管发现总经理遗漏了一项重要的行政决定，他不慌不忙地在便条纸上写下"关于……的决定"等，然后偷偷地递给总经理，希望提醒他，把此决定在会上公布一下。行政主管的做法就很明智，如果等总经理讲完话，行政主管急忙站起来，补充说明一番，相信总经理必定很生气，不但不感激他的补充，而且事后必定气冲冲地责备行政主管："你以为我把那项决定忘在脑后了？我记得比谁都清楚，只不过我认为暂时不宜在会上宣布，没想到你自作聪明，招呼都不打一声，就宣布了。"而行政主管必定会因"先说"而"先'死'"。

如果总经理真的忘了，而行政主管不说，那行政主管就会落到"不说也'死'"的境地：总经理会认为他根本心不在焉，这么重要的事都不提醒一下，以后根本不能信任他。

在说与不说之间，行政主管选择了一种合适的方式，即不明言，该提醒的也提醒了，至于总经理说不说出来，由总经理决定。

再比如，业务经理陪老板到客户那里谈判，客户提出让利3%，业务经理当场拿出计算器，熟练地计算一番，然后把结果显示给老板看，嘴上说："不行，这样我们就无利可图了！"老板看看结果，心里明白，接着说："虽然如此，但是看在老客户的分上，再想想办法吧。"

明明可以接受，业务经理嘴上却说不行，实则将决定权交给老板。老板若同意，等于给对方一个人情；老板若不同意，则有充分的理由拒绝。所以，业务经理真正做到了"说到不'死'"。如果他计算完，不和老板商量一下，马上说"接受"或"不接受"，等于没把老板放在眼里，势必"先说先'死'"；如果他计算完，一句也不说，就等着老板做决定，老板就比较为难，因为他的做法摆明了告诉对方可以接受，老板再拒绝，岂不是让对方嘲笑？

"说到不'死'"其实就是说话合理的意思。只要合理，大家都能够接受，当然可以不"死"。

沟通的艺术

要想"说到不'死'"，就要掌握沟通的艺术。

首先要使对方听得进去。对方如果听不进去，就算你有千言万语，他全当耳旁风。所以开口之前必须谨慎，以免徒劳无功。当对方听不进去的时候，我们宁可暂时不说。

在沟通的时候，我们不能确保每一句话都说得很妥当，但至少从第一句话开始就以诚恳的语气来使对方放心，使对方了解我们不会采取敌对或者让对方没有面子的方式来进行沟通。这样，对方才会逐渐放松。

如果第一句话就引起对方的戒心，使他觉得自己可能会吃亏，或者可能会没有面子，他就会采取躲避的策略；躲不开的时候，也会且"战"且"走"。一旦对方想"溜"或想"躲"，就不可能获得圆满的沟通结果。

说话时可以先寒暄一番，看看对方的反应如何。如果对方心情不错，就再进行进一步沟通。如果没说两句话，对方就很不耐烦，甚至要端茶送客，那么就算有再重要的事也要忍一忍，因为此时多说无益，"话不投机半句多"便是此理。

有人可能认为寒暄是在浪费时间，有正事不说，非得在无关紧要的事上大费唇舌，是不分轻重的表现。其实，他们不懂寒暄的妙处。寒暄的目的在于了解对方的情绪状态，并且稳定对方的情绪。

其次，说得对，还不如说得妥当来得有效。但每一句话都要说得很妥当，实在不容易。任何话一出口，对方大多不会"就听到的话来判断"，反而多半"在听到的话之外去猜测用意"。弦外之音，往往比说出来的话更重要。

另一方面，对于听者而言，在沟通时也要用心听取对方在讲什么，不要过于在意对方是怎么讲的。事实上，愈有道理的话，愈容易引起听者的反感，所谓忠言逆耳。

另外，如果是很多人在一起的时候，不能只照顾几个人而冷落其他人。被冷落的人觉得很没面子，就会引起情绪上的反弹，不但增加沟通的困难，还会产生难以预料的不良后果。比如，《红楼梦》中王熙凤在初见林黛玉时，说她"况且这通身的气派，竟不像老祖宗的外孙女儿，竟是个嫡亲的孙女"，林黛玉远来是客，夸奖她是应该的，但是当时迎春姐妹都在场，如果只夸奖黛玉的话，恐怕她们会觉得不快，所以王熙凤一句"竟是个嫡亲的孙女"，在夸奖黛玉的同时，又肯定了迎春姐妹，使大家都很有面子。

当然，在人数众多的情况下，让每个人都有面子，确实很难。但在沟通的过程中，尽量站在对方的立场上考虑，则有助于沟通的顺利进行。

实践演练

演练一：微笑训练

嘴角两端往上翘，双颊肌肉向上抬，口里可念"一"（同桌间相互评议，帮助纠正）。

演练二：目光训练

用以下两种方法坚持天天训练目光，可使目光明亮有神。

1）点上一支蜡烛，视点集中在蜡烛火苗上，并随其摆动，坚持训练可达到目光集中、有神，眼球转动灵活的效果。

2）视点追逐飞翔的鸽子可使目光有神。

演练三：上台演示

请同学上台演示四种不同的姿态，要求规范到位。

演练四：分析案例，回答问题

郭先生是外贸公司的一位业务经理。有一次，郭先生因为工作上的需要，设宴招待一位来自英国的生意伙伴。有意思的是，那一顿饭吃下来，令对方最欣赏的倒不是郭先生专门为其所准备的丰盛菜肴，而是郭先生在陪同对方用餐时的一处细小的举止。那位英国客人的原话是，"郭先生，你在用餐时一点儿响声都没有。"英国客人为什么欣赏郭先生的举止表现？它说明了什么问题？

演练五：解读体态语游戏

1）事先准备 20 个能用体态语表达的词条。

2）每组推荐两名同学参与，游戏时必须面对面远距离站着。

教师为每组中的一名同学展示词条内容，然后让他（她）用体态语表达出来，让另一名同学猜，时间是 10 分钟。猜出词条最多的为优胜小组。

任务 3　倾听能力训练

▶ 情境导入

相传有一天一对中年夫妻，来到哈佛大学，他们穿着非常朴素、简单。秘书一看他迅速做出了判断：他们不会跟哈佛有任何业务往来的。然后秘书说，"我们校长太忙了，时刻都在忙。"中年夫妻就说，"没有关系，我们可以等他。"然后就没人理他们。秘书心想，我们冷淡了他们，他们一定会迅速地离开。但是没想到他们一直在等，后来这位秘书没有办法，就跟校长说，"您就见一见他们吧，没准见了马上就走了。"校长非常不情愿地见了他们，这对夫妻对校长说，"我们的儿子非常喜欢这所学校，但是很不幸，一年前由于染病去世了，我们想给学校捐一个纪念物。"校长说，"如果每一个喜欢哈佛大学的人去世了，我们都建设一个纪念碑的话，我们哈佛大学岂不成墓地了吗？"然后这对夫妇说，"我们不是要建纪念碑，我们要捐一个建筑物。"校长不但没有被感动，反倒觉得很好笑，反问他们："你知道哈佛大学的一栋楼多少钱吗？我们的建筑总的价值达到了七百五十万美元。"这对中年夫妻沉默了。

在回去的路上，妻子转过头跟丈夫说，"七百五十万就可以建一所大学，那么何不建一所大学来纪念我们自己的儿子呢？"于是，他们在加州建立了一所新的大学，也就是后来的斯坦福大学。

这对夫妇，丈夫是当时的加州铁路大王、曾担任加州州长的利兰·斯坦福。

哈佛大学的校长由于没有倾听对方全部的信息，主观地做出判断，使哈佛大学失去一个非常好的发展机会。这个故事说明：不能主观臆断，要善于倾听全部的信息。

▶ 任务描述

沟通的前提是倾听，要学会更好地沟通，就要先学会倾听的技巧。

▶ 知识平台

微课 0－6

课件 0－5

一、 倾听的内涵

什么是倾听？倾听是接受口头和肢体语言信息、确定其含义和对此做出反应的过程。

说、听、问是口语交际中最基本的三种语言形态。其中，倾听作为常用的沟通方式，使用的频率很高，例如，听课、听报告、参加会议、观赏影视艺术、与人聊天、营销、新闻采访，等等。研究表明，人们在沟通中，40%的时间用于听，16%的时间用于写，35%的时间用于说，9%的时间用于读。可见，人们用于倾听的时间比其他任何一种沟通方式所用的时间都要多。但在沟通中用时最多的"听"的技巧，我们在学校时却少有训练。就算有，也大多为了学习和考试，以至于我们的倾听能力是听说读写能力中最弱的一项。例如，听课，一节课下来，有的同学什么都没听着；有的同学觉得自己听到并记住了很多东西，和别人一对照，却发现有很大的误差。听而不闻、听不清楚、记不住、理解错误……凡此种种，都说明有相当一部分人不会倾听或者说是被动的无效的倾听。当我们进入社会，在职业生涯中，倾听感悟的能力，即通过倾听对交谈者所阐述内容进行解读的能力，将直接影响我们的职业与人生的发展。因此，要做一个好的交谈者，首先必须做一个好的倾听者。

小贴士

"钢盔"的诞生

第一次世界大战中，一位叫亚德里安的将军，利用战斗的间隙到战地医院探望伤员。走进病房，他静静地坐在床边，耐心地听每一位伤员叙述战斗过程和死里逃生的经历。其中一位炊事兵绘声绘色地说，炮弹呼啸而来，正当弹片横飞之际，他急忙把铁锅扣在自己的头上才幸免一死。听到这里，亚德里安将军略有所悟地点点头，脸上露出赞赏的微笑。后来，他发布了一道命令：让每个战士都戴上一个"铁锅"。于是，在人类战争史上，"钢盔"这个重要发明，就因为一位将军耐心地倾听一个炊事兵的"唠叨"而诞生了。

(一) 主动倾听

口语交际是一种双向交流的过程，这就要求双方既要说，又要注意听。听是说的前提，说是听的目的。只有努力了解对方讲话的内容，专心记住交谈的关键信息，并做出正确的判断和反应，口语交际活动才能进行下去。因此，在口语交际活动中，我们要学会主动倾听和有效倾听。

当我们不仅仅是把注意力集中在他人所说的内容，还把重要的观点在头脑中进行勾画，并考虑提出问题或对提出的观点进行质疑时，我们就成为一个主动倾听者。

(二) 主动倾听的四种方式

(1) 获取信息式倾听。其构成要素包括：① 清楚对方所讲的中心思想；② 明白支持性主要观点；③ 预言接下来说的内容；④ 所讲的观点联系自我经验。

(2) 批判式倾听。批判式倾听包括获取信息式倾听所有的构成要素。在批判式倾听中，听者还应该对所听到的内容进行评价和质疑。这些质疑可以在听者的头脑中进行，或者可以直接向说话者表达。一般来说，所有沟通中的倾听都应当是批判式的。

(3) 情感移入式倾听。倾听者要投入到对方的情感中去，按照他人的观点来理解其感受。

（4）享乐式倾听。为了乐趣而倾听，听音乐、听戏曲、听相声等，被称为享乐式倾听。

（三）　主动倾听的五种方法

（1）对内容的复述，用自己的话来反馈对方的意思。
（2）模仿对方的情绪，确定感受到的对方情绪是否准确。
（3）说出自己的感受，这种方法在生气时尤为有效。
（4）询问信息或进一步明确对方的意思。
（5）表明愿意解决问题的态度。

主动倾听需要时间和精力，主动倾听只有在真正接受对方的观点和情感时才是最有效的。

二、　有效倾听

（一）　倾听的五个层次

有效的倾听方法是可以通过学习获取的。分析并认清自己的倾听技巧所处的层次，将有助于成为一名高效率的倾听者。按照影响倾听效率的行为特征，可以把倾听分为五个层次。

（1）第一层次：心不在焉地听。倾听者心不在焉，看似正在听，实际上心里考虑着其他与谈话内容毫无关联的事情，几乎没有注意对方所说的话。这种倾听者感兴趣的不是听，而是说，有可能正迫不及待地想要说话。这种层次上的倾听，往往不会取得很好的沟通效果，甚至导致人际关系的破裂，是一种极其危险的倾听方式。

（2）第二层次：被动消极地听。倾听者竖起了耳朵，却没有敞开心扉，只是被动消极地听。有的倾听者经常通过点头来表示正在倾听，而讲话者却以为所说的话对方完全听懂了，实际上，倾听者看似在听，但听到多少、理解多少常常是个未知数。这种层次上的倾听，常常导致一定的误解，失去真正交流的机会。

（3）第三层次：有选择性地听。对于自己感兴趣的话，倾听者会仔细认真地听，而把不合口味的东西统统地屏蔽掉，越是层次高的人，倾听的水平越容易局限于此。他们有先入为主的观念，和他们一致的意见他们会很感兴趣地听，相左的意见就会直接过滤掉。这样的倾听很容易导致偏听偏信，危害很大。

（4）第四层次：认真专注地听。倾听者认真专注地听对方说话，专心致志地注意对方，聆听对方的话语内容，这是倾听的第四个层次。倾听者虽然自始至终保持认真主动的态度，能够接收对方的绝大部分信息，但是能否解读话语背后的含义，明白说话者的本意、真意，却很难说。

（5）第五层次：设身处地地听。这是一个优秀倾听者的典型特征。倾听的最高层次就是设身处地地听。它要求倾听者带着理解和尊重积极主动地与对方交流。倾听时不仅专注地看着对方的眼睛，而且能够深入对方的心中，站在对方的角度，替对方考虑。这种倾听要求调动身上所有的神经去观察、去感受，让自己感同身受地看待事物，做到和对方心心相印。这种倾听方式在形成良好的人际关系方面起着极其重要的作用。

现实生活中，大约25%的人只能做到第一层次的倾听，40%的人能够做到第二层次的倾听，25%的人能够做到第三层次的倾听，达到第四层次、第五层次水平上的倾听者最多只有10%。可见，完全做到有效倾听的人是极少数，倾听作为有效的沟通方法，并没有引起我们足够的重视。

（二） 有效倾听的十种方法

每个人都应该重视倾听，提高自身的倾听技巧，做一个优秀的倾听者。通过有效的倾听方法可以表示出对他人所说内容的兴趣，还可以表示对他人的看重和尊重，从而享受一种积极、双赢的沟通过程。

（1）专注地看着对方。人们判断对方是否在聆听和接收自己的说话内容，往往是根据对方是否看着自己来做出结论的。没有比真心对对方感兴趣更使他们受宠若惊的了。有的人听的时候心不在焉，一边听一边看电脑或者忙其他事情，别人本来有很多的建议或想法与他沟通交流，看到这种情况，感觉受到冷落，便闭口不谈了。所以，沟通时一定要专注看着对方。

（2）不要中途随意打断他人的话。随意打断别人讲话，不仅是缺乏教养、没有礼貌的行为，而且还会错过许多重要信息，甚至产生误解和偏见。

小贴士

主持人问："小朋友，你长大了做什么？"

小朋友答："飞机驾驶员。"

主持人问："如果飞机快没有油了，飞机上有很多旅客，但只有一个降落伞，你怎么办？"

小朋友答："旅客系好安全带，我背着降落伞跳下去。"

观众大笑。小朋友伤心地哭了。

他难过地说："我本来是想先跳下去，去取油，再来救大家，可你们没有听我说完。"

（3）沟通的时候要点头微笑。沟通的时候要不断地回应对方，要不断地点头、微笑，对方就会有表达的欲望，继续讲下去。如果对方讲了半天，倾听者没有丝毫反应，也没有任何表情，那么对方的积极性就会受到重大打击。

（4）适当地提问并复述对方的意思。倾听的时候，要适当地提问，并复述对方的意思，特别是一些重要信息或不懂的地方要跟对方确认一下。这样他会觉得你在认真听，也就更愿意表达了。

（5）说话之前先暂停三到五秒。这样做有几层含义：一是确定对方确实已经讲完，二是表示对他的话经过了认真思考，三是引起对方的注意，同时这也是对对方的一种尊重。

（6）不理解可以马上提出来。如果没有听清楚，没有理解，或是想得到更多的信息，应当在适当的情况下告知对方。这样做，一方面会使对方感到倾听者的确在听他讲话，另一方面也有利于倾听者继续有效地进行倾听。

（7）不仅倾听内容，更要倾听感觉。中国人说话讲究委婉含蓄，所以有的时候对方所说的话与其内心需求并不完全一致，甚至相反。这时候，既要倾听他表面的话语意思，更要洞悉他内心的真实想法。比如，家里来了一位客人，问他是否喝茶，他一般会说不喝。而如果把茶端到他面前，他一般会喝的。问他是否吃个苹果，他也会说不吃，而真把削好的苹果放在他手里，他会吃得津津有味。所以，倾听时需要我们用心观察对方的表情，揣摩他的感觉，读懂他的真实意思，进而更好地与他沟通。

（8）听到不同意见时不要屏蔽信息，不要妄下结论。很多人经常犯这样一个错误，听到不同意见时，或者把信息屏蔽掉，或者轻易下结论。当心中已经对某事做了判断时，就不会再倾听他人的意见，沟通也就被迫终止了。所以，我们要尽量保留自己的判断，直到事情清楚、证据确凿为止。

（9）抑制争论的念头。沟通的目的是交流信息，而不是辩论，争论对沟通没有任何好处，只会引起不必要的冲突。所以，倾听的时候要学会控制自己，抑制与对方争论的冲动，放松心情，找到解决分歧的方法。

（10）听懂对方话语中的关键词。所谓关键词，指的是描绘具体事实的字眼，这些字眼透露出某些关键信息，同时也显示出对方的兴趣和情绪所在。透过关键词，可以看出对方喜欢的话题，以及对人的信任度，同时也可以帮助我们决定如何响应对方的说法，更好地回应和反馈。

📖 | 案例分析

案例一　✉

在公共汽车上，你无意中听到两位妇女聊天。

"听说你家晶晶今天就要去祥源公司了，那公司不错啊！"

"唉！别提了。她们三个女同学一块儿去面试的，竟一个也没被录用。昨天我托熟人去问，原来财务部经理说她不愿老是当'妇联主任'……"

思考：

从两人的对话中可以听出，祥源公司最近在招聘，而且希望招个男生。如果恰好你是一名求职者，可以根据这个无意听来的信息，搜集其中的关键词以及重要的信息为自己所用。

1）请逐一列举你从这段对话中听出的信息。

2）假设你是会计专业的男性毕业生，尚未找到工作，接下来你会怎么做？

案例二　✉

周文是一家公司的销售经理，短短半年，为公司创造了数百万元的利润，他把自己的业绩归结为四个字——有效倾听。在与客户沟通谈判的时候，他很注重倾听顾客的需求和意见，记录下一些关键点，并逐一复述，与顾客核实：顾客的需求是什么？对价格是否敏感？他们需要什么样的附加服务？顾客为什么拒绝？等。在倾听过程中遇到不清楚的地方，他也会及时地与顾客沟通、核实。他的这种工作方式赢得很多顾客的欣赏，有的顾客说："我们都厌倦了那种滔滔不绝的硬性推销，那样我们会有一种被强迫的感觉，很有压力，但和周经理沟通就没有那种感觉。和他沟通很轻松、很和谐，所以我们也愿意和他做生意。"周文也坦言："做一个耐心的倾听者有时候很辛苦，难免花费很多时间，但有效果，所以值得去做。"

例文评析：

在人际沟通过程中，我们首先要学会倾听和了解别人，因为只有懂得倾听，我们才能赢得对方的信赖和好感，使沟通顺利进行。周文作为一名销售经理，他在跟客户的沟通中注意沟通方式，注重倾听技巧，达到了与客户有效沟通，从而为公司创造了数百万的利润，自己也得到公司的重用。

💡 | 拓展延伸

倾听的三种境界

1. 当一位好的倾听者

（1）了解倾听的方式与要求。不管在何种言语交际情况下，听人说话，都应该听清楚、听明白，这是最起码的要求。言语沟通总是受沟通者彼此之间的身份地位的影响，受沟通目的的制约，因此而形成三种最常见的听话状态，即只听不说、多听少说、边听边说。不管在哪种状态，都必须听，虽然听话的方式与要求不尽相同。

（2）在交流沟通中学会主动倾听和有效倾听。学会听，听得懂，记得住，是倾听的三种境界。亨利塔是纽约市中心人事局的工作介绍顾问。初到人事局的头几个月，亨利塔在同事当中一个朋友都没有。为什么呢？因为她每天都使劲吹嘘她在工作介绍方面的成绩，她新开的存款户头以及她所做的每一件事情。她说这些，是想让同事们分享她的快乐，进而喜欢自己，但是事与愿违。听了卡耐基的交际培训课后，亨利塔意识到自己以前的做法不妥。于是，在以后的工作中，她一改自己不停说话的习惯，有意识地仔细听同事们的谈话。"现在，当我们有时间在一起闲聊的时候，我就请他们把自己的快乐告诉我，好让我分享。而只在他们问我的时候，我才简略地说一下自己的成就。"现在，亨利塔成了单位里人缘最好的人。

（3）有意识地训练自己的倾听能力和倾听技巧。当一位好的倾听者，对于提高自身的领悟能力、提高沟通效率尤为重要。因此，要重视倾听，并通过倾听训练，提高自己对语言和体态语言的正确理解和反应能力，能很好地理解说话者的真正含义，并与自己的经验联系起来，形成自己的知识系统。

2. 倾听能力的养成

要在人际交往中做一名好的倾听者，达到倾听的三种境界，倾听能力的养成必不可少。倾听能力是由多方面能力构成的，其中最基本的能力有三种。

（1）注意力。这是指在倾听过程中所表现出来的情感、情绪、思维指向程度。指向程度越高，注意力越集中，听话的效果就越好，听得清，听得懂，而且记得住。指向程度低，注意力不集中，听话效果就差，既不入耳，更不入心，即便听了一部分，也是不准确，不连贯的。譬如，同处在一个教室，同听一个老师讲课，有的同学就能心领神会，举一反三；而有的同学却丢三落四，茫然不知所措。究其原因，很大程度取决于其听课的注意力集中与否，前者聚精会神，专心致志；后者心猿意马，心不在焉。

注意力为什么会不集中呢？这是因为在实际的倾听过程中，有很多因素会分散我们的注意力。这些因素包括：

1）认知失调。在两种或更多相互对立的态度面前感到矛盾，无所适从。焦虑是倾听的干扰因素，一个人处于极度焦虑的状况中，就不能很好地去倾听。

2）被动倾听。对一些无意义或自己不感兴趣的东西，人们往往表现为被动倾听。

（2）记忆力。听人说话，要记得住、记得牢。倾听中的记忆与阅读中的记忆有所不同。前者是瞬间记忆、一次性记忆；后者是长时记忆、反复记忆。要在别人说话的当时就能把话语记住，大体有如下几种方法：一是择要记忆。只记观点、要点、结论、数据，其他的能记住多少算多少。二是逻辑记忆。说话总有一定的逻辑思路，或者是由事而理的归纳，或者是层层推导的演绎，或者是同类、正反的比较。按照一定的逻辑思路倾听，自然就记住了。三是瞬间强记。不仅一字一句听清楚，听明白，还不妨默默背诵几遍，最好将说话者当时的声音、神态、动作都记住。这种记忆很可能就成了终生记忆。

要培养倾听中良好的记忆能力，关键一是要用心，专心致志地倾听；二是要理解。记忆有两种，一种是机械记忆，一种是理解记忆。前者死记硬背，记忆不会长久；后者是用心体会、领悟、理解，只有理解了话语，才会记得住，记得长久。三是要养成良好的记忆习惯，听话必记，并且力争记全、记准，长此以往，便能养成很强的记忆能力。

（3）听辨能力。听辨能力是人们在言语交际中形成的一种特有的智力。这种能力主要表现在语音辨析，语意理解和话语评析几个方面。

1）语音辨析。倾听是通过语音辨析来理解语音符号含义的。语音，在表达话语意义的同时，还传导说话者的情感、情绪、态度。因此，倾听者既要从语音中听出语音符号本身的含义，还要从语音的高低、轻重、缓急以及语气中，体味到说话者的情感、心态、意图。除此之外，对于那些一词多义、一词双关、同音异义的语词、语句，还要特别注意加以辨析。

2）语意理解。倾听的关键在于对语意的理解。首先是对词语、语句、语段乃至整篇做出正确的理解。其次是理解观点，理解意图。再次，对那些比喻、象征、反语、委婉、幽默、模糊、诡辩等的语句或语段，还要做出特别的理解与领悟，以便从中悟出"言外之意"。

3）话语评析。倾听不只是接收与理解，还应该在听话的同时，及时做出分析评价。这些评析主要包括：话语内容是否正确，是否合理，是否得当，是否得体，有何特别之处。还有一点要指出，即口语表达常常因为省略、节缩、松散等原因，导致说出的话语不很严密，不很规范，甚至还会出现病句。对于这种现象，倾听者不仅要能辨析出来，还要善于及时加以补正或还原。

实践演练

演练一：鹦鹉学舌

1. 演练目标

训练倾听者注意力的抗干扰性，提高听觉的敏锐性。

2. 演练过程

（1）播放一段相声录音，播放过程中教师同时慢读近期的数条新闻，学生速记新闻。

（2）每组派一名代表就录音内容做简要复述，同时评选出最佳小组。

3. 演练提示

（1）播放录音的声音不宜过大，以训练倾听者注意力的专注性；录音材料的内容不宜过短，以训练倾听者注意力的持久性；内容不宜过于简单，以训练倾听者注意力的稳定性。但应遵循循序渐进的原则逐步增加训练的难度。播放前教师可就训练要求做一些提示，如倾听时要耐心、沉住气、防止烦躁情绪，听后要做复述练习，可做记录，等等。

（2）听辨的内容要完整连贯。

（3）评选最佳小组前，教师要将评分标准告知学生。

演练二：快速传话

1. 演练目标

训练规定时间的强记能力，培养快速记忆的能力

2. 演练过程

（1）以小组为单位，按纵式队列站好。

（2）每组站在最后一位的学生到讲台领取教师事先准备好的纸条并用30秒的时间记住纸条上所写的内容。

（3）回到原位，用耳语告诉前一位同学纸条上的内容，然后一个接一个地用耳语传下去，最后一人宣布所听到的内容。教师将纸条上的内容念一遍，让大家知道内容的真相。

整个活动计时5分钟。时间一到即停止传话，未完成的组淘汰出局。

3. 演练提示

（1）不能用笔做记录，只能一个接一个地顺接，不能越过一些人直接对前面的人说，声音保持耳语音量，不能让第三人听见。违反规定的组将被淘汰出局。

（2）每张纸条上的内容难度尽量均衡，都应当由文字和数字组成，字数在50字为宜。

演练三：旁听者

1. 演练要求

（1）时间控制：30 ~ 45 分钟左右。

（2）场地：室内。

2. 演练过程

（1）将演练者分 A、B 两组面对面坐或站立。

（2）指导者把要讨论的题目告诉 A 组成员，A 组成员就问题表达自己的想法或观点，但不能直接说出讨论的题目，B 组成员旁听；3 分钟后，B 组成员就听到的内容进行陈述。

（3）5 分钟后，角色转换，指导者把另一个讨论的题目告诉 B 组成员进行讨论，A 组成员旁听，流程如上。

（4）在演练最后一个阶段，所有演练者围坐成一个大圈，并就刚才讨论的内容发表各自的意见。

3. 训练反思

（1）旁听者陈述的内容是讨论者讨论的题目及观点吗？

（2）作为旁听者，你们在倾听的过程中是如何确定对方讨论的问题及他们的观点的？

（3）作为旁听者，如果听到的内容与讨论者实际讨论的题目不一致，主要原因是什么？

演练四：讨论电影计划

1. 演练要求

（1）时间控制：10 分钟。

（2）场地：室内。

（3）所需道具：印有《任务表》的纸张，每小组一张。

任务表

姓名	A	B
任务 1	最终达成的结果是什么？	
任务 2	最终达成的结果是什么？	
	与任务 1 的结果有何不同？	
	如果本次交流确有进展，为什么？	

2. 演练过程

（1）演练者分成 2 人一组，其中一人角色为 A，另一人角色为 B，允许演练者自由组合。每组有 1 分钟时间一起安排下周末去看电影的计划。

（2）任务 1：时间为 5 分钟。

1）A 提出一个建议。例如，"我们一起去看电影吗？"

2）B 采用"好的，但是……"这样的句式来回答。例如，"好的，但是我想去游乐场更好玩儿。"

3）A 也用"好的，但是……"这样的句式来表达自己的意愿。

4）AB 均采用这样的句式进行交流，直至时间结束为止。

（3）任务 2：时间为 5 分钟。

1）A用同样的建议开始这次对话。

2）B采用"好的，而且……"这样的句式对对方的建议做出反应。例如，"好吧，而且我们看完电影以后可以一起去吃饭。"

3）5分钟后结束本次交流。

（4）小组成员完成任务表。

3. 演练反思

（1）现实生活中你遇到过类似的情况吗？你经常采用哪种方式来回应对方？你认为哪种交流方式更有利于有效的沟通？

（2）总结一些常用的肯定性词语和常用的否定性词语。

（3）当你不同意他人观点时，怎样用肯定性词语来回应对方？

演练五：案例分析

某公司总裁交代他的秘书说："你帮我查查我们华东分公司目前有多少人，下周一我向董事局汇报工作时要用到。"于是，这位秘书打电话给华东分公司的秘书说："公司总裁需要一份你们公司所有工作人员的详细名单和档案。你准备一下，两天内交给我。"于是，分公司秘书就告诉经理说："总部需要一份我们公司全体工作人员的名单、档案和其他相关材料，需要尽快送到。"结果第二天上午，两大箱的员工资料出现在该公司的总部大楼里。

思考：

1）从倾听的角度分析导致这种结果的原因。

2）分小组角色扮演，展示处理任务情境的过程和结果，然后讨论沟通过程中应掌握倾听的哪些能力和技巧。

演练六：阅读思考

小杨是某大学广告专业学生，下学期即将毕业，目前正在一家大型公司的销售部做兼职。小杨工作十分出色，销售部冯经理对她的工作非常认可，向高层汇报小杨工作时全是赞美之词，并承诺待小杨毕业后立刻雇佣她，让她领导公司里新成立的媒体研究部。

小杨对此受宠若惊，但她对这个新职位并不感兴趣，但她从来没有告诉冯经理她对当前工作以及将来工作的想法。因为冯经理培养了小杨，并且对每个人都夸赞她，小杨对冯经理十分忠诚并心怀感激。小杨觉得如果拒绝这项工作就等于背叛了冯经理。但几个星期后，小杨还是决定辞职，她不知道如何面对冯经理，觉得有点难以启齿，便一直拖到她要辞职的那天。

那天冯经理准备出差，小杨走进经理办公室，当时还有其他人在里面讨论项目。冯经理问小杨什么事情，小杨回答说："我要辞职。"

冯经理大吃一惊，问小杨为什么要辞职，心里还想着该怎样处理小杨正在负责的项目。小杨为未能早些通知他而道歉，并解释说从明天开始就要在其他地方做兼职。冯经理对这位下属非常失望，说："如果你早点告诉我，我还能慢慢将项目交给其他人，现在可怎么办？"

思考：

1）小杨应该怎样处理辞职一事？

2）你认为小杨应该在何时、何地、以何种方式提出辞职？如果换一个环境，冯经理会理解她吗？

3）冯经理哪些做法使得小杨不愿沟通？

任务 4 了解沟通对象能力训练

情境导入

在《杜拉拉升职记》中，玫瑰是杜拉拉的上司，她要求杜拉拉做一份广州办事处的行政报告。杜拉拉了解到玫瑰曾经是上海办事处的主管，因此她研究了由玫瑰撰写的上海办事处行政报告的格式，确认大致适合广州办事处使用后，她就直接用上海办事处行政报告的格式取代了广州办事处行政报告原来的格式。这一举措果然获得了玫瑰的赞赏，进入公司不到半年，就被提拔为行政主管。

为什么杜拉拉能够获得上司的赞赏，并得以晋升？

任务描述

在沟通中，应该运用哪些方法去了解沟通对象？

知识平台

微课 0-7

一、 了解沟通对象的特征

（一） 性格特征

根据性格的不同，一般可把职场人士分为力量型、完美型、活泼型、和平型四种类型，各种性格类型的行为特点及沟通策略见表 0-4。

表 0-4　各种性格类型的行为特点及沟通策略

性格类型	行为特点	沟通策略
力量型	擅长：做 优点：善于管理、主动积极 弱点：缺乏耐心、感觉迟钝 反感：优柔寡断 追求：工作效率、支配地位 担心：被驱动、强迫 动机：获胜、成功	承认他们是天生的领导者 表示支持他们的意愿和目标 从务实的角度考虑 方案分析简洁明确、便于选择 开门见山、直切主题 重结果与机会、不拘泥于过程与形式

（续）

性格类型	行为特点	沟通策略
完美型	擅长：想 优点：做事讲求条理、善于分析 弱点：完美主义、过于苛刻 反感：盲目行事 追求：精细准确、一丝不苟 担心：批评与非议 动机：进步	知道他们敏感而容易受到伤害 提出周到有条不紊的办法 具体实践诺言 更细致、更精确和理智 列出计划的长、短处 不要越轨、遵循规章制度
活泼型	擅长：说 优点：善于劝导、重视人际关系 弱点：缺乏条理、粗心大意 反感：循规蹈矩 追求：广受欢迎与喝彩 担心：失去声望 动机：别人的认同	对他们的观点、看法，甚至梦想表示支持 理解他们说话不会三思 容忍离经叛道、新奇的行为 要热情随和、潇洒大方 协助他们提高形象 细节琐事不让他们过多参与 要懂得他们是善意的
和平型	擅长：听 优点：恪尽职守、善于倾听 弱点：过于敏感、缺乏主见 反感：感觉迟钝 追求：被人接受、生活稳定 担心：突然的变革 动机：团结、归属感	懂得他们需要直接的推动 帮助他们订立目标并争取回报 迫使他们做决定 主动表示对他们情感的关注 不要急于获得信任 有意见时，从感情角度去谈 放慢节奏、重视礼节 积极地听、鼓励他们说

（二）兴趣爱好

了解对方的兴趣爱好，便于切入话题，从而有利于沟通活动的开展。兴趣可以概括为以下几种类别：

1）物质兴趣和精神兴趣。物质兴趣主要指人们对舒适的物质生活的兴趣和追求；精神兴趣主要指人们对精神生活的兴趣和追求。

2）直接兴趣和间接兴趣。直接兴趣是指对客观事物或活动过程本身的兴趣。间接兴趣主要指对客观事物或活动过程所产生的结果的兴趣。

（三）价值观

价值观是指个体对客观事物（包括人、事、物）的意义、重要性的总评价和总看法。一般可以分为如下几种：

1）理性价值观。以知识和真理为中心，把追求真理看得高于一切。

2）美的价值观。以外形协调和匀称为中心，把美和协调看得比什么都重要。

3）政治性价值观。以权力地位为中心的价值观，这一类型的人把权力和地位看得最有价值。

4）社会性价值观。以群体和他人为中心的价值观，这种人认为为群体、他人服务是最有价值的。

5）经济性价值观。以有效和实惠为中心，认为实惠的就是最有价值的。

6）宗教性价值观。以信仰为中心，认为信仰是人生最有价值的。

7）教育价值观。以学习为乐，认为终身学习，不断提高是人生的价值所在。

二、 了解沟通对象的方法

（一） 观察法

通过对沟通对象形象、姿态的观察，了解其爱好特征；通过举止、神态、表情等生理变化和表情动作，判别沟通对象的情绪；观察沟通对象的言谈举止，了解其觉悟高低、作风好坏、能力大小等。

（二） 模仿法

通过模仿沟通对象日常的着装品位、"招牌"动作、说话方式等，从潜意识中了解沟通对象的思维方式及逻辑。

（三） 同类比较法

通过了解与沟通对象性格相近的参照对象对同一问题的看法和态度，分析、判断沟通对象的性格特征、兴趣爱好、价值取向等。

（四） 定岗识人法

通过了解沟通对象比较固定的工作岗位的职责和要求，了解沟通对象的基本特征。

三、 了解沟通对象的渠道

（一） 职业

通过对沟通对象从事职业的深入分析，了解其价值观。一般来说，每一种职业都有明显的价值倾向，从事这一职业的人，必然会受职业工作的感染。

（二） 着装

通过沟通对象对不同款式与颜色的服饰偏好，了解其性格、喜好等特征。

（三） 体态

自信的人，走路时常常昂首挺胸；自卑的人，行走时常常低头望路。通过一个人的行为举止，可推断出其主要的性格特征。

（四） 朋友

通过对沟通对象的交往对象的了解，间接推断沟通对象的价值倾向、生活态度、行为习惯等。

（五） 网络信息

很多人喜欢用 BLOG、QQ 空间、微信朋友圈等网络工具来记录自己的经历或对某事的感想，若能了解沟通对象的这些网上信息，可以从侧面了解沟通对象的一些情况。

案例分析

例文

敏感的文字——"散伙"

王小姐是一家广告公司的总经理。年初，公司与电视台签订了合同，承办了电视台半小时的汽车栏目。为了办好这个栏目，公司引进了一位新的合伙人，新的合伙人非常有能力，缺点也同样明显。王小姐与新合伙人在工作中产生了一些摩擦，有时会因为一些小事情产生争执。一天，因为王小姐修改了新合伙人的方案，俩人产生了争执。王小姐随口说："不行就散伙吧。"合伙人听了之后没再说什么，但是，从那天起，俩人矛盾逐渐加深。后来，合伙人对王小姐讲述了自己的看法，觉得王小姐说出的"散伙"二字特别刺耳。王小姐才知道，这个合伙人几年前离了婚，所以对"散伙"二字特别敏感。

例文评析：

其实王小姐不是真的想"散伙"，只是随口说出，却使用了对方无法接受的语言。在沟通中，我们要尽量了解对方，选择对方能够接受的方式进行沟通，这是沟通获得成功的前提。

拓展延伸

通过行为习惯了解他人性格

不同性格的人，会有不同的行为方式，了解并掌握以下行为特点有助于判断他人的性格特征。

（一）从握手的习惯了解人的性格

1）无精打采型。这种人握手时，手指头软弱无力，握得不紧，常见于悲观、犹豫不决的人。

2）大力士型。这种人握手时，用劲大，等对方有畏缩或表示激动的反应时，才肯松手。这是一种性格鲁莽，喜欢以体力标榜自己的人。

3）踌躇型。这种人无法决定自己要不要跟别人握手。这是一种前怕狼后怕虎、遇事迟疑不决、缺乏判断力的人。

4）保守型。这种人握手时，手臂不愿伸长，肘部的弯曲度成直角，手臂喜欢贴近身体，充分显示出谨慎与保守的个性。

5）强迫型。这种人从不肯放过任何可以同人握手的机会。不论是向对方告别、访问或者是偶尔邂逅，总是不论亲疏地先伸出手与对方相握。这种近乎强迫性的握手动作，反映出他内心的不安和自卑。

6）敷衍型。这种人把握手看成是应付人的例行公事。握手时仅把手指头伸向对方，毫无诚意可言。这是一种做事草率、怠惰成性的人。

7）粗犷型。这种人握手时，动作比较粗犷，不但紧握对方的手，还会加上不停摇晃的动作。这种人具有坚定的意志，秉性刚强。

8）说教型。这种人常先握住对方的手，以示好感，随之便滔滔不绝地向对方发起宣传攻势，不达目的，誓不放手。这种人往往是机会主义者，善于利用别人来满足自己的欲望。

9）统御型。这种人在握手前先凝视对方片刻，或在握手时翻过手腕把他人的手掌压在自己的手掌下方。这种人具有强烈的统御欲，企图通过握手使对方处于心理上的劣势。

10）自我型。在宴会等多人聚集的场合，能够轻松自如地和陌生人握手，具有旺盛的自我表现欲。

（二）从站姿了解人的性格

1）站立时习惯把双手插入裤袋的人。城府较深，不轻易向人表露内心的情绪。性格偏于保守、内向。凡事步步为营，警觉性极高，不肯轻信别人。

2）站立时常把双手置于臀部的人。自主性强，处事认真，不轻率，具有驾驭一切的能力。他们最大的缺点是主观，性格表现为固执。

3）站立时喜欢把双手叠放于胸前的人。这种人性格坚强，不屈不挠，不轻易向困境和压力低头。但是由于过分重视个人利益，与人交往经常摆出一副自我保护的防范姿态，拒人于千里之外，令人难以接近。

4）站立时将双手握置于背后的人。性格特点是奉公守法，尊重权威，极富责任感，不过有时情绪不稳定，往往令人感到莫测高深，最大的优点是富于耐性，而且能够接受新思想和新观点。

5）站立时习惯把一只手插入裤袋，另一只手放在身旁的人。性格复杂多变，有时会极易与人相处，推心置腹；有时则冷若冰霜，对人处处提防，为自己筑起一道防护网。

6）站立时两手双握置于胸前的人。其性格表现为成竹在胸，对自己的所作所为充满成功感，虽然不至于睥睨一切，但却踌躇满志，信心十足。

7）站立时双脚合并，双手垂置身旁的人。性格特点诚实可靠，循规蹈矩且生性坚毅，不会向任何困难屈服低头。

8）站立时不能静立，不断改变站立姿态的人。性格急躁，暴烈，身心经常处于紧张的状态，而且不断改变自己的思想观念。在生活方面喜欢接受新的挑战，是一个典型的行动主义者。

实践演练

演练一：了解沟通对象的基本特征

1．演练要求

（1）时间控制：30分钟。

（2）场地：室内，椅子围成一圈，中间没有桌椅的阻隔。

（3）所需道具：每人准备一张写有自己名字的卡片。

2．演练过程

（1）演练者交上自己准备的名字卡片，卡片打乱混放。

（2）演练者用10分钟时间互相认识，要尽量认识更多的人。

（3）10分钟后，演练者停止说话，围成一个圆圈站立；

（4）每位演练者随机抽取一张卡片，并站到自己抽到的卡片主人的右边，组成一个新的圆圈。

（5）演练者出示卡片，看有多少人找错了位置。

（6）出现偏差的演练者再次寻找卡片的主人，以此类推，直到所有演练者都站对位置。

3．演练反思

（1）怎样可以迅速地找对卡片的主人？一般来说，可以通过什么方法记住初次见面的人？

（2）还有哪些方法可以了解初次沟通对象的基本特征？

演练二：了解沟通对象的行为习惯

1. 演练要求

（1）时间控制：30 分钟。

（2）场地：不限。

2. 演练过程

（1）演练者 6 人一组，围成一圈。

（2）每位演练者与自己相邻的两名演练者自由活动交流 5 分钟，要求仔细观察与自己相邻的训练者。

（3）每位演练者出列，对自己右边的演练者进行模仿，可以模仿他的声音、表情及动作等。

（4）小组内所有演练者的模仿结束后，评选出模仿最逼真的演练者并给予一定的奖励。

（5）演练结束后，获胜者分享他的"模仿"心得。

3. 演练反思

（1）你是通过什么方法模仿"他人"的？在模仿过程中，主要模仿"他人"哪些方面？

（2）在模仿"他人"过程中，你能通过对其行为的模仿从而体会"他人"目前所处的状态吗？

演练三：了解沟通对象的性格类型

1. 演练要求

（1）时间控制：30 分钟。

（2）场地：不限。

（3）所需道具：《角色分配表》数张，笔数支。

2. 演练过程

（1）演练者 8 人一组，围成一圈。

（2）演练任务：假如你现在是电影《西游记》的导演，请根据性格特征的四种类型给所在小组的成员分类，并在小组中挑选出最适合担任唐僧、孙悟空、猪八戒及沙僧四个角色的人选，然后填写《角色分配表》；

（3）表格填写完成后，小组成员相互传阅表格，统计出小组中每个角色获得最多导演选择的演练者，并询问他自己是否赞同。

（4）小组成员讨论选角的依据。

角色分配表

担任角色	成员名称	行为特点	原因
唐僧			
孙悟空			
猪八戒			
沙僧			

3. 演练反思

（1）近年来，一些学者借用《西游记》中的人物对人的性格进行了生动的分析，孙悟空代表力量型、唐僧代表完美型、猪八戒代表活泼型、沙僧代表和平型，你会给自己选择哪个角色？依据是什么？

_____

_____

（2）你所选择的四个角色（演练者）是否符合上述的性格特点？

_____

（3）可以通过什么方法了解初次见面之人的性格特征？

_____

_____

演练评估

本演练我感触最深的是	
我将在自己的职场沟通实践中做如下改变	
实践计划	预计期限

任务 5 开启沟通渠道训练

情境导入

小王刚到一家新的公司,她碰上一个不苟言笑的 40 多岁女上司。女上司对下属的工作极其挑剔,对于小周这个新人,态度更是严厉,小周每次见到她都非常紧张。有一次,小周在给上司汇报工作后,看到她桌面上放着一本张爱玲的小说,她想到自己也非常喜欢看张爱玲写的书,便无意地问了一句:"经理,您也喜欢张爱玲的小说啊,我也是她的铁杆粉丝,她的每本书我都拜读了。"令小周意外的是,她的话刚说完,经理脸上的表情就丰富了,示意小周坐下,然后愉快地说:"我太喜欢她的小说了,对心理描写很细腻,可惜我工作忙,没有太多时间去细读。"

就这样,两个人从张爱玲谈到了毕淑敏、海岩等,当小周从经理室出来时,两人已俨然是一对要好的朋友。从此,小周找到了和经理相似的地方,打开了沟通渠道,工作关系得到极大的改善。

为什么小周能改善与经理的关系,她的沟通技巧是什么?

任务描述

在初次沟通中,一般宜采用哪些话题来进行?

知识平台

一、 寻找共同点的方法

初次沟通时若能找到与沟通对象的若干共同点,然后展开攀谈交流,后续的沟通一定会顺畅许多。寻找与初次沟通对象共同点的方法,大致有以下几种:

(一) 听口音

听口音寻找共同点的方法很有效,但需要熟悉各地口音,甚至能学会几句比较有标志性的话,当遇到有相关口音的沟通对象时说上两句,很快能拉近彼此之间的距离。

(二) 问家乡

这是一种运用得比较广的方式。了解初次沟通对象的家乡后,可以分以下两种情况进行沟通:若对那个地方熟悉,可与沟通对象共同分享其家乡的特点、特色;若对那个地方不熟悉、不了解,则可以让沟通对象谈谈他们自己认为不错的地方。

(三) 观服饰

从对方的外部形象寻找共同点,如可从服装看出一个人的职业、他的工作环境等,然后据此与自己的情况进行联系。

（四） 谈学校

通过与对方攀谈学校的情况来寻找与其可能存在的共同点。比如，是否校友，是否同一年读书，是否同类型学校，是否同一省份的学校，是否类似专业的……

二、 寻找沟通话题的方法

（一） 围绕事业追求，寻找话题的"闪光点"

任何一个对事业、对人生有追求的人，一旦与其谈起工作、人生方面的话题，就会神采飞扬起来。因此，能紧紧抓住这方面的一些"闪光点"去挖掘话题，定能取得良好的沟通效果。

（二） 围绕兴趣爱好，寻找话题的"共鸣点"

每个人都有自己的兴趣爱好，即使是沉默寡言的人，在谈起自己的兴趣爱好时也会变得口若悬河。在尚不了解对方的兴趣时，可先谈谈自己的兴趣爱好，抛砖引玉，然后在彼此的兴趣爱好里寻求共鸣点，以此增进了解和深化感情。

（三） 围绕环境氛围，寻找话题的"着眼点"

环境氛围是一个动态变化、随意性较强而又具有丰富内涵的话题。一个善于观察事物、分析问题、处理矛盾的人，只要把寻找话题的着眼点放在环境氛围上，话题就会取之不尽、用之不竭。

（四） 围绕社会生活，寻找话题的"兴奋点"

社会生活包罗万象，每个人在生活中总有一些体会最深切的经验、最想说的话、最厌恶或最喜欢的人和事等。如果在沟通中与沟通对象出现"卡壳"情况，可选择对方最兴奋的"点"去突破。

三、 打破沟通僵局的方法

（一） 调侃自嘲

沟通中若出现冷场的局面，可以拿自己的"缺点"或"丑事"作为话题，进行自我调侃，然后随势而行。出现僵局后，要及时调整思路，选择巧妙的角度，改变眼前的被动局面。"多些调侃，少些掩饰；多些自嘲，少些自以为是；多些低姿态，少些趾高气扬"，一定能很好地打破沟通僵局。

（二） 指鹿为马

初次见面，对方的戒备心理一般比较强，为缓和这种情形，有时可以自我主动出错，在哈哈大笑中，打破沉闷的气氛，从而为沟通创造良好的氛围。

（三） 承认错误

应用"承认错误"的方式来打破僵局，比如，"很对不起，今天辛苦你来听我的唠叨""这样来打扰你，真是我的不对"，如此可使对方消除疑虑与不解。

案例分析

例文

不会沟通，从同事到冤家

小贾是公司销售部一名员工，为人比较随和，不喜争执，和同事的关系处得都比较好。但是，前一段时间，不知道为什么，同一部门的小李总是处处和他过不去，有时候还故意在别人面前指桑骂槐，对跟他合作的工作任务也都有意让小贾做得多，甚至还抢了小贾的几个老客户。

起初，小贾觉得都是同事，没什么大不了的，忍一忍就算了。但是，看到小李如此嚣张，小贾一赌气，告到了经理那儿。经理把小李批评了一通。从此，小贾和小李成了冤家。

例文评析：

小贾所遇到的事情是在工作中常常出现的一个问题。在一段时间里，同事小李对他的态度大有改变，小贾应该有所警觉，应该留心是不是哪里出问题了。但是，小贾只是一味地忍让，忍让不是一个好办法，更重要的应该是多沟通。

小贾应该考虑是不是小李有了一些误会，才让他对自己的态度变得这么恶劣，他应该主动及时地和小李进行一次真诚的沟通，比如问问小李是不是自己什么地方做得不对，让他难堪了之类的。没有人喜欢与人结怨的，应在误会和矛盾产生的初期及时沟通，消除误解。

但是结果，小贾到了忍不下去的时候，选择了告状。其实，找主管来说明一些事情，不能说方法不对。关键是怎么处理。可是小贾、部门主管、小李三人犯了一个共同的错误，那就是没有坚持"对事不对人"。主管做事也过于草率，没有起到应有的调节作用，他的一番批评反而加剧了二人之间的矛盾。正确的做法应该是把双方产生误会、矛盾解开，加强员工的沟通，这样处理结果会好得多。

拓展延伸

与人初次沟通应注意的四大技巧

1. 要镇定而充满信心

一般人对于自信的人都会另眼相看。如果有自信心，对方会对你产生好感。相反，如果你畏怯和紧张，可能会使对方产生反感，对你有所保留，使彼此之间的沟通产生阻隔。

2. 要事先准备

在公共交际场合中，如果想认识某一个人，最好预先获得一些他的相关资料，诸如性格、特长及个人兴趣等。有了这些资料，在自我介绍之后，便容易交谈，使关系融洽。

3. 要热诚表示自己渴望认识对方

任何人都希望被他人重视。如果你的态度热诚，所得到的反应也会热烈。

4. 要复述对方的姓名

在获知对方姓名之后，不妨口头重复一次，因为每个人都乐意听到自己的名字，使他有自豪感和满足感。

实践演练

演练一：寻找沟通共同点

1. 演练要求

（1）时间控制：30分钟。

（2）场地：不限。

（3）所需道具：每人一张《个人信息表》，一支笔。

个人信息表

个人信息项	具有同类信息的演练者姓名
你最喜欢的季节是_____	
你出生在____月份	
你最喜欢的体育活动是_____	
你能使用____种语言进行交流	
你最喜欢的歌手是_____	
你最喜欢的颜色是_____	
你最喜欢的一本书是_____	
你最想去的地方是_____	
你是否养过小动物：□是　□否	

2．演练过程

（1）演练者把《个人信息表》中的信息填写完整，要求如实填写。

（2）填完《个人信息表》后，训练者要去寻找具有同类信息的人（只要有一项信息符合即可），请具有同类信息的人在对应的信息项后签名。

（3）最后，得到签名最多的演练者获胜。

3．演练反思

（1）你是通过何种方式找到与自己有共同点的演练者的？请获得签名较多的演练者，谈谈自己的感受。

_____

_____

（2）通过活动，原来不熟悉的演练者之间是不是已加深了对彼此的了解？

_____

_____

演练二：选择沟通话题

1．情境描述

一天下午，上司突然给小马布置工作任务：单位明天将派他去某外贸公司进行业务洽谈，这是一家新的合作单位，经理只告诉小马对方负责接洽的经理姓林，其他情况则没有提及。

2．演练要求

（1）演练者分成若干小组，每组以 5~8 人为宜。

（2）指导者介绍演练情境及思考问题：

假如你是小马，明天准备怎样和林经理沟通？开始的话题选择有哪些？为什么？

（3）各组就上述问题进行讨论并汇总。

（4）各组派代表就本组的观点进行阐述。

3. 演练反思

（1）你为什么首先选择这些话题进行沟通，依据是什么？

_____

_____

（2）你还知道哪些打开话题的沟通方式？你最喜欢哪种方式？为什么？

_____

_____

演练三：如何打破僵局

1. 案例资料

一早到达办公室，经理就觉得小刘似乎有什么心事，原来昨天与客户洽谈的业务没有成功。由于是位初次见面的客户，相互之间不了解，自我介绍之后，小刘似乎无话可说了。经过一分多钟的沉默，还是客户提出先看看小刘带来的资料。由于客户对业务的要求太高，业务最终没有谈成。

2. 课堂讨论

初次沟通时，为什么会经常出现沟通僵局？假如你是小刘，有什么办法来打破初次见面的僵局？

_____

_____

演练四：测试你与他人初次见面时的沟通能力？

1. 测试题目

（1）你是否时常觉得，和他多讲几句没有意思？

（2）你与一大群人或者朋友在一起时，是否常常觉得孤寂或失落？

（3）你是否觉得那些过于表现自己感受的人是肤浅和不诚恳的？

（4）你是否觉得需要有时间一个人静静的待着，才能清醒头脑和整理好思路？

（5）你是否会选择性地对一些朋友吐露自己的心事？

（6）在与一群人交谈时，你是否时常发觉自己在想一些与交谈无关的事情？

（7）你是否时常避免表达自己的感受，因为你认为别人不会理解？

（8）当有人与你交谈或对你讲解一些事情时，你是否时常觉得很难聚精会神地听下去？

（9）当一些你不太熟悉的人对你倾诉他的生平遭遇以求同情时，你是否会觉得不自在？

（10）你是否只想与熟悉的人聊天，与不熟悉的人不想说话？

2. 测评结果分析

（1）如果回答"是"的个数在7~10个，这表示你只有在极度需要的情况下才同别人交谈。即使对方与你志同道合，你仍不会以交谈来发展友情。除非对方主动愿意频频跟你接触，否则你便总处于孤独的个人世界里。

（2）如果回答"是"的个数在4~6个，这表示你比较热衷与别人交朋友。如果对方不太熟悉，你开始时表现得很内向，不太愿意跟对方交流，但随时间的推移你便乐意常常搭话，使彼此有很多共同语言。

（3）如果回答"是"的个数在0~3个，这表示你与别人交谈不成问题。你非常懂得交际，善于营造一种热烈的气氛，善于鼓励对方多开口，使彼此十分投缘。

演练评估

本演练我感触最深的是	
我将在自己的职场沟通实践中做如下改变	
实践计划	预计期限

任务 1 写好书信类文书：请柬

任务描述

某职业技术学院校园艺术节在紧锣密鼓的准备中，各系部筹委会准备邀请一些领导参加，想用请柬来通知他们。请同学们设计一个请柬。

任务目标

- **知识目标**：了解请柬文化，掌握请柬技巧。
- **能力目标**：能从不同角度分析、评述和欣赏请柬；能设计制作一份别出心裁的请柬。
- **素质目标**：通过欣赏和设计请柬，培养和提高学生的审美情趣，并使学生的创意和个性得以充分体现。

任务实施

1）欣赏各种请柬，激发学生兴趣。
2）请学生介绍自己收集的请柬设计，引导学生对请柬设计美感的认识与思考。
3）分小组合作设计大赛请柬初稿。
4）学生展示小组作品，说明创意，教师讲评。

知识平台

微课 1 –1   课件 1 –1

一、 请柬的概念

请柬又称为请帖，是人们在节日和各种红白喜事中请客用的一种简便邀请信。请柬是为邀请宾客参加某一活动时所使用的一种书面形式的通知。

请柬在社会交际中用途广泛，如会议、典礼、晚会等活动，均可以使用请柬。所以请柬在款式和装帧设计上应美观、大方、精致，既可以表示对被邀请者的尊重，又可以表示邀请者对此事的郑重态度。

二、 请柬的种类

(一) 根据请柬的形式分类

1. 卡片式请柬

卡片式请柬是用一张硬卡片，正面印上卡片名称（如生日卡片、宴会卡片）和美术图案，背面空白，用于书写邀请事项。卡片式请柬比较简朴，常用于一般的交际关系。

2. 折叠式请柬

折叠式请柬是将卡片折叠起来，分为内外两部分。卡片外面是请柬的名称及精美图案，里面空白，用于书写邀请事项。比较讲究的请柬，在内里常另附一张写作用纸，并用丝带将写作用纸与封面系在一起。折叠式请柬显得更为郑重、精美，加上考究的装帧，更易于形成礼仪气氛。

折叠式请柬根据开启的方式不同，又可以分为左开式、右开式、下开式、镂空式等。

(二) 根据请柬的书写形式分类

1. 竖式请柬

由右向左纵向书写的请柬就是竖式请柬，这是传统的请柬形式，被称为中式请柬。

2. 横式请柬

横向书写的请柬就是横式请柬，横式请柬是随着中西文化的融合，人们横向阅读书写习惯的养成而逐渐增多的请柬形式，被称为西式请柬。

在日常交际中，可以根据交际活动的性质及交际对象的特点来选用不同的形式。

(三) 根据请柬的内容分类

1. 喜庆请柬

喜庆请柬是指用于婚嫁、寿庆、满月、开张、乔迁、庆典等庆祝活动的请柬。

2. 丧葬请柬

丧葬请柬是指用于报丧的请柬。它的制作以素雅为根本特征，一般为白纸黑字，即使做美术装饰，也必须采用同丧葬礼仪相协调的图案和颜色，一定要体现出庄严肃穆的气氛。

3. 日常应酬请柬

日常应酬请柬是指用于除婚丧嫁娶、节庆礼仪之外的其他活动的请柬。例如，社团聚会、学术交流、送别饯行、接风洗尘等活动，也常常需要发请柬邀请与会者到场。

三、 请柬的特点

（一） 告知性

发请柬的主要目的是告知被邀请者有关情况，因此请柬中一定要准确写明相关活动的时间、地点、内容和要求等，不能出错或遗漏。

（二） 郑重性

发请柬能表明对被邀请者的尊敬，也能表明邀请者的郑重态度，即使被邀请者近在咫尺，也要发送请柬。凡属比较隆重的活动，邀请客人均以请柬为准。

（三） 艺术性

请柬除了具有一般应用文的实用价值之外，也具有特殊的艺术价值。请柬是邀请客人用的，所以在装帧、款式设计上讲究艺术性。通常可以用书法、绘画、剪纸等来装饰请柬，一张精美的请柬会使人感到亲切和愉快。

（四） 及时性

请柬的发送时间要有讲究。如果过早发送，被邀请者容易遗忘；如果过迟发送，被邀请者会来不及准备。

四、 请柬的写作格式

请柬一般由标题、称呼、正文、结尾、落款五部分组成。

（一） 标题

在封面上写"请柬"（请帖）二字，一般要做一些艺术加工，可用美术体的文字，文字可以烫金，也可以有图案装饰等。需说明的是，通常请柬已按照书信格式印制好，发文者只需填写正文即可。封面会直接印上"请柬"或"请帖"字样。

（二） 称呼

要顶格写出被邀请者（单位或个人）的名称或姓名。如"某某单位""某某先生"等。称呼后加上冒号。

如果是写给领导或重要人员时，应事先写上其姓名，然后注明其职位或尊称。

（三） 正文

正文要写清活动内容，如座谈会、联欢晚会、生日派对、国庆宴会、婚礼、寿诞等。写明时间、地点、方式。如果是邀请人看戏或其他表演还应将入场券附上。若有其他要求也需在请柬中注明，如"请准备发言""请准备节目"等。

（四） 结尾

要写上礼节性问候语或恭候语，如"此致、敬礼""顺致、崇高的敬意""敬请光临"等，在古代这叫作"具礼"。

（五）落款

落款处应署上邀请者（单位或个人）的名称和发请柬的日期。分两行写在右下方。

案例分析

例文一

请柬

××同志：

　　为庆祝我校成立二十周年，特定于二〇一九年十月十日下午一时在我校报告厅举行庆祝大会，届时敬请光临。

　　此致

敬礼

×××职业技术学院

二〇一九年九月十日

例文评析：

请柬用词谦恭，语言精练、准确、庄重、得体。

例文二

展览会请柬

《俄罗斯油画展》定于二〇一九年八月十八日在××市美术馆 3 号展厅举行预展。

敬请光临指导。

展出：2019 年 8 月 19 日~30 日

上午：7 时 30 分~11 时 30 分

下午：2 时 30 分~6 时

中国美术家协会（盖章）

2019 年 6 月 20 日

例文评析：

请柬用词谦恭，充分表现出邀请者的热情与诚意。

请柬语言精练、准确，涉及的时间、地点等因素交代清晰明了。

拓展延伸

一、请柬撰写的注意事项

（一）文字要美观，用词要谦恭，措辞要文雅、大方，要充分表现出邀请者的热情与诚意。

（二）在纸质、款式和装帧设计上，要注意艺术性，做到美观、大方。

（三）请柬文字要简洁明了，三言两语说明问题，不要重复和啰唆。

二、请柬文化

（一）中华文化。结婚请柬在中国由来已久，形式有竖有横，颜色多为大红色。内文撰写的方式到今日依然大致相同，有一套约定俗成的格式。较特别的是日期通常会印上两种日期，一种是农历日期，一种是公历日期。此外，有些家庭也会印上祖父母辈的姓名。

清朝的结婚请柬称为团书，是结婚时的周公六礼书之一，当男方向女方家订婚成功，就会印制团书告知众亲友。

（二）西洋文化。西方的结婚请柬多为横式，颜色以浅白色、浅粉红色为多，少有大红色的请柬。在请柬用字上，多为手写字体。在印刷方式上有浮雕压印、凸版印刷、雕空字体等。

实践演练

演练一：填空题

1. 请柬从书写形式上分为横式写法和_____写法两种。_____写法从右边向左边纵向书写。

2. 请柬在结尾要写上礼节性问候语或恭候语，如"此致、敬礼""顺致、崇高的敬意""敬请光临"等，在古代这叫作_____。

演练二：选择题

1. 请柬的语言要热情、友好，讲究文明礼貌，但不可热情过分、带有媚态，而要求（　　）。

A. 表达准确　　　　B. 事理结合　　　　C. 语气谦恭　　　　D. 有说服力

2. 即使被邀请者近在咫尺，只要有必要，都要郑重其事地发出请柬，以表示对被邀请者的敬重、礼貌和热情，以及对有关活动的郑重态度，因此请柬具有（　　）特点。

A. 重要性　　　　B. 烦琐性　　　　C. 夸张性　　　　D. 礼节性

演练三：病文分析

××同学：

兹定于 2019 年 3 月 6 日上午 9 时到校医院看望病重的李老师，届时请准时到校医院指导。

××班委
2019 年 3 月 4 日

这篇请柬有以下几个方面的问题：

1）参加人不是客人，不用发请柬。

2）到医院看病人非隆重喜庆之事，不可发请柬。

3）治疗事宜乃医生之事，"请准时到校医院指导"，措辞不妥，违背常理。

演练四：写作请柬

哈尔滨光凌太阳能有限责任公司计划举办第十八届世界太阳能大会。届时，将有全球 300 个城市代表团汇聚哈尔滨会展中心，研讨低碳时代的城市新能源利用问题。光凌太阳能有限责任公司拟向哈尔滨海城电子有限责任公司发出一份请柬。

时间：2020 年 3 月 20 日

地点：哈尔滨会展中心

请你代替哈尔滨光凌太阳能有限责任公司写一份请柬，发给哈尔滨海城电子有限责任公司。

任务② 写好书信类文书：邀请函

任务描述

2020年5月9日，某职业技术学院将举办工匠节活动，请你以学校的名义写一份邀请函，邀请某市教育局有关领导出席活动。

任务目标

- **知识目标**：了解邀请函的概念及写作技巧。
- **能力目标**：掌握邀请函的写法。
- **素质目标**：提高学生分析问题、解决问题的能力；培养学生对知识的钻研精神、求实的学习态度及团队合作精神。

任务实施

1）以小组为单位，分组讨论：邀请函应包括哪些内容，汇总讨论结果，比较哪个组的结论最周全。

2）分角色模拟训练：学生分组以某职业技术学院的名义写邀请函，写完后小组内互评，并推荐出组内的最佳作品，进行全班评议。

3）教师释疑解错，归纳提升、总结；学生熟记写作要领。

4）誊写修改后的邀请函并提交。

知识平台

课件 1 – 2

一、 邀请函的概念

邀请函即邀请信，又称请帖、请柬，是用来邀请对方参加本单位（或本人）举办的纪念会、订货会、物资交流会、学术报告会等有关活动时使用的一种公关应用文件。

二、 邀请函的写作

（一） 写作要求

写作邀请函应直截了当，邀请谁，做什么，直截了当写出来即可。邀请函要交代清楚有关事项，如邀请对方参加学术报告会，并让被邀请者会上发言，应在邀请函中注明，以便让被邀请者做好准备。邀请函用语要简洁、明确、热情、庄重。

（二）写作方法

邀请函写作格式包括：标题、称谓、正文、署名和时间。

1. 标题

标题，在封面或第一行居中写上"邀请函"字样。

2. 称谓

称谓即被邀请单位或个人的名称或姓名、职务、职称，另起一行，顶格书写。

3. 正文

正文应写明活动的内容、时间、地点，如有参观和文艺活动，还应附上入场券；如有宴请，应写明"敬备菲酌"字样，并写明地点和时间；如需乘车乘船，应交代路线及有无专人接站等。

4. 署名

邀请单位（或个人）名称，写于正文右下方。

5. 时间

在署名的下方写明发出邀请函的年、月、日。

案例分析

例文一

邀请函

尊敬的××先生/女士：

过往的一年，我们用心搭建平台，您是我们关注和支持的财富主角。

新年即将来临，我们倾情准备了大家庭的快乐相聚。为了感谢您一年来对鹏达贸易有限公司的大力支持，我们特于2020年1月16日16:00在龙城广场九点举办2019年度年会，届时期待您的光临！

让我们同叙友谊，共话未来，迎接来年更多的财富，更多的快乐！

鹏达贸易有限公司
2020年1月13日

例文二

邀请函

尊敬的××及贵单位相关专业人士：

我公司是一家专业致力于××的××环保骨干企业。公司集设计、研发、制造、施工、运营维护于一体，具有×××甲级资质和环境污染治理工程总承包×级资质，拥有专业的水环境治理工程设计团队、产品生产基地、工程施工团队和客户服务团队。现由于工作需要，特诚挚邀请贵单位领导及相关专业人士于×年×月×日9时莅临我公司进行实地考察，以便促进双方合作事宜。我公司全体员工欢迎您的到来。

此致

敬礼

联系人：××

联系电话：×××××××

××有限公司
××××年×月×日

例文三

邀请函

亲爱的同学：

十年前我们相聚相识，有着各自的梦想和憧憬，有着一样的热血和激情。大学三年，我们经历了人生最纯净美好的时光，松花江畔结下的友情已如谷中泉水，浩然成湖。校园中传奇的故事已如山中翠柏，层峦叠嶂。

弹指一挥间，转眼已是十年了，不觉我们已近中年。时光流逝，岁月如梭，十年的时光，我们已经体验了人生百味，十年的时光，我们每个人都会有许多人生感慨，是啊，无论人生浮沉与贫富贵贱如何变化，同学之间的友情始终是纯朴与真挚的，相信我们每一位同学都会有这样的感受，始终忘不了那段真诚的同学情，忘不了我们朝夕相处的寒窗三载，十年前我们酿造了一坛美酒，十年后我们来共同开启，这酒一定是醇美醉人的。

各位同学，来吧，十年沧海桑田，别因您的缺席而使聚会失色！让我们重温过去美好的记忆吧！×月×日 10 时校图书馆报告厅，让我们不见不散！

×× 全班同学

×××× 年 × 月 × 日

例文四

邀请函

尊敬的 ×× 教授：

为进一步促进我省教育改革和发展，交流彼此研究成果，我所决定于 ×××× 年 × 月 × 日至 × 月 × 日在 ×× 大学学术交流中心举办 ×× 省第三届教育发展与研究理论报告会，恭请您就我省教育的现状与发展发表高见。务请拨冗出席，如愿之时，不胜感谢！

此致

敬礼

×× 省教育科学研究所

×××× 年 × 月 × 日

例文评析

以上四篇邀请函的例文，内容明确，格式规范，用语得体。邀请函的运用非常广泛，无论是商务合作、学术科研，还是人际交往等方面都需要运用邀请函。

拓展延伸

例谈写作会议邀请函应注意的几个问题

杨红星

会议邀请函是在邀请相关单位、集体或个人参加特定会议时使用的一种日常应用文书。它兼具礼仪性和告知性。

在写作实践中，会议邀请函经常呈现出两种不同的模式：一种是"单一式"，即所有的告知事项均包含在邀请函中，受众接到邀请函后即知悉所有参会要求和注意事项等；另一种是"复合式"即除邀请函正文之外还有相关附件，会议主办方通过邀请函向受众表达邀请之意后，再随函附上相关信息。随着信息时代的到来，"复合式"邀请函呈现出新的时代特点——附件往往以新网页的形式出现，读者在读完邀请函页面后，如感兴趣，可进一步单击相应的超链接，进入新网页了解更多的相关信息。

一般来讲，规模较小的会议适合采用"单一式"邀请函，规模较大的会议（如大型的展会、博览会等）适合采用"复合式"邀请函。

由于会议邀请函不具有像法定公文那样的约束力和强制力，邀受双方是站在同一层面或同一级别上展开对话和交流的，因此不管采用哪种模式的邀请函，在向受众发出邀请之意时应注意把握受众心理，采用适当的策略刺激或吸引其前来参会。下面，笔者结合一篇复合式邀请函的正文，谈谈撰写会议邀请函应该把握的几个问题。

一、言明邀请之意

时下，有一些邀请函往往以会议通知的口吻向受众行文，经常出现"现将有关事宜通知如下"这样的字眼，这显然是欠妥的。会议邀请函和会议通知是两种不同的文体，有着不同的文体特点、功能、适用范围和行文要求。从施受双方的关系上来看，会议邀请函的受文方和会议主办方之间没有上下级关系或隶属关系，不能以通知代邀请。所以在确认双方关系的基础上，如果采用会议邀请函行文，应在写作时体现出真诚的邀请之意，否则就会削弱行文效果。

邀请函文内的邀请之词有的出现在文首，如"会议即将召开，敬请阁下莅临会议"；有的出现在文中，如"素仰阁下学养深厚，在领域成绩卓著，特奉函诚邀阁下光临会议"；有的出现在文尾，如"专此邀请，敬祈回函"；有的在文首和文尾或文中和文尾均出现。

上述不同写法，对应着不同的会议情况。大体来讲以后两种写法居多。如是规格较高、规模较大的会议，往往采用最后一种写法。例文即采用了最后一种写法。

二、突显会议亮点

目前，绝大部分会议都要收取会务费，而且往返路费和住宿费也都要由参会者自己承担。因此，在双方没有任何契约或隶属关系的前提下，要想吸引受众主动前来参会，突显会议亮点就成为撰写者不得不考虑的一个重要因素。亮点的表现有很多，有的表现为主办方具有很高的权威性，有的表现为会议内容的时代感强、处在理论或实践的前沿，有的表现为会议主持人为著名学者、名牌主持、政界要人等，有的表现为会议的历史悠久、以往成绩斐然等。为了有效地刺激和吸引受众的眼球，会议邀请函就不能不在上述亮点上做文章，目的就是让受众对会议产生信赖感、需求感从而应邀前来。

例文对会议的主办方、协办方、与会者、以往会议成果等一一做了较详细的介绍，意在通过这一系列有分量的内容向受众传递一种信息：本次会议是一次高规格、高层次、内容含金量高的会议，是值得前来参加的一次盛会。例文作者显然很清楚会议的重点、亮点在哪里，并不遗余力地在这些方面加以浓墨重彩，占据了邀请函的主要篇幅。可以说做到了重点突出、亮点凸显。

三、遵循惯用格式

会议邀请函作为日常书信的一种，也应注意遵循日常书信的惯用格式，尤其是在当下这个互联网时代。许多在网上发表的会议邀请函不太注重文面格式，如邀请函标题不居中、抬头不顶格、正文段首不空两格等，不一而足。这样的疏忽虽未对内容的表达造成致命影响但读来依然使人产生诸多不适，恐怕也会浇灭一些人意在参会的热情。

例文是一则在互联网上发表的会议邀请函，从文面格式看，非常规范、得体，无论是抬头还是正文、结尾和落款，都完全按照书信的格式规范来撰写。当读者看到这样一封"眉清目秀"的邀请函时，自然会心生几分好感，加上有利于实现参会者梦想或愿望的内容展示，受文方恐怕会心有所动进而应邀赴会。

附例文

第十四届中国国际投资贸易洽谈会邀请函

尊敬的女士/先生：

我们诚挚地邀请您参加将于 2010 年 9 月 8 日~11 日在中国厦门举办的第十四届中国国际贸易洽谈会。（*开宗明义直接表达邀请之意。*）

经中华人民共和国国务院批准，中国国际投资贸易洽谈会（简称"投洽会"）定于每年 9 月 8 日~11 日在中国厦门举行，至今已成功举办了十三届，是目前全球最大的国际投资促进活动之一，也是唯一通过全球展览业协会（UFI）认证的投资类展览会，每年都吸引了多个国家和地区的上万名境外客商参会。（*将展会的批准机构——国务院、展会的历史、展会的"最大"和"唯一"等信息告诉受邀者，通过批准机构的高规格、全球最大、全球唯一等颇具冲击力的字样使受邀者对展会产生积极的心理体验和信赖感。*）

投洽会由中华人民共和国商务部主办，联合国贸发会议（UNCTAD）、联合国工发组织（UNIDO）、经济合作与发展组织（OECD）、国际金融公司（IFC）、世界投资促进机构协会（WAIPA）和中国国际投资促进会（CCIIP）协办，中国多个省、自治区、直辖市政府、部分计划单列市政府以及国家有关部门、部分全国性商协会等52个成员单位组团参展参会，展示中国各地的投资环境，介绍投资政策，推介招商项目和企业产品。随着投洽会的国际影响力日益扩大，越来越多的发达国家、发展中国家和众多的国际经济组织关注投洽会并积极参展参会。投洽会是中国吸引外资的重要平台和中国企业走出去的重要窗口，是世界各国（地区）推介投资环境，招揽投资合作伙伴的最佳平台，更是观察国际资本流向，感受全球经济脉动，分享世界商机的平台。（*交代展会的主办机构——中华人民共和国商务部、展会的相关协办机构、展会的参展对象以及展会的意义和效果等，进一步增强受邀者积极的心理体验，从而激起潜在目标对象前来参展的愿望。*）

第十四届投洽会期间，中华人民共和国商务部将继续举办"国际投资论坛"，中国商务部和国家相关部门以及众多境外国际经济组织和机构将围绕国际投资的热点问题举办一系列的论坛、研讨会、说明会。届时，中国国家领导人、国外政府要员、著名经济学家、知名专家学者、跨国公司负责人将莅会发表演讲。（*对贸易展览之外的相关内容予以补充说明，并发布中国国家领导人等一系列政治、经济界重量级人物将莅会演讲的信息，使潜在目标对象被激起的参展愿望有可能转化为现实行动。*）

2009 年举办的第十三届投洽会共吸引了来自境外 125 个国家和地区的 13768 名客商莅会，共有 337 个境内机构、310 个境外政府部门、众多商协会组织和中介机构参展。第十四届投洽会将继续通过展览展示、项目推介洽谈、政策研讨咨询和信息发布等形式，为全球开展投资贸易合作提供服务。（*回顾上届展会的盛况，用事实说话，用数据说话，"以古鉴今"，意在使潜在目标对象进一步确信下一届展会必将会办好或办得更好，值得参加。*）

我们竭诚欢迎世界各地政府机构、投资商、贸易商、中介机构、金融机构、企业前来参展参会并请您随时关注投洽会官方网站（www.chinafair.org.cn）掌握投洽会最新动态。（*以"欢迎"之语再次表达邀请之意，并顺便提供相关网址，方便受邀者进一步了解。*）

谨此奉邀！（*惯用谦辞，亦体现尊重之精神。*）

中国国际投资贸易洽谈会组委会
二〇〇九年九月十六日

实践演练

演练一：撰写邀请函

（1）××学院艺术与设计系于下周在多功能厅举办一次"户外广告发展趋势"学术报告会，拟邀请学院××院长参加活动，请你代该系拟一份邀请函。

（2）××有限公司拟于2019年10月10日8：30～16：00在龙江大酒店举办电子产品洽谈会，拟邀请有关商家参加。请据此信息以该公司的名义，制作邀请函。要求格式、措辞符合邀请函的要求。有关内容可以合理扩充。

演练二：改正邀请函

下面是一份家长会邀请函，在表达上有五处不妥当，请指出并改正。

邀请函

尊敬的家长：

时光如梭，转眼间您的孩子已进入生死攸关的高三年级。在这个关键的时期，您的孩子更希望得到您悉心的帮助。为了指导您有效地对孩子进行心理疏导，鄙校决定于本月20日上午10时在学校报告厅举行家长会，聘请省内知名的心理辅导专家进行专题讲座。希望您在百忙之中抽出时间，准时参加，不得缺席。

××高中高三年组

2019年3月12日

① _____改为_____；② _____改为_____；

③ _____改为_____；④ _____改为_____；

⑤ _____改为_____。

任务 3　写好书信类文书：感谢信、慰问信

任务描述

某公司业务员李先生丢失一份重要文件，包括工商财务报表、商业机密和巨额票据，幸被徐先生捡到并全部归还。李先生特意写了一封感谢信对徐先生表达谢意。

任务目标

● **知识目标**：掌握感谢信、慰问信的格式及写作要求。

● **能力目标**：熟练写作感谢信、慰问信，并能在实际工作中应用。

● **素质目标**：提高学生分析问题、解决问题的能力；培养学生对知识的钻研精神、求实的学习态度及团队合作精神。

任务实施

1）以小组为单位，查阅资料，分析讨论感谢信、慰问信的概念、两者的区别、写作内容等，并进行例文分析。

2）学生模拟情境，撰写感谢信、慰问信，各组派代表上台朗读草拟的感谢信、慰问信，各组互相评议，即时纠正修改错误。

3）教师释疑解错，归纳提升总结。

4）学生根据分析进行修改。

知识平台

一、 感谢信、慰问信的概述

公关文书是现代社会中广泛使用的一种礼仪性文书，在各种公关活动中起着沟通感情、协调人际关系的作用，感谢信、慰问信是其中常用的文书。

感谢信是对帮助、关心、支持过自己的单位或个人表示感谢之情的文书。慰问信一般是在节日、纪念日或某些特殊日子，向有特殊贡献或遭遇不幸的人表示关怀、同情及慰问之情的文书。

二、 感谢信与慰问信的区别

感谢信、慰问信都可以组织或个人的名义发出，主要的区别在于两者的写作角度不同。

感谢信是站在受惠者的角度，对别人给予自己的帮助和关心表示感激。慰问信是站在事件关联者的角度，对相关下属单位、员工的工作做出肯定或对他们遭遇的不幸表示同情和关心。

三、 注意事项

1. 注意把握写作角度

要正确使用感谢信、慰问信就必须注意搞清这两种书信的功能和区别，注意作者的身份和立足点，据此确定写作角度，防止两者的混用。

2. 交代清楚、事实具体

交代清楚事情发生的时间、地点、涉及的人物、结果等与事实相关的具体情况，让读者清楚知道感谢谁、慰问谁，为什么要感谢，为什么用慰问。但是应注意行文简洁，篇幅不宜太长。

3. 感情真挚、用语恰当

根据不同的对象、不同的情况，表达真挚的、自然的、真切的情感。写感谢信的时候，要注意实事求是，恰如其分。写慰问信的时候要充满关切之情，说些鼓励、褒扬的话，使对方感到温暖和振奋。

四、 写作要领

感谢信和慰问信的行文格式基本相同，通常分为标题、称呼、正文、结束语、署名和日期几个部分。

（一）标题

标题的写法有三种：

1）直接写感谢信和慰问信即可。

2）在感谢信和慰问信前加上一定的限定词语，如"致××的感谢信""致××省××学院的感谢信""给抗洪部队的慰问信"等。

3）在第二种标题前加上发文单位或个人，如"中国共产党中央委员会致各民主党派中央、全国工商联的感谢信"等。

（二）称呼

标题下方顶格写感谢和慰问的对象，个人姓名后可写"同志""先生""小姐"等相应的尊称，称呼后加冒号。

（三）正文

正文部分主要说明感谢和慰问的具体原因，在何时、何地、何人做了何事，产生了什么结果等。其次要对事实做出评价，对感谢的对象表示真挚的感激，对慰问对象付出的辛劳或不幸遭遇表示慰问和同情。

（四）结束语

写上鼓励、祝愿等语句，如"愿幸福与您同在""祝节日愉快""此致，敬礼"等。

（五）署名和日期

署名和日期即感谢信和慰问信的组织或个人的名称和日期。

案例分析

例文一

感谢信

尊敬的各位领导、老师：

你们好！

首先，感谢国家对我们贫困大学生的关怀和关爱。我是××学院××年级计算机网络班的学生。

我很幸运地来到这所学校，因为它帮助我实现了大学梦。我很庆幸自己可以在这里安心地学习，不必因为家里贫困的经济状况而为大学的生活费发愁，因为国家帮助了我。

在过去的一年里，我一直很刻苦地学习，学习成绩一直保持班级前列；在担任班级干部期间，认真负责地完成每一项工作；对自己要求非常严格，争取精益求精，牢记"明德求真，笃行自强"的校训，努力充实和完善自我。我刻苦读书、努力钻研，以求靠知识改变自己的命运，改善家里贫困的处境。功夫不负有心人，近一年来，我获得年度"国家励志奖学金"，这对于我来说是雪中送炭，不仅解了我的燃眉之急，同时又是对我最大的鞭策。

我院各级领导都高度重视奖学金和助学金的评审工作。这段时间，他们严格按照国家奖励资助学生的相关政策，集体讨论、民主评论，切切实实把国家的奖学金和助学金政策落实到每个优秀学生和贫困学生。公开、公正、公平地评选出每一位享受国家奖学金和助学金的学生，并张榜进行公示，这充分说明学院领导在认真为学生办实事、办好事，看到这一切，我深受感动，在这里我想说一声："你们辛苦了，我向你们表示深深感谢！我一定会努力学习，全面发展，决不辜负你们的期望！"

大学是人生的关键阶段。这是因为，进入大学使我终于放下高考的重担，第一次开始追逐自己的理想、兴趣。这是我第一次独立参与团体和社会生活，第一次有机会在学习理论的同时亲身实践。

大学使我再一次有机会系统性地接受教育，并能够全心建立我的知识基础。这可能是我最后一次可以将大段时间用于学习的人生阶段，也可能是最后一次可以拥有较高的可塑性、集中精力充实自我的成长历程。这也许是我最后一次能在相对宽容的，可以置身其中学习为人处世之道的理想环境。

大学也是成长的关键阶段。在这个阶段里，所有大学生都应当认真把握每一个"第一次"，让它们成为未来人生道路的基石；在这个阶段里，所有大学生也要珍惜每一个"最后一次"，不要让自己在不远的将来追悔莫及。在大学四年里，大家应该努力为自己编织生活梦想，明确奋斗方向，奠定事业基础。

我知道上大学不易。因此我勤奋努力，从不敢懈怠，也从不奢望物质的满足。我只知道我要一心学习，争取在大学期间掌握扎实的理论知识。以便为今后的工作打下坚实基础，回报帮助我的那些好心人，报答父母的养育之恩。

在学习上，我态度端正，努力刻苦，严于律己，始终坚持学习第一的原则，为了自己的目标与理想，我利用课余时间阅读了大量的有关提高自身素质和专业技能的书籍。

在生活上，我省吃俭用，尽量减少家庭负担。在空闲和休息时间，我还参加了勤工俭学等活动以解决我的部分生活费，这样不仅减轻了家庭负担，还学会了一些书本上不曾有的知识。

在老师和同学的帮助下，我对于之后的生活有了更明确的目标，我积极参加社会实践活动，为增加自己的社会经验打下基础，使自己变得更成熟。

国家助学金给了我很大的帮助，不仅实现了我的梦想，而且大大减轻了家庭负担。滴水之恩当涌泉相报，我要珍惜这来之不易的国家助学金，以自己最大的努力来回报党和国家对我的关怀，回报学院领导和老师对我的支持和帮助！再次感谢你们！

此致
敬礼

×××
×年×月×日

例文二 ✉

慰问信

尊敬的××公司员工家属：

您好！祝您新春佳节幸福、快乐！

新春佳节的到来，展示了新一年的气息和美好愿望。在这个喜庆的日子里，我代表××公司全体员工对您的支持道一声"谢谢您，辛苦了！"

××公司××年从一个默默无闻的小企业，迅速发展成为集××、××多个部门为一体的集体企业，我们共同度过了10年的风风雨雨，是员工用他们的辛勤和智慧创造出了骄人的业绩。企业每一步成长，与您作为家庭后盾的鼓励和扶助都是分不开的。正是有了您对我们事业的理解，对家庭的照顾，我们的员工才能全身心投入工作，我们的事业才能发展壮大，在此我

2010年，是很不平凡、很不寻常的一年。面对国际金融危机和百年不遇的特大旱灾，省委、省政府带领各族人民认真贯彻落实中央的一系列重大决策部署，以科学发展观为统领，继续实施应对国际金融危机的一揽子计划，坚持把抗旱救灾作为重中之重的工作，一手抓抗旱保民生，一手抓生产促发展，抗旱救灾取得全面胜利，经济保持平稳较快发展，社会事业加快发展，保障和改善民生工作力度持续加大，桥头堡建设前期工作扎实推进，使我省在科学发展道路上迈出了新的步伐。驻××部队官兵大力培育"忠诚于党、热爱人民、报效国家、献身使命、崇尚荣誉"的当代革命军人核心价值观，视驻地为故乡、把人民当亲人。

在全面加强部队建设的同时，深入开展拥政爱民活动，主动参与和支持地方经济社会建设，在抗旱抢险救灾、援建重点工程、生态环境治理、扶贫帮困助学、禁毒防艾、维护社会稳定、军民共建社会主义新农村等方面做了大量卓有成效的工作，为促进××的经济发展、边境安宁、民族团结、社会进步做出了突出贡献。全省军烈属，残疾军人，复员、退伍、转业军人和军队离退休干部继续保持和发扬人民军队的光荣传统，以良好的素质、过硬的作风，在各自的岗位上创造了新的业绩。在此，省委、省政府和全省各族人民向你们表示衷心的感谢！

新的一年，省委、省政府将一如既往地支持国防和军队建设，深入开展创建双拥模范城（县）活动和军（警）民共建社会主义精神文明活动，巩固和发展军民"心连心、同呼吸、共命运"的大好局面。广泛开展全民国防教育，努力帮助驻××部队解决基础设施、国防动员、教育训练、战备执勤、人才培养、科研实验等方面遇到的问题；认真落实拥军优抚安置政策，努力开创我省双拥优抚安置工作新局面。

回顾过去，辉煌成就鼓舞人心；展望未来，崇高使命催人奋进。让我们高举特色社会主义伟大旗帜，深入贯彻落实科学发展观，同心同德、扎实工作，为建设富裕民主文明开放和谐的社会而努力奋斗！

祝同志们节日愉快，身体健康，工作顺利，阖家幸福！

中共×省委、×省人民政府

×年×月×日

演练二：撰写感谢信

请带着一颗感恩的心，给帮助过你的人或单位写一封感谢信。

要求：内容真实，赞誉要恰当；用语适度，叙事要精练；结构完整，格式正确。

任务4　写好书信类文书：倡议书

任务描述

生活中关于各种事件、问题、观点、精神的倡议随处可见，倡议书在写作中出现频率很高，在日常工作及生活中也比较常见。某职业技术学院造价专业学生小王刚进入职场不久，在某单位实习过程中，经理让他写份倡议书，小王犯难不会写，转而求助老师帮忙。

🎯 任务目标

- **知识目标**：了解倡议书的概念、特点、类型等问题。
- **能力目标**：掌握倡议书的书写格式，提高学生的写作能力。
- **素质目标**：注重训练学生理清思路，激发学生表达自己的看法和希望，丰富学生的语言积累。

📖 任务实施

1）学生讨论：生活中有哪些类型的倡议书，倡议书有什么作用和影响力？
2）学生预习：倡议书的概念和倡议书的特点。
3）学生讨论：如果写倡议书，你准备倡议什么？倡议的理由和内容是什么？教师根据学生的讨论，选择学生发言，并在全班交流。

📝 知识平台

微课 1 – 2　　　　　课件 1 – 3

一、 倡议书的概念

倡议书是公开提出某种建议，希望别人能够响应，以共同完成某种任务或开展某种公益活动的信件。

二、 倡议书的特点

倡议书和其他文体不太一样，内容是有利于人们的好事，所提倡的条件具有先进性和可行性，受众往往非个人而是广大群众，同时是不确定的，被倡议对象既可以响应，也可以不响应，即倡议书本身具有群众性、不确定性、公开性、可行性的特点。

三、 倡议书的类型

倡议书可以以各种名义写作，按发文人的角度不同，可分为个人倡议书、集体倡议书、企事业单位倡议书、机关部门倡议书；按倡议内容的角度不同，可分为事项型倡议书和思想精神倡议书两种。不同类型的倡议书举例，"爱心基金倡议书""创建骨架森林城市倡议书""讲卫生、任我行倡议书""防溺水安全倡议书""控烟倡议书""文明餐桌行动倡议书""学风建设倡议书""争做文明礼貌学生倡议书""地球一小时活动倡议书""××镇环境整治倡议书""××市劳动模范、先进劳动者和先进集体倡议书"。

四、 倡议书的写作格式

一封完整的倡议书一般由标题、称谓、正文、结尾、落款五个部分组成。

（1）标题。由发文机关＋事由＋文种组成，也可以直接在第一行中间写明文种"倡议书"。

（2）称谓。第二行顶格写清受倡议对象的称谓，有时也可以省略。

（3）正文。另起一行空两格，需要写清楚倡议的根据、原因、目的和意义，即倡议做什么事？为什么要做这些事？怎么去做？分条开列倡议的具体内容，提出初步设想。

（4）结尾。结尾部分和正文一样，也是另起一行空两格，表明决心、提出希望。

（5）落款。落款要有签名和日期，通常写在正文的右下方，先写签名，后写日期。

案例分析

例文一

"每天一万步　健康我做主"倡议书

健康的身体，是你我的共同愿望，幸福的生活，是你我的共同追求。当前，我国仍面临多重疾病威胁并存、多种健康影响因素交织的复杂局面，不良的生活方式与习惯，也在悄然侵蚀着我们的身体健康。没有健康，必将阻碍人的全面发展，给幸福生活蒙上阴影。政府竭尽全力保障群众生命健康，但"人人参与、人人有责"才是全民健康的正确路径。在此，我们向全市发出"万步健走"活动倡议，日行万步，将健康自主权牢牢掌握在自己手中，真正做到"我的健康我做主。"

万步健走，强身健体。健步走是一项古老的健康运动，不受时间场地限制，技术门槛低，老少皆宜。早在几千年前，它就被中医誉为"百炼之祖"，是人类最天然的健康之道。健步走既能强身健体、调节心情、提高睡眠质量，也能降低血压和血液黏度，强健心肌，减少血栓等心血管疾病。

万步健走，持之以恒。万步易走，贵在坚持。只有持续、长期的健走活动，才能达到理想的健身效果。要把"万步健走"作为一种爱好，做到乐于走、勤于走，有计划地走、持之以恒地走，最终使之成为一种运动习惯和生活方式，真正走掉疾病、走出健康。

万步健走，科学为先。万步健走，目的是健身，虽简单易行，也必须掌握科学健走方法，掌握适宜的运动量和运动强度，做到量力而行，循序渐进。

"每天一万步，健康我做主！"为了自身的健康，为了家庭的幸福，让我们走起来吧，日行万步，用实际行动去拥有健康身体、享受健康生活！

××市卫生和计划生育局
2016 年 9 月 5 日

例文评析：

这是一封格式正确、主题鲜明、内容丰富的倡议书，文中省略掉称谓，面向男女老少发起倡议，日行万步，用实际行动享受健康生活，将健康自主权牢牢掌握手中。无论从内容上还是从格式上，同学们都可以此为鉴。

例文二

争做文明大学生倡议书

亲爱的同学们：

美丽校园，文化殿堂，碧树芳草，需要我们的共同呵护；和谐校园，育人摇篮，纯净沃土，需要你我共同守护。作为一名××学院的学生，"创建文明校园，做文明有礼大学生"是我们刻不容缓的义务和责任，我们要为建设文明校园贡献自己的一份力量，增强文明安全意识，养成良好习惯，从我做起，从小事做起，从现在做起。为此，校团委、校学生会联合向全校同学发出如下倡议：

一、精神文明

1. 努力学习、提高认识，用科学知识武装头脑。

2. 从自身做起，反对邪教、远离邪教、不信邪教、拒绝邪教。

3. 以文明进步的思想言行，塑造当代青年健康向上的精神风貌。

4. 自觉担当传播科学文化知识的使者，大力弘扬科学精神，多读科学书籍，积极参加健康向上的文体活动。

5. 积极推进形成崇尚科学、共建文明的浓厚气氛。

二、课堂文明

1. 自觉融入学风建设工作，按时早操、早读、晚自习。

2. 上课不迟到、不旷课、不早退。

3. 上课认真听课不看课外书籍、不睡觉，上课期间手机要关机或者调为静音，不在上课期间玩手机、接听电话，积极参加讨论、回答老师的问题。

4. 不将早餐、零食等带入教室。

5. 不在教室内嬉戏娱乐。

6. 自觉保持黑板干净，教室整洁，营造良好教学环境。

三、举止文明

1. 在校内不吸烟、不酗酒、不赌博、不打架。

2. 不在课桌、墙壁涂鸦和留下脚印，不乱贴海报。

3. 着装整齐，举止文明，用语礼貌。

4. 不随地吐痰，不乱扔废弃物。

5. 不折花草树木，不践踏草地。

6. 在公共场所保持安静、维护公共秩序和卫生。

7. 男女同学之间要自尊自爱，举止文明，言行得当，不在公共场合有过于亲密的行为。

四、网络文明

1. 将辅导员的电话告知父母，谨防电信诈骗。

2. 不参与所谓的学生小额贷款，如使用借贷宝、乐分期等，不做代理拖累同学。

3. 不要相信、使用任何不正规的软件，以防信息泄露和财产损失。

4. 不沉溺网络游戏。

5. 慎重网络交友。

6. 科学使用网络，自觉抵制网络低俗不正之风。

7. 自觉参与净化网络行动，不信谣，不传谣。

8. 不在网络发表、转载违法、违规、格调低下的言论、图片、音频等信息。

五、出行文明

1. 过马路走人行道，不翻越护栏。

2. 积极遵守学校离校登记等安全方面工作的相关规定。

3. 不穿拖鞋、背心进入教室、图书馆、实验室、会堂等公共场所。

六、宿舍文明

1. 严格遵守宿舍管理规定，按时进入宿舍楼就寝，不打扰他人，保护自己的安全。

2. 不擅自在校外留宿，严禁在宿舍留宿他人。

3. 积极配合学校的查宿工作。

4. 不使用大功率用电器，出门关掉电源，注意防火。

5. 保持寝室整洁规范，空气清新，物品摆放有序，被子叠放整齐。

七、用餐文明

1. 自觉排队就餐、不拥挤、不吵闹。

2. 节约粮食，不剩饭剩菜。

3. 不将杂物垃圾丢在座椅上。

4. 不将雨伞等物品放到餐桌、座椅上。

5. 注意就餐时的礼貌，不大声喧哗。

6. 饭后将餐具带至回收处。

亲爱的同学们，让我们行动起来，让建设文明校园不再是简单的口号，而成为每个学生修身律己、为之奋斗的目标；让建设文明校园不再是虚无不可及的理念，而成为每个学生用实际行动追求的理想！让我们积极参与到创建文明校园活动中来，共建和谐文明的校园，争做文明有礼大学生！

校团委、校学生会

××年××月××日

例文评析：

良好的行为和习惯足以影响人的一生，这封倡议书从规范学生行为的角度，在精神文明、课堂文明、举止文明、网络文明、出行文明、宿舍文明及用餐文明七个方面对该学校学生发起了倡议，层次清晰，内容具体而详细，指出为何要争做文明学生以及争做文明学生的具体做法，帮助学生养成好的习惯和行为，给学生以实践的动力和深刻的启迪。

例文三

"不忘初心、牢记使命" 教育活动倡议书

党的十九大开启了新时代中国特色社会主义新征程，在以习近平同志为核心的党中央领导下，党和国家事业发生历史性变革、取得历史性成就，中国特色社会主义进入新时代。新时代要有新气象，新气象呼唤新作为。为深入贯彻落实十九大精神，开创我区农牧民教育培训工作新局面，自治区农广校党支部动员组织全区农广校体系的党组织及共产党党员、教职工开展"不忘初心、牢记使命"教育活动，现向全区农广校体系发出如下倡议：

一、抓好学习，从政治上、思想上落实党的十九大精神

党的十九大报告是以习近平同志为核心的党中央站在历史和时代的高度，鲜明提出的新时代中国特色社会主义思想和基本方略，深刻回答了新时代坚持和发展中国特色社会主义的一系列重大理论和实践问题，是一个举旗帜、指方向、明方略、绘蓝图的好报告，是一篇光辉的纲领性文献，是新时代夺取中国特色社会主义伟大胜利的政治宣言和行动纲领。全区农广校体系的党支部要组织党员、教职工反复的学习、深入的学习，做到学懂、弄通，结合农牧民教育培训实际进行宣讲，并加以贯彻落实。

二、不忘初心，从认识上、行动上落实党中央要求

党的十九大报告提出中国特色社会主义进入新时代，这是对党和国家发展历史方位的精辟概括。认识和理解新时代，重要的是把握新起点、新使命、新征程。要深刻认识中国特色社会

主义进入新的发展阶段，党和国家事业站到了新的历史起点上；要深刻认识进行伟大斗争、建设伟大工程、推进伟大事业、实现伟大梦想，凸显了当代中国共产党人的使命担当；要深刻认识决胜全面建成小康社会、开启全面建设社会主义现代化国家新征程的任务目标；要深刻认识新时代需要党有新作为，要以党的政治建设为统领，全面加强党的建设，坚定不移全面从严治党。全区农广校体系的党支部以及党员应时刻记住，农广校的职能是开展农牧民教育培训，实施新型职业农牧民培育工程，培养农村牧区实用人才，造就一支"爱农业、懂技术、善经营的新型职业农民"队伍，我们要坚决贯彻党中央部署，主动增强"四个意识"，坚定"四个自信"，践行"四个服从"。每一名党员、每一名教职工要有爱心、耐心和责任心，要有使命感和责任担当，为富农、强农、振兴美丽乡村做出不懈努力。

三、牢记使命，从责任上、任务上落实党中央和自治区的部署

全体党员要带头贯彻落实党中央、自治区的决策部署，自觉把个人理想追求、工作成长与实现中华民族伟大复兴的中国梦紧密结合，与全面落实"实施乡村振兴战略"的要求紧密结合，与自治区农牧业厅党组提出的高质量发展"十大行动计划"紧密结合，牢固树立质量兴农、绿色兴农、品牌强农理念，聚焦新型农牧业经营主体能力提升，在实施新型职业农牧民培育和农村牧区实用人才带头人培养工作中，主动作为，敬业奉献，全面推进全区农广校体系的农牧民职业教育培训工作登上新台阶。

不忘初心、牢记使命，要求我们形成主动学习的习惯，认真学习政策理论知识、业务知识，努力提升综合素养，创新工作方式方法，争做敬业、担当、忠诚的农牧民教育工作者。让我们一起砥砺前行，努力在新时代谱写人生新的篇章，开创农牧民教育培训事业新的局面！

自治区农广校党支部

××年××月××日

例文评析：

这封倡议书结合新时代的要求，发出号召，从政治上、思想上、认识上、行动上、责任上和任务上明确了对自治区农广校体系的党员及广大教师的期望，即要加强日常学习；要有责任心和使命感；要勇于担当、主动作为。倡议书形式规范，要点明晰，从自身的实际出发，既把握时代脉搏，又很接地气。

例文四

"抗击疫情　青年担当先行"倡议书

市直机关各级团组织、青工委和广大团员青年：

当前，新型冠状病毒感染的肺炎疫情防控工作正处于关键时期。坚决遏制疫情蔓延势头，确保人民群众生命安全和身体健康是我们面临的重大政治使命和第一职责任务。疫情就是命令，防控就是责任，市直机关各级团组织、青工委和广大团员青年要迅速行动起来，立刻进入战斗状态，为坚决遏制疫情扩散、夺取防控斗争胜利贡献青春力量。市委市直机关团工委在此，向市直机关各级团组织、青工委和广大团员青年发出如下倡议：

1. 坚定信心，主动有序参与防控。要提高政治站位，坚决贯彻落实习近平总书记在中央政治局常委会上研究新型冠状病毒感染的肺炎疫情防控工作的重要讲话精神，坚定不移把党中央决策部署落到实处，把人民群众生命安全和身体健康放在第一位，切实增强做好疫情防控工作的政治责任感。机关各级青年组织要不折不扣落实省市委部署要求，组织动员机关广大团员青年勇于担当、有序参与疫情防控工作，坚决打赢这场疫情防控阻击战！

2. 示范带头，协助做好舆论引导。要自觉按照科学指引做好个人防护，为身边亲友同事做

好表率，要主动学习新型冠状病毒感染肺炎相关知识，充分利用网络开展科学防治宣传，协助引导群众正确认识疫情、规范防控行为、消除恐惧心理，使广大群众坚定"新型冠状病毒感染肺炎"可防可控可治的信念，形成众志成城抗击疫情的强大合力；要带头讲事实、明真相，不听谣、不信谣、不传谣，不转发非官方公开发布信息，努力以清朗的网络空间助力疫情防控战，共同维护社会大局稳定。

3. 坚守岗位，模范做好本职工作。疫情防控工作是当前最重要的工作，市直机关广大团员青年要时刻把防控的责任牢牢扛在肩上，把群众的安危紧紧放在心上，带头坚守岗位，模范履职尽责，充分发挥危机处理能力、资源调度能力、社会管理能力、舆论引导能力，做到守土有责、守土尽责，在这场重大疫情防控斗争中，以实际行动接受党和人民的考验。

值此新春佳节之际，衷心祝愿市直机关广大团员青年春节快乐、身体健康、阖家幸福！

市直机关团工委

2020 年 1 月 26 日

例文评析：

新冠病毒疫情牵动每一个人的心，这是一封号召青年团结一致抗击疫情的倡议书，"抗战疫情"体现的是人民的责任、青年的担当，每个青年都要从自身做起，举起抗疫大旗，用实际行动参与到防护建设中来，争做抗击疫情的示范者和传播者。这封倡议书开宗明义，道出倡议的原因及目的，并分条写出倡议内容，具体、明确、切实可行。

🧠 拓展延伸

1. 什么样的倡议书会引起大众关注

首先，倡议书语言要简练、朴实、亲切，倡议书不宜使用强制性的口吻来叙述倡议的目的，或提出措施。

其次，倡议书内容要有一定的鼓动性。倡议书要在内容下功夫，借助语言的力量展现一些能够震撼人心灵的内容，一份好的倡议书要说之以理、动之以情，使人读后能被作者的理由所说服。

最后，倡议书的逻辑要条理清楚，这是针对所有公文的共性要求，切忌思维混乱不清。

2. 建议书和倡议书的区别

建议书是个人、单位和有关方面为了开展工作、完成任务、进行某项活动而提出意见时使用的一种文体，有的也叫意见书。写建议书要认真负责、严肃对待，内容要具体，语言要精练。撰写建议书前，最好要准备好相关资料。

倡议书是个人或集体提出建议并公开发起，希望共同完成某项任务或开展某项公益活动所运用的一种专用书信。它的性质跟挑战书很相近，但是对象比挑战书广。所有看到倡议书的人都可响应，倡议书更具有广泛发动群众，调动大多数人团结互助，群策群力，共同奋斗的作用。

🖱 实践演练

演练一：撰写文明礼仪倡议书

以学生的角度写一封文明礼仪的倡议书给家长。

演练二：撰写学校光盘行动倡议书

饥饿距离我们并不遥远，即便时至今日，珍惜粮食，节约粮食仍是需要遵守的古老美德之一。请撰写一封"学校光盘行动倡议书",让我们重新找回对粮食的敬意,让节约成为最普通的生活习惯。

任务❺ 写好书信类文书:电子邮件

任务描述

此时正值求职季,请撰写电子邮件,将自己的个人简历投递到用人单位的电子邮箱。
- **知识目标**:了解电子邮件的概念及写法。
- **能力目标**:掌握电子邮件写作的基本格式及技巧。
- **素质目标**:提高学生分析问题、解决问题的能力;培养学生

对知识的钻研精神、求实的学习态度及团队合作精神。

任务实施

1) 以小组为单位,分组讨论分析:电子邮件的概念及写法。

2) 模拟训练:演绎具体角色,研究如何撰写电子邮件。

3) 课堂练习:撰写一篇电子邮件。各小组必须按照规定时间完成写作任务,格式规范,不得拖延,并派出代表,互相点评,及时纠正、修改错漏。

4) 全班评议,选出最佳电子邮件,负责撰写的小组为胜出者。

5) 各小组将誊写修改之后的电子邮件,及时提交给教师。

知识平台

微课 1 – 3　　　　课件 1 – 4

一、 电子邮件的概念

电子邮件即电子信函,简称 E-mail ,它是通过计算机网络技术在互联网上进行信息沟通联系的一种形式,是随着现代科技的发展而产生的一种信函方式。

二、 电子邮件的内容与格式

电子邮件由邮件头与邮件体两部分构成。

（一） 邮件头

邮件头包括以下几个栏目。

1) 收发件人信箱地址栏。收件人信箱地址相当于传统的信封的收件人地址。

2）抄送栏。即可把信件同时发给其他需要此信息资料的收件人信箱地址栏。

3）暗送栏。又称密件抄送，即把邮件密发给某人。

4）主题栏。每份电子邮件要起个准确、引人注意的主题，以提示收件人打开邮件，主题一般多是信件主要内容的提示或重要信息的概括。

（二）邮件体

1）正文栏。电子邮件的主体，与传统信函的正文相同，可采用传统书信的格式书写。它包括称谓、问候语、正文、祝颂语、署名、日期。也可有针对性地表述事情。电子邮件与传统信函不同的是，正文内容一般都较为简短。

2）附件栏。主体以外的附加件内容及其他电子邮件有关的发送、修改等功能。比如可附上与邮件内容相关的文件、图片及影音像资料等。

案例分析

亲爱的×××：

您好！感谢您注册成为中国商务在线的初级会员。

中国商务在线为您提供最好的在线商务服务，为您搏击商海保驾护航，为您的商务活动提供有力的支持和帮助。

在浏览中国商务在线的网站的时候，您可能已经发现，作为初级会员，您可以浏览商务资讯和白领生活的全部内容，也可浏览政策法规、会展信息、培训信息、企业招聘信息等诸多内容，并可提交及查询供求信息，免费发布个人求职信息。在"在线解决"栏目，您可提交在经营管理过程中遇到的各种问题……

中国商务在线客户服务部

2014 年 3 月 1 日

E-mail：market@ businessonline. com. cn

例文评析：

1）例文缺少主题。电子邮件的主题概括应准确、精练、鲜明突出，便于提示收件人及时阅读。

2）电子邮件内容不宜过长，篇幅应短小精悍。

3）语言直率坦诚，言简意赅。

拓展延伸

2019 年，互联网诞生 50 周年

詹新慧

当敲下这个标题时，忽然意识到互联网就诞生在我出生的前一年，我几乎是和互联网一起长大的。一个人的 50 年不可能用一篇文章述说穷尽，一项改天换地的科技发明及其波澜壮阔的发展更不可能在短短千字文中描述殆尽。但是，作为与互联网一同成长的中国互联网骨灰级使用者（1995 年开始上网），我在互联网一线从业十年。如今以观察、研究、教授互联网为职业的局中人，总该评说点、感慨点，甚至叹息点什么吧，这也许就是大家常说的仪式感吧。

说到评说互联网，自然离不开"伟大""革命""颠覆""改变"这些关键词。其实，高大上的词汇都是扎根在一个个具体而微的小应用、小工具或小数据上。

比如电子邮件，1971 年诞生时，首创者选择"@"符号作为用户名与地址的间隔，只是因为这个符号比较生僻，不会出现在任何一个人的名字当中。如今，@已经不仅仅是传递、分享、互动，更代表着流量、关系，成为互联网的文化符号。20 世纪 90 年代，技术的发展和互联网的普及让电子邮件从人际传播工具发展成为营销工具，殊不知 E-mail 营销启动的不仅是一种新型的低成本、快速、廉价的营销方式，还有邮件群发产业和反垃圾邮件市场。就在全球每年为反垃圾邮件耗费上千亿美元之时，大数据时代来了。基于大数据的自动化精准邮件营销一方面减少了垃圾邮件，另一方面也提高了邮件的打开率。多元化社交应用出现后，邮件作为人际传播工具的基础作用似乎在消弭，但 2016 年一场"邮件门"事件与政治产生了瓜葛，真实而又残酷地改变了美国和世界。

简简单单的电子邮件应用，是映照互联网伟大的微缩版，它是不经意的、野蛮的，而又无时无刻不处在流变中的。

说到感慨互联网，每一个互联网的原住民、移民和难民都会有各自不同的感受。比如社交媒体，过去更多称为网络社区，从论坛、聊天室、贴吧、即时通信、博客、SNS，发展到微博、微信、问答、社交直播等，眼花缭乱的应用让大家的生活变得光怪陆离。原住民们早已习惯于网络的表情包、直播秀等，从晨起到深夜，从工作到生活，网络世界与真实社会几乎融为一体，他们或许从不知道社交媒体过去曾有的一个名字——"虚拟社区"；移民们无限怀念论坛时代的激情和热血，珍惜博客时代的人文情怀和使命价值，以及在虚拟社区里用昵称而产生的勇敢发言、搞笑错位和各种因缘际会；难民们无疑是迷茫和困惑的，他们过去是数字难民，现在快变成数据难民了，但他们并不会缺席社交媒体，因为线下关系已经转移到线上，社交媒体不再是千里之外的虚拟世界了。当互联网成为一个全球化的社交系统时，身处其中的每个人对互联互通的感受不仅仅是高效和便利，更多了一分忧郁和焦虑。

说到叹息互联网，萦绕在脑海中最多的是"初心"一词。1991 年，"互联网教父"之一蒂姆·伯纳尔斯·李在将万维网正式呈现于因特网后，曾面临申请万维网专利和免费开放的抉择，最终，放到公共领域、让"每个人都能使用到"成为他的选择，也因此成就了互联网今日之伟大。然而，2018 年 3 月 11 日，在万维网诞生 29 周年的纪念日，蒂姆·伯纳尔斯·李发表文章称，由于权力集中于少数平台，大型科技公司"控制了哪些观点能够被看到和分享"，曾经互联网上有大量的博客和网站，但现在它们都被少数大平台支配性的力量压制了。互联网巨头可以通过并购小型竞争对手，购买新兴初创公司、雇用业内顶尖人才等方式，让与之竞争变得更为困难。

拥有资本、市场、用户和数据的寡头互联网不仅在一定程度上迟滞了科技创新，也正在使互联网一步步失去"初心"。

相对于人类知天命的岁数，50 岁的互联网仅仅算是幼年期。但是，作为生产工具的互联网，已经成为一种新的生产力，并正在改变着生产关系和社会关系。然而，在我们看到互联网巨大影响的正面形象时，也不能不更加关注其背面阴影。正如马克思所指出的那样："在我们这个时代，每一种事物好像都包含有自己的反面。我们看到，机器具有减少人类劳动和使劳动更有成效的神奇力量，然而却引起了饥饿和过度疲劳。"

实践演练

演练：撰写电子邮件

通过网络给你的同学、朋友发一封电子邮件，畅谈学院学习生活的感受。

任务 6　撰写致辞类文书：祝词、贺词

任务描述

高职高专学生社会实践交流会将于 2020 年 5 月 22 日在上海外滩大酒店举行，请你以上海外滩大酒店总经理的名义写一篇祝词。

任务目标

- **知识目标**：了解祝词、贺词的种类及其特点和用途。
- **能力目标**：掌握祝词、贺词写作的基本格式及写作技巧。
- **素质目标**：提高学生分析问题、解决问题的能力；培养学生对知识的钻研精神、求实的学习态度及团队合作精神。

任务实施

1）以小组为单位，分组讨论：祝词、贺词的种类及其特点和用途。

2）模拟训练：演绎具体角色，研究如何撰写祝词、贺词。

3）课堂练习：撰写一篇祝词。各小组必须按照规定时间完成写作任务，格式规范，不得拖延，并派出代表，互相点评，及时纠正、修改错漏。

4）全班评议，选出最佳祝词，负责撰写的小组为胜出者。

5）各小组誊写修改行文，提交练笔文稿。

知识平台

微课 1－4

课件 1－5

一、祝词

（一）祝词的概念

祝词，也作祝辞，是对特定对象表示良好祝愿的言辞或讲话稿。中国是礼仪之邦，礼仪文书源远流长，种类繁多，祝词是其中的一种。祝词有祝人和祝事两大类。一般来讲，有会议祝词、节庆祝词、典礼祝词、奠基仪式祝词、祝酒词、祝寿词等。

（二）祝词的类别

祝词根据祝贺的内容不同可以划分为祝事业、祝酒、祝寿、祝婚、祝节等类型；从表达形式上划分有韵文（诗、词）体和散文体两种类型。

祝事业。多用于重大会议开幕、工厂开工、商店开业、展览剪彩以及其他纪念活动等，祝愿此事业顺利进行，早日成功。

祝酒。用于宴会、酒会上，传达祝酒者美好的愿望。

祝寿。一般是对祝寿对象表示良好的愿望，希望他们健康长寿。

祝婚。一般是祝愿新婚夫妇幸福美满。

（三）祝词的特点

祝词具有四个显著特点：一是主题先行。向谁祝贺，祝贺什么。二是表述直白。既然是祝贺，就不需要过多的含蓄，而是直来直去，有啥说啥。三是现场感十分强。四是语言华美、工整。表述上的直白通俗，并不等于粗俗乏味。祝词应深思熟虑，用词考究，刻意追求，而不故意高深，玩弄辞藻。另外，写作祝词要注意做到：感情真挚，态度诚恳，篇幅不宜过长。

（四）祝词的格式

祝词的格式可以分为四个部分：标题、称呼、正文和落款。

1）标题。标题写在第一行正中，如"祝词"，也可以写成"××给××的祝词"等。

2）称呼。在第二行顶格写被祝贺对象的名称。如果被祝贺对象的地位或身份较高，可以把其姓名、职务写在称呼上，也可以在称呼前加上表示尊敬的修饰语，如"尊敬的×××"。如果是对集体的祝贺，那么，称呼应该包括所有被祝贺者，如"尊敬的各位领导"字样。称呼后边用冒号。写作时一定要注意：如果是对集体的称呼，前边已经写"全体"或"各位"，后边就不要写"们"。

3）正文。正文一般有以下几个层次：表示祝贺；指出取得的成绩及其意义；表示向祝贺对象的学习、关心等；进一步表示祝贺或提出希望、表示决心。

4）落款。在正文右下角署名，在署名下方相应的位置写日期。如果是在报刊上发表，则将它们写在标题下面。

（五）祝词撰写的注意事项

1. 称谓应礼貌、妥帖

祝词的对象可以是群体，可以是个人，也可以是某种活动，在实际运用中，祝贺的对象又是特定的。祝词的称谓要根据对象的不同，做到既要尊重对方，有礼貌，又要把握分寸。如果是机关单位的集会、典礼、宴会，可称"各位领导、同志们"；如果是一般性的涉外招待会、宴会，可称"女士们、先生们"；如果是重要的涉外招待会、宴会，则应首先突出出席招待会或宴会的重要名人；如果是外国总统来访，祝酒词的开头应称："尊敬的总统先生，我们十分尊贵的客人"，既表明了对总统的尊敬，又符合我们热情好客的礼节；如果是针对某个人，开头要加尊称，表达亲切、尊敬之意。

2. 表达准确、感情充沛

要准确了解祝贺人与祝贺对象的关系，有针对性地拟写祝贺内容。祝词的正文包括"谁祝贺""祝贺谁""祝贺什么"等。彼此的关系决定了相互间的感情程度，祝词内容中该说哪些话、回避哪些话，说话的语气、态度、分寸，都必须认真考虑，做到恰如其分。同时，为达到祝词的最佳表达效果，一般语句要热情、充满希望、富有感染力，使对方感到温暖、愉快。最后以祝愿的话作结尾。

二、贺词

（一）贺词的概念

贺词是祝贺喜庆之事的应用文。以函件形式送达的贺词通常叫作贺信，借助电报发出的贺词通常称作贺电。贺信、贺电都是贺词，贺年片也属贺词范畴。

（二）贺词写作的基本要素

贺词的写作要具备四个基本要素。

（1）称谓。称谓即接受祝贺的单位、团体或个人。

（2）祝贺事由。祝贺事由要写清下列内容：

1）向对方表示热烈祝贺。

2）阐述对方取得成果的意义。

如果是上级给下级的贺词，可以提出希望和要求；如果是下级给上级写的贺词，要表示自己的态度和决心；如果是平级之间的贺词，要表示虚心向对方学习。

（3）祝颂语。祝颂语即庆贺与祝愿的话。

（4）落款。正文右下方分两行标出写贺词的个人或单位全称及时间。如果标题下已经写明姓名和时间，正文后边的落款就可不写。

（三）贺电

贺电是借助电报拍发的祝贺性、赞颂性礼仪文书，一般用于祝贺各部门、单位、集体或个人取得的巨大成绩，做出的重大贡献，也用于祝贺对方重大喜事。发贺电既节省时间，又表示郑重，可在对方有值得祝贺的事情时，尽快传递祝贺的信息。

贺电的结构与贺信基本相同，普通贺电内容相对简单，只说明祝贺何事即可。

贺电是电报的一种，因此应明确、简洁，尽量节省文字，惜墨如金。

三、祝词与贺词的异同

祝词与贺词有时被合称为祝贺词，二者都是泛指对人、对事表示祝贺的言辞和文章，它们都富于强烈的感情色彩，针对性、场合性也很强。因此祝词和贺词在某些场合可以互用，如祝寿也可以说贺寿，祝事业的祝词常常也兼有贺词的意思。

虽然祝词与贺词有时可以互用，但二者所包括的含义并不相同。严格地说二者是有别的。祝词一般对象是事情尚未成功，表示祝愿、希望的意思；而贺词一般对象是事情已成，表示庆贺、道喜的意思。如祝贺生日诞辰、结婚纪念、竣工庆典、荣升任职等，一般用贺词的形式表示庆贺、道喜。

案例分析

例文一

乘时代之东风　让梦想再启航
——格力电器董事长兼总裁董明珠 2019 新年贺词

女士们，先生们：

回望旧岁，在过去的 2018 年，格力电器坚持自力更生、艰苦奋斗，以矢志不渝的恒心和毅力，以挑战自我的决心和勇气，走出了自主创新的光明道路；九万员工同舟共济、砥砺奋进，取得了丰硕的成就和宝贵的经验。

展望新年，面临已至的 2019 年，我们要登高望远、继往开来，在纷繁复杂的形势背景下，不管东南西北风，咬定青山不放松，以逢山开路、遇水架桥的信心和智慧，勇攀世界科技高峰，奏响"让世界爱上中国造"的时代强音！

空谈误国，实干兴邦。格力电器之所以能取得今天的成就，靠的是全体员工凝心聚力、真抓实干。

"实"是格力电器生生不息、历久弥新的文化，新的一年，我们要以实干为基，站位新时代，踏上新征程，肩负新使命，谋求新作为，以更超前的理念、更优质的产品、更精良的质量、更完善的服务，不断满足广大消费者对美好生活的向往，努力让格力电器成为中国制造的示范者和擎旗者，这才是我们最高的目标和追求！

"仰望星空，脚踏实地"。我们要始终保持谦虚谨慎、艰苦奋斗的作风，"即使站在山顶，头顶还有星空"，创新没有止境，格力电器发展的道路还很长。

发展实践中感到，最大的、天大的困难，就是挑战自己，只要有决心，就一定行！

我们要以更坚定的信心、更有力的举措，圆满实现新年度营收的既定目标；同时，要以永不懈怠的精神状态和一往无前的奋斗姿态，阔步迈向 2023 年宏伟蓝图的远大征程，努力为实现"中国梦"和"两个一百年"奋斗目标贡献力量。

"事业为基，人才为本"。人才队伍是第一资源，骨干是中流砥柱，企业发展壮大的关键是骨干队伍和核心团队建设。

我们要把五湖四海、志同道合、德才兼备、以德为先作为选人用人的根本标准，建立健全选、育、用、留的人才机制，做到公平公正、公开透明、公私分明，努力锻造一支"忠诚、奉献、干净、担当"的高素质干部队伍，积极营造人才辈出、活力迸发的良好环境。

鼓励和提倡把骨干放到风口浪尖上去摔打锤炼，当先锋、打头阵、挑大梁、立新功，培养历练骨干队伍勤于拼搏、乐于奉献、敢于斗争的过硬作风，使更多的 80 后、90 后优秀年轻骨干脱颖而出，为格力电器建设发展百年大计源源不断注入生机和活力。

我们的愿景，是打造员工与企业之间的命运共同体。

"众人拾柴火焰高，众人划桨开大船"。企业的兴旺发达离不开每一位员工的勤奋努力，个人的成长进步也离不开企业这个平台的关心培养。

在企业建设发展中，我们始终坚持以员工为中心，以员工的获得感、幸福感、安全感为目标，为员工提供更好的发展平台，积极与员工共享发展成果。

对于每一位格力人而言，要以到企业为家、以建企业为责、以兴企业为荣，把个人成长与企业发展紧密结合，共同构建休戚与共、甘苦共担的利益共同体、责任共同体、命运共同体。

我们希望打造以爱国精神、奉献精神、挑战精神、大爱精神为核心的企业文化，让每个格力人都把公司的使命、愿景、目标根植入心，真正成为企业发展的见证者、开拓者、搏击者。

我们的梦想，是缔造一个多元化、科技型全球工业集团。

"千里之行，始于足下"。目前，格力电器在空调、生活电器、高端装备和通信设备四大领域全面蓄势发力，已从专业化的空调企业跨越转型成为多元化的工业集团。

2019 年，我们要秉承挑战精神和颠覆思维，持续加大营销、管理、人才、技术"四个创新"力度，大力发扬工匠精神，努力造就完美质量，深入拓展以光伏空调为代表的创新型空调产品推广，着力挖掘新的增长点，巩固保持在全球空调市场的领先地位；在生活电器领域，加大以冰箱、洗衣机为牵引的生活电器发展力度，以消费者需求为研发导向，深耕细作、厚积薄发，创造更多更好的优质产品；继续深化智能装备领域，不断掌握关键核心技术，依托自主研发生产的智能装备，稳步实现生产的降本、增效、提质；此外，加强全公司的智能化体系建设，加快管理系统和通信系统的智能化步伐，进而实现产品智能化、生产自动化、管理信息化。

乘时代之东风，让梦想再启航。

2019年，有机遇也有挑战，大家还要一起拼搏、一起奋斗，我们都在努力奔跑，我们都是追梦人！在前进道路上，我们要懂得感恩，感恩平台、感恩品牌、感恩团队，也感恩从未止步和懈怠的自己！在新的一年里，让我们继续万众一心、扬帆远航，创造更加壮丽的事业和美好的未来！

（转载自新华网 http://www.xinhuanet.com/tech/2019-02/14/c_1124114099.htm）

例文二

生日祝词

尊敬的各位父老乡亲、亲朋好友们：

大家好！

春秋迭易，岁月轮回，当丙戌新春以温暖的怀抱萦绕着我们的时候，我们欢聚一堂，为我的奶奶——我们尊敬的长辈共祝八十大寿。我首先代表所有的晚辈、所有的来宾向奶奶送上最真诚、最温馨的祝福，祝奶奶福如东海，寿比南山，健康如意，福乐绵绵，笑口常开，益寿延年！

我的奶奶一生育有5个儿女，她和爷爷含辛茹苦竭尽全力把5个儿女培育成人。早在30年前，我的爷爷就因病去世，奶奶忍悲含泪，以宽厚慈爱的母亲胸怀，把全部的爱给了儿女们，一人顶着这沉重的一片天。为了儿女们健康成长、成家立业，奶奶白天下地劳动，晚上回家织布纺线，缝缝补补，精打细算，操持家务，任劳任怨，把痛苦与困难留给自己，把快乐与方便让给儿女，使儿女们一个个成家立业，孙子们一个个长大成人。那个年代，是多么的艰难，多么的不易，奶奶受到了许多常人没有经受过的磨难，可奶奶无怨无悔，她为儿女们的高兴而高兴，为孙子们的成绩而骄傲。

奶奶常教育子女要勤俭持家，诚实做人，实在办事，要我们好学上进，严于律己，努力工作，回报社会，报答家乡。她常教育我们要与人为善，多办好事，路要修宽，特别是要多帮有困难的人，办实事、做好事，要堂堂正正做人。她能带头维护好家庭和乡党、邻居间的团结与和睦，乐于助人，逢人笑口常开，把困难留给自己，把方便让给别人。

奶奶是位知足常乐的人，更是一个自得其乐的人，也富有幽默感。奶奶的一言一行，为我们晚辈树立了良好的学习榜样，她是儿女们的好母亲，是儿媳们的好婆婆。我很爱我的奶奶，奶奶是一位伟大的母亲，又是一位伟大的奶奶。

八十年风风雨雨，八十载生活沧桑。岁月的痕迹爬上了奶奶的额头，将老人家的双鬓染成白霜。奶奶阅尽人间沧桑，一生中积累的最大财富是她那勤劳善良的朴素品格，那宽厚待人的处世之道，那严爱有加的朴实家风。

这一切，伴随奶奶经历了坎坷岁月，更伴随奶奶迎来了今天幸福的晚年生活。如今奶奶内外孙子、孙女共有10个，外重孙已有6个，子孙满堂，享受天伦之乐。现如今可谓儿子孝，儿媳能，女儿贤，女婿强。就连在校学习的孙子、孙女、外孙、外孙女们也是聪明伶俐，成绩优异，捷报频传。

嘉宾旨酒，笑指青山来献寿。百岁平安，人共梅花老岁寒。今天，这里高朋满座，暖意融融。让我们一起恭祝我的奶奶增富增寿增富贵，添光添彩添吉祥。祝福我的奶奶生活之树常绿，生命之水长流，寿诞快乐，春晖永绽！同时也祝愿在场的每一位来宾都幸福安康，万事如意，心想事成！

×××

×年×月×日

拓展延伸

二○二○年新年贺词

习近平

同志们、朋友们，女士们、先生们：

2020 年就要到了，我在首都北京向大家送上新年的美好祝福！

2019 年，我们用汗水浇灌收获，以实干笃定前行。高质量发展平稳推进，我国国内生产总值预计将接近 100 万亿元人民币、人均将迈上 1 万美元的台阶。三大攻坚战取得关键进展。京津冀协同发展、长江经济带发展、粤港澳大湾区建设、长三角一体化发展按下快进键，黄河流域生态保护和高质量发展成为国家战略。全国将有 340 个左右贫困县摘帽、1000 多万人实现脱贫。嫦娥四号在人类历史上第一次登陆月球背面，长征五号遥三运载火箭成功发射，雪龙 2 号首航南极，北斗导航全球组网进入冲刺期，5G 商用加速推出，北京大兴国际机场"凤凰展翅"……这些成就凝结着新时代奋斗者的心血和汗水，彰显了不同凡响的中国风采、中国力量。

一年来，改革开放不断催生发展活力。党和国家机构改革圆满完成。增设一批自由贸易试验区和上海自由贸易试验区新片区。科创板顺利启动推进。减税降费总额超过 2 万亿元。个人所得税起征点提高了，老百姓常用的许多药品降价了，网络提速降费使刷屏更快了，垃圾分类引领着低碳生活新时尚。"基层减负年"让基层干部轻装上阵。放眼神州大地，处处都有新变化新气象。

一年来，国防和军队改革扎实推进，人民军队展现出新时代强军风貌。我们进行国庆大阅兵，举行海军、空军成立 70 周年庆祝活动，举办第七届世界军人运动会。首艘国产航母正式列装。人民子弟兵永远是保卫祖国的钢铁长城，让我们向守护家园的忠诚卫士们致敬！

2019 年，最难忘的是隆重庆祝新中国成立 70 周年。我们为共和国 70 年的辉煌成就喝彩，被爱国主义的硬核力量震撼。阅兵方阵威武雄壮，群众游行激情飞扬，天安门广场成了欢乐的海洋。大江南北披上红色盛装，人们脸上洋溢着自豪的笑容，《我和我的祖国》在大街小巷传唱。爱国主义情感让我们热泪盈眶，爱国主义精神构筑起民族的脊梁。这一切，汇聚成礼赞新中国、奋斗新时代的前进洪流，给我们增添了无穷力量。

一年来，我去了不少地方。雄安新区画卷徐徐铺展，天津港蓬勃兴盛，北京城市副中心生机勃发，内蒙古大草原壮美亮丽，河西走廊穿越千年、历久弥新，九曲黄河天高水阔、雄浑安澜，黄浦江两岸物阜民丰、流光溢彩……祖国各地一派欣欣向荣的景象。我沿着中国革命的征程砥砺初心。从江西于都红军长征集结出发地到河南新县鄂豫皖苏区首府革命博物馆，从甘肃高台西路军纪念碑到北京香山革命纪念地，每个地方都让我思绪万千，初心和使命是我们走好新时代长征路的不竭动力。

同往常一样，我无论多忙，都要抽时间到乡亲们中走一走看一看。大家跟我说了很多心里话，我一直记在心上。云南贡山独龙族群众、福建寿宁县下党乡的乡亲、"王杰班"全体战士、北京体育大学研究生冠军班同学、澳门小朋友和义工老人，给我写了信。我在回信中肯定了大家取得的成绩，也表达了良好祝愿。

一年来，许多人和事感动着我们。一辈子深藏功名、初心不改的张富清，把青春和生命献给脱贫事业的黄文秀，为救火而捐躯的四川木里 31 名勇士，用自己身体保护战友的杜富国，以十一连胜夺取世界杯冠军的中国女排……许许多多无怨无悔、倾情奉献的无名英雄，他们以普通人的平凡书写了不平凡的人生。

2019 年，中国继续张开双臂拥抱世界。我们主办了第二届"一带一路"国际合作高峰论坛、北京世界园艺博览会、亚洲文明对话大会、第二届中国国际进口博览会，向世界展示了一个文明、开放、包容的中国。我同很多国家元首和政府首脑会晤，分享了中国主张，增进了友谊，深化了共识。世界上又有一些国家同我国建交，我国建交国达到 180 个。我们的朋友遍天下！

2020 年是具有里程碑意义的一年。我们将全面建成小康社会，实现第一个百年奋斗目标。2020 年也是脱贫攻坚决战决胜之年。冲锋号已经吹响。我们要万众一心加油干，越是艰险越向前，把短板补得再扎实一些，把基础打得再牢靠一些，坚决打赢脱贫攻坚战，如期实现现行标准下农村贫困人口全部脱贫、贫困县全部摘帽。

前几天，我出席了澳门回归祖国 20 周年庆祝活动，我为澳门繁荣稳定感到欣慰。澳门的成功实践表明，"一国两制"完全行得通、办得到、得人心。近几个月来，香港局势牵动着大家的心。没有和谐稳定的环境，怎会有安居乐业的家园！真诚希望香港好、香港同胞好。香港繁荣稳定是香港同胞的心愿，也是祖国人民的期盼。

历史长河奔腾不息，有风平浪静，也有波涛汹涌。我们不惧风雨，也不畏险阻。中国将坚定不移走和平发展道路，坚定不移维护世界和平、促进共同发展。我们愿同世界各国人民携起手来，积极共建"一带一路"，推动构建人类命运共同体，为创造人类美好未来而不懈努力。

此时此刻，还有许多人在坚守岗位，许多人在守护平安，许多人在辛勤劳作。大家辛苦了！

让我们只争朝夕，不负韶华，共同迎接 2020 年的到来。

祝大家新年快乐！

（转载自新华网 http://www.xinhuanet.com/politics/xxjxs/2019 – 12/31/c_ 1125410097.htm）

🔍 **实践演练**

演练一：选择题

1. 下列说法表述正确的一项是（　　　）

　　A. 祝词常用于重大节日、重大会议、重大典礼和重大活动。

　　B. 祝词是用来表示热烈祝贺和良好祝愿的讲话稿。

　　C. 祝词与贺词较为接近，但祝词重在祝贺，贺词重在祝愿。

　　D. 祝酒词与迎送词有一定的联系，但前者以务虚为主，后者以务实为主。

2. 下列表述不符合祝词种类的一项是（　　　）

　　A. 寿诞祝词是向年长者祝寿，向朋友祝贺生日的。

　　B. "新年献词""国庆讲话""春节祝词"是节日祝词。

　　C. 事业祝词分为一般性祝词和特殊性祝词。

　　D. 祝酒词用于各种酒会、宴会、招待会，有活跃气氛的作用。

演练二：案例分析

分析此案例，指出毛病并修改。

企业新年贺词

在这辞旧迎新的美好时刻，我代表局党委、局领导班子，向关心和支持××局工作的各位领导表示衷心的感谢和美好的祝愿！祝你们新春快乐，心想事成！向为我区农业事业贡献青春的离、退休老同志们致以最诚挚的新年祝福！向为我区农业和农村经济发展付出辛勤劳动的全体干部职工致以节日的问候！并向你们的家属和亲人拜个早年，祝大家身体健康！家庭幸福！吉祥如意！

　　刚刚过去的一年，我们按照区委、区府"做强二产、做大三产、做精一产"的要求，提出"调整结构、突出特色、产业提升、完善基础、依法护农、打造绿色生态"的工作思路，围绕重点，同心同德，团结协作，开拓创新，扎实工作，取得了可喜的成绩，为××农业和农村经济的发展做出了应有的贡献。

　　回顾过去，成绩斐然。这些成绩的取得是区委、区府及上级主管部门正确领导、高度重视、鼎力支持的结果，是全局干部职工团结一致、共同努力、奋力拼搏的结果。展望新年，任重道远。让我们以"三个代表"重要思想为指导，贯彻落实中央、省、市农业和农村工作会议精神；把握"调整结构、突出特色、产业提升、完善基础、依法护农、打造绿色生态"的总体思路；紧紧抓住"围绕产业化中心，建设二个精品项目，实现三大突破，做到四个结合，落实五个加强"的全局工作重点。继往开来，与时俱进，奋发有为，努力开创××农林渔业工作的新局面。

任务 7　撰写致辞类文书：欢迎词、欢送词

✍ | 任务描述

　　宁波市的明珠酒店部分员工前往杭州市西湖大酒店参观学习，为此西湖大酒店的经理在欢迎会上致欢迎词，并在欢送会上致欢送词。

◎ | 任务目标

- **知识目标**：掌握欢迎词、欢送词的格式及写作要求。
- **能力目标**：能熟练写作欢迎词、欢送词，并在应用时能流利地表达。
- **素质目标**：提高学生分析问题、解决问题的能力；培养学生对知识的钻研精神、求实的学习态度及团队合作精神。

▦ | 任务实施

　　1）以小组为单位，查阅资料、分析讨论欢迎词、欢送词的概念、写作内容等，进行例文分析。

　　2）学生模拟办公情境，撰写欢迎词、欢送词，各组派代表上台朗读草拟的欢迎词、欢送词，各组互相评议，即时纠正修改错漏。

　　3）教师释疑解错，归纳提升总结。

　　4）学生根据分析进行修改。

📝 | 知识平台

一、 欢迎词、欢送词的概述

欢迎词和欢送词是在迎来送往的社交场合使用的讲话稿。欢迎词是在各种集会仪式上，主人为欢迎到来的嘉宾所做的讲话。欢送词是在各种告别场合，主人为了欢送客人所做的讲话。

二、 欢迎词、欢送词的内容要求

（一） 欢迎词

1）对被欢迎者表示热烈欢迎。
2）赞颂被欢迎者取得的成绩。
3）对被欢迎者的前途及双方的关系与友谊提出良好的希望。
4）对被欢迎者提出良好的祝愿。

（二） 欢送词

1）对被欢送者表示热烈欢送。
2）对被欢送者取得的成绩给予充分的肯定。
3）对被欢送者提出良好的希望和勉励。

三、 欢送词、欢迎词的格式

欢迎词和欢送词的写法大体一致，都包括标题、称呼、正文三部分。

（一） 标题

标题写法有两种，一种是直接写上欢迎词、欢送词即可；另一种是在欢迎词、欢送词前加上一定的限定词语，如"致2020届新生入学欢迎词""欢送老兵退伍致辞"等，也可用活动名称做标题，如"在××欢迎宴会上的讲话"等。

（二） 称呼

标题下方顶格写欢迎、欢送的对象。称呼要使用尊称，如"敬爱的""尊敬的"等。

（三） 正文

正文包括开头、主体、结尾三部分。
1）开头部分：通常以一些抒情性的话语引出欢迎、欢送的对象。
2）主体部分：通常以热情的言辞表达对致辞对象的真挚感情，致辞中主要包括阐述此次活动的内容、意义和影响，回顾双方过去活动的过程、感受和印象，同时展望未来，提出希望。
3）结尾部分：再一次表示欢迎、欢送，并使用诚挚祝愿的语言提出感谢，如"预祝本次活动圆满成功""祝大家一路顺风、万事如意"等。

四、 注意事项

（一） 称呼要全面

欢迎词和欢送词由于致辞对象不同，称呼也会有所不同，因此需要作者在写作之前先弄清楚客人的身份地位等。此外还要特别注意称呼礼节，既要分出主次，又要涵盖全面，切忌遗漏某些对象而令人不快。

（二） 感情要热情

欢迎词和欢送词的主要功能都在于人际沟通，需要作者情真意切，语言热情饱满，同时要不失礼节地招待、欢送客人。

（三） 用语要得体

欢迎词和欢送词都是在集会场合使用的讲话稿，需要与现场热烈的气氛相配合。赞美对方的话，令人感到愉悦的话，不妨直接表达出来。如有不同意见或分歧之处，应避而不谈，对于某些特殊会议场合，表述时要特别慎重。

案例分析

例文一

上级领导视察工作欢迎词

××市地方税务局各位领导、各位来宾：

大家上午好！

在这金秋送爽、丹桂飘香的美好季节，我们非常高兴地迎来了省人大××领导一行来我局视察。我代表市地税局向省人大领导一行表示热烈欢迎和衷心感谢！省人大领导一行的到来，表明省人大对我市地税工作的关心和重视。这必将推动我市地税事业更好、更快的发展，为开创地税工作新局面起到积极的促进作用。

我局始终把学习实践科学发展观作为地税工作的动力，始终以服务地方经济建设为根本，以能力建设为核心，强科学发展意识，立科学发展对策，求科学发展实效，建科学发展机制，坚持地税工作为当地经济发展服务，地税干部为纳税人服务，地税机关为基层服务，着力提升依法治税水平、税源管理水平、队伍建设水平，全力打造高效和谐的服务型地税队伍。全市地税事业实现了又好又快的发展，各项工作均迈上了新台阶。

上半年，我们努力克服金融危机和政策性减收等不利因素的影响，全市共组织入库地方税收 8.44 亿元，同比增收 1.11 亿元，增长 15.1%，收入总量超过 2006 年（8.1 亿元）全年收入 0.34 亿元，再创历史新高。全市地方税收增幅高于全省地方税收平均增幅（8.9%）6.2 个百分点，高于全市财政总收入增幅（-3%）18.1 个百分点，保持了地税收入平稳增长，为我市经济社会又好又快发展提供了有力的财政保障。

各项工作实现重大突破，得到了全社会的肯定。今年以来全市地税系统共获得市级以上集体荣誉 9 项，其中国家级荣誉 3 项，省级荣誉 2 项，市级荣誉 4 项。市地税局荣获"全国精神文明建设先进单位""全省先进基层党组织""全市十佳职业道德建设先进单位"等称号，市局办税服务厅获"全国女职工建功立业标兵岗"，局领导班子以优异成绩获得全市"十佳领导班子"和"十佳领导干部"荣誉。

恳请各位领导对我市地税工作提出宝贵意见，督促和帮助我们更好地改进作风，给予更多的关心和指导，以推动我市地税工作又好又快发展！

最后，祝各位领导在我市视察工作期间工作顺利、身体健康、万事如意！

谢谢大家！

例文二

海纳百川，汇聚英才
——新员工入职欢迎词

尊敬的先生们、女士们：

大家下午好！

在即将到来的 2018 年的火热的夏天，我们公司又增添了新的活力，注入了新的血液，让我们以热烈的掌声欢迎×× 公司的新成员！希望你们的到来，能使公司这棵大树吸收的水分更充足，枝叶长得更茂盛。

你们进入的是一个充满活力，追求卓越的群体，你们拥有的是一份极具挑战，力求完美的工作。本公司是一个注重人才素质和专业技术的服务性企业，秉着以人为本，以高满意度为目标的经营管理理念，为客户提供最佳的服务。公司希望大家以积极的工作态度和真诚的合作精神加入这个团队，公司也将为大家营造和谐、有序的工作环境，适时提供培训与学习的机会，提供施展才华的舞台，并且希望我们在工作上的配合建立在彼此理解和信任的基础上，这种理解和信任是联系着公司与员工之间的桥梁。你们的配合是公司正常营运，发展壮大的基础。公司强有力的后盾也将成为你们努力奋斗的动力！

从学校人变为社会人，或多或少都会有些不适应。但是，一个人的心态在工作中很重要，对于一个初入社会的人来说尤为重要。

也许，你正担心你是否适合这份工作，或者是这份工作究竟是否合适你。这是一种很正常的心态。请不要担心本公司十分重视新员工的岗前培训，这个从汲取书本知识转移到接收企业文化和专业技能的过程是一个很重要的过渡时期，相信新员工可以在这种循序渐进的变化中了解我们这个企业，了解这份工作，了解自身的责任所在，并且能够更快地融入我们这个团队。

同时，也希望大家放低姿态，虚心向老员工学习和请教，注重交流与沟通，善于吸取别人的经验，齐心协力才能将工作做好。此外，还要提醒大家放弃急于求成的想法，踏踏实实、一丝不苟的敬业精神是公司对每一位新成员的忠告，也是你们提升自己能力、获取更多人认同的法宝。粗心大意带来的不仅仅是企业的经济损失，更大的可能是将导致我们失去一个客户群。

作为一个服务行业的职员，你的言行举止、衣着打扮很有可能直接影响到客户的心理，从而影响到他对你的评价，因此，在做好本职工作的同时，商务礼仪也是大家应该十分注重的一个环节。良好的个人涵养，不仅意味着你可以赢得对方的尊重，更重要的是体现了你对对方的尊重。

你们现在都是实习生，起点是相同的，公司给你们每个人的机遇也是相同的。或许，在以后的工作中，你们的态度会不一样，处事方式会不一样，目标也会不一样，此时，机遇就不会平等地降临到每个人的身上了，他偏爱的是那些具备良好职业素质，拥有高尚职业道德的人。当然，公司期待你们的智慧和才能都能够得到充分的发挥，都可以抓住机遇。

在此欢迎你们加入公司的同时，由衷地希望我们可以相互信任、相互理解、相互团结、相互合作，希望我们每一位新老员工都可以用心灵来沟通，用微笑来面对，用长远而发展的目光看待我们的工作，共同创造我们的事业！在此，诚心地祝愿你们可以收获成功！

例文三 📧

驻悉尼总领事出席新州侨界离任欢送宴会致辞

尊敬的邱维廉会长、周光明主席，尊敬的各位侨领、各位侨胞，女士们、先生们：

大家晚上好！

今天我和我的夫人怀着感谢和激动的心情参加这场欢送宴会，既依依不舍，又感慨万千。首先我要感谢各位侨领和侨胞朋友的盛情款待，谢谢各位不辞辛劳为我筹办这场盛大的欢送宴会，使得我有机会在离任前与各位朋友再次相聚，共叙友情。

2008年的11月，我来到美丽的悉尼工作，到今天为止一共是848天，横跨4个年头，时间虽然不长，但也不能算是短暂。对我个人而言，在悉尼工作是一个增长知识、锻炼才干、丰富外交阅历的机会，而有幸结识各位热情的侨胞朋友则更是一种难得的缘分，我在悉尼工作的两年多时间里，大家不仅关心、协助总领馆的工作，对我的工作给予了充分的支持、理解和信任。我想，离任之时我虽然带不走悉尼美丽的阳光和沙滩，但我一定会带走新州各界朋友真挚的友谊和思念，你们的信任就是我最大的收获，在此我衷心地感谢大家对我工作的支持和帮助。

我在悉尼工作期间，新州侨胞对我的关心与支持让我感激，而新州侨社的点点滴滴则常常让我内心充满了感动。在工作中我了解到旅澳的老华侨华人们多年来含辛茹苦，克服各种艰辛立家创业，为在澳华人打下良好的根基，而无时无刻不令我感动的则是老华侨华人们始终不渝的爱国热情和拳拳报国之心，虽身处海外多年却一点也没有磨灭，令我记忆尤其深刻；我也看到众多的新华侨华人们伴随着改革开放的大潮来到澳大利亚、来到悉尼，凭着自己的能力和智慧打拼，开拓进取、为国争光；我更欣喜地看到新州侨社不分新老、不分地域，为了侨社的整体利益和共同发展，抛弃歧见、求同存异，共同营造了团结合作的和谐局面。侨胞们，我为你们所取得的每一个成绩都感到自豪和高兴，我也时时刻刻都能感受得到你们对祖国的关心和支持，在此我要向你们各位表示我最深的敬意！

目前，中澳关系、中国与新州的关系获得稳定健康的发展，中国保持为澳大利亚第一大贸易伙伴、第一大出口市场和第一大进口来源国，同时也是新州的第一大贸易伙伴、第一大进口来源国和第二大出口市场，中国还于2010年首次成为澳大利亚第一大服务贸易出口市场，中澳之间、中国与新州之间在经贸、投资、科技、教育、人文、旅游等方面的全方位、深层次的广泛交流与务实合作不断推进。这两年多来，我还与悉尼的侨胞们共同经历了许多大事，见证了诸多历史性的时刻，从北京奥运、新中国成立60周年庆典、上海世博和广州亚运，到汶川地震、玉树地震和舟曲泥石流特大灾害。在与你们一同走过的大喜大悲中，我不仅看到了你们对同胞血浓于水的大爱深情，更看到了你们对祖国的赤子之心。

唐朝诗人罗隐曾经写过这样的诗句："时来天地皆同力，运去英雄不自由。"我想，如果说我在悉尼工作的这几年做了一些工作、取得了一些成绩的话，除了离不开各位的支持外，也是沾了好"时运"的光。这个"时运"就是中澳之间、中国与新州之间友好交流的大势，就是中国综合国力日益增强、国际地位和影响力日益提高的大势，更是中华民族的凝聚力和向心力不断增强的大势。

曾子曰："吾日三省吾身：为人谋而不忠乎？与朋友交而不信乎？传不习乎？"我做不到每日三省吾身，但我在悉尼工作期间，时常会反复思考，我为中澳两国的友好交往，为我们的同胞还应做些什么，总领馆在执行外交为民、以人为本的宗旨方面，还需要在哪些方面进一步提高。虽然我们的工作还存在着不尽如人意之处，但我馆全体人员外交为民的精神是十分牢固的。

在此刻与大家惜别之时，我真诚地希望新州的新老华侨华人们能够进一步团结合作，更加相互理解、相互尊重、相互帮助，维护和巩固好这来之不易的和谐氛围；真诚地希望大家都能为祖国的发展、民族的振兴，尤其是中国的和平统一做出新的贡献；真诚地希望华文教育在悉尼能够更加蓬勃地发展，不仅传播我们中华民族的文化，更让我们的后代都记住自己是炎黄子孙；也真诚地希望每一个在悉尼的侨胞，都能够身体健康、家庭幸福、事业有成。离任后无论到哪里工作，我都会继续关心悉尼的华人侨社，继续为大家祝福，为大家喝彩，为大家服务！

谢谢大家！

例文评析：

例文一和例文二这两篇欢迎词，言辞热情，感情真挚，既有对过去的回顾，又有对未来的展望，内容充实，格式规范，语言得体。

例文三中这篇欢送词，既表达出欢送的依依不舍之情，又很好地把握了语言的分寸，语言得体，词真意切。

例文四

致毕业生欢送词

尊敬的各位领导、老师，亲爱的各位学长、学姐们：

时间从指间流走，我们即将面临分离，心中充满了不舍。有你们在的日子里，生活是丰富多彩的，感谢你们给我们带来了那么多的欢声笑语，让我们记忆深处留下了许多美好的回忆，在学校，你们不仅不断提升自己，还在不断鞭策着我们。让我们认识到学习并不是一件轻松的活，需要付出不断的努力，不能浮躁，需要踏踏实实地一步一步往上爬。你们告诉我们，对于生活，应该永远保持乐观积极的态度，不管遇到任何事都不可以轻易放弃。对于工作，应积极认真地对待，成为老师的左右手。学长、学姐们，你们是无私的，感谢你们与我们分享这宝贵的经验，我们将永远铭记在心。

毕业，是人生的一个转折点，祝愿各位学长学姐能展开双翼，飞得更高、看得更远。希望你们正确处理好就业、择业和创业的关系，脚踏实地走好第一步。

相聚，虽然不是永恒；离别，却也不代表永远。亲爱的学长、学姐们，你们在母校的生活即将过去。在这离别时分，请你们面带丰收的微笑，带着你们的眷恋与不舍，踏上崭新的征程。通向成功的路有千万条，昂起头，仰望星空，我们相信，未来一定是属于你们的。在此，我谨代表学校全体在校生，祝所有的学长、学姐们早日实现远大的理想，拥有美好的未来。

思考：

分析此案例的结构是否完整，指出此案例的各部分，并简述其基本内容。

拓展延伸

节庆活动欢迎词正文写作的惯用章法

一、开头欢迎

首先，表示欢迎。这是节庆活动欢迎词正文的开头部分，一般要用简洁的文字交代致辞的背景，即什么活动开幕了。然后用热情的话语对来宾表示欢迎，也可以向来宾或者有关方面（人士）兼表祝愿或者感谢。

二、中间表达

其次，阐释意义。为什么要举办节庆活动，目的何为，意义何在，这是节庆活动欢迎词中应当予以交代的。

三、凝练话题

再次，展示优势，也可以说树立形象。这是节庆活动欢迎词正文的重心所在。当下利益重要，长远利益更重要。

四、总结致辞

最后，表达祝愿。这是节庆活动欢迎词正文的结尾部分，一般用简洁的句子祝愿活动圆满成功，或者祝愿来宾生活愉快，并另起段落以"谢谢大家！""谢谢各位！"这样的礼仪结语结束全文。

五、格式内容

写作需表达对宾客的热烈欢迎之情，要体现出迎客的诚意。

欢迎词的开头，应对宾客的光临表示热烈的欢迎。

欢迎词的主体，主要根据双方的关系，回顾相互交往的历程，阐明宾客来访的意义，展望美好的未来。

欢迎词的结尾，应再次表示欢迎，并预祝来宾做客愉快。

实践演练

演练一：撰写欢迎词和欢送词

某学院院长带领酒店管理系部分师生到上海金华酒店参观学习，受到了酒店领导和员工的热情欢迎和款待。金华酒店在师生到来时召开了欢迎会，临别时召开了欢送会。请你为酒店总经理写一篇欢迎词和欢送词。

演练二：情景模拟

请学生以班级为单位模拟举办一次欢迎会，欢迎外校师生来我校参观学习。

要求：

（1）提前做好角色分工，布置好会场。

（2）会上致欢迎词。

（3）课后完成准备工作，时间不超过1周。

任务 8 撰写条据告启类文书：条据

任务描述

学生小陈因周四参加驾考，耽误上课一天，写了一张请假条，但没有交代请假事由，老师让他重写，回去和同桌、班委商量后又递上了一张，老师发现内容和格式依旧不太规范，还要返工，小陈心里暗自发愁，小小的请假条太难写。

在大学校园中，类似小陈这样不会写请假条的学生比比皆是，还有我们生活中常见的留言条、借条、收条等都有固定的写作要领和格式，没有系统学习过，就想写出来，的确不易。这里，就让我们化难为简，一起学习请假条等条据类应用文书的写作。

任务目标

- **知识目标**：能够运用所学知识写作条据，并指出一些条据的不规范之处。
- **能力目标**：掌握条据的写作格式。
- **素质目标**：提高学生分析问题、解决问题的能力；培养学生严谨的生活态度和作风；培养学生的团队协作能力。

任务实施

1）学生分组讨论：请假条、借条应包括哪些内容，比较哪个组的结论最周全。

2）角色模拟：学生分组代小陈同学写请假条。写完后小组内互评，并推荐出小组的最佳作品，进行全班评议。

3）教师解疑纠错，对于条据知识进行归纳、提升、总结，学生熟记写作要领。

知识平台

微课 1 - 5   课件 1 - 6

一、 条据的概念

条据是人们在日常工作生活中或用作凭据、或起说明作用的篇幅短小、格式固定的应用文书，它是在办理某项手续或处理某项事务时，当事者双方按照规定必须履行一定手续而形成的文字凭证。条据的内容非常简单，但应用范围十分广泛。

二、 条据的特点

条据的特点在于一个"便"字：写起来简便，看起来方便。

一文一事，简洁明快。

时间性强，不得含混。

朴实无华，反对虚夸。

强调手续，一清二楚。

请求办事，交代明白。

三、 条据的分类

条据一般可分为两大类，一是说明类条据，也叫便条，如请假条、留言条、托人办事条，主要是向有关人员说明情况、托付事情、传递信息用的条子；二是凭证式条据，也叫字据或单据，如借条、欠条、领条、收据，往往起到凭证作用，钱物归还或回收时，条据作废或撕毁。

四、 说明式条据

说明式条据是种简单的书信，它的简便在于内容简短、无须邮寄。随着现代通信技术的发展，说明式条据中小的留言条和托人办事条已不常用，所以本书重点讲解请假条。

（1）留言条，是要访的人不在，因有话、有事向别人交代而写的一种文书。

（2）托人办事条，是委托他人代办某事时所写的条据。

（3）请假条，是因事、因病不能够正常地学习、工作、活动向单位或领导请假而写的便条。

请假条的写作格式：

1）标题：首行居中写"请假条"三个字。

2）称呼：要顶格写，并在后面加冒号。

3）正文：另起一行，空两格。主要写明请假的原因和请假的具体时间，并提出请求。

4）礼貌语：最好写上祝敬语。在正文下一行空两格写"此致"，另起一行顶格写"敬礼"。

5）请假人姓名及日期：写在正文的右下方。

五、 凭证式条据

1. 凭证式条据的概念

凭证式条据是写条据人交给对方的一种书面凭证，当有经济往来，为了手续清楚，往往要写一张字据交给对方留作凭证，以供事后保存查询。这种字据最大的特点是它具有凭证的作用，即证明性。它是财务保管工作中的一种凭证，是有关部门收入、支出的根据。

2. 凭证式条据的分类

常用的凭证式条据有借条、收条、领条、欠条等，又分别称为借据、收据、领据和欠据。

（1）借条，又称借据，是个人或单位借用个人或公家的现金、财物时所写的一种凭证，以供对方保存，是人们在日常工作和生活中经常使用的一种应用文。钱物归还后，应把借条收回并销毁，借公款的借条若做了账，则不退回。

（2）收条，是收到别人或单位送到的钱物时写给对方的一种凭据式的应用文，是日常生活中经常使用到的。

（3）领条，是领取物品的个人或单位的一种文字凭证，它是在发放和领取物品的过程中，时常使用的应用文。

（4）欠条，是借了别人钱财或在已经归还了部分的情况下，对拖欠部分所写的以证明此种债权债务关系的凭证性应用文。

3. 凭证式条据的写作格式

凭证式条据的种类很多，但格式比较统一。写作时，只要根据不同的内容变换字句就行，通常由标题、正文、落款三部分组成。

1）标题：第一行居中写"借条""收条""领条""欠条"，以表明字据的性质。也可写成"今借到""今收到""今领到""今拖欠"，既表明性质，也说明时间。

2）正文：第二行空两格写正文内容。条据正文的开头常用"今""现""兹"作起字，有较为固定的惯用语。一般首先注明"今借到""今收到"等。如果标题已标明"今借到""今收到"等，正文中就不必再写这项内容，然后写明对方单位名称或个人姓名，再写清涉及的现款或物品的名称和具体数量。借条和欠条还应写明归还的期限及损失的赔偿等事宜。若借公家的现金和物品，一般还应写明用途。最后，另起行空两格写"此据"二字。

3）落款：在正文右下方签署经手人姓名及日期，单位出具的比较正规的条据，在经手人姓名前还应注明单位全称并加盖公章。

4. 示例

示例一：收条

收　条

今收到李占庆从张经理处带来的工资伍佰叁拾伍元整（535.00）。

收款人：刘成（私章或手印）
二〇〇八年十月五日

示例二：领条

领　条

今领到大红沟村委会转发的扶贫款贰佰肆拾元整（240.00）。

经手人：杨生地（私章或手印）
二〇〇八年九月八日

示例三：欠条

欠　条

今欠刘老根的人参果款柒拾玖元伍角整（79.50），定于八月九日前还清。

欠款人：张国栋（私章或手印）
二〇〇八年八月一日

| 案例分析

一、说明式条据

例文一

请假条

黄老师：

我因感冒发烧，需在宿舍休息，无法参加今天下午的讲座活动，特向您请假，请老师批准。

学生：张××
2017 年 9 月 10 日

例文二

请假条

管理系主任：

我是今年毕业的××专业（1）班的学生，因到××电脑公司联系工作，该公司要求我于今年 4 月 5 日进行专业实习两个月。为此，特请假两个月，恳请批准。

此致

敬礼

请假人：×××
2019 年 3 月 28 日

例文评析：

例文一是病假条，例文二是事假条，这两张请假条格式规范、简洁明白，其写作要领是先写明请假原因和时间，后用"恳请批准""请予批准""请谁谁批准"的写法。注意，请假条在得到有关负责人批示后方才生效。

例文三 ✉

请假条

陈老师：

我惭愧地提起笔，给您写信。

昨天，我放学回家的时候，本来烈日当空，不料走到中途，突然下了一场大雨，我不能及时躲避，被雨淋得浑身湿透。回家以后，我觉得有点儿冷，妈说我着了凉。吃过晚饭，我开始咳嗽了，医生说我患了流行性感冒，要好好地休息。

我知道这一次的病是由于抵抗力太弱引起的，我后悔平时没有听您的教导，好好锻炼身体。今天，我不能到校来上课了，希望过两天以后，我能够痊愈，就回校补课。而且，今后我要认真地做早操了。

现在，妈妈叫我向学校请假两天，希望你能够批准。

学生：张明　10 月 15 日

例文评析：

这是张错误的请假条，毛病很多。缺少标题，表述啰唆，没有用敬语"您"，请假主体不明，署名和日期写在一起，署名没有居右写，日期格式不对，没有写明年份等。

二、凭证式条据

例文一 ✉

借　条

今借到××厂财务处人民币捌仟元整，借期为六个月。利息按银行存折利息计算，到时本息一次还清。

借款人：王××

2017 年 8 月 26 日

例文二 ✉

借　条

今借到安徽省××职业技术学院藏族舞蹈服装叁拾叁套整，小提琴肆把，二胡壹把。从即日起一周之内归还。

安徽省××职业技术学院（公章）

经手人：×××（签名或盖章）

2008 年 4 月 30 日

例文评析：

例文一是借款条，例文二是借物条。其写作过程中都遵循了借条的写作要领，即被借单位或个人、借款金额或物品交代得很清楚。对外单位使用的借条，单位名称要写全称，归还期限要写得明确、具体。借条中数据大写，金额后加"整"字，避免添改。

例文三

收　条

今收到德州市××职业技术学院贫困生助学捐款壹万圆整。

德州市教育局（盖章）

经手人：王强

2010 年 6 月 10 日

例文评析：

收条是条据的一种，内容短小精悍而又清楚明白。

例文四

领　条

今领到市商业局教育科《商业职工教育文科选编》伍拾本。

此据。

经手人：昌隆公司刘昌

二〇〇九年十月二十日

例文评析：

领条是个人或单位向其他人或单位领取钱物时写给对方的单据。从哪里领以及数量都要写明了。此领条意思表述清楚，领取数量用大写，符合领条格式。

例文五

代领条

代为收到学院发给计算机系软件技术班白梦同学的奖学金人民币壹仟元整。

此据。

经手人：计算机系软件技术班李纳（代）

二〇〇九年六月九日

例文评析：

代领条格式写法与领条相似，不同的是要标明"代"字来说明领的性质。这则领条涉及钱物，把钱款来源、替谁代领取的、钱款数额讲得清楚明白。

拓展延伸

写作条据的注意事项

一、写作便条的注意事项

便条内容要明确具体。如请假条要写明请假的原因，务必真实可信；还要写明请假的具体时间，不能仅写"需请假，请批准"，如果有证明请假原因的证据，如医生证明，也可附在请假条上。另外，请假条一般经领导或相关部门批准后方可生效。便条的语言要简洁准确，言简意明，朴实明快，直截了当，态度诚恳。

二、写作单据的注意事项

对外使用的条据，写对方单位名称要用全称。若是涉及物品，则要写明名称、规格、数量，若涉及金钱，则要写明金额，必须用大写，以防涂改。数字前不留空白，数字后面要写量词，如"元""个""双""一斤"等，条据中的文字如果确实需要改动，要在涂改处加盖印章，以示负责。写条据字迹要端正清楚，要用钢笔、碳素笔或毛笔书写。

凭证性的条据尤其要注意以下问题：

1）空白留得过多。条据的内容部分与签字署名之间的空白留得太大，容易被持据人增添补写其他内容，或将原内容裁去，在空白处重新添加内容。

2）大写、小写要分清楚。写条据时，如果只有小写，没有大写；或者小数点位置不准确，数字前留有空格；或大写、小写不相符，都容易被持据人添加数字或修改，甚至由此而引发民事纠纷。

3）不要用褪色墨水书写。用圆珠笔或其他易褪色的墨水书写条据，如果保存不当，受潮或水没时，字迹会变得模糊不清，并为某些别有用心的人用化学制剂涂抹留下可乘之机。

4）要写明条据日期。不写明日期的条据，一旦发生了纠纷，事实真相常常难以查证，对诉讼时效的确定也容易造成困难。

5）名字要写齐全。条据上有姓无名或有名无姓，都会给对方留下行骗的口实和赖账的把柄。

6）印鉴要规范。由他人代笔书写或者代笔签名，而本人只在上面按一个手印，发生纠纷时，都很难认定责任。

7）还款时要索回条据。还款还物时，对方若称一时找不到借条，应该让其写一张收据留存，这样才不至于给日后留下隐患。

总之，凭证式条据一经签订，一般对各方都有了约束力，特别是经济性质的条据，因此，条据写得是否准确，权利与义务规定得是否严密、完备，关系到当事人的切身利益，影响到发生纠纷时，是非曲直的判断和鉴别。所以，写条据时，必须认真慎重，要熟悉各类条据的格式及写法。

实践演练

演练：撰写借条和请假条

班级举行文艺晚会，假如你是组织者：

1）需到校团委处借一套音响设备，请你写一张借条。

2）班上李四同学因病不能参加晚会，请你代写一张请假条。

任务⑨　撰写条据告启类文书：告启文书

告启文书是指机关、团体、单位就某一事项提请公众注意或要求其协助时，通过张贴、标牌、电视、报刊等形式向社会公开说明、宣传、介绍使其周知的一种应用文，包括启事和声明两种。

任务描述

启事在我们的日常生活中运用范围比较广泛，但是不少人对启事如何写还是比较陌生，尤其是学生知之甚少，本任务带领大家一起学习启事的相关知识。

任务目标

- **知识目标**：学会启事的定义、特点及分类；了解启事的用途；掌握启事的撰写格式和写法。
- **能力目标**：学会写作不同的启事；提高应用文写作的能力。
- **素质目标**：能正确运用启事办理相关事务，注重培养学生规范做事的习惯。

任务实施

1）以小组为单位，查阅资料并讨论如下问题：
什么是启事？启事的特点是什么？
写作启事要体现哪些内容？格式是怎么样的？
写作启事应注意哪些事项？
启事和启示有什么区别？
2）写作一份招聘启事，小组内成员互评，推荐代表作品进行全班评议。
3）教师针对课堂练习存在的问题，逐一指出纠正，强调启事的写作重点和写作要求。

知识平台

微课 1 – 6

课件 1 – 7

一、启事的含义

"启事"中的"启"含有"陈述"的意思，"事"即"事情"。启事，就是公开陈述某件事情，是一种常用的告知性文体。单位或个人将需要向大众公开说明并希望获得关心、理解、支持和协助的事情简写成文，通过传媒公开，这种应用文书就是启事。启事通常刊登在报纸、杂志上，或张贴在街头、路边等引人注意的公共场所，或在电视台、广播电台播出。

二、 启事的特点

（1）公开性。启事通过张贴、登报、广播、电视等各种宣传手段，向社会广泛发布，无秘密可言。

（2）期望性。启事没有行政约束力，不强制读者承担责任和义务，只期望人们了解并能支持，以解决自己的某件事宜。

（3）自主性。启事的内容很广泛，不具备法令性，也没有约束性，对于启事所要求的内容，人们有着参与的自主性。

（4）单一性、简明性。启事的事项要求单一，一事一文，篇幅简单明了，不掺杂无关的内容。

三、 启事的类型

启事的种类很多，根据启事事项的不同，可以分为寻找、征招、周知、声明四大类。类别不同作用也不同。

（1）寻找类启事是为了求得公众的响应和协助。这类启事有寻人启事、寻物启事、招领启事等。

（2）征招类启事是为了求得公众的配合与协作。这类启事有招生、招考、招聘启事；征文、征订、征集设计启事等。

（3）周知类启事是为了开展工作和业务，把某些事项公之于众，以便让公众知晓。这类启事有开业启事、迁址启事、变更启事、婚庆启事等。

（4）声明类启事是为了完成法律程序，经声明公开、登报后，对其引起的事端不再承担法律责任。这类启事有遗失启事、更正启事等。

四、 启事的构成及格式

启事一般由标题、正文和落款三部分组成。

（1）标题：首行正中写标题，用大字提醒。标题的写法可以有这样几种：第一种只写"启事"。第二种，标题里标明启事事项，如"招领启事""开业启事"等。第三种，启事重要和紧迫，可以标明"重要启事"或"紧急启事"。有时将"启事"两字省去，只写"寻人""招聘"。

（2）正文：标题下一行空两格开始写正文。不同类型的启事正文内容有所不同，用明晰、简练的语言说清楚启事的目的、原因、意义、具体办理方法、要求、条件等。正文是启事的主要部分，是体现各种启事不同性质和特点的关键部分，主要说明启事的事项。正文写法形式多样，不强求一致，可以分段写，内容多的可逐条分项写清楚。正文要具体、明白、准确、简练通俗，千万不可模糊、含混、模棱两可，以免产生歧义。

（3）落款：署名和日期。正文结束后，另起一行，在右下角写启事单位名称或个人姓名。视具体情况，有的还要写上地址和发布启事的日期，此时要另起一行分别写到右下角。在标题和正文中已写明启事者，结尾中可省略，只写日期。报刊上刊登的启事可以不写日期。以机关、团体、单位名义张贴的启事，一般应加盖公章，以示负责。

五、 不同启事的写法

（1）寻找类启事。如果寻人，要写明被寻人的姓名、性别、年龄、身高以及外貌、衣着、口音等方面的特征和走失原因，有被寻人照片可以附上，便于辨认；如果寻物，要写明物品丢失时间、地点、名称、数量、特征等。

（2）招领启事。这类启事应写明于何时何地拾到何物，以及认领的具体地址。至于所拾物品的具体特征和数量则不宜写出，等认领人认领时便于核对，以防冒领、错领。

（3）开业启事。这类启事要写明开业企业的名称、开业时间；开业企业主要经营的商品介绍；开业期间为消费者提供哪些优惠让利服务；开业优惠活动起止的时间、企业地址、电话、联系人、网址，而且要写上"欢迎惠顾"等敬语，也有的另列上祝贺单位名称。文末可写上"此启"或"特此启事"，或略而不写。

（4）搬迁启事。这类启事要写清搬迁日期、新址、电话以及方便联系的有关事项。

（5）招聘启事。这类启事要介绍招聘单位的名称、性质、所在城市、地理位置及企业的基本经营状况、招聘单位的电话、联系人、网址；招聘的岗位，性别、年龄、学历、专业、工作经历等岗位要求；应聘者的工作待遇、优惠条件；报名办法、需要准备的个人资料。

（6）征文启事。这类启事要写明征文的目的、征文的主题、征文的范围、征文的要求、征文起止的时间、征文评选的办法、设立的奖项、奖金标准以及欢迎应征的礼貌语。

（7）征集设计启事。这类启事要说明征集的目的、相关背景、设计要求、奖励办法及截稿日期。若希望对方与启事方联系，则须写明联系方式。

（8）更名启事。这类启事要写清楚原来的名称和更改后的新名称，同时在启事中还要声明一些相关事项，如公章、合同、账务往来的处理等，以避免日后产生不必要的麻烦。

（9）招生启事。这类启事要写明招生的目的、专业设置、报名的证件、报名时间、地点及截止日期等。

（10）征婚启事。这类启事写明征婚者的性别、年龄、职业、文化程度、兴趣爱好、体貌状况、经济状况等。还要写明对对方的要求，最后要写明联系的方法及地址。写征婚启事，要从实际出发，对征婚者的介绍要客观，对对方的要求不要太过分。

六、 写作启事的注意事项

（1）标题要能揭示事由，简短醒目，吸引公众。

（2）内容单一，一事一启，便于公众迅速理解和记忆。

（3）文字通俗、简洁、集中，态度庄重，讲究礼貌，又不失热情、文明，给公众以信任感。

📝 | 案例分析

例文一 ✉

寻物启事

3 月 23 日晚 8:00 左右，在淮河路一辆出租车上遗失一个公文包：内有金额为 5 万的存折一份、派遣证一份及其他物品，有拾到者请与失主联系，失主愿重金酬谢。

联系人：田先生

联系电话：1584551××××

例文评析：

这是则公开登在报缝中的寻物启事，文字精练、篇幅短小。标题寻物启事以较大的黑体字呈现，以加强明显性，引起别人注意。失主在正文中交代出失物的时间为 3 月 23 日晚 8:00 左右，具体地点为淮河路一辆出租车上。遗失物为公文包，详细介绍内装物品如"5 万的存折一份、派遣证一个及其他物品"。为感谢送还者，失主许诺重金酬谢，并留下联系电话。寻物启事一方面透漏出失主急切的焦虑之态，另一方面也体现出失主为人处世中的诚恳真挚之情。

例文二 ✉

失物招领

今天傍晚，我系物流管理专业 2013 级（2）班李海霞同学在校 1 号餐厅门口拾到钱包一只，内装有饭卡、现金、银行卡等。请丢失者携带有关证件或证明到经济管理系办公室 1 号教学楼（A）区 306 室找任老师认领。

经济管理系办公室

2019 年 9 月 10 日

例文评析：

招领启事是请人认领失物的启事。它一般只写明拾到失物的名称、时间、地点及拾到者的联系方式，不能详细介绍失物的特征、规格、数量、丢失时间、地点等，目的是失主认领时可核对信息，以避免冒领。这则招领启事正文交代了拾获物品的基本情况，然后对丢失者提出认领的要求、地点、联系人等，本文对所拾物品没有描述太过详细。

🧠 | 拓展延伸

"启事"与"启示"

启事是为了公开声明某事而登在报刊上或张贴在墙上的文字。这里的"启"是"说明"的意思，"事"就是指被说明的事情。而"启示"的"启"，则是"开导"的意思。"示"是把事物摆出来或指出来让人知道。"启示"是指启发指示，开导思考，使人有所领悟。可见，"启事"和"启示"的含义截然不同，二者不能通用。无论是"征文启事"，还是"招聘启事"，都只能用"事"字，而不能用"示"字。"征文启事"写成"征文启示"是错的。

🔍 | 实践演练

演练一：撰写开业启事

东方五星级宾馆开业，娱乐设施齐全，下设旅游服务公司，请你为它撰写一则开业启事。

演练二：撰写招领启事或寻物启事

以同桌为一组，出示准备好的一件实物，由同桌出题，写一则招领启事或寻物启事，最后互相点评、改正。

演练三：撰写招聘启事

根据以下材料，写一则招聘启事。

黑龙江日报是省级媒体，位于哈尔滨市道里区，交通便捷，环境良好，报社将招聘编辑、记者各 2 名，35 岁以下，性别不限，全日制本科或大专以上学历，新闻或中文相关专业优先，要求具有扎实的文字功底和较强的专题策划、采访能力，在报刊或杂志上发表过文章优先录用。

需准备的材料：个人简历、1寸免冠照片2张、身份证、学历证书原件及复印件，材料于2020年1月28日前送往报社四楼405室，经审核合格通知笔试和面试。应聘成功者试用期一年，经考核成绩优异者签订聘用合同，享受与报社其他职工相同的福利待遇。

地址：哈尔滨市道里区地段街1号

电话：1398709××××

联系人：宋女士

招聘启事

任务 1 完成一篇演讲稿

演讲是一门口才艺术，古今中外，无数伟人和成功人士都将演讲作为开拓事业的重要武器。美国口才专家和演讲大师戴尔·卡耐基曾说，大学时代他在公开演说方面受过训练，有了经验，这些训练和经验，扫除了他的怯懦和自卑，让他有勇气和信心跟人打交道，增长了做人处事的才能。中国近代女革命家秋瑾评论说："要想改变人的思想和观念，非演讲不可。"李开复曾经说过，有思想而不表达的人就等同于没有思想。尼克松曾经说过，如果重进大学，会首先学好演讲和说服这门课，这不外乎说明了演讲的重要意义。

《周易·系辞》中是这样描述演讲的重要性的："鼓天下之动者，存乎辞。"也就是说，要推动社会进步和国家前进都需要依靠演讲。在中国的历史长河中，诸葛亮、苏秦、张仪等都是演讲、说服的高手。他们公众演讲中所表达的思想观念一直影响着今天人们的工作和生活。

演讲可以集中表现人的口才，是锻炼口才的重要途径，是借助于有声语言来叙述事件、阐明观点、抒发情感的口语表达活动，以讲为主，而演是指辅之以手势、身姿、面部表情等体态语影响受众。

演讲和交谈、讲课、朗诵及做报告不同，主要是为了表达自己的观点，宣传自己的思想和主张，侧重技巧性、生动性和艺术性。演讲有形的语言载体便是演讲稿，演讲稿好比说书人用的底本，是演讲得以顺利进行的前提和依据，俗话说"巧妇难为无米之炊"，演讲最忌讳信马由缰、东拉西扯、言不及义，再好的演说家也无法将肤浅空洞的内容演绎得天花乱坠。因此，写出一篇好的演讲稿，你的演讲将成功一半。本任务着重介绍演讲稿的定义、特点和作用，演讲稿的结构及写作技巧。

任务描述

在职场沟通课上，老师要求下节课每位同学都要上台来演讲，主题任选，时间三分钟，而小刘第一个演讲，小刘打算选择一个热点话题，认真准备一篇演讲稿，以此机会锻炼自己，展示自己的能力和才华，增加个人魅力。

任务目标

● **知识目标**：掌握演讲稿的内容，写作要求和演讲稿的概念、特点、种类等基本知识。

- **能力目标：**掌握演讲稿的写作方法，能写出语言得体、富有激情的演讲稿。
- **素质目标：**培养学生具备较高的演讲稿写作水平，养成严谨的写作态度。

任务实施

1）学生分组讨论并确定演讲的主题。
2）根据所定主题搜集材料、编列大纲。
3）结合实例，动笔撰写演讲稿，熟悉演讲稿每部分的写作内容。
4）反复修改、调整、完善，最终定稿。
5）根据完成的演讲稿，进行评价交流。

知识平台

微课 2 - 1　　　　　课件 2 - 1

一、 演讲稿的概念

演讲稿，也叫演说辞，是演讲者发表演讲时用的文稿，一般要根据特定的题目或范围，提前起草，常常要根据提纲的要求以及口语表达的需要，将要讲的话原原本本地写出来，使演讲内容更明确、更具体。广义演讲稿包括学术专题、会议报告、法庭论辩、各种礼仪演讲文稿；狭义演讲稿是指各种演讲赛、演讲会文稿。

二、 演讲稿的特点

演讲稿具有一般文章的共性，但又是适应演讲需要而写作的应用于人们工作、生活和学习的实用文体，有其自身的特点。

（1）针对性。演讲是一种社会活动，是用于公众场合的宣传形式。它为了以思想、感情、事例和理论来晓喻听众、打动听众、征服群众，必须要有现实的针对性。所谓针对性，首先，作者提出的问题是听众所关心的问题，评论和论辩应有逻辑，要能为听众所接受并心悦诚服，这样，才能起到应有的社会效果。其次，要懂得听众有不同的对象和不同的层次，而"公众场合"也有不同的类型，如党团集会、专业性会议、服务性俱乐部、学校、社会团体、宗教团体、各类竞赛等，写作时要根据听众和场合的不同，有针对性地选择演讲内容和表达形式。

（2）可讲性。演讲以"讲"为主、以"演"为辅。由于演讲要诉诸口头，演讲者的思想和情感需要通过演讲者的嘴巴讲解，才能被听众接受。拟稿时必须以易说能讲为前提。如果说有些文章和作品主要通过阅读欣赏，领略其中的意义和情感，那么，演讲稿的要求则是"上口入耳"。演讲稿写成之后，演讲者应通过试讲或默念的方式进行检查，凡是不顺口或不精彩的地方，均应做修改和调整。

（3）可听性。听是讲的延续，如果听众不听或不爱听，讲就毫无意义了。一篇好的演讲稿对听众来说要可听。演讲稿要讲究结构简明、语言明确、通俗、口语化，以适应"听得明白"的需要，优秀的演讲稿还应呈现出一种声韵美，从听觉上打动人。

（4）鼓动性。演讲是一门艺术。好的演讲自有一种激发听众情绪，赢得听众好感的鼓动性。要做到这一点：首先，演讲稿的思想内容应丰富、深刻，作者的见解要精辟，有独到之处，能发人深思；其次，演讲稿的语言表达要形象、生动、富有感染力。如果演讲稿写得平淡无味，毫无新意，即使在现场"演"得再卖力，效果也不会好，甚至适得其反。

三、 演讲稿的种类

（一） 按表达方式分

（1）叙事型演讲稿。适用于演讲者向听众陈述自己的思想、经历，转述自己看到、听到的他人的事迹或事件。叙述当中，可夹用议论和抒情。

（2）议论型演讲稿。主要是摆事实、讲道理，既有事实材料，又有逻辑推断，立场坚定，旗帜鲜明。

（3）抒情型演讲稿。在演讲中抒发演讲者的爱恨、悲喜等强烈的感情，以情来开启听众的心灵，既可直抒胸臆，又可借助叙述、描写、议论来间接抒发感情，引发听众共鸣。

（二） 按内容分

（1）政治演讲稿。针对国内外现实生活中的政治问题，阐明自己的政治观点的政治性演讲文稿。

（2）学术演讲稿。就某一学科领域中的课题进行研究、探讨，向听众表述新的科学研究成果，传诵科学知识的演讲文稿。

（3）社会生活演讲稿。以社会存在的某方面的问题为对象来表达自己的思想、情绪、愿望和要求的演讲文稿。

四、 演讲稿的作用

演讲稿是进行演讲的依据，是对演讲内容和形式的规范和提示。通过写作演讲稿，演讲者可以修改、充实和完善演讲内容，从而有效避免或减少思路模糊、内容凌乱、重复啰唆以及说话中断、难以为继等问题，消除心理上的顾虑和紧张，轻松自如地进行演讲。

没有演讲稿的演讲者，往往在演讲中难以掌握时间，如前半部分大肆发挥，发现时间所剩无几时，便大删大减，以致虎头蛇尾、意犹未尽；或者前半部分讲得太简略，发现时间还很长时，便拖拖拉拉，以致画蛇添足、令人生厌。而准备好演讲稿，有利于演讲者在演讲中掌握时间，在限定时间内从容不迫，圆满完成演讲。

五、 写作演讲稿前的准备

（一） 确定主题

主题就是演讲者在演讲中所要表达的中心思想或基本观点，主题的确立决定着演讲构思的取舍，也决定着演讲的价值。一般，一篇演讲稿只能确定一个主题，主题范围既要合适，又要集中。

（二） 分析听众

亚伯拉罕·林肯是一个了不起的演说家，他非常重视演讲前分析听众。他说，"当我准备发言时，总会花三分之二的时间琢磨人们想听什么，而只用三分之一的时间考虑我想说什么。" 分析听众的情况，比如多少人来听，男女比例如何，年龄层次如何，文化背景如何，兴趣点是哪些……了解大多数听众的需求，从听众的实际出发，选择听众喜欢或愿意听的，使演讲者的演讲内容符合听众的心理和认识能力，进而唤起听众的热情和兴趣。

（三）编列提纲

编列提纲就是写作演讲稿之前的"搭架子"，也是写作演讲稿的重要一环。通过编列提纲，演讲者可把腹稿的轮廓用文字固定、明确下来，以免写作时遗忘。同时，还可以对腹稿不断加以修改和补充，使整个演讲稿的构思更加周密、完善。如果不列提纲，则心中无数，动笔就很难做到脉络清晰、层次清楚，这会导致内容混乱。提纲编列得好，就为演讲稿的撰写提供了有理、有据、有序的纲领。编列提纲可以培养和锻炼演讲者认真观察问题、反复思考问题、全面分析问题的能力。提纲既可以简明扼要，也可以详细、具体，采用哪种编列方式，可视具体情况而定。

（四）选择材料

材料是演讲的血肉，一个成功的演讲者是从用心地收集各类信息，并从中提取通俗易懂的词句开始。书籍、讲义、课本、报纸、杂志、论文、诗集、语录、录像、电影，演讲者自己的经验和知识，都是收集素材的途径。材料泛指演讲时所需要的各种资料或与演讲有关的各种备用资料，事实材料主要包括例证、例据等；事理材料主要包括科学原理、科学定律、法律条文、有关文件规定，以及名言警句、谚语、成语等。

六、演讲稿的写作技巧

做好了准备工作之后，便进入了演讲稿的写作环节。演讲稿包括标题、称呼语、开头、主体、结尾、结束语六大内容，这里主要介绍标题、开头、主体、结尾四个部分的写作技巧。

（一）标题写作技巧

我们知道，第一印象很重要，演讲稿的标题就是演讲给人的第一印象，是一篇演讲稿的定音之弦。标题拟得好，能起到概括文章的思想内容，突出演讲的中心论题等作用。一个鲜明生动、富有吸引力的演讲标题，可以在演讲开始时以新奇取胜、以美妙夺人。

写作时，可以先拟标题，也可以后拟标题，标题要有内容，与演讲内容相统一，如《像英雄那样走人生之路》《谈谈德与才》；要表态、含情、有启发性，如《要为自由而战斗》《莫让年华付流水》；要简短明快，用简洁的语言表达丰富的内涵，字数不能太多、句子不要太长，给人留下深刻的印象。

（二）开头写作技巧

开头又叫开场白。著名的演讲理论家、活动家、中央电视台《百家讲坛》主讲人之一邵守义先生说："严肃认真的演讲者，总是认真地对待演讲的开头，无论是一个出乎寻常的举动，发出几声感叹，或是几句简短的开场白，都力图和听众的心挨得近些，扣动其心弦，使其感到演讲者可亲、可敬、可爱。"

那么，怎样的开场白能抓住听众、引人入胜呢？写作开场白时可以采用以下几种形式。

1）直白型开场白，开讲就进入正题，直接提示演讲的中心。

2）幽默型开场白，以幽默或诙谐的语言让观众会心一笑，放松整个现场的氛围。

3）自嘲型开场白，多采用一种戏谑的自我解嘲的语气来批评自我，让观众产生莫名的优越感。

4）趣闻型开场白，利用一件往事、一首诗、一个人的经历等吸引住听众。

除了以上四种外，还有抒情型、闲聊型、提纲式、提问式、悬念式、叙事式、解题式、名言式、双关式等丰富多样的开场白，也能起到镇场、引起观众关注的作用。

（三）主体写作技巧

演讲稿在开头后要迅速转入主体，这是演讲稿的主干和核心部分，也是演讲稿的高潮所在。能否写好主体，直接关系到演讲的质量和效果，内容的安排应注意以下几个方面。

1）确定结构形式。演讲稿的形式比较活泼，或旁征博引，或引经据典，或层层深入，但结构形式不管怎样变化，都要求内容突出，问题说透，推理严密，层次清晰，情理交融。

2）认真组织材料。演讲稿的理论依据和事实论据的组织安排应适当，首先必须保证例证的真实性、典型性。演讲稿不能太长，一般30分钟左右最好。内容要求言简意赅，起到画龙点睛的作用。

3）构筑演讲高潮。一个成功的演讲，不可能没有高潮，要体现几个特点：要思想深刻、态度明确，集中体现演讲者的思想观点；要感情强烈，演讲者的爱憎、喜怒在这里可以得到尽情宣泄；还要语句精练，把握好重点，安排好层次，写得富有气势、口语和书面语结合。

如何构筑演讲高潮呢？

首先，要注重思想感情的升华。必须对某个问题有较为深刻的、全面的分析、论证，要使演讲的高潮切实体现出情感浓烈、哲理丰富、令人回味无穷的特征。演讲者的思想倾向要逐渐明朗，听众也能逐渐领会演讲者的思想观点，并有可能与演讲者的思想感情产生共鸣，从而构筑演讲高潮。其次，要注意语言的锤炼，使用排比、反问等句式增加气势，也可借助名言警句把思想揭示得更深刻。切忌拖泥带水，冗长啰唆。

（四）结尾写作技巧

结尾是演讲内容的自然结束，是演讲稿的有机组成部分。结尾给听众的印象，往往将代表整个演讲给听众的印象。简洁有力、余音绕梁，能够使听众精神振奋，并促使听众不断思考和回味。

演讲稿的结尾没有固定的格式，或对整个演讲全文要点进行简单小结，或以号召性、鼓动性的话收尾，或以诗文名言以及幽默俏皮的话结尾，有呼吁式、引用式、总结式、决心式、高潮式、名言式、抒情式、祝贺式等形式，其一般原则是要给听众留下深刻的印象。

案例分析

例文一

以恩格斯的著名演讲《在马克思墓前的讲话》（节选）为例：

3月14日下午两点三刻，当代最伟大的思想家停止了思想。让他一个人留在屋里总共不过两分钟，当我们进去的时候，便发现他在安乐椅上安静地睡着了——但已经是永远地睡着了。

这个人的逝世，对欧美战斗着的无产阶级，对于历史科学，都是不可估量的损失。这位巨人逝世以后形成的空白，在不久的将来就会使人感觉到。

例文评析：

这是直白型开场白，一开始便用高度凝练的语言把演讲的基本目的和主题告诉朋友——当代最伟大的思想家马克思逝世了，引起听众听下去的欲望，接着在主体部分详细进行说明和论述。

例文二 ✉

以周恩来祝贺美国友人安娜·路易斯·斯特朗女士 80 寿辰演说为例：

他是这样开场的：

今天，我们为我们的好朋友，美国女作家安娜·路易斯·斯特朗女士，庆祝 40 公岁诞辰。（参加宴会的祝寿者为 "40 公岁" 这个新名词感到纳闷不解）在中国，"公" 字是紧跟它的量词的两倍。40 公斤等于 80 斤，40 公岁就等于 80 岁。

例文评析：

这是幽默型开场白，周总理灵活的用语、巧妙的解释，在几百位祝寿者中激起一阵欢笑，而寿星斯特朗女士也激动地流下了眼泪。

例文三 ✉

伊索克拉特斯是古希腊大演说家。以伊索克拉特斯面对自己学生的演说为例：

我的一生是这样的遗憾，在政治道路上走了一个 "S" 形，弯曲的部分太多了。（学生笑声）你们听，我的嗓音就像无力的风，（学生笑声）然而我却仍想变成一股风，来摇撼你们的心灵，让你们懂得修辞学的重要！（笑声、鼓掌）

例文评析：

这是自嘲型开场白，听众往往这样认为，能在大庭广众之下发表演说的人往往具有极高的透明度，是可以亲近的人，而伊索克拉特斯采用这种自嘲的方式批评自我，容易让观众内心舒坦愉快，接受他的演讲。

例文四 ✉

在 1984 年的洛杉矶奥运会上，中国运动健儿夺得了 15 枚金牌、8 枚银牌、9 枚铜牌的好成绩。此后，有位有识之士觉得体育界许多经验可以用到其他行业中来，于是发表了题为《看了金牌之后》的演讲，他这样开场：

有一段相声说，在李莲英大总管大红大紫的年月，中国曾派过体育代表团参加奥运会。这位只会喊 "喳" 的小李子选了飞檐走壁的大侠去跳高，选了皇宫里传旨的小太监参加短跑，找了北京天桥几个变戏法的每人怀里揣一个篮球去和洋人比赛，结果把篮球变来变去，不见传球，只见入网。从那以后，打篮球都只穿背心和裤衩，就是因为吃了李莲英的苦才做出这一国际性规定。

例文评析：

这是趣闻型开场白，演讲者利用富有戏剧性的小故事开头把自己的演讲引入正文，在风趣、幽默的气氛中渐渐进入正题，显得别开生面，启发听众联想，活跃听众思维。

例文五 ✉

以演讲稿《铭记国耻，把握今天》为例：

吉鸿昌高挂写有 "我是中国人" 标语的木牌，走在一片蓝眼睛、黄头发的洋人群中。正是这千百万个赤子，才撑起了我们民族的脊梁，才使我们看到了祖国的希望；正是他们，冒着敌人的炮火，用满腔的热血，谱写了无愧于时代的《义勇军进行曲》……正是他们，才使得我们今天的炎黄子孙一次又一次地登上世界最高领奖台……

例文评析：

这是演讲稿《铭记国耻，把握今天》的主体部分，演讲者以吉鸿昌的爱国行为做基点，然后高屋建瓴，联想到千千万万个爱国者的精神，用"正是这千百万个赤子""正是他们"的提示语，通过三层铺排推进，概括出一代代爱国者的崇高情怀，使单一的事例所体现的思想意义得到扩展、升华。演讲时能燃起听众爱国的情感之火，产生一定的感召力。

例文六

著名的无产阶级政治活动家、德国共产党创始人卢森堡1913年5月在莱比锡社会民主党集会上的演讲，是这样结尾的：

我们应该在实现我们的任务时，表现出像某些资产阶级革命家所表现的那种勇敢、果断和坚忍不拔的精神。丹东在他有名的演讲中只用三个词就表达出这种精神的实质，这三个词就是"勇敢、勇敢、再勇敢！"

例文评析：

这是引述式结尾，卢森堡引用名人的话语，高度凝练，且为人熟知。这种结尾使所引语句与所述内容相吻合，还使演讲在生动、经典的语言中结束，而且极富节奏感，可以增加演讲的艺术感染力。

例文七

著名书画家范曾《扬起生命的风帆》的演讲结尾：

同学们，你们所处的时代，可以说是身逢盛世。伟大民族的锦绣河山、灿烂的历史、杰出的人物都能熔炼你们坚毅美好的性格，你们将会成为时代的骄子，河山的真主。回首顾，千秋青史；抬头望，无限关山。让我们吟哦唐代大诗人李白的诗句"大鹏一日同风起，扶摇直上九万里"，让我们举起垂天之翼，做一番长空的逍遥游！

例文评析：

这是呼吁感结尾。在演讲的结尾部分，造成一种气势，激发听众的情绪，热情洋溢、令人振奋。或向听众大声疾呼，或向听众发出号召，或给听众预示美好的前景，或是鼓励听众和自己一起前进。

例文八

一篇题为《假如我是人事处长》的演讲，提出了演讲者对人事制度改革的看法和总的设想。最后，演讲者以总结式的方法结束了演讲：

招才要有方，用才要有道，扶才要有法，这，就是我当了人事处长后的实施方案。

例文评析：

这是总结式结尾，演讲者在最后进行总结，表达了自己当了人事处长后的想法，目的是为了加强现场听众对演讲内容的印象。

拓展延伸

一、演讲稿与讲话稿的关系

（1）相同点。演讲稿属于讲话稿，这要求它遵从讲话稿的一般写作规律，在语言的运用上，遵循口语表达的特点，如多用短句，少用长句，语言节奏感强。

（2）不同点。讲话稿是指把为了某目的在一定场合下所要讲的话事先用文字有条理地写出来的文稿。讲话稿是一个统称，涵盖面较大。它的适用范围，是各种会议和一些较庄重、隆重的场合。按用途、性质来划分，讲话稿主要有以下几种：开幕词、闭幕词、会议报告、动员讲话、总结性讲话、指示性讲话、纪念性讲话等。演讲稿更加注重选材立意，在选材上多属主动型，要切实根据听众的愿望和要求，弄清他们关心和迫切要解决的问题，有的放矢，力求引起最大共鸣。其次，在表达手段上，演讲稿有较多的议论、抒情，将生活中获得的各种体验，由真善美与假丑恶激发起的各种情感，真实地倾泻到演讲稿中，动之以情，晓之以理，具有较强的感召力，多用幽默、双关、反语、排比、引用等修辞手法，以达到在与现场听众的交流中，牢牢吸引听众注意力的目的。

二、演讲稿的语言特点

（1）演讲稿不宜过长，要适当控制时间。德国著名的演讲学家海茵兹·雷德曼在《演讲内容的要素》一文中指出："在一次演讲中不要期望得太多。宁可只有一个给人印象深刻的思想，也不要五十个让人前听后忘的思想。宁可牢牢地敲进一根钉子，也不要松松地按上几十个一拔即出的图钉。"

（2）演讲稿要准确简洁。准确是指遣词造句能够确切地表情达意，如实地反映客观事物的实际面貌；简洁则是表达的内容简短明了，集中概括。

（3）演讲稿要通俗平易。通俗平易要求演讲语言不隐晦，不艰涩，不转弯抹角，直抒其意，直言其理，清楚明快，思想内容流于言词，使听众一听就能领会、理解。

（4）演讲稿要形象生动。形象生动是指演讲语言的运用更新鲜、活泼。要善用语言的修辞手法，如比喻、排比、设问、反问、反语、引用、感叹等。

（5）演讲稿语言重在精。演讲稿的语言冗长和啰唆主要是以下原因造成的：

1）重复论证过多。有些演讲者口若悬河、滔滔不绝，专门找些零碎的事例来重复论证主题，结果造成马拉松式的演讲。一个演讲者如果养成说话啰唆的习惯，难免会把这种恶习带到演讲稿的写作中来。

2）官场话过多。有些演讲者自身素质低，担心在大庭广众下说错话，久而久之，养成了说套话、打官腔的恶习。这种演讲，貌似洋洋洒洒，实则空洞无物，不痛不痒。

3）客套话过多。谦虚固然是一种美德，但在几百、几千人面前，翻来覆去地表示"我没有准备好，讲得不好的地方请大家多多谅解"等，只能是大煞风景，使听众生厌，演讲初学者最容易犯这种毛病。

三、如何修改演讲稿

（1）深化主题。主题是演讲稿的核心，深化主题最为重要。修改演讲稿时，我们首先要看主题是否贴切现实，深刻有力。其次要看主题是否新颖独特，令人耳目一新，最后要看主题是否集中鲜明。

（2）增删材料。材料是用来说明观点的，为观点服务的，撰写演讲稿应力求做到材料与观点的统一。对材料的修改主要是指删减材料、增添材料、调换材料。对那些无关紧要的、游离于主题之外的材料，要下决心尽量删去；对于一些道听途说、缺乏根据的材料，也应该及时删除，只留那些典型的、生动的、确凿真实的材料。

（3）调整结构。对于结构的修改，往往是比较困难费神的工作。如果主题有了变动，结构就必须做相应的调整，即使是主题没有什么变动，也要认真考虑全文的布局，如开头是否引人入胜，结尾是否深刻有力，各段的中心意思是否明确，段与段之间的内在联系是否紧密，过渡衔接是否自然，层次脉络是否分明，前后照应是否得当等。如果发现演讲稿的结构有残缺不全、松散混杂、轻重倒置、前后脱节等现象，就应该着手修改。有时段落需要拆开或合并，有时段与段之间应调换位置，有时需要加上承上启下的过渡段或恰当的词语、句子。开头与结尾，尤其要反复斟酌，认真修改。

（4）润色语言。草稿中首先修改用词不当、成分残缺，还有丢字、落字、错别字等毛病的句子。然后按照演讲语言简洁有力、生动感人的要求，对语言进行加工润色，使语言富于变化，产生韵律美。

（5）修改题目。认真琢磨一下演讲稿的题目，看看拟订的题目是否涵盖了演讲的中心内容，是否有吸引力，能够一下子抓住听众。演讲稿的题目，有一个基本要求，就是要有内容，简短明快、表态含情。

演讲稿修改的方法包括：第一，虚心请教、集思广益；第二，边讲边改，反复修改。

实践演练

演练：构思演讲稿

假如你参加了一个校园 5 分钟演讲比赛，比赛题目是根据现场抽签决定的，现在你抽到的论题是"先苦后甜"，请你用 10 分钟的时间构思一篇演讲稿。

1）确定演讲的题目。
2）分析听众的特点。
3）列出演讲提纲。
4）组织论据材料。

任务 2　进行命题演讲

任务描述

某职业技术学院近期将举办一个大型演讲比赛，要求围绕"礼仪风采、魅力校园"为主题，可以提前准备演讲稿，演讲限时 5 分钟。

任务目标

- **知识目标：**介绍命题演讲的定义、特点和分类，命题演讲的演练和技巧。
- **能力目标：**把握好演讲的主题、材料、结构、语言、情感，使演讲者有能力、有勇气参加命题演讲比赛。
- **素质目标：**了解如何充分准备命题演讲，并就一个命题做好相应的演讲。

任务实施

1）学生讨论：命题演讲应做好哪些方面的准备？
2）学生分析：针对命题演讲有何应对策略？

知识平台

微课 2 – 2 　　　　课件 2 – 2

一、 命题演讲的概念

命题演讲是根据指定的题目或限定的主题，事先做了充分的准备的演讲。比如开幕词、报告、闭幕词、课堂演讲等都属于命题演讲。

二、 命题演讲的分类

命题演讲大致可以分为两类：一是全命题演讲，就是根据邀请单位或主办单位事先确定的题目进行的演讲。二是半命题演讲，就是演讲者根据演讲活动组织单位限定的范围，自己拟定题目进行的演讲。

三、 命题演讲的特点

（1）严肃性。命题演讲是一种较严肃的演讲，通常涉及政治上重要的、为大众所关注的、关乎民众的、迫切问题的主题，命题演讲就是要回答人们普遍关心的、急于得到答案或急需澄清的一些现实问题。因此，命题演讲注重宣传真理、传授知识、陶冶情操、启迪心灵，而这些就必须要本着认真、求实和严肃的基本态度。

（2）鲜明性。命题演讲要求演讲主题鲜明。所谓鲜明，是指演讲主题要突出、论证要深入而全面，并以理服人。主题是否鲜明是衡量命题演讲能否成功的重要标准之一。

（3）针对性。命题演讲总是会瞄准一些社会热点问题，如国家政治、经济、文化、教育引发的相关话题，涉及理想、人生观、道德观等思想观念问题，许多问题多是听众较关心的，命题演讲就是据此发挥和阐释，通过有目的的演讲，进行宣传、教育、鼓动和澄清。因此，演讲者在演讲中针对性越强，演讲的效果就越好。

（4）稳定性。命题演讲一般是演讲者就主题和范围深思熟虑之后而进行的演讲。演讲过程不会出现大的起伏，只需要将自己准备的内容完整地向听众呈现即可。从演讲内容上讲，具有稳定性。从社会历史过程上看，演讲产生的影响是深远的。随着岁月的流逝，很多事物都可能被淡忘，但一些成功演讲中精辟的语句、独特的演讲方法等却被人们长久地记忆着，虽历经多年，但仍然感召着人们努力奋斗。现存的古今中外许多演讲名篇，无不被人津津乐道、争相效仿。从历史的角度看，也具有稳定性。

（5）完整性。命题演讲由于事先已确定了演讲的范围和题目，演讲者又做好了充分的准备，诸如怎样开头、怎样结尾，什么时候高亢急促，什么时候低沉缓和等，所以体现在结构层次安排上一般都是完整而缜密的。

四、 命题演讲的三个阶段

命题演讲一般会给出相对明确的主题，演讲者围绕主题收集材料，有条有理地展开阐述。命题演讲一般会有较多的准备时间，所以演讲者可以充分地收集资料，合理地安排结构，在语言运用上也可以斟酌思考。应该说，命题演讲的过程开始于演讲稿的写作，演讲稿的优劣直接关系到演讲的质量，所以成功的命题演讲第一步便是演讲稿的写作。

苏联著名演讲家、理论家阿普列相在《演讲艺术》一书中指出："真正的演讲家总是一身而三任：既是作者，又是导演，还是完成自己演讲、谈话的表演者。"他是从演讲者在演讲过程中所肩负的职责角度说的，其实也道出了命题演讲的全部程序。命题演讲一般由酝酿与构思、演练、登台演讲三个阶段构成。

（一） 酝酿与构思阶段

酝酿与构思阶段包括审题、立题、选材、构思、写作演讲稿五个步骤。这是一个十分细致的创作过程。

（1）审题。命题演讲是按照规定的题目进行演讲。譬如，《党在我心中》，必须歌颂中国共产党，而这种歌颂必须与"我"联系起来，必须讲我的经历、我的见闻，这是题目限定了的。另一种情况是，给定一个大范围的总标题，譬如，《传承文明，弘扬美德》，要求演讲者只进行关于道德文明方面的演讲，每个演讲者必须从不同的角度切入。不管哪种情况，都需要认真审题。审题，不仅仅是审定题目本身的内涵，或者单纯给自己的演讲确定一个恰当的标题，更重要的是以下两方面。

1）选择角度。角度要新，内容要适度。新，是对同台演讲者而言，尽可能避免与别人的演讲相同或相近，尽可能给人耳目一新的感觉。林肯在构思《在葛底斯堡国家烈士公墓落成仪式上的演说》这篇演讲稿之前，就反复琢磨了与他同台演讲的爱德华的演讲稿。容量还要适度，题目太大，驾驭不了，讲不透；题目太小，容量不足，发挥不了。

2）选择自身优势。有的演讲内容很适合，角度也新，但是演讲的效果却不尽人意。除了其他原因之外，就是在审题过程中，忽略了自身的优势。例如，1994年在新加坡举行的第二届全国华语演讲大赛中，印度姑娘鲁巴·沙尔玛一举夺魁。她在复赛和决赛中的演讲分别是《汉学在印度》《我与汉学》。因为她出生在印度，父母都是高级知识分子，从小又跟父母来到中国，从小学到大学都是在中国上学，她既熟悉印度，又了解中国的文化。因此，做这方面的演讲，就得心应"口"，也能迎合新加坡听众的需求。

（2）立题。主题是命题演讲的核心，应注重把握两个方面。一是主题要具有时代感，就是适合社会的要求，还要考虑听众年龄、职业、文化程度的共享性，演讲者要用探索的、创造性的态度去思考和处理演讲主题，扩展演讲的内涵，深化演讲的内容，使演讲具有迫切感，在演讲过程中形成与观众的真正交流。二是主题要集中，指一篇演讲稿只能集中地讲述一种思想或意向，主旨分散或多中心就会使演讲者什么都讲了，但什么也没讲清楚。

（3）选材。演讲是信息的传播，而信息的载体是材料，信息有疏有密，有强有弱。前者表现力量，即材料的多少；后者表现为质量，即材料的真伪。选择材料，就是在具有一定数量的材料的基础上，对材料进行优化组合。组合的依据是恰当地表现主题。满足听众的好奇心与心理需求，事例真实典型，内容具体生动。

（4）构思。命题演讲的构思，包括两个方面，一是构思演讲稿；二是精心设计演讲的现场实施。演讲稿的构思，包括开场白、主体、高潮、结尾，这实际上就是材料的安排与处理，同时也包括思维框架与基本语言形态的选定。虽然构思演讲稿的过程就基本上包含了现场实施的设计，但精心设计的现场实施更具体、更细化、更具有操作性，是在演讲稿构思的基础上，进一步琢磨实施过程中的处理与表现，包括各种演讲技巧的运用，譬如手势、眼神、声音等。构思在命题演讲过程中是较为重要的一个环节。

（5）写作演讲稿。执笔成文，是上述各个环节总的归宿。命题演讲的成败，取决于演讲稿的优劣。演讲稿必须精心写作，保持个人的风格。

（二）演练阶段

演练是命题演讲的必经阶段，主要是背诵和处理演讲稿。有的演讲者以为只要把演讲稿记牢背熟就可以了。其实不然，演讲稿只是把酝酿构思用文字记录下来，其中还暗含着作者精心设计的表演内容，如语调、节奏、停顿，甚至身姿、手势、表情等都应有适当的设计，但文字稿中却无法体现，这些内容需要在细心揣摩文字稿后，精心处理。这些处理大体上包括以下几个方面。

（1）情感基调的把握。或平实，或激昂；或欢快，或悲壮，都要根据稿件内容，做出相应的处理。自己写的演讲稿相对好处理些，别人代写，或者经过别人加工的稿子，就更要仔细琢磨。如果情感基调把握不准，感情不到位，甚至错位，再好的稿子也表达不出来效果，因此，把握情感基调是至关重要的。

（2）语音处理。由文字转化为语音，一定要经过处理。没有经过严格的语音处理，便会在演讲中出现念稿或背稿的现象。演讲既要自然，又要恰当地进行艺术处理，否则，便会造成整篇演讲单调不协调。

（3）态势处理。服饰、化妆，事先可以设计好的。手势、身姿、表情，则是随着演讲的进程，随着内容与情感的变化而不断改变的，原则上很难做出精确的设计。但稿件的各个关键处，在演练中是可以适当设计体态语的。

（三）登台演讲阶段

登台演讲，是对演讲稿设计的全部实施。对于如何演讲，应注意以下关键处。

（1）登台亮相。亮相，就是上台之后让听众第一眼就看清演讲者的面目神情。先站定，后抬头，向全场投去亲切的目光，并轻轻点头或鞠躬，端庄大方，亲切自然，给听众创造良好的第一印象。

（2）开场白。开场要开得好，开得妙，既要扣题，又要营造气氛。精妙的开场白瞬间就能使全场屏息静气，同时又情趣盎然，甚至几句话就使场内变得火爆，掌声、笑声一片。

演讲稿一般都设计开场白，演讲者临场恰当表现即可。但是，设计常常与现场不完全吻合，甚至相反。在这种情况下必须及时调整或改变。

例如，"国学"名师沈谦教授去大学演讲，题目是"中国古典式的爱情"。到达现场，接待人员告诉他，两周前余光中教授在这里做过同题演讲。情况突变，不能按原来的讲稿讲了，必须改变开场白，改变内容。于是他调整思路，这样开场：

听说前两个礼拜，余光中教授也在这里讲跟我一样的题目，不过，他讲的正题，是我今天讲的副题。（笑声）

余光中教授是研究西洋文学的，他来讲中国古典式的爱情，绝对是个外行。不过，他的学问很好，一定讲得很内行。而我是学中国古典文学的，我来讲中国古典式的爱情，绝对是内行。不过我的学问差一点，也许讲出来会有些外行……而且，余光中是诗人，他往台上一站，大家

都"醉"了，陶醉在诗人的风采里；我是教书匠，往台上一站，大家都"睡"了……（哄堂大笑）

还好，我没有跟余光中先生一起登台演讲，否则在座的各位，一个个都要"醉生梦死"去了！（全场大笑）

沈谦教授在诙谐中，机巧地把两场同题演讲做了衔接，营造了极为轻松的热烈的现场气氛。如果不改变开场白，绝不会有这样的效果，甚至还可能出现听众因演讲题目重复而产生厌倦情绪的现象。

（3）高潮与造势。演讲现场需要出现高潮，没有高潮的演讲是平淡的，甚至是乏味的。高潮的标志是场内爆发的热烈掌声。精彩的演讲，总能闪现思想的火花，掀起情感的波澜，这就是演讲高潮的所在之处。听众常常在这种精辟、动情之处与演讲者形成思想交汇，情感共鸣，理智互振，并由衷地爆发掌声。虽然演讲的高潮通常都要进行设计，但是如果现场处理不当，也不会有高潮出现，即使出现了，效果也不一定很理想。这里关键要注意两点，一是高潮前要造势，二是高潮处要做强化处理。造势，就是在高潮前造成一种气势，一种情势，一种态势。高潮不是突然出现的，更不是想出现就能出现的，而是有一个生变过程，即顺着听众由感性到理性，由感动到感悟，由期待到满足这样一个思维的、情绪的、心理的过程来实现的。譬如高潮之前的叙述或描述，要说得真真切切，把情景再现出来。欢快的事，说得听众个个眉飞色舞；伤心的事，说得听众泣不成声；气愤的事，说得听众咬牙切齿，这就是造势。在这种情况下，再晓以精辟的语段，岂能不出现高潮，观众岂能不鼓掌？

例如，印度姑娘拉米雅·沙尔玛在做《宜将春草报春晖》的演讲中，有下面一段话：面对高山，面对大海，我们都要记住：孝敬父母，天经地义！

这是这篇演讲稿中最具震撼力的几句话。讲到这里，按理全场应爆发掌声的，然而全场听完却无动于衷。是什么原因呢？从讲稿看，作者是经过精心设计的。在这段话之前，讲述了一位母亲的感人事迹：为了救自己落水孩子，母亲跳进水中奋力把孩子顶出水面，自己却永远沉到水底。演讲者用略带颤音的语气讲述这件事，听众的确被感动了。接着进入抒情说理，如果再把这几句话处理好，无疑会出现高潮。可演讲者在讲这几句话时，却用了很平淡的语调，毫无变化地一句连一句说出来，没有提高声量，也没有特别的停顿，表情平淡，也没有强调的手势，自然结果是台下寂然无声。就这样，一篇十分动人的演讲稿，却没有得到理想的表达，没有出现预期的效果。而正确的处理方法应该是这样的，紧承前面悲壮的叙述，渐次转入凝重，一句比一句深沉地说出前面的排比句，造成一种排山倒海的气势。说完"我们都要记住"之后，应该有个较大的停顿，让听众产生期待感。说"孝敬父母"这句时，音量稍低，但低而不弱，以便突出最后一句。说"天经地义"时，应该一字一顿，声量加大，再结合一个强有力的手势动作，形成斩钉截铁之势，这样处理，高潮就必然出现了。除了这几个关键点外，还要注意节奏、过渡、照应、结尾的处理。

📋 **案例分析**

例文一 ✉

李培根演讲《记忆》

亲爱的 2010 届毕业生同学们：

你们好！

首先，为你们完成学业并即将踏上新的征途送上最美好的祝愿。

同学们，在华中科技大学的这几年里，你们一定有很多珍贵的记忆！

你们真幸运，国家的盛世如此集中相伴在你们大学的记忆中。2008奥运留下的记忆，不仅是金牌数的第一，不仅是开幕式的华丽，更是中华文化的魅力和民族向心力的显示；六十年大庆留下的记忆，不仅是领袖的挥手，不仅是自主研制的先进武器，不仅是女兵的微笑，不仅是队伍的威武整齐，更是改革开放的历史和旗帜的威力；世博会留下的记忆，不仅是世博之夜水火相容的神奇，不仅是中国馆的宏伟，不仅是异国场馆的浪漫，更是中华的崛起，世界的惊异；你们一定记得某国总统的傲慢与无礼，你们也让他记了你们的不屑与蔑视；同学们，伴随着你们大学记忆的一定还有什锦八宝饭；还有一个G2的新词，它将永远成为世界新的记忆。

近几年，国家频发的灾难一定给你们留下深刻的记忆。汶川的颤抖，没能抖落中国人民的坚强与刚毅；玉树的摇动，没能撼动汉藏人民的齐心与合力。留给你们记忆的不仅是大悲的哭泣，更是大爱的洗礼；西南的干旱或许使你们一样感受渴与饥，留给你们记忆的，不仅是大地的喘息，更是自然需要和谐、发展需要科学的道理。

在华中大的这几年，你们会留下一生中特殊的记忆。你一定记得刚进大学的那几分稚气，父母亲人送你们报到时的情景历历；你或许记得考前突击而带着忐忑不安的心情走向考场时的悲壮，你也会记得取得好成绩时的欣喜；你或许记得这所并无悠久历史的学校不断追求卓越的故事；你或许记得裘法祖院士所代表的同济传奇以及大师离去时同济校园中弥漫的悲痛与凝重气息；你或许记得人文素质讲堂的拥挤，也记得在社团中的奔放与随意；你一定记得骑车登上"绝望坡"的喘息与快意；你也许记得青年园中令你陶醉的发香和桂香，眼睛湖畔令你流连忘返的圣洁或妖娆；你或许记得向喜欢的女孩表白被拒时内心的煎熬，也一定记得那初吻时的如醉如痴。可是，你是否还记得强磁场和光电国家实验室的建立？是否记得创新研究院和启明学院的耸起？是否记得为你们领航的党旗？是否记得人文讲坛上精神矍铄的先生叔子？是否记得倾听你们诉说的在线的"张妈妈"？是否记得告诉你们捡起路上树枝的刘玉老师？是否记得应立新老师为你们修改过的简历，但愿它能成为你们进入职场的最初记忆。同学们，华中大校园里，太多的人和事需要你们记忆。

请相信我，日后你们或许会改变今天的某些记忆。瑜园的梧桐，年年飞絮成"雨"，今天或许让你觉得如淫雨霏霏，使你心情烦躁、郁闷。日后，你会觉得如果没有梧桐之"雨"，瑜园将缺少滋润；若没有梧桐的遮盖，华中大似乎缺少前辈的庇荫，更少了历史的沉积。你们一定还记得，学校的排名下降使你们生气，未来或许你会觉得"不为排名所累"更体现华中大的自信与定力。

我知道，你们还有一些特别的记忆。你们一定记住了"俯卧撑""躲猫猫""喝开水"，从热闹和愚蠢中，你们记忆了正义；你们记住了"打酱油"和"妈妈喊你回家吃饭"，从麻木和好笑中，你们记忆了责任和良知；你们一定记住了姐的狂放、哥的犀利。未来有一天，或许当年的记忆会让你们问自己，曾经是姐的娱乐，还是哥的寂寞？

亲爱的同学们，你们在华中科技大学的几年给我留下了永恒的记忆。我记得你们为烈士寻亲千里，记得你们在公德长征路上的经历；我记得你们在各种社团的骄人成绩；我记得你们时而感到"无语"，时而表现的焦虑，记得你们为中国的"常青藤"学校中无华中大一席而灰心丧气；我记得某些同学为"学位门"、为光谷同济医院的选址而愤激；我记得你们刚刚对我的呼喊"根叔，你为我们做成了什么？"——是啊，我也得时时拷问自己的良心，到底为你们做了什么？还能为华中大学子做什么？

我记得，你们都是小青年。我记得"吉丫头"，那么平凡，却格外美丽；我记得你们中间的胡政在国际权威期刊上发表多篇高水平论文，创造了本科生参与研究的奇迹；我记得"校歌男", 记得"选修课王子", 同样是可爱的孩子。我记得沉迷于网络游戏甚至濒临退学的学生与我聊天时目光中透出的茫然与无助, 他们还是华中大的孩子, 他们更成为我心中抹不去的记忆。

我记得你们的自行车和热水瓶常常被偷, 记得你们为抢占座位而付出的艰辛; 记得你们在寒冷的冬天手脚冰凉, 记得你们在炎热的夏季彻夜难眠, 记得食堂常常让你们生气; 我当然更记得自己说过的话"我们绝不赚学生一分钱", 也记得你们对此言并不满意; 但愿华中大尤其要有关于校园丑陋的记忆。只要我们共同记忆那些丑陋, 总有一天, 我们能将丑陋转化成美丽。

同学们, 你们中的大多数人, 即将背上你们的行李, 甚至远离。请记住, 最好不要再让你们的父母为你们送行。"面对岁月的侵蚀, 你们的烦恼可能会越来越多, 考虑的问题也可能会越来越现实, 角色的转换可能会让你感觉到有些措手不及。"也许你会选择"胶囊公寓", 或者不得不蜗居, 成为蚁族之一员。没关系, 成功更容易光顾磨难和艰辛, 正如只有经过泥泞的道路, 才会留下脚印。请记住, 未来你们大概不再有批评上级的随意, 同事之间大概也不会有如同学之间简单的关系; 请记住, 别太多地抱怨, 成功永远不属于整天抱怨的人, 抱怨也无济于事; 请记住, 别沉迷于世界的虚拟, 还得回到社会的现实; 请记住, "敢于竞争, 善于转化", 这是华中大的精神风貌, 也许是你们未来成功的真谛; 请记住, 华中大, 你的母校。"什么是母校? 就是那个你一天骂他八遍却不许别人骂的地方"。多么朴实精辟!

亲爱的同学们, 也许你们难以有那么多的记忆。如果问你们关于一个字的记忆, 那一定是"被"。我知道, 你们不喜欢"被就业""被坚强", 那就挺直你们的脊梁, 挺起你们的胸膛, 自己去就业, 坚强而勇敢地到社会中去闯荡。

亲爱的同学们, 也许你们难以有那么多的记忆, 也许你们很快就会忘记根叔的唠叨与琐细。尽管你们不喜欢"被", 根叔还是想强加给你们一个"被": 你们的未来"被"华中大记忆!

例文评析:

在华中科技大学 2010 届本科生毕业典礼上, 校长李培根院士 16 分钟 2000 多字的演讲, 被掌声打断 30 次, 全场 7700 余名学子起立高喊"根叔! 根叔!"该演讲不仅打动了无数学子的心, 还在网上引起热议。在演讲词中, 李校长把 4 年来的国家大事、学校大事、身边人物、网络热词等融合在一起。李校长告诉学子:"你们一定记住了'俯卧撑''躲猫猫''喝口水', 从热闹和愚蠢中, 你们记忆了正义; 你们记住了'打酱油'和'妈妈喊你回家吃饭', 从麻木和好笑中, 你们记忆了责任和良知", 从中可以看出一名大学校长的社会责任感。"校长要用心讲话。"李培根告诉记者, "如果演讲稿由其他人代劳, 文采可能会比我好, 但不能代表我与学生的讲话。"一名校长以一次"毕业讲话"穿透这么多青年人的心, 引起了很多人思想与情感的强烈共鸣。

例文二 ✉️

竞聘演讲

尊敬的×××老板、经理、各位领导:

大家好!

公司刚刚成立了市场部, 负责市场推广等工作, 并在公司内选拔市场部部长和财务部长。竞聘这种公平公正的人事竞争, 必为公司选出最出色的人才。经过深思熟虑, 我决定并且非常有意愿应聘公司市场部部长一职。

本市场部部长应聘申请书分四个部分: 一是我为什么要应聘这个职位, 二是我有能力、有信心做好这个职位, 三是我对市场部工作的理解, 四是假如我当了市场部部长的工作思路。

一、我为什么要应聘这个职位

我毕业于青岛职业技术学院, 专科学历, 学的是国际贸易专业。我热爱经商贸易工作, 特别想做好市场的营销工作。先后在青岛移动大客户部和一家货代公司工作过，对客户的服务接待有充分的认识和锻炼，养成了比较严谨的工作作风和认真对待工作的态度。2009 年加入青岛联润翔公司，在担任经理助理一职工作期间，负责接待客户来访、准备客户需要的资料、跟客户电话沟通等工作。在公司领导的栽培下，我对公司的各种产品有了充分了解，之后便走上了业务销售的岗位，由于我对国内市场、客户需求十分了解，就负责联系客户、拜访客户、做好产品前期的开发工作等。

市场部部长一职是锻炼人，让人展示个人才华的舞台，也是公司工作的先锋；为了公司的发展，为了提升自己的销售能力，为公司开拓更广阔的市场，我决定应聘公司市场部部长一职。

二、我有能力、有信心做好这个职位

（1）不想当将军的兵，不是一位好兵。对于我们青年人而言，越是新的工作和环境，就越富有吸引力和挑战性。市场部部长就是这样一个挑战与机遇同在，压力与动力并存的职位，它是公司市场部运转的核心、桥梁，工作强度和工作难度都很高，我认为在这样的压力下工作，能够学到新知识，开阔视野，挖掘潜力，有利于自己的全面发展。

（2）我认为自己具备了从事市场部部长所必需的个人素质。在担任经理助理和业务销售的职务期间，我通过刻苦学习市场经营管理理论知识及市场经营分析方法，增强了自己的业务能力和管理水平；掌握了丰富的业务知识，提高了发现问题、分析问题和解决问题的能力。并且，我有较强的敬业精神、团队精神，对工作认真负责。

（3）熟悉公司产品。我做销售工作有一年多时间，了解国内市场客户群和客户需求，熟知公司产品。

三、我对市场部工作的理解

（1）市场部是为实现公司的经营目标而制定策略的部门。即通过市场调研了解行业信息和发展趋势，了解竞品信息和竞争趋势，了解消费者信息和市场需求变化；通过开发新品来满足消费者日新月异的需求；通过媒体、公关宣传企业和产品形象，树立品牌地位；通过制定产品的推广策略，使销售部的工作更加规范和有成效；通过规范和监管产品的市场销售行为，保持并扩大公司产品的市场份额。

（2）公司市场部的工作指导思想是只有"研究市场、分析市场、把握市场"，才能"掌握主动、加快发展"。

（3）公司市场部的工作目标是开拓市场、占领市场、扩大公司的生存空间。

（4）公司市场部的工作内容是市场推广，广告投放；信息搜索、汇总、分析，根据实际情况做月、季、年度分析报告；从事市场调查，告诉业务部门我们的产品卖给谁，谁是我们的目标客户；新产品的企划及包装上市；品牌的树立，客户关怀及支持等。

四、假如我当了市场部部长的工作思路

（一）规划好市场部的日常工作内容、管理制度及作业流程

1．日常工作内容

（1）开拓市场

调查研究是一切工作的开始，是企业一切决策的基础。市场部根据公司企业的经营目标和经营范围，来制定市场调研的信息收集范围、内容、标准和方法，信息汇总分析的内容、关键指标和格式，信息交流传递的机制和流程等项工作。具体工作如下：

1）市场咨询的收集与分析（政府产业政策、经济环境、行业动态等宏观咨询，并提出分析报告）。

2）定期进行消费者调研，提出调研报告。

3）定期进行区域市场调研，提出调研报告。

4）定期进行内部销售情况分析，提出分析报告。

5）定期进行竞争对手、竞争品牌的调研，提出分析报告。

6）分析市场、原料趋势，提出市场、原料趋势报告及建议。

7）根据公司战略以及市场趋势报告，提出年度营销目标。

（2）品牌营销

新产品开发出来以后，如何指导协助销售部门去销售，向什么样的消费群推广？向什么样的市场去推广？通过什么样的渠道去推广？怎样推广？这是市场部的制定产品推广策略主要要落实的内容。

企业销售给消费者的产品，不仅是满足物质层面的，还应该满足精神层面。随着市场竞争的加剧，产品的同质化现象越来越严重，如何在目标消费者心目中建立企业产品的形象和地位，使企业产品和竞品形成有效区隔，树立企业产品的差异化形象，成为市场部首要解决的问题。我认为通过品牌形象地位的不断提升，公司可巩固和提高消费者对品牌的忠诚度，增强产品的销售力。

（3）销售支持

产品推向市场后，不仅存在如何销售的问题，还存在如何规范销售的问题。这就需要市场部向销售部提供市场策略支持，并进行跟踪指导服务。具体工作如下：

1）提供各种相关分析报告，帮助销售实时了解市场、行业以及竞争对手的动态及趋势。

2）开展新产品发布及相关培训。

3）整理客户可能遇到的各种问题，制订 Q&A。

4）及时通知销售相关的促销计划、推广计划等。

5）其他需提供支持配合的事务。

（4）维护客户

建立详尽客户档案，包括但不局限于公司名称、地址、背景、联系方式、生日、个人照片、爱好及拜访次数；特别注意搜集客户照片。

根据客户分类，在节假日提供短信、邮件、贺卡、日历、笔记本、礼品等关怀。

在客户的生日、重要日子，根据客户分类，可以提供但不局限于以上的关怀。

以市场部名义，定期给客户提供相关数据报告，引导客户，引导市场。

2．管理制度和作业流程

没有规矩不成方圆。围绕提高公司经营效益、提升市场部竞争能力的目标，配合公司相关部门开展市场部规范化管理运动，根据公司的各项管理制度，制定市场部的管理制度和作业流程，为市场部开展工作、提升效率奠定基础。

（二）2020 年度市场部工作目标

配合公司经理，全力做好市场部的工作，力求切实做好公司分配给市场部的各项工作任务。如市场开拓占有率、新产品利润贡献率、公司及重点品牌知名度提升等。

（三）制订公司市场部的工作计划

1）建立和完善市场部的组织机构。市场部组建过程中，要与公司决策层沟通，确立公司方面关于市场部的要求以及想法。明确市场部各项工作归谁管理负责，根据工作的需要，落实市场部的人、财、物。

2）建立和完善市场部的规章制度。市场部的规章制度可保障市场部各项工作顺利开展，取得预期成绩，必须在公司上级的领导下，建章立制。

3）落实市场部的工作目标。根据上级落实给市场部的各项任务工作，制定初步的岗位责任制，让每项工作有人干。

4）加强市场部财务管理。制定本单位的开支细则，节约费用，提高公司的经营效益。

5）加强员工培训。根据公司业务和市场部的工作实际，加强对员工知识技能培训，提高员工的工作执行力，增强公司的凝聚力。

竞争应聘有上有下，有进有退，上固可喜，下也无悔，如果没有成功，说明我自身还存在着差距，我仍会保持良好的心态，改正不足之处，加倍努力工作，一如既往地为公司的发展做出自己应有的贡献。

例文评析：

在这个竞聘演讲中，应聘者通过展示自己各项能力与岗位需求的匹配度，让领导明白自己就是最适合该岗位的人，同时展现出了应聘者对岗位的理解以及对相关工作的设想。最后，表明了自己积极、乐观、努力的态度。

拓展延伸

一、全命题演讲和半命题演讲的侧重点有何不同

命题演讲包含两种形式：全命题演讲和半命题演讲。全命题演讲的题目一般是由演讲组织部门来确定的。如某单位举办"让雷锋精神在岗位上闪光"主题演讲，为了让演讲者各有侧重，分别拟了《把爱送到每个顾客的心坎上》《练好本领，为民服务》《从一点一滴做起》三个题目给了三位演讲者，要求以此组织材料，准备演讲。半命题演讲指演讲者根据演讲活动组织单位限定的范围，自己拟定题目进行的演讲。这就便于演讲者根据自身的特点和听众的情况，从不同的角度拟定题目，从而发挥自己的优势。各种竞赛性演讲大多采用这种形式。

二、演讲中常见的毛病

- 急于求成，没有积累。
- 死背演讲稿，不留演讲的余地。
- 准备不足，演讲时嗯嗯啊啊，语意不明。
- 登场时衣冠不整，无精打采。
- 说泄气的话，如"我第一次演讲，讲不好，请大家原谅""我事先没有准备好"等。
- 演讲语调、语速过于平。
- 使用许多专业词或是生僻词语。
- 紧张，演讲语音含混不清，没有条理。
- 演讲冗长，乏味。
- 对听众的呼声充耳不闻，对听众的反应视而不见，我行我素，自己讲自己的。
- 命令的口气，如"你们应该……""你们不应该……"等。
- 引用的事例陈旧，没有"新鲜感，时代感"。
- 夸耀自己的荣誉、优点。
- 滥用身体语言，动作夸张。
- 流于俗套，空喊口号。
- 以突然终止的方式结束演讲，令人惊愕。

三、如何成为演讲达人

不论是在学校还是职场，拥有好的公众演讲能力无疑会让自己成为热点，对准确地表达自我，展露才华，实现自我目标都是非常有帮助的。如何成为一名演讲达人，相信下面的方法会有用！

（1）知识素材的积累。知识素材的积累是演讲能力的基础，试想对一件事或某个领域根本就不了解，还如何去高谈阔论？知识素材的积累，可以是日常生活中习惯性的积累；还可以拓宽兴趣面，多看书、看新闻；也可以是临时性的积累，比如对某个活动、某个话题的特意性准备。

（2）积极模仿。恰当地模仿是最好的学习方式，特别是语言。多看一些名人的演讲，试着进行语调、语气、神态等的模仿，慢慢也就会有自己的风格。多做练习。对一些名人的经典演讲可以把稿子背会，自己全程模仿；也可以进行即兴演讲，提高应变能力。

（3）闭目做场景模拟。冥想式练习法对许多事帮助都很大，早起或睡前闭上眼睛想象各种各样的场景，模拟的场景越真实细致，证明离心目中的表现就越近。

（4）把握更多可能的机会进行锻炼。光说不练假把式，光练不实战也是不行的，多给自己机会去练，虚心听从别人建议，客观地接纳。时间久了，你会发现"舞台上的你就是心中的你！"

实践演练

演练一：发音训练

演讲发音训练，清晰、准确地说普通话，注意语气、语调。

演练二：命题演讲

请学生紧紧围绕以下主题范围"青春梦想""大学生活""感恩社会""职场人生"准备演讲稿，并在全班发表演讲。

任务 3 做好即兴演讲

任务描述

学生小王最近遇到了这样的场合：去参加一位同学的生日宴时，主人请他讲几句话；出席班级联欢会时，主持人请他讲几句话；系部召开新生开学典礼，请他作为老生代表发言。作为即兴发言人，小王如何能做到出口成章？

任务目标

- **知识目标**：了解即兴演讲的含义及特点；了解即兴演讲的要求。掌握即兴演讲的演讲技巧。
- **能力目标**：训练即兴演讲者现场表达的技巧及较强的应变能力。
- **素质目标**：培养演讲者即兴演讲时应具备的素质，如思维敏捷、语言连贯、说话言之有序等。突破当众讲话的恐惧心理，克服上台的紧张情绪。

任务实施

1）分小组分析、讨论即兴演讲的技巧，并加以练习。

2）模拟不同场合不同情境，请学生进行即兴演讲，互相点评。

知识平台

微课 2 – 3　　　　　课件 2 – 3

一、即兴演讲的定义

即兴演讲，又叫即席演讲，是指演讲者在一定的场合，在事先毫无准备的情况下或经过短暂的思考，受到某些因素的触发，临时起兴发表的讲话。如答记者问、来客介绍、欢迎致辞、婚事贺喜、丧事悼念、宴会祝酒、赛场辩论的自由发言等。即兴演讲成为人们工作和生活中使用频率较高、最受欢迎的一种演讲形式，是与命题演讲相对的演讲，是一种不凭借文字材料进行表情达意的口语交际活动。

二、即兴演讲的特点

（1）临场性。由于事前没有任何准备，即兴演讲者需要在特定的场景下临时发挥，话题是临时确定的，材料是临时筛选的，语言是临时组织的，即兴演讲只有几分钟时间打腹稿，靠临阵磨枪、就地取材，或展开联想，或借题发挥，所以即兴演讲具有临时性的特点，而临时性也是即兴演讲最重要的特点。

（2）敏捷性。即兴演讲要求演讲者在很短的时间内根据特定的场合、对象等有的放矢、进行构思、组织材料、发表演讲。

（3）精练性。由于临时准备、即兴发表的讲话很难构思出长篇大论来，所以即兴演讲一般是主题单一、篇幅短小、时间短暂的演讲。有的两三分钟，有的甚至寥寥几句，语言简洁生动，强调口语化，少用或不用书面语，句式短小、灵活，不用难以理解的长句子。

三、即兴演讲的分类

（一）根据演讲时场景的不同分类

生活式即兴演讲：演讲者针对日常生活中的场景（身边的人、事和物）即兴发表的演讲，如竞选演讲、就职演讲、欢迎致辞、送别致辞、哀悼致辞、寿庆致辞、答谢致辞、婚礼致辞等。

赛场式即兴演讲：演讲者在比赛过程中，根据抽签选题，即兴发表的演讲。由于题目对演讲的范围或者主题做了明确的限制，演讲者对所选的题目可能不太熟悉，甚至很陌生，所以赛场式即兴演讲比生活式即兴演讲更具有挑战性，需要演讲者具有较强的应变和表达能力，在这种即兴演讲比赛中，演讲者必须准确审题、快速取材，在规定的时间内完成即兴演讲。

（二） 根据演讲者态度的不同分类

主动选题式即兴演讲：没有演讲稿，有一定思想准备的演讲。如会议开场白、发言、总结、教师主题班会、迎新形式、毕业典礼上的讲话等，这种演讲往往是演讲者有感而发，有强烈的表达欲望。

被动选题式即兴演讲：演讲者原本不准备演讲，但被会议主持人或其他人临时邀请所发表的演讲。如在欢迎、欢送、哀悼、竞选、就职、答谢、婚礼、寿庆等场合所做的致辞，这种演讲往往给人措手不及的感觉，需要演讲者具有较强的演讲能力。

四、 即兴演讲的准备

即兴演讲不是信口开河，戴尔·卡耐基认为："演讲应该是一段有目的的旅程，必须事先绘好行程图。"即兴演讲不能像其他演讲那样有足够的时间来准备，因此，从命题演讲到即兴演讲，是一个难度较大的转变，需要培养即兴意识。

（1）做好精神准备。生活中不善言谈的人，由于缺乏锻炼，当众讲话脸红，语无伦次，所以要培养好自己的良好的心理素质，避免因为没有心理准备而使自己陷入尴尬之中。

（2）平时要做有心人，多收集历史资料、现实资料；加强记忆，多记名人名言、俗语谚语、古典诗词、经典文学、寓言故事、时文政评等；多感受生活，提升思想情感，做一个有心人。

（3）要做现场上的准备。如果预计到自己可能被邀请发表演讲，演讲者可以事先酝酿一下腹稿，形成一个大体的框架。如果被邀请发表即兴演讲，演讲者应该进行积极的临场准备。

五、 即兴演讲者应具备的素质

（一） 一定的知识广度

只有学识丰富，才能在短暂的准备时间内从脑海中找到生动的例证和恰当的词汇，使即兴演讲增添魅力，这就要求演讲者具备一定的专业知识，并能了解日常生活知识，如风土人情、地理环境等。

（二） 一定的思想深度

这是指即兴演讲者对事物纵向的分析认识能力，演讲者对内容应能宏观把握，能通过表层迅速深入到事物本质上去认识，形成一条有深度的主线，并围绕着它丰富资料，连贯成文，以免事例繁杂、游离主题。

（三） 较强的综合材料的能力

即兴演讲要求演讲者在很短的时间里把符合主题的材料组合、凝练在一起，这就要求演讲者应具备较强的综合能力，有效地发挥出其知识的广度和思想的深度。

（四） 较强的应变能力

即兴演讲由于演讲前无充分准备，在临场时就容易出现意外，如怯场、忘词、讲错了话、冷场、听众被其他的突发事件干扰而不再听演讲者的演讲，或对演讲者的演讲不满意、不感兴趣等情况，面对这些情况，就需要演讲者沉着冷静，具有随机应变、灵活机智的技巧，扭转被动局面，反败为胜，让自己的演讲继续下去。

1. 避免忘词

在演讲中，有些演讲者可能会因为过分紧张，出现忘词现象，不要紧张，不要抓耳挠腮，手足无措，要镇静，事实上，心里越恐慌，脸上就越应该笑意盈盈，这样一方面可以使听众看不到演讲者的紧张，另一方面也能够给自己一种积极的心理暗示，使自己尽快放松下来。接下来，演讲者可以喝口水或低头整理下资料，也可以停下来询问坐在后面的听众是否能够清楚地听到自己的声音，快速地寻找到接下来的话题。

忘词时，加速联想回忆忘掉的这部分演讲词，几秒钟后回忆不起来，就立刻放弃，稳定自己的情绪，重新吸引听众。或者从演讲主题引申开去，重新找一个角度用自己的话阐述观点，哪怕说得不那么完美，也好过傻呆呆地站在讲台上。最好的处理方法就是利用最后一段话的最后那个字，或是最后那个句子或是最后的那个主题，作为新段落或新句子的开头，演讲者要迅速想办法打破困局，千万不要停止演讲，随便说点什么都可以，只要和演讲主题有关系即可，千万不要有超过五秒钟的沉默。短暂的沉默可以引起听众的注意力，使之认为演讲者在强调自己说过的话或等待他们的掌声，但长时间沉默就会引起听众的骚乱，那时，演讲者会无法收拾局面。

例如，某同学做演讲时，想用一段诗作为开场白："浓浓的酒，醇醇的……"但他一上台就念成了酒——将浓浓的漏掉了。他灵机一动，干脆改成："酒——浓浓的、醇醇的……"听众对他的妙改报以热烈的掌声。

这个例子告诉我们，将错就错，把词改掉也是一种避免忘词尴尬的有效方法。

2. 如何避免说错话

要立刻纠正、毫不迟疑，用正确的话重复一遍刚才的内容。

3. 如何改变听众精神不集中的状态

可以先给大家讲一个与演讲主题有关的新闻信息、小故事或小笑话，以吸引大家的注意。

4. 如何应对发生的意外情况

从容淡定、处变不惊，灵活应对。

例如，著名诗人莫非应邀到首都师范大学中文系作家班举办学术讲座。诗人讲到自己的诗作时，准备朗诵一段，但诗稿还放在一个学员的课桌上，诗人便走下讲台去拿。由于是阶梯式教室，诗人上台时，一不留神摔倒在第二级台阶上，学员们顿时哄堂大笑。诗人稳住身子，转向学员，指着台阶说："你们看，上升一个台阶多么不容易，生活是这样，作诗亦如此。"

这一哲理性的话语顿时赢得热烈掌声。诗人笑了笑，接着说："一次不成功不要紧，再努力。"说着，做努力状走上讲台，继续他的讲座。

六、 即兴演讲的组合形式

材料的快速组合是体现即兴演讲能力的主要因素之一。它要求演讲者在极短的时间内解决好"说什么"和"怎样说"这两个问题。即兴演讲中材料的组合有并列式、正反式、递进式三种形式。它们有时可以互相结合、互相套用。

（一） 并列式

首先将总题分解成若干个分题，如权红同志在《世界也有我们的一半》的即兴演讲中，谈了三个问题：一是女人没有获得自己的"一半"；二是女人本应有自己的"一半"；三是女人应争得自己的"一半"。这三个分题各自独立又互相连贯，共同阐明同一主题——世界也有我们的一半。这种材料的组合方式可使演讲条理井然，而且极有力量和气势。

（二）正反式

围绕题目要求，一方面从正面说明，一方面从反面说明。如侯国锋同志在《一个青年军人的思考》的演讲中，网绕着"我们应当自强不息"这一主题，先列举一些反面事例，进行分析、批评，然后以一名战士自学成才的事例从正面称赞自强不息的民族精神。正反对比，效果明显突出，引人深思。

（三）递进式

围绕所要说明或论述的问题，先说明"为什么"，继而谈"怎么样"。例如，韩健在《在失败面前挺起胸膛》的演讲中，围绕中心谈了两个问题：一是自己为什么能在失败中崛起；二是自己怎么样从失败中崛起的。

七、即兴演讲的技巧

（一）保持警觉、选准话题

无论参加什么会议，都要始终保持全神贯注。要掌握会议的主题，讨论的具体问题，争论的焦点。一旦即兴演讲，也绝不会心慌意乱。有了思想准备，还必须寻找一个准确的话题，而准确的话题，来源于对会议有关情况的熟悉与掌握。要注意在什么时间、什么场合，对谁讲话。

1）感时起兴。时间是影响演讲的重要因素，如果演讲者所处的时间具有特殊意义，就可以触发灵感，成为演讲的话题。如节庆假日、纪念日等。

2）感人起兴。听众是演讲者最好的题材。讲些与听众有关的事，他们是什么人，做什么事，对社会有什么贡献等，能引起听众的兴趣。

3）感景起兴。场景往往能引发人们回忆，激发人们的想象，当时是什么场合，正在发生或上演着什么，可以紧扣实际情况，开始即兴演讲。

4）感言起兴。人们说的话，特别是在场的人所谈的话题，说话内容，都可以是即兴演讲的话题，从他们的言论说起，引出自己的观点，抒发自己的情感等。

5）感物起兴。现场有什么物品引起了演讲者的注意，或者是听众的注意，要马上抓住，及时展开，它就是最吸引人的话题。

（二）短小精悍、结构严密

即兴演讲多是在一种激动的场合下进行的，没有人乐意听长篇讲话，因此必须短小精悍。即兴演讲不能像命题演讲那样讲究布局谋篇，但也要结构合理，详略得当。一般来说，有准备稿的演讲采用"响开头—曲主体—蓄结尾"的结构方式。即兴演讲一般不追求开头多响亮，应努力追求结尾多精彩，可形成"淡开头—趣主体—响结尾"的结构。通用的即兴演讲模式有以下几种。

1. 戴尔·卡耐基的即兴演讲模式

该模式分三步：实例—要点—理由分析。

即兴演讲最为有效的方式是一开始就进入实例阶段，这样不用为措辞大伤脑筋，还能吸引听众的兴趣，演讲者也能马上进入演讲的状态。同时在例证之后要用明确的语言叙述主旨、要点，将演讲者要听众去做的事说明白，最后阐述理由。

2. 理查德的结构精选模式

该模式又称为"四部曲"：第一步，提示演讲者用精彩的开头来吸引听众；第二步，使听众明白，为什么应当听这个演讲；第三步，举例说明；第四步，告诉听众怎么办。

3. 步步发散法

先列举成语、俗语或是警句，然后以此为基础，层层阐述。

（三） 抓住话题、组合材料

确立了话题，就要紧扣话题精心组织材料进行论证。即兴演讲无法在事先做充分准备，完全依靠即兴抓取材料。要讲好即兴演讲，需要有一定的功底，一是注意平时的知识积累，一是关注眼前的人和事，而又应以后者为主，如过多的引用间接材料，往往失掉即兴演讲的现实感和针对性，起不到应有的作用，只有多联系现场中的人和事，才能紧紧抓住听众的注意力。其实只要做个演讲的有心人，经过一段时间的训练，一定会取得好效果。

（四） 情感充沛、以情夺人

要使听众激动，演讲者自己首先要有激情。演讲者动了真情，才能爱憎、喜恶分明，语言绘声绘色，从而感染听众，达到交流情感的目的。

（五） 演讲语言、生动活泼

根据听众的知识结构和文化修养，选用不同风格的语言。对一般群众的演讲可选用朴素的语言，而对文化素养较高的听众则可选用高雅的语言，这就要求演讲者平时要善于学习人民群众中生动活泼的语言，吸收外国语言中有益的成分，学习古人语言中有生命的东西。

📖 案例分析

例文一 ✉

科学、艺术和武器
——1984 年 7 月 8 日在演讲邀请赛闭幕式上的即兴演讲

同志们，青年朋友们：

我有自知之明，我不是演讲家，因此我先要做个声明：我讲话不超过五分钟。

演讲是科学，演讲是艺术，演讲是武器。什么是科学？科学是对客观事物的规律的认识。演讲没有规律性吗？不能认识吗？不是的。它是有规律性的，所以说它是科学；演讲不仅诉诸人类逻辑思维，而且诉诸人类形象思维，不仅要用道理说服人，还要用感情感染人，所以说它是艺术；演讲捍卫、宣传真理，驳斥谬误，所以说它是武器，而且是重要的武器。我不再多解释下去。我想说一个很不完整的名单，请同志们考虑。

我先说西方的：古希腊柏拉图、亚里士多德，中世纪宗教改革家马丁·路德，法国大革命的发动者、组织者、资产阶级民主思想的启蒙者卢梭、孟德斯鸠，美国发动、领导黑人解放运动、进行南北战争的林肯，宣布独立宣言的杰弗逊；当然，我们更要提到我们的革命导师：马克思、恩格斯、列宁、斯大林，都是杰出的演讲家。另外，一些自然科学家，如伽利略、布鲁诺、居里夫人、爱因斯坦等也都是杰出的演讲家。

再说我们中国：先秦时代的孔、孟、老、庄、荀，还有其他一些诸子百家（古代思想家），统统是杰出的演讲家。我们都知道秦朝李斯的辩才，我们也知道汉朝的学术性会议——白虎观会议、盐铁论会议，参加会议的那些个人都是杰出的演讲家。很遗憾，演讲活动在我们的历史上，停顿了一段，不重视演讲，忽视演讲。但是到了近代、现代，从唯心改良者梁启超（梁启超的《饮冰室文集》里大量的是他的演讲词），到资产阶级革命家、新三民主义的倡导者孙中山先生（《孙中山文集》里大量的是他的演讲词），及以后的五四运动那些个先驱者，我们党的革命的先驱者，"一二·九"学生运动、抗日救亡运动那些个革命的前辈，反内战、反饥饿、反迫害运动那些个领导者，无一不是杰出的演讲家。所以我说演讲是科学、是艺术、是武器。诸位也许说："你说的是历史，现代的例子呢？"那么，刚才李燕杰的演讲有没有科学？有没有艺术？他为什么能够使这样一个广大会场的同志全部聚精会神地听他演讲，不时地以热烈的掌声去赞扬他的讲话。难道其中没有科学吗？没有规律吗？没有艺术吗？仅仅是因为李燕杰同志样子长得漂亮吗？我想不是的，而是有科学、有艺术的。他今天宣传了什么啦？驳斥了什么啦？坚定了我们什么信心啦？给了我们什么力量啦？这不是武器吗？也许诸位说了："我们不就有那么一个李燕杰吗？"不，我们已经有，而且将要有更多更多、千千万万个李燕杰。

我们这次演讲邀请赛，一共进行了两个上午一个下午，我从头至尾听了，这些小演讲家，都是李燕杰。（热烈的掌声）

我们这次邀请赛的中心主题是"党在我心中"。这些小李燕杰们用非常有说服力的、动人的语言，使我们听者感觉到党在我们心中。他们讲得很具体、很生动，对于那些少数玷污党的形象的人，对于那些少数企图动摇党的信心的人，给予了有力的批评。它告诉我们这样一个真理：我们的党过去是、现在是、今后还是光荣的、伟大的、正确的党。他们讲了改革；他们讲了一些青年朋友遭遇过某些不幸，遭遇过某些困难，走了某些坎坷的道路，甚至到目前还面临某些困难，但是他们说，应当正确地对待；他们讲了如何学习革命前辈，跟上去，走开创新局面的道路，等等。说到这个地方，我很想改变一下称呼，但又担心有倚老卖老之嫌，可是感情使我不能顾及这个责备，我还是要把"亲爱的青年朋友们！"改称"可爱的孩子们！"（长时间的热烈鼓掌）小李燕杰们和这位半老李燕杰，共同向全市、全国证明了演讲是科学、是艺术、是武器，是面向现代化、面向世界、面向未来的需要，是我们迎接新的技术革命挑战的需要，是迎接2000年的需要，是建设繁荣富强的新中国的需要，回答了对演讲学有所怀疑的同志指出的一些疑问。因此，我感觉到这次活动意义非常重大。从而我就想到在吉林市出现了我国第一个《演讲与口才》这样的刊物，进行演讲研究，之所以如此，是得到我们省、市党政领导的大力支持；也表明我们这里的领导有远见有胆识，来支持这次活动，支持这项工作。我滥竽充数，作为一个语言工作者、教育工作者，也支持这项社会工作。我对我们这里的领导，对这里辛勤工作的同志表示敬意、表示感谢。（热烈鼓掌）

等一会儿，我们这里的领导要向这次演讲优胜获奖的同志发奖，用行动表示对我们这项工作的支持（热烈鼓掌）。最后我祝愿这项工作百尺竿头更进一步，把演讲之学，把演讲活动更好地开展起来，更好地向全国开展起来，以至于向世界开展起来，取得更大的成绩。

谢谢大家！（长时间热烈鼓掌）

例文评析：

著名语言学家张志公先生的这篇即兴演讲，主题集中，结构严谨，内容充实而言辞流畅，波澜起伏，他真诚评价了参赛小演讲家"都是李燕杰"之后，说："说到这个地方，我很想改变一下称呼，但又担心有倚老卖老之嫌，可是感情使我不能顾及这个责备，我还是要'亲爱的青年朋友们'改称'可爱的孩子们！'小李燕杰们……"他先把自己的真实想法推出，然后用一个"但"字一转，讲出了自己的担心，他立即又用"可是"将问题拉了回来，一波三折，不仅使听众心甘情愿地接受了他称呼的改变，而且颇有兴味地聆听下文，现场效果极佳，堪称即兴演讲的典范。

例文二

当你被误解的时候

有一句老掉牙的老话，叫（用四川方言讲）"万事开头难"。演讲如此，即兴演讲更是如此。不过，我总感觉到万事结束更难。我们在座的许多同志都知道《诗经》上有一句话："靡不有初，鲜克有终"，也就是说任何事物都有一个开头，但很难得到一个圆满的结尾。但好的开头也是很难的，所以我庆幸我第一个走上了即兴演讲的讲台。

大家看到，7分钟前，我在在座的百余双眼睛的监视之下抽到这个题。当我们的主持人用他那浑厚的声音宣布这个题的时候，我因紧张而凝固的血液沸腾了，因激动而僵化的思想活跃了。7分钟里，我在思考这样一个问题：人总有被误解的时候，何必为误解发愁；我们的南疆英烈被误解过，张海迪被误解过，我们的曲啸老师被误解过，我们辛勤耕耘的老师们被误解过……但是，怎样从误解中找到理解呢？我可以这样说，理解的大门只向那些心胸开阔、勇于进取的人敞开着，理解的金钥匙只属于那些有头脑的人。我们的战士从他们在前线的英勇奋斗中，从他们血染疆场的行动中找到了理解。曲啸老师以他的演讲和他自身的行为获得了理解。我们的教师以他们辛勤培育祖国未来劳动者的劳动获得了理解……所以说，朋友，要寻求理解，守株待兔行吗？不行！唯有那些心胸开阔、奋发进取的人，才有资格获得真正的理解，在时间与空间、必然与偶然的辩证关系中得到理解。

我们寻求理解，当我们得到理解的时候，我们就会把误解变成一种真正的动力，用它去推动我们更好地理解别人，让别人再来理解自己。我不知道在座的各位有没有被误解过，但我肯定地说，我是被误解过。我在大学读书的时候，干社会工作，曾被误解过；我参加演出活动，也被误解过。就是这次到北京来的时候，有人还风言风语，说我参加演讲比赛是想出风头。我何尝不希望得到理解呢？（这时警告铃声响了）可是，大家都听到了，警告铃响了，它在向我出示黄牌。它对我说："小伙子，你要寻求理解吗？那就少说空话，多干实事，到实践中去，到自己的奋斗中去寻求理解吧！"

在这里，我还要对那些被误解的正在寻求理解的朋友们说上一句："敲响警告铃，出示这个黄牌，在奋斗中去寻找理解吧！"

例文评析：

这是荣获即兴演讲一等奖的演讲稿，演讲开头，从"万事开头难"说起，即兴而发。接着，引用《诗经》的话，别出心裁地指出"万事结束更难"，两者比较新颖别致、出奇制胜，开场就博得听众的热烈鼓掌；演讲的正文，紧扣题目，旁征博引，构思巧妙，见解深刻，感情真挚，情趣盎然，引人入胜。

拓展延伸

即兴演讲的标准

即兴演讲是临场之作，是一种难度较大的演讲方式，不宜过长，切忌繁杂，防止啰唆。即兴演讲应符合以下标准：思维敏捷，反应迅速；立意明确，内容集中；条理分明，逻辑严密；语势连贯，跌宕起伏；用语规范，贴切易懂；符合语境，话语得体；生动优美，诙谐幽默；把握时机，灵活善变。

实践演练

演练：即兴讲话

假定你的朋友举行结婚典礼，在婚礼进行过程中，酒店突然停电，全场一片喧哗。这时，主持人急中生智，说了一通话，引起现场一片叫好声。三分钟后，终于来电了。请设计主持人在这三分钟时间里的即兴讲话。

任务 4 掌握演讲态势语

任务描述

某职业技术学院学生小李准备参加学院的演讲比赛，小李精心构思了一篇演讲稿，然后对着镜子反复练习，老师告诉他，做好一次演讲除了要注意表达外，还要学会利用一些态势语言，比如表情和手势。小李虽了解到态势语的重要性，却在练习中遇到困惑，他感觉面部表情、手势等在精神高度紧张的状态下难以自然地运用和发挥。

任务目标

- **知识目标**：熟悉演讲中的面部表情和手势语。
- **能力目标**：学会在不同的演讲中准确、自然、简练地使用各种面部表情和手势语。
- **素质目标**：提高学生协调能力、应用能力。

任务实施

1）根据不同的演讲内容分别做出不同的面部表情。
2）讨论面部表情都包括哪些？使用中有哪些禁忌？
3）学生寻找、比较、分析、评判成功与失败的手势语情景案例，教师进行点评和总结。
4）根据不同的演讲内容，学会选择不同的面部表情和手势语。
5）教师在课堂上进行态势语示范，学生集体学习、训练。

知识平台

微课 2－4　　　　课件 2－4　　　　微课 2－5　　　　课件 2－5

一、 构成面部表情的因素及运用

演讲者的表情如"荧光屏"，听众的眼神都集中在"荧光屏"上。因此，演讲者脸上的每个神态、每条表情都表达某种意思、某种感情、某种倾向，演讲者的面部表情应该带有微笑。首先，要善于用目光接触听众，很多演讲者上台后就一直低着头，没有正确运用目光去与听众进行目光交流。一场成功的演讲，在开口前，就应该先与听众进行目光交流，环视全场让自己的情绪稳定下来，同时在演讲过程中要持续与全场听众有目光接触，特别是坐在后面和坐在前排两侧的听众，运用目光接触，可以获得并掌握听众的注意力，建立相互的信任；另一方面又可以透过目光接触来回应听众、阅读听众的表情。

面部由丰富敏感的肌肉、眉毛、眼睛、嘴唇组成。面部用来发送信息的所有部位中，眉眼是最重要的部位，可以传递最细致的感情。眉目语言运用得好，演讲者与听众之间的思想感情的交流便能相通，而眉目也就成为最有效的视觉通信工具。

（一） 眉毛表情

眉毛表情有多种表达方法。如眉飞色舞、眉开眼笑、双眉紧锁、横眉冷对、低眉顺眼、扬眉吐气等。

（二） 眼神表情

1. 眼神表情的使用方法

（1）前视法。演讲者视线平直向前面弧形流转，从听众席的中心线弧形照顾两边，直至视线落到最后的听众头顶。

（2）环视法。眼睛有节奏或周期性地把视线从全场左方扫到右方，右方扫到左方，前面到后面，后面到前面，使所有听演讲的人都注意到演讲者，这样能较全面地了解听众的心理反应，而且可根据环视结果随时调整演讲的节奏、内容、语调，把握演讲的主动权。

（3）虚视法。似看非看，演讲就需要这样虚与实的目光交替。演讲要做到"目中无人，心中有人"。

（4）点视法。把目光集中投向某一角落、某一部分，或者个别听众。

2. 如何运用眼神表情

对演讲者而言，更为重要与直接的是使用目光塑造自我形象，给人以鲜明的第一印象。目光炯炯，给人以健康、精力旺盛、热情自信的印象；目光迟钝，给人以虚弱麻木、不灵活的印象；目光明澈，给人以坦诚的印象；目光闪烁，给人以神秘、狡黠、机灵的感觉；目光如炬，给人以威严正义的感觉。

高尔基在回忆列宁的演讲时写道："在他那蒙古型的脸上，一双锐利的眼睛在闪闪发光，表现出一个不屈不挠的战士对谎言的反对以及对生活的忠实，他那双眯缝着的眼睛在燃烧着，使得眼色讽刺地微笑着，闪烁着愤怒。这双眼睛的光泽使得他的演讲更加热烈，更加清新。有时仿佛是，他精神上有一种不可战胜的力量，从他的眼睛里喷射出来，那内容丰富的话语在空中闪光。"这才是一个演讲大师的眼光。这样炽热的眼光使听众认真听他演讲。

美国第40任总统里根出身演员，拥有高超的表演技巧，每次演讲都能充分运用目光语，他的眼睛有时像聚光灯，把目光聚集到全场的某一点上；有时则像探照灯，目光扫遍全场。因此有人评价他的目光语是一台"征服一切的戏"。

目光还有一条妙用，当演讲者注视着听众时，听众觉得演讲者在盯着他，便不太好意思私下里与周围的人交头接耳了，这也让听众不易走神。这一做法尤其适于前排听众，就如老师盯着某位学生，这位学生便不得不强打精神认真听课了。在听众有不良反应时，演讲者可以大胆地用目光注视法，这对制止听众中的骚动情绪有很大作用。

在演讲中最忌目光空洞呆滞，这极易损坏自己的形象，目光畏缩慌乱也是不良表现。另外，毫无目的左右乱看也应极力避免。还有的人老是毫无理由地闭眼或眨眼，让人觉得莫名其妙，这种不良习惯也应避免。

总之，眼睛是心灵的窗户，别因为窗户上的一点灰尘而给美好的心灵上抹上一层黑。让人感到目光友善、真诚、热情、自然，演讲者就成功了。演讲者应该善于运用自己的眼神，辅助有声语言，来表达自己炽热的情感，维系听众的注意，使听众透过这心灵窗户，窥见演讲者的内心世界。

那么，在演讲实践中，演讲者应当如何运用眼神呢？

（1）尽量看着听众说话。脱稿的演讲应该如此，不脱稿的演讲也要尽量如此。这样才能使听众看到演讲者的目光，看到演讲者内心的真情实感。有的演讲者，仰视天棚，或俯视地板，或左顾右盼，东张西望，躲避听众的目光，显得很不庄重，很不礼貌。演讲者也不应该一味地直视，或者眼睛滴溜溜乱转，而应该将两眼略向下平视，目光自然、亲切、专注，以吸引听众的注意力。

在演讲时一种方法是要把眼光对着听众，敢于正视听众的眼睛，用目光来表示自己的友善与真诚，与他们进行情感交流。如果是初次登台者，在众目睽睽之下确实感到一种"视线压力"，不敢看听众递来的眼光，那么可以用目光虚视法，眼看着台下听众，却不把眼光停留在具体的人身上，做到"眼中无听众，心中有听众"。千万别因为紧张便不看听众，这样更会暴露演讲者的紧张。试想，无视听众，听众能对演讲者产生好感吗？还有一种方法便是把自己的视线投入听众中频频点头的人，从而增强演讲的信心。等到平息了紧张的心理时，再平视、扫视全场听众。

（2）多和听众的目光构成实在性的接触。看着听众说话，有虚看（扫视）和实看（凝视）两种。两者都是需要的。在演讲之初，或演讲之中，不妨有几次遍及全场的扫视，但绝大多数时间都应该凝视。这样不仅能增强双方的感情联系，而且可以通过察颜观色，和听众建立灵敏的信息交流和反馈，迅捷地获得听众的反应，掌握听众的表情和心理变化，以便随时调节演讲的内容，改善演讲的方法。

演讲时，眼光一般应正视，并要适当地配以扫视和环视，这样既显得庄重、严肃，又照顾了全场。不要冷落了任何一个角落里的听众，演讲时演讲者的眼光不要老是盯着某几个人或某一小块地方的听众。目光停留时间过长、过多，也容易让人感到不自在，也让其他人觉得演讲者仅是对着一小部分人演，厚此薄彼最易失去听众。

（3）注重眼神运用的复杂多样。眼神的运用，显然是面向听众的情感交流、信息传播。但有的是依据演讲的具体内容，有的是依据对听众的态度，有的则是依据自己的特殊的情绪情感体验等，还要兼顾听众范围，考虑局部和全场的关系。由于情况错综复杂，眼神的运用自然也是丰富多彩的。如果演讲者总是一种无动于衷的眼神，就会给听众一种麻木、呆滞的感情，那就无法使听众"提神"、凝思。

演讲者的视线应该跟着头部动作、身体姿态的变化而变化。当表示希望、请求、祝愿和思索时，头微微向上抬，视线也随着上升；表现谦虚、沉痛等情绪时，稍稍低头，视线也随之下垂。目光一定要与整个表情协调。

汉语中描述"看"这一眼睛动作的词语多达五十多个，"盯""瞅""瞪""瞟""白""翻""斜""睨""使眼色""眉目传情""眉开眼笑""目不转睛""暗送秋波""横眉怒目""愁眉不展"等，都是描绘眼睛表情的。不同的眼神惟妙惟肖地传递着不同的信息，交流着不同的情感。因此，演讲内容波澜起伏、演讲情感抑扬跌宕，可以通过不同的眼神，配合有声语言，手势、表情、姿态，协调和谐地反映出来。

（三）脸部表情

畅销书《只做一件事，推销自己》里写道，在你没有讲话时，你也是存在的，观众首先看到的是你的脸，最初的表情会引起观众对你做出判断，立即产生一种喜欢、不喜欢、中立或者遗憾的感觉。

脸部表情可分为微笑的脸、舒展的脸、哭泣的脸三种。

1. 微笑的脸

在面部语言中，笑是一种特别值得提倡的语言，这是一种特别有效的交流工具。

不管演讲者的心情如何、态度怎样，只要他微笑，听众便立即可以读懂这种语言，并且受到感染。笑是愉快的，是获得友谊、取得信任、融洽关系、化解窘态的重要手段。

笑是千姿百态的，有微笑、大笑、狂笑、欢笑、苦笑、嘲笑、冷笑、狞笑、奸笑、真笑、假笑、皮笑肉不笑等，不同的笑显示着不同的思想、态度、情感、心态，也产生不同的影响。

演讲者在演讲中一般应面带微笑，微笑是美好感情的自然流露，真诚的微笑，不仅表明自己有教养，有信心，同时也表明对听众的友善与信赖。

除此之外，还要在演讲中不失时机地制造笑的语境。最能引人发笑的是讽刺和幽默。讽刺本身就是笑的艺术。讽刺之所以能引发笑，是因为演讲者把社会生活中的不协调的、矛盾的、反常的、违反常规常理的现象加以集中，并通过谐趣手段加以表现，从而使听众的心理期待扑空。因为心理期待扑空，便产生心理刺激，从而引起笑声。这种笑在使听众获得极大的愉快感的同时，对社会生活中的丑、恶、假的现象给予最彻底的否定。

幽默是一种智慧，一种艺术手法，它以轻松、戏谑但又含有深意的笑为主要审美特征，内庄外谐。幽默在引人发笑的同时竭力引导人们对笑的对象进行深入的思考。

2. 舒展的脸

舒展的脸，能传递一种关切的表情，是观众最喜欢的。微笑的脸是幸福的，舒展的脸是温暖的，舒展的表情和目光交流是任何人用来说服别人的两大工具，是老师、牧师、售货员、公证人、律师、政治候选人和政府发言人身上最有魅力的品质。

3. 哭泣的脸

与笑相反，哭也是一种语言。俗话说，人不伤心泪不流。讲到悲伤处、凄惨处，悲伤、凄惨不仅常常从演讲者痛苦的面部表情中表现出来，而且还从演讲者的声音中传导出来，有时演讲者还流泪流涕，泣不成声，台下的听众也同样潸然泪下，泪如雨下。

笑与哭，这两种语言是最明确的，效果也是显然的。在演讲中使用这两种语言时应注意：第一，感情要真实不能做作，否则将弄巧成拙；第二，要把握好语境，并且要善于渲染；第三，要善于控制。譬如演讲者觉得好笑，听众还不知道是怎么一回事，自己就笑起来，或者事先就宣称如何如何好笑，这样做，听众往往笑不起来。哭也是一样，演讲者在台上痛哭流涕，虽然有时也能获得台下听众的同情，但震撼力和穿透力是不强的，而且形象也不美。正确的做法应是含泪不掉泪，能哭不出声，有笑不大笑，可笑反不笑。

还有其他如稀奇、好奇、吃惊、关切、担心、同情、坚定、庄严、哀伤、忧愁、愤怒的脸……演讲时也运用较多。

二、 手势语及其运用

（一） 手势语的概念

手势语是指演讲者运用肩膀、肘、手掌、手腕、手指、拳头和手臂的动作变化，表达思想感情的一种态势语。

（二） 手势语的类型

1）指示性手势语：表示说话者的某种指向。
2）情意性手势语：以手势表达自己的思想感情。
3）象形性手势语：用于摹状形物，给听众以形象化的感觉。
4）比拟性手势语：用形象的比喻，把抽象的概念具体化。

（三） 手势的活动范围

手势的活动范围不同，所表达的意义是不一样的，手势活动的范围，大体分三个区间。

1）上区手势：指肩部以上的手势，表达希望、胜利、喜悦、祝愿、抗议等感情，表示积极向上或激昂。例如，讲到激动处，演讲者常常双手向上举甚至挥动拳头。

2）中区手势：说话时手势在肩部至腰部之间活动的动作，手势在这一区域活动，多用于叙述事物、说明事理和表达较为平静的情绪，一般不带有浓厚的感情色彩。叙述一件事情，分析一个道理多采用中区手势。

例如，"读小学的时候，我的外祖母过世了，外祖母生前最疼爱我，我无法排除自己的忧伤，每天在学校的操场上一圈又一圈地跑着，跑得累倒在地上，扑在草坪上痛哭……"

演讲这一段内容时手不要做什么动作，只是面部带着哀愁的表情叙述就行了。

3）下区手势：腰部及以下活动的动作，手势在这一区域活动，一般表示憎恶、鄙视、反对、批判、失望、厌恶等。

例如，当讲到"我们要与一切没落的、腐朽的甚至是反动的封建势力和封建思想彻底决裂！"时，演讲者会做出一个往下劈的手势。

（四） 手势活动的方向

手势活动的方向不同，意义也大相径庭。一般说来，向内、向上的手势，意味着肯定、赞同、号召、鼓励、希望、充满信心，是积极的手势；向外、向下的手势，意味着否定、拒绝、制止、终止、排斥、冷漠，是消极的手势。

例如，同样是搓手，朝上搓，可能是摩拳擦掌，急不可待；往下搓，则可能是局促不安、不好意思。同样是举起两个手掌，掌心向内、往内缩这是表示向我靠拢，注意我；掌心向下、往外推，则是意味着拒绝、回避。

（五） 手势语活动的幅度

手势幅度的大小与演讲者的感情、语速有很大的关系。幅度大，表示强烈；幅度小，表示平和。手动臂不动，是小幅度；手臂挥动，甚至还带动全身，双手挥舞，这是大幅度。一般说来，演讲者大幅度的手势不宜过多，只能偶尔使用。太多"手舞足蹈"，会破坏演讲的协调美，甚至还会引人发笑。

（六） 手势活动的形状

由手指和手掌构成各种不同的手形，即手势活动的形状。演讲中，更精细、更确定的定义，常常是通过各种手形来表现的。俗话说，"十指连心"，在手的动作中，手指和手掌是最敏锐、最灵活的部分，从而表意性最强。

演讲中常见的手形有以下几类。

1. 手掌式

掌心向上：拇指自然张开，手部抬高，表示赞美、欢欣、希望，一般用在情绪高昂和抒情时。

掌心向下：拇指自然张开，其余弯曲，表示包容量很大。

单手掌：劈、砍、点、顶，借助于猛力伸出、摆动，表示信心力量、无所畏惧、雄伟气魄、否定等。

2. 手指式

拇指：竖起大拇指，其余四指弯曲，表示强大、肯定、赞美、第一等意。

食指：食指伸出，其余四指弯曲并拢，胳膊向上伸直，食指指向空中表示强调。

拇指食指：二者弯曲靠拢但未接触，表示微小、精细之意。

3. 伸手式

手心向上，前臂略直，手掌向前，表示请求、交流、许诺、谦逊、承认、赞美、希望、欢迎、诚实等意。

4. 抬手式

手心向上，手臂微曲，手掌与肩齐高，表示号召、唤起、祈求、激动、愤怒、强调等。

5. 举手式

五指朝天，前臂垂直，手掌举至头部，表示行动、肯定、激昂、动情、歌颂等。

6. 挥手式

手臂向前，手掌向上挥动，表示鼓动、号召、呼吁、前进、致意、兴奋等。

7. 压手式

手心向下，前臂下压，表示安静、停止、反对、压抑、悲观或气愤等。

8. 合手式

两手在胸前由分而合，双手合一，表示亲密、团结、联合、欢迎、好感、接洽、积极、同意等。

9. 握拳式

单手或者双手握拳，放于胸前，充满力量，表示信念、力量、肯定等。

拳头向上摆动，这表明说话者的心情不允许听众持有怀疑态度，以此抓住听众的注意力。

拳头向上举，这是一种挑衅性的动作，能给持不同观点的人以打击性的印象。

手势并没有什么统一的规定，只不过是人们在语言交流中，在大体相同的心理基础上所产生大体相同的手的动作。手势也绝不止这么多，如果手势与其他部位的协调动作，所表现的意义就更为广泛、更为丰富了。演讲是门艺术，手势可以说是艺术中的艺术。手势是演讲中传情达意最具表现力的手段，不同的手势可以表达不同的意思，它可加重语气，增加感染力。

案例分析

例文一

各位老师，同学们：

大家好！

今天我要演讲的内容是感谢老师。

"我来自偶然，像一颗尘土，有谁看出我的脆弱；我来自何方，我情归何处，谁在下一刻呼唤我……"

每次唱起这首歌，我就想感恩很多人，但我最想感恩的是老师。从每个牙牙学语的小孩到渐渐懂事的小学生，从求知若渴的少年到展翅高飞的成人，从门外汉到专才，从太古的结绳记事到今天的高科技来临，老师的作用贯穿于人类文明发展的整个过程。

正像人们所共识的：社会的发展靠教育，教育的发展靠教师。老师，您的爱，像太阳般温暖，像春风般和煦，清泉一般甘甜。您的爱，比父爱更严峻，比母爱更细腻，比友爱更纯洁。无论我们走到哪儿，永远记住你的情；无论我们走到哪儿，永远记住您的话；无论我们走到哪儿，永远记住您的爱；无论我们走到哪儿，永远是您的一朵花。

当我怀着害怕的心第一次跨进校门时，老师您阳光般的笑容给我以安慰。您将我带进了丰富多彩的校园，也带进了学习的殿堂。

当我怀着疑惑的心面对一道道难题时，您耐心细致地给我讲解解题的思路。您将我那颗困惑的心，带进了举一反三的解题思路中，也带进了趣味无穷的数学天地里。

当我怀着惭愧的心面对错误时，您意味深长地教给我做人的道理。您将我那颗无知的心带到了正确的道理中，带进了我日后要正确面对错误的信念中，也带进了从错误走向正确的生活中。

当我怀着失落的心面对失败时，您给我勇气与希望。您将我那颗受伤、气馁的心带到了"自信"的"天空"中，带进了浩瀚的"海洋"里，也带进了以后成功的大门里。

当我怀着喜悦的心对待成功时，您善意的提醒教我学会谦虚。您将我那颗骄傲、浮躁的心带到了巍巍的"高山"上，带进了上进的"流水"中，也带进了自强不息的世界里。

当我犯错误而受到惩罚时，教导我的是老师；当我遇到一道难解的题而汗流浃背的时候，为我细心讲解的是老师。一个赞扬的眼神，使我万分开心；一句温暖的问候，使我感受到第二种亲情。不论我遇到了什么，您都会与我一同面对。老师，在我的眼里，您是神奇的。

我发自内心地感谢您，"感恩您，我的老师，感恩您为我所做的一切！"我不是您最出色的学生，而您却是我最崇敬的老师。在您的节日，您的学生愿您永远年轻。

在不久的将来，无论我成为挺拔的白杨，还是低矮的小草，老师，我都将以生命的翠绿向您致敬！

例文评析：

演讲者在感恩演讲中面部表情丰富、生动，随着演讲内容和演讲者的情绪变化，把听众引入演讲者所希望达到的形象、感性的理想境界中，使听众产生强烈的共鸣。

例文二

大家晚上好，在这金秋的季节，丹桂飘香，我们迎来了这次盛大聚会，我向老同学的到来表示热烈的欢迎！

人生漫长，弹指一挥间，一晃20年过去了，那时的我们"恰同学少年、风华正茂"，有的是精力，有的是年华。20年后的今天，我们各自有了家庭和事业，但交往少了许多。

今天是个千载难逢的好机会，愿大家相聚在这里，畅谈友谊，开怀畅饮，来举起你们手中的酒杯，为我们的友谊和将来干杯，祝大家尽兴开心。

例文评析：

演讲者简短、精当的语言和兴奋、激动的情绪辅之以丰富的手势表达，更好的传情达意，为同学聚会增添了美好、和谐的气氛。

拓展延伸

一、面部表情遵循的原则

（1）准确。面部表情首先应与实际内容和现场气氛相统一；其次要与演讲者的意图相吻合。

（2）自然。面部表情运用要自然真诚，发自内心，尽量保持日常生活中的自然性。

（3）既要有灵敏感和鲜明感，又要有真实感和艺术感，但不要刻意追求演员式的表情。

二、面部表情有三忌

（1）忌拘谨木然，演讲者的面部表情贵在自然，拘谨木然，会影响演讲的感染力和鼓动力。

（2）忌神情慌张，神情可以表露演讲者的内心活动和精神状态，慌张的神情容易让听众读懂演讲者的心理，不利于听众对演讲者产生好感。

（3）忌故作姿态，演讲时要自然、大方、庄重，根据演讲内容，面部表情要有准确而适度的变化，不可矫揉造作，做出过于夸张的表情。

三、微笑技法运用的场合

（1）表达赞美、歌颂等感情色彩时，应微笑，此时要博得别人的笑，自己首先要笑。

（2）上台与下台时，应微笑，这样可拉近与听众的距离，把良好的形象留在听众心中。

（3）面对听众提问时，送上一缕微笑是无声的赞美和鼓励。

（4）肯定或否定听众的一些言行时，可以配合着点头或者摇头，面带微笑。

（5）面对喧闹的听众，演讲者可略停顿，同时面带微笑，表达含蓄的批评与指责。

（6）表达与微笑不相悖的情感时，可微笑。

四、使用手势语的注意事项

（1）自然协调，不做作、不脱节。一是手势语和口头语言保持协调，二是手势语和身体保持协调，三是手势语和情感保持协调，同时手势语要符合演讲内容的需要，符合听众的文化心理需要，符合演讲者的身份和性格特征。和谐得体就是手势语与演讲者的表情配合，与有声语言同步，与其他动作一致，不生硬、不粗俗，自然协调。

（2）幅度要小，贵变化，次数不宜过多。演讲中的"演"只是帮助"讲"产生好的效果，而不是单纯的"演"。因此，动作幅度要控制，不可夸张。

（3）重简练，忌繁杂和刻意。手势语是演讲者话语内涵的真实外露，演讲者的本意是通过种种手势语，以达到活跃全场的目的，但刻意去做往往引起听众反感，弄巧成拙。在演讲中，演讲者可根据演讲内容的需要，设计几个精准、优美的手势语，恰当地传情达意，以加强号召力和鼓动力。手势不在于多，而在于简练，在于有表现力。简练是艺术的规律。手势是直接作用于听众的视觉，反复出现，很容易失去吸引力。

🔍 | **实践演练**

演练一：设计演讲表情

为以下演讲内容设计适当的表情，并进行反复练习。

1）只要我们还踏着东方这块亲情洋溢的土地，我们的肌肤就能触摸到她的搏动，我们的爱就能再创一个跨世纪的奥运之林，就能迎接一个改革开放、繁荣昌盛的中国！

2）人与人之间只有很小的差异，却造成了人生巨大的差异：很小的差异就是一个心态是积极的，一个心态是消极的；巨大的差异就是一个成功，一个失败。

3）中国不需要"食客"！中国需要"民族的脊梁"！朋友们，你们说对吗？

演练二：设计演讲手势

手势在演讲实际运用时不必过多、过繁。熟悉演讲主题后，应抓住关键词语，确定在某处做适当的手势，配合口语表达，使演讲更具魅力。请尝试为以下演讲稿设计适当的手势，并进行反复练习。

1）德国诗人歌德说，你若失去了财产，你则失去了一点；你若失去了荣誉，你则失去了许多；你若失去了勇气，你则失去了一切。同志们，财产是一点，荣誉是许多，勇气才是一切啊！只要我们不失去勇气，我们必然会反败为胜！

2）今天，这里有没有特务？你站出来！是好汉的站出来！你出来讲！凭什么要杀死李先生？杀死了人，又不敢承认，还要诬蔑人，说什么"桃色事件"，说什么共产党杀共产党，无耻啊无耻！这是某集团的无耻，恰是李先生的光荣！李先生在昆明被暗杀是李先生留给昆明的光荣！也是昆明人的光荣！

任务 1 完成实习报告

任务描述

同学们对自己参加过的实习工作应进行回顾总结，广泛收集资料，撰写实习报告。
要求：

- 格式标准、结构完整。
- 条理清晰、逻辑贯穿。
- 字数在 3000 字以上。

任务目标

- **知识目标**：了解实习报告的概念与格式。
- **能力目标**：能有效、广泛搜集材料；能撰写符合标准的实习报告。
- **素质目标**：实习报告能很好地总结实习情况，并有反思和升华。

任务实施

实习报告的写作过程应包括以下步骤：收集资料、拟订报告提纲、起草、修改和定稿等。
各个步骤具体做法如下：

1）收集资料。资料是撰写实习报告的基础。收集资料的途径主要有：通过实地调查、社会
实践或实习等渠道获得；从校内外图书馆、资料室已有的资料中查找。

2）拟订报告提纲。拟订报告提纲是作者动笔行文前的必要准备。根据报告主题的需要拟订
该文结构框架和体系。我们在拟订报告提纲后，可请指导教师审阅修改。

3）起草。报告提纲确定后，可以动手撰写实习报告的初稿。在起草时应尽量做到"纲举目
张、顺理成章、详略得当、井然有序"。

4）修改和定稿。报告初稿完成之后，需要改正初稿中的错误，反复推敲修改后，才能
定稿。

📝 知识平台

微课 3 - 1　　　　课件 3 - 1

一、 实习报告的概念

实习报告是指各种人员实习期间需要撰写的对实习期间的工作学习经历进行描述的文本。它是应用写作的重要文体之一。

二、 实习报告的格式

（一） 基本信息

专　业
年　级
学　号
姓　名
指导教师
实习单位
时　间

（二） 正文内容

1. 概述

概述是对实习基本情况的叙述，应详略得当。这部分内容可以对工作的主客观条件、有利和不利条件以及工作的环境和基础等进行分析。

2. 成绩和缺点

这是正文内容的中心。目的是要肯定成绩，找出缺点。成绩有哪些，表现在哪些方面，是怎样取得的；缺点有哪些，表现在哪些方面，是什么性质的，怎样产生的，都应讲清楚。

3. 经验和教训

做过一件事，总会有经验和教训。为便于今后的工作，实习报告的正文应对以往工作的经验和教训进行分析、研究、概括、集中，并上升到理论的高度来认识。

4. 今后的打算

根据今后的工作任务和要求，吸取前一时期工作的经验和教训，明确努力方向，提出改进措施等。

（三） 评价落款

实习报告成绩：
指导老师签名：

指导教师评语：

实习单位意见：

实习单位（盖章）

_____年_____月_____日

案例分析

例文

赴××幼儿园的实习报告（正文）

通过幼儿园的实习，我深化了在发展心理学课上老师教授的有关幼儿心理发展的相关理论知识，也对其中涉及的理论学说有了新的认识。也许源于发展心理学这门学科的内容更多地涉及了我们自己成长的过程和心理发展变化，或者是老师在课上放映从受精卵发育成胎儿这段不平凡的经历，使我有了探索的欲望，想知道自己在妈妈肚子里的神奇历史，也想知道那段只能从长辈口中说出的自己完全不记得的婴幼儿时期的记忆。在这些经历的影响下，我对幼儿园的实习更充满了期待，也许还能通过实习看到自己小时候的缩影呢！

在分配班级的时候，我选择了中班的孩子，在后来与孩子们的交谈中我了解到他们的年龄在3~4岁，在埃里克森的心理发展观中，儿童早期的年龄在2~4岁，中班孩子这一阶段的特征在我看来并不是很明显。

在我所在的中班，一共有43名小朋友，有两位带班老师，一位幼教的实习生。我记录了上午的作息时间表，即：

1）听教师弹一段钢琴音乐（所有的小朋友听到音乐都会习惯地安静下来，坐在自己的位置上）。

2）户外做早操（之前老师会分别带男女孩上厕所，不上厕所的小朋友自己玩）。

3）听教师讲故事（小老鼠和大老虎的故事，老师从中引导一些问题）。

4）外出玩游戏（滑滑梯、相互嬉戏）。

5）吃饭。

从上午的整个活动来看，小朋友主要以游戏为主。在我与小朋友的接触过程中，我观察到以下几种现象：

1）中班幼儿喜欢唱歌，会拍打较容易的节奏。

2）小朋友互相间会时有摩擦，具有攻击性，但在老师的调解下，都比较听话地向对方道歉，握手言和。

3）情绪变化可能比较大，很不稳定，但来得快，去得也快。

4）听老师讲故事的过程中，注意力会慢慢被各种其他的事物所吸引，注意力集中的时间不长。

5）在表达自己的想法时，经常要用手势、表情一起辅助表达，同时也比较容易害羞。

在课间休息的时候，我向中班的实习教师询问了一些有关幼儿的问题，并交流了一下心得。结合当时谈话的内容和给我印象最深的幼儿游戏活动，说一些我的想法和感受。

从作息表来看，幼儿的活动主要以游戏为主，其他的活动也是围绕游戏展开的。在当代的游戏理论中，弗洛伊德在精神分析理论中提到，游戏也有潜意识的成分，游戏是补偿现实生活中不能满足的愿望和克服创伤性事件的手段。游戏使儿童能逃脱现实的强制和约束，发泄在现实中不被接受的危险冲动，缓和心理紧张，发展自我力量，以应付现实的环境。他的这一说法在我短暂的观察中并没有意识到。

埃里克森从新精神分析的角度解释过游戏，认为游戏是情感和思想的一种健康的发泄方式。在游戏中，儿童可以"复活"他们的快乐经验，也能修复自己的精神创伤。这一说法我有所体会，有的小朋友犯了错，教师教育了几句就一直在哭，但在户外游戏中却玩得很开心，事后也不记得自己的不高兴。

但是我体会更深的是有关皮亚杰在认知动力说中有关游戏的观点。他认为游戏是儿童认识新的复杂客体和事件的方法，是巩固和扩大概念、技能的方法，是使思维和行动结合起来的方法。儿童通过身体运动和摆弄、操作具体事物来进行游戏。小朋友在游戏中学习，在游戏中成长。通过各种游戏活动，幼儿可以练习各种基本动作，比如在课堂上老师启发小朋友学企鹅用不同的方式走路，这样不但可以促使运动器官得到很好的发展，而且认知和社会交往能力也能够更快、更好地发展起来。游戏还可以帮助儿童学会表达和控制情绪，学会处理焦虑和内心冲突，对培养良好的个性品质有着重要的作用。

也许是小朋友的热情感染了我，或许是想起了自己小时候的种种情形，我也参与了部分活动，也小小地体会了幼儿游戏的快乐。

这次幼儿园的实习使我联想到小学学校的实习。我选择了五年级的一个班。班级共有48人，年龄大多在9~11岁之间，第一节课是英语课，第一节课的上课时间是8:40~9:05，一节课的上课时间为25分钟。但是我发现在上课15分钟后，学生的注意力明显开始涣散，和身边的同学交头接耳。老师出声阻止，才有片刻的安静，但没多久混乱的场面又出现了。因为老师临时有事，所以上午只上了一节课，其余的课都改成自习。虽然没能有更多的机会观察到处于少年期的学生的特点，但是我想通过在幼儿园和小学的实习经历，已经让我有所收获，有所感悟。

我希望以后有更多的机会可以实践，可以亲身去感受书本以外的东西。谢谢老师在课堂上言简意赅的讲解，让我们能较快地理解理论知识。也谢谢老师用分组的形式教学，让我们在组内同学通俗易懂的讲解中记住理论知识。对我来说，发展心理学更多的是门工具学科，我相信以后我也会受益匪浅！

例文评析

发展心理学专业学生深入幼儿园，以3~4岁幼儿为实习对象，运用专业知识和专业技能进行调查，并进行分析，最后形成实习报告。该报告行文流畅，语言活泼，交代清楚了实习报告的目的、背景、调研对象、运用方法，有一定的专业性，是基本合格的实习报告。但仍然存在一些问题，一是行文有些随意，语言不够严谨，如能雕琢下语言，同时将内容按序号分类标记，逻辑性会增强。二是报告撰写人及实习单位的基本信息未交代清楚。

拓展延伸

实习报告解疑

将实习过程、结果以及体会用书面文字组织出来就形成了实习报告。

一、实习报告的资料收集

从开始实习的那天起就要注意广泛收集资料，并以各种形式记录下来（如写工作日记等）。丰富的资料是写好实习报告的基础。主要收集资料有：

1）党的路线方针政策是如何在工作中贯彻执行的。比如单位组织学习的内容是什么，学习后的效果如何，对自己和同志们的思想是否有所提高。

2）专业知识在工作中是如何灵活运用的。比如法律专业的实习生应注意法官或法律工作者在执法过程中是如何灵活运用法律条款，如何运用法律以外的手段解决民事纠纷，提高结案率的；秘书专业的实习生可以直接将秘书实务、应用写作等科目中的问题带到实践中去，在实践中寻求理论与实践的结合点等。

3）观察周围同事如何处理问题、解决矛盾的。实习是观察体验社会生活的过程，是将学习到的理论转化为实践技能的过程，所以既要体验还要实践。从同事、前辈的言行中去学习，观察别人的成绩和缺点，以此作为自己行为的参照。观察别人来启发自己也是实习的一种收获。

4）了解实习单位和同事的工作作风。单位的工作作风对将来开展工作、发展自己、提高自己有什么启发；某些同事的工作作风、办事效率哪些值得学习、哪些要引以为戒，对工作、对事业会有怎样的影响。

5）观察实习单位的部门职能发挥。对不同职能部门的工作作风、履行职能的情况有什么看法和认识。

二、实习报告的写法

实习报告可以根据专业特点，进行撰写。如法律专业实习生将法律工作者的素质作为实习报告的主题，全面地阐述法律工作者的政治素质要求和业务素质要求、法律条文的运用、法官的个人魅力（言行举止等）、法官需要的语言表达能力等。文秘专业实习生可以将实习中工作内容进行全面的阐述：会议之前的准备工作、会议过程中服务工作、会后的总结工作，以及整个会议涉及的文书有哪些，领导对这些会议文件的写作要求有哪些，写作者在准备过程中有哪些成功的做法或失败的教训，文秘工作者的仪表礼仪有什么要求等。

实习报告也可以根据实习的内容确定某一局部的工作、就某一个专题作为重点描述对象。如文秘专业的实习生可以将档案管理这一专题作为实习报告的重点，阐述单位对档案工作人员的要求有什么，自己学的哪些知识在工作中运用上了，运用的方式方法是否符合工作需要，效果如何；同事是怎么对待档案管理工作的，他们有什么值得学习的地方等。

实习报告的结构分为三个部分。

第一部分：以实习时间、地点、任务作为引子引出报告内容，或把实习过程的感受、结果概括出来，引出报告的内容。

第二部分：实习过程（实习内容、环节、做法）。

1）将学校里学到的理论、方法变成实践的行为。

2）观察体验在学校没有接触的东西，他们是以什么样的面目、方式方法，以怎样的形态或面貌出现的。比如，部门职能，原先你不了解，之后从工作中由什么样的问题，引发了你对职能部门的了解。再比如人际协调方法，工作中的人际协调方法和公关理论知识有什么样的差异等。

第三部分：实习体会、经验教训、努力方向等。

实习报告一般以实习体会、经验教训来总结实习过程。如，在实践中发现自己的优势：团队协作意识强、善于运用自己的知识和能力挑战新工作、事后善于总结等。从实践中看到自己的缺陷：政治触觉不够敏感、专业知识欠扎实、动手能力差等。用这些，把自己实习过程的内容串起来。

三、实习报告的写作要求

1）实习报告必须写自己的实习经历，可参考别人的实习报告，但不能抄袭。

2）如有引用或从别处摘录的内容要表明出处。参考文献的标注方法一律采用文后注释。著作图书类参考文献的书写顺序：著者、书名、文献类型标识、出版地、出版者、出版年、引文页码；期刊类参考文献的书写顺序：作者、论文名、文献类型标识、刊名、出版年、卷号或期号、引文页码。

3）文章开头有内容摘要和关键词。

4）语言要求简练，符合公务文书的要求。不要过多地写"我如何如何"，在第一段介绍自己的实习时间地点和分配到的任务后，下面的文字尽量少出现第一人称。字数要在 3000 以上。

实践演练

演练：选择下列主题，撰写实习报告。

1）《关于太平洋公司会计岗位的实践报告》

2）《为什么大学毕业生择业倾向沿海和京津地区》

3）《高校发展重在学科建设——×××大学学科建设实践的思考》

任务 2 完成毕业论文

任务描述

同学们，根据个人的专业和实习内容，自选题目，完成毕业论文的撰写。

任务目标

● **知识目标**：了解毕业论文的概念、种类和组成部分。

● **能力目标**：能有效、广泛搜集材料，选定合理专业的选题；能撰写符合标准的毕业论文。

● **素质目标**：毕业论文能很好地体现专业水准，并有反思和升华。

任务实施

毕业论文是高等教育学业的最后一个环节，它是学生的总结性独立作业，目的在于总结学习专业的成果，培养综合运用所学知识解决实际问题的能力。从文体而言，它也是对某一专业领域的现实问题或理论问题进行科学研究的具有一定意义的论说文。

知识平台

微课 3-2　　　　课件 3-2　　　　微课 3-3

一、毕业论文的概念

毕业论文（graduation study）是指高等学校（或某些专业）为对学生集中进行科学研究训

练而要求学生在毕业前撰写的论文。一般安排在修业的最后一学年（学期）进行。学生须在教师指导下，选定课题进行研究，撰写并提交论文，目的在于培养学生的科学研究能力，加强综合运用所学知识、理论和技能解决实际问题的训练，从总体上考查学生本科阶段学习所达到的学业水平。论文题目由教师指定或由学生提出，经教师同意后确定，均应是本专业学科发展或实践中提出的理论问题和实际问题。通过这一环节，学生受到了有关科学研究选题，查阅、评述文献，制定研究方案，设计进行科学实验或社会调查，处理数据或整理调查结果，对调查结果进行分析、论证并得出结论，撰写论文等项的初步训练。

二、 毕业论文的撰写目的和基本教学要求

写毕业论文的主要目的是培养学生综合运用所学知识和技能，理论联系实际，独立分析，解决实际问题的能力，使学生得到从事本专业工作和进行相关研究的基本训练。毕业论文应反映出作者能够准确地掌握所学的专业基础知识，基本学会综合运用所学知识进行科学研究的方法，对所研究的题目有一定的心得体会。论文题目的范围不宜过宽，一般选择本学科某一重要问题的一个侧面。

毕业论文的基本教学要求是：

1）培养学生综合运用、巩固与扩展所学的基础理论和专业知识，培养学生独立分析、解决实际问题能力、培养学生处理数据和信息的能力。

2）培养学生正确的理论联系实际的工作作风和严肃认真的科学态度。

3）培养学生进行社会调查研究，文献资料收集、阅读和整理、使用，提出论点、综合论证、总结写作等基本技能。

4）毕业论文是毕业生总结性的独立作业，是学生运用在校学习的基本知识和基础理论，去分析、解决一两个实际问题的实践锻炼过程，也是学生在校学习期间学习成果的综合性总结，是整个教学活动中不可缺少的重要环节。撰写毕业论文对于培养学生初步的科学研究能力，提高其综合运用所学知识分析问题、解决问题的能力有着重要意义。

三、 毕业论文的撰写意义

1）撰写毕业论文是检验学生在校学习成果的重要措施，也是提高教学质量的重要环节。大学生在毕业前都必须完成毕业论文的撰写任务。申请学位必须提交相应的学位论文，经答辩通过后，方可取得学位。可以这么说，毕业论文是结束大学学习生活走向社会的一个中介和桥梁。毕业论文是大学生才华的第一次显露，是向祖国和人民所交的一份有分量的答卷，是投身社会主义现代化建设事业的报到书。一篇毕业论文虽然不能全面地反映出一个人的才华，也不一定能对社会直接带来巨大的效益，对专业产生开拓性的影响。但是，实践证明，撰写毕业论文是提高教学质量的重要环节，是培养好人才的重要措施。

2）提高大学生的写作水平是社会主义物质文明和精神文明建设的需要。在新的历史时期，无论是提高全民族的科学文化水平，掌握现代科技知识和科学管理方法，还是培养社会主义新人，都要求大学生具有较高的写作能力。在经济建设中，领导人员和机关的办事人员，要写指示、通知、总结、调查报告等应用文；要写说明书、广告、解说词等说明文；还要写科学论文、经济评论等议论文。在当今信息社会中，写作是以语言文字为信号传达信息的方式，信息的来源，信息的收集，信息的储存、整理、传播等都离不开写作。

四、 毕业论文的分类

毕业论文是学术论文的一种形式，为了进一步探讨和掌握毕业论文的写作规律和特点，需

要对毕业论文进行分类。由于毕业论文本身的内容和性质不同，研究领域、对象、方法、表现方式不同，因此，毕业论文就有不同的分类方法。

（1）按内容性质和研究方法的不同，可以把毕业论文分为理论性论文、实验性论文、描述性论文和设计性论文。后三种论文主要是理工科大学生可以选择的论文形式，这里不做介绍。文科大学生一般写的是理论性论文。理论性论文具体又可分成两种：一种是以纯粹的抽象理论为研究对象，研究方法是严密的理论推导和数学运算，有的也涉及实验与观测，用以验证论点的正确性。另一种是以对客观事物和现象的调查、考察所得观测资料以及有关文献资料数据为研究对象，研究方法是对有关资料进行分析、综合、概括、抽象，通过归纳、演绎、类比，提出某种新的理论和新的见解。

（2）按议论的性质不同，可以把毕业论文分为立论文和驳论文。立论性的毕业论文是指从正面阐述论证自己的观点和主张。一篇论文侧重于以立论为主，就属于立论性论文。立论文要求论点鲜明、论据充分、论证严密、以理和事实服人。驳论性毕业论文是指通过反驳别人的论点来树立自己的论点和主张。如果毕业论文侧重于以驳论为主，批驳某些错误的观点、见解、理论，就属于驳论性毕业论文。驳论文除具备立论文对论点、论据、论证的要求以外，还要求针锋相对，据理力争。

（3）按研究问题的大小不同，可以把毕业论文分为宏观论文和微观论文。凡是带有普遍性并对局部工作有一定指导意义的论文，称为宏观论文。它研究的面比较宽广，具有较大范围的影响。反之，研究局部性、具体问题的论文，是微观论文，它对具体工作有指导意义，影响的面窄一些。

（4）还有一种综合型的分类方法，即把毕业论文分为专题型、论辩型、综述型和综合型四大类：

1）专题型论文。这是在分析前人研究成果的基础上，以直接论述的形式发表见解，从正面提出某学科中某一学术问题的一种论文。如《浅析领导者突出工作重点的方法与艺术》一文，从正面论述了突出工作重点方法的意义、方法和原则，它表明了作者对突出工作重点方法的肯定和理解。

2）论辩型论文。这是针对他人在某学科中某一学术问题的见解，凭借充分的论据，着重揭露其不足或错误之处，通过论辩形式来发表见解的一种论文。如《家庭联产承包责任制改变了农村集体所有制性质吗》一文，是针对"家庭联产承包责任制改变了农村集体所有制性质"的观点，进行了有理有据的驳斥和分析，以论辩的形式阐述了"家庭联产承包责任制并没有改变农村集体所有制"的观点。另外，针对几种不同意见或社会普遍流行的错误看法，以正面理由加以辩驳的论文，也属于论辩型论文。

3）综述型论文。这是在归纳、总结前人或今人对某学科中某一学术问题已有研究成果的基础上，加以介绍或评论，从而发表自己见解的一种论文。

4）综合型论文。这是一种将综述型和论辩型两种形式有机结合起来的一种论文。如《关于中国民族关系史上的几个问题》一文既介绍了民族关系史的研究现状，又提出了几个值得研究的问题，因此它是一篇综合型的论文。

五、　毕业论文的组成部分

毕业论文是教学科研过程的一个环节，也是学业成绩考核和评定的一种重要方式。毕业论文的目的在于总结学生在校期间的学习成果，培养学生具有综合地创造性地运用所学的全部专业知识和技能解决较为复杂问题的能力。毕业论文由九个部分组成。

（一）标题

标题是文章的眉目。各类文章的标题，样式繁多，但无论是何种形式，总要以全部或不同的侧面体现作者的写作意图、文章的主旨。毕业论文的标题一般分为总标题、副标题、分标题几种。

1. 总标题

总标题是文章总体内容的体现。常见的写法有：

（1）揭示课题的实质。这种形式的标题，高度概括全文内容，往往是文章的中心论点。它具有高度的明确性，便于读者把握全文内容的核心。诸如此类的标题很多，也很普遍。如《关于经济体制的模式问题》《经济中心论》《县级行政机构改革之我见》等。

（2）提问式。这类标题用设问的方式，隐去要回答的内容，实际上作者的观点是十分明确的，只不过语意婉转，需要读者加以思考罢了。这种形式的标题因其观点含蓄，容易引起读者的关注。如《家庭联产承包制就是单干吗》《商品经济等同于资本主义经济吗》等。

（3）交代内容范围。这种形式的标题，从其本身的角度看，看不出作者所指的观点，只是对文章内容的范围做出限定。拟定这种标题，一方面，文章的主要论点难以用一句简短的话加以归纳；另一方面，交代文章内容的范围可引起同仁读者的关注，以求引起共鸣。这种形式的标题也比较普遍，如《试论我国农村的双层经营体制》《正确处理中心和地方、条条与块块的关系》、《战后西方贸易自由化剖析》等。

（4）用判定句式。这种形式的标题给予全文内容的限定，可伸可缩，具有很大的灵活性。文章研究对象是具体的，面较小，但引申的思想又有很强的概括性，面较宽。这种从小处着眼，大处着手的标题，有利于科学思维和科学研究的拓展。如《从乡镇企业的兴起看中国农村的希望之光》《科技进步与农业经济》《从"劳动创造了美"看美的本质》等。

（5）用形象化的语句。如《激励人心的治理体制》《科技史上的曙光》《普照之光的理论》等。

标题的样式多种多样，作者可以在实践中大胆创新。

2. 副标题

为了点明论文的研究对象、研究内容、研究目的，对总标题加以补充、解说，有的论文还可以加副标题。特别是一些商榷性的论文，一般都有一个副标题，如在总标题下方，添上"与××商榷"之类的副标题。

另外，为了强调论文所研究的某个侧重面，也可以加副标题。如《如何看待现阶段劳动报酬的差别——也谈按劳分配中的资产阶级权利》《开发蛋白质资源，提高蛋白质利用效率——探讨解决吃饭问题的一种发展战略》等。

3. 分标题

设置分标题的主要目的是为了清楚地显示文章的层次。分标题有的用文字，一般都把本层次的中心内容昭然其上；也有的用数码，仅标明"一、二、三"等的顺序，起承上启下的作用。需要注意的是：无论采用哪种形式，都要紧扣所属层次的内容，注重上文与下文的联系紧密性。

（二）目录

一般说来，篇幅较长的毕业论文，都设有分标题。设置分标题的论文，因其内容的层次较多，整个理论体系较庞大、复杂，故通常设目录。

设置目录的目的主要是：

1. 使读者能够在阅读该论文之前对全文的内容、结构有一个大致的了解，以便读者决定是读还是不读，是精读还是略读等。

2. 为读者选读论文中的某个分论点时提供方便。长篇论文，除中心论点外，还有许多分论点。当读者需要进一步了解某个分论点时，就可以依靠目录而节省时间。

目录一般放置在论文正文的前面，因而是论文的导读图。要使目录真正起到导读图的作用，必须注重：

1）准确。目录必须与全文的纲目相一致。也就是说，本文的标题、分标题与目录存在着一一对应的关系。

2）清楚无误。目录应逐一标注该行目录在正文中的页码。标注页码必须清楚无误。

3）完整。目录既然是论文的导读图，因而必然要求其具有完整性。也就是要求文章的各项内容，都应在目录中反映出来，不得遗漏。

目录有两种基本类型：

1）用文字表示的目录。

2）用数码表示的目录。这种目录较少见，但如果论文篇幅长，为了便于读者阅读，也可采用这种方式的。

（三）　内容提要

内容提要是全文内容的缩影。在这里，作者以极少的笔墨，勾画出全文的整体轮廓，提出主要论点、揭示论文的研究成果、简要叙述全文的框架结构。

内容提要是正文的附属部分，一般放置在论文的篇首。

（1）写作内容提要的目的。

1）为了使指导老师在未审阅论文全文时，先对文章的主要内容有个大体上的了解，知道研究所取得的主要成果，研究的主要逻辑顺序。

2）为了使其他读者通过阅读内容提要，就能大略了解作者所研究的问题，假如产生共鸣，则进一步阅读全文。在这里，内容提要成了把论文推荐给众多读者的"广告"。

因此，内容提要应把论文的主要观点提示出来，便于读者一看就能了解论文内容的要点。论文提要要求写得简明而又全面，不要啰啰唆唆抓不住要点或者只是干巴巴的，缺乏说明观点的材料。

（2）内容提要可分为报道性提要和指示性提要。

1）报道性提要，主要介绍研究的主要方法与成果以及成果分析等，对文章内容的提示较全面。

2）指示性提要，只简要地叙述研究的成果（数据、看法、意见、结论等），对研究手段、方法、过程等均不涉及。毕业论文一般使用指示性提要。

（四）　关键词

关键词是表示文献关键内容，但未经规范处理的主题词。它是为了文献标引工作服务，从论文中选取出来，用以表示全文主要内容信息款目的单词或术语。一篇论文可选取 3～8 个词作为关键词。

（五）　正文

一般来说，学术论文正文的内容应包括以下三个方面：

（1）事实根据（通过本人实际考察所得到的语言、文化、文学、教育、社会、思想等事例或现象）。提出的事实根据要客观、真实，必要时要注明出处。

（2）前人的相关论述（包括前人的考察方法、考察过程、所得结论等）。在理论分析中，应将他人的意见、观点与本人的意见、观点明确区分。无论是直接引用还是间接引用他人的成果，都应该注明出处。

（3）本人的分析、论述和结论等。这部分内容要做到使事实根据、前人的成果和本人的分析论述有机地结合，注意其间的逻辑关系。

（六）结论

结论应是毕业论文的最终的、总体的结论。换句话说，结论应是整篇论文的结局，是整篇论文的归宿，而不是某一局部问题或某一分支问题的结论，也不是正文中各段小结的简单重复。论文结论应当体现作者更深层的认识，是从全篇论文的全部材料出发，经过推理、判断、归纳等逻辑分析过程而得到的新的学术总观念、总见解。结论要求精炼、准确地阐述自己的创造性工作或新的见解及其意义和作用，还可提出需要进一步讨论的问题和建议。结论应该准确、完整、明确、精练。

该部分的写作内容一般应包括以下几个方面。

1）本文研究结果说明了什么问题。

2）对前人有关的看法做了哪些修正、补充、发展、证实或否定。

3）本文研究的不足之处或遗留未予解决的问题，以及对解决这些问题的可能的关键点和方向。

（七）参考文献

在学术论文后一般应列出参考文献（表），其目的有三，即为了能反映出真实的科学依据；为了体现严肃的科学态度，分清是自己的观点或成果还是别人的观点或成果；为了对前人的科学成果表示尊重，同时也是为了指明引用资料出处，便于检索。毕业论文的撰写应本着严谨、求实的科学态度，凡有引用他人成果之处，均应按论文中所出现的先后次序列于参考文献中，并且只列出正文中以标注形式引用或参考的有关著作和论文，参考文献应按正文中出现的顺序列出直接引用的参考文献。

（八）致谢

致谢语句可以放在正文后，体现对下列方面的致谢：协助完成研究工作和提供便利条件的组织或个人；在研究工作中提出建议和提供帮助的人；给予转载和引用权的资料、图片、文献、研究思想和设想的所有者；其他应感谢的组织和人。在毕业论文中，致谢里主要感谢导师和对论文工作有直接贡献及帮助的人士和单位。

（九）附录

对于一些不宜放入正文中、但作为毕业论文又是不可缺少的部分，或有重要参考价值的内容，可编入毕业论文附录中。例如，问卷调查原件、数据、图表及其说明等。

六、 毕业论文的排版格式

（一）封面

1）封面。封面是一篇论文的门面，所以要简洁明了。封面应该写明毕业论文，字体为"宋体二号"。下面依次是论文题目、作者、学院、专业、学号、班级、指导老师，字体为"宋体小二号"，格式居中对齐，有下划线，字体均为黑色。

2）题目。题目应简洁、明确、有概括性，字数不宜超过 20 个字（不同院校可能要求不同）。本专科毕业论文一般无需单独的题目页，硕博士毕业论文一般需要单独的题目页，展示院校、指导教师、答辩时间等信息。英文部分一般需要使用 Times New Roman 字体。

（二）版权声明

一般而言，硕士与博士研究生毕业论文内均需在正文前附版权声明，独立成页。个别本科毕业论文也有此项。字体为宋体四号字。

（三）摘要和关键词

1）摘要。摘要要有高度的概括力，语言精练、明确，中文摘要 100～200 字（不同院校可能要求不同）。摘要标题的字体为宋体三号，需要加粗。摘要正文为宋体小四号。

2）关键词。从论文标题或正文中挑选 3～5 个（不同院校可能要求不同）最能表达主要内容的词作为关键词。关键词之间需要用分号或逗号分开。关键词标题为宋体小四号，加粗字体，需要顶格写，关键词正文为宋体小四号，不加粗字体。

（四）目录

目录应标明页码。目录的内容包括正文各一级二级标题（根据实际情况，也可以标注更低级标题）、参考文献、附录、致谢等。目录两字用宋体三号，加粗字体，需要居中。目录的一级二级标题用宋体小四号，字体不需要加粗，一般可自动生成。

（五）正文

专科毕业论文正文字数一般应在 5000 字以上，本科文学学士毕业论文通常要求 8000 字以上，硕士论文可能要求在 3 万字以上（不同院校可能要求不同）。

1. 毕业论文正文

毕业论文正文包括前言、本论、结论三个部分。

1）前言（引言）是论文的开头部分，主要说明论文写作的目的、现实意义、对所研究问题的认识，并提出论文的中心论点等。前言要写得简明扼要，篇幅不要太长。

2）本论是毕业论文的主体，包括研究内容与方法、实验材料、实验结果与分析（讨论）等。在本部分要运用各方面的研究方法和实验结果，分析问题，论证观点，尽量反映出自己的科研能力和学术水平。

3）结论是毕业论文的收尾部分，是围绕本论所做的结束语。其基本的要点就是总结全文，加深题意。

2. 各级标题与正文的格式

一级标题用宋体三号字，空两字，加粗。

二级标题用宋体四号字，空两个字，加粗。

三、四级标题用宋体小四号字，空两个字，加粗。

正文用宋体小四号字，行间距采用 1.5 倍行距。

3. 正文的图表

正文的图、表均需编排序号，图、表题目以及说明用宋体五号字。

（六） 注释

注释：在论文写作过程中，有些问题需要在正文之外加以阐述和说明。

注释标题用宋体四号字，居中。

注释序号用①、②、③等，宋体五号字。

注释是图书时，格式：作者、书名、版次、出版社、出版日期、页码。

注释是刊期时，格式：作者、文章题目、期刊名称、期刊年、期刊卷（期）、页码。

（七） 致谢

致谢：简述自己编写毕业论文的体会，并应对指导教师和协助完成论文的有关人员表示谢意。

致谢标题用宋体三号字，加粗字体，需居中。内容用四号字，不加粗。

（八） 参考文献

参考文献：在毕业论文末尾要列出在论文中参考过的所有专著、论文及其他资料，所列参考文献可以按文中参考或引证的先后顺序排列，也可以按照音序排列（正文中则采用相应的哈佛式参考文献标注而不出现序号）。

参考文献内容用宋体五号字，英文用 Times New Roman 字体。

1. 著作图书

【序号】作者（前 3 名）. 书名：其他出版信息［文献类型标识/文献载体标识］. 版次. 出版地：出版社，出版年：引文页码［引用日期］.

2. 期刊论文

【序号】作者（前 3 名）. 论文名［文献类型标识/文献载体标识］. 期刊名，年，卷（期）：引文页码［引用日期］.

3. 电子文献

【序号】作者（前 3 名）. 电子文献名［文献类型标识/文献载体标识］. 出版地：出版者，出版年：引文页码（更新或修改日期）［引用日期］. 获取和访问路径.

（九）附录

对于一些不宜放在正文中，但有参考价值的内容，可编入附录中。有时也常将个人简介附于文后。附录格式同正文。

七、 写作指导

（一） 主题的写法

毕业论文只能有一个主题（不能是几块工作拼凑在一起），这个主题要具体到问题的基层（即此问题基本再也无法向更低的层次细分为子问题），而不是问题所属的领域，更不是问题所在的学科，换言之，研究的主题切忌过大。因为涉及的问题范围太广，很难在一本硕士学位论文中完全研究透彻。通常，硕士学位论文应针对某学科领域中的一个具体问题展开深入的研究，并得出有价值的研究结论。

（二）题目的写法

毕业论文题目应简明扼要地反映论文工作的主要内容，切忌笼统。由于别人要通过论文题目中的关键词来检索论文，所以用语精确是非常重要的。论文题目应该是对研究对象的精确具体的描述，这种描述一般要在一定程度上体现研究结论。因此，论文题目不仅应告诉读者这篇论文研究了什么问题，更要告诉读者这个研究得出的结论。

（三）摘要的写法

毕业论文的摘要，是对论文研究内容的高度概括，其他人会根据摘要检索论文，因此摘要应包括对问题及研究目的的描述、对使用的方法和研究过程进行的简要介绍、对研究结论的简要概括等内容。摘要应具有独立性、自明性，应是一篇完整论文的概括。

（四）引言的写法

一篇毕业论文的引言，大致包含五个部分：问题的提出、选题背景及意义、文献综述、研究方法和论文结构安排。

问题的提出：讲清所研究的问题"是什么"。

选题背景及意义：讲清为什么选择这个题目来研究，即阐述该研究对学科发展的贡献、对国计民生的理论与现实意义等。

文献综述：对本研究主题范围内的文献进行详尽的综合述评，"述"的同时一定要有"评"，指出现有研究成果的不足，讲出自己的改进思路。

研究方法：讲清论文所使用的科学研究方法。

论文结构安排：介绍本论文的写作结构安排。"第 2 章，第 3 章，……，结论前的一章"的写法是论文作者的研究内容，不能将他人研究成果不加区分地掺和进来。已经在引言的文献综述部分讲过的内容，这里不需要重复介绍。

（五）结论的写法

结论是对论文主要研究结果、论点的提炼与概括，应准确、简明、完整、有条理，使人看后就能全面了解论文的意义、目的和工作内容。主要阐述自己的创造性工作及所取得的研究成果在本学术领域中的地位、作用和意义。同时，要严格区分自己取得的成果与他人的科研工作成果。

（六）数字的写法

（1）尾数"0"多的 5 位以上数字，可以改写为以万和亿为单位的数。一般情况下不得以十、百、千、十万、百万、千万、十亿、百亿、千亿等作单位（百、千、兆等词头除外）。例如，1 800 000 可写成 180 万；142 500 可写成 14.25 万，不能写成 14 万 2 千 5 百；5000 字不能写成 5 千字。

（2）纯小数必须写出小数点前用以定位的"0"。数值有效位数末尾的"0"也不能省略，应全部写出。例如，1.500、1.750、2.000 不能写作 1.5、1.75、2。

（3）数值的修约按照 GB/T 8170—2008《数值修约规则与极限数值的表示和判定》进行，其简明口诀为"4 舍 6 入 5 看右，5 后有数进上去，尾数为 0 向左看，左数奇进偶舍弃"。例如：修约到 1 位小数，12.149 修约为 12.1；12.169 修约为 12.2；12.150 修约为 12.2，12.250 修约为 12.2。

（4）附带长度单位的数值相乘，每个数值后单位不能省略。例如，5 cm × 8 cm × 10 cm，不能写成 5 × 8 × 10 cm 或 5 × 8 × 10 cm³。

（5）一系列数值的计量单位相同时，可以仅在最末 1 个数字后写出单位符号。例如，60、80、100 mol/L，不必写作 60 mol/L、80 mol/L、100 mol/L。分数在 1 行中排列时，分号用斜线。正文内并列的阿拉伯数字间用逗号还是顿号不做统一要求，在同种情况下选用一种符号，做到全文统一即可。表示数字的增加或减少，用词要准确。

1）增加：可用倍数或百分数表示。例如，增加到原来的 2 倍（原来是 1，现在是 2）；增加（或增加了）2 倍（原来是 1，现在是 3）；增加 80%（原来是 1，现在是 1.8）；超额 80%（定额是 100，实际是 180）。

2）减少：不能用倍数的提法，只能用百分数或分数表示。例如，降低到原有的 80%（原来是 100，现在是 80）；降低（或降低了）80%（原来是 100，现在是 20）；减少到原有 1/5（原来是 1，现在是 0.2）；减少（或减少了）1/5（原来是 1，现在是 0.8）等。

用数字作分层或分组标志时，要注意避免含混不清或数值不连续。例如，共 60 例患者，<10 岁者 40 例，>10 岁者 11 例，>20 岁者 9 例，此时整 10 岁者所属组别不明确；>10 岁与 >20 岁有重叠，前者包含了后者，应予以明确区分。

八、 注意事项

毕业论文的撰写及答辩考核是顺利毕业的重要环节之一，也是衡量毕业生是否达到要求的重要依据之一。但是，由于许多应考者缺少系统的课堂授课和平时训练，往往对毕业论文的独立写作感到压力很大，心中无数，难以下笔。因此，就毕业论文的撰写进行必要指导，具有重要的意义。

毕业论文是学生的总结性独立作业，目的在于总结学习专业的成果，培养综合运用所学知识解决实际问题的能力。从文体而言，它也是对某一专业领域的现实问题或理论问题进行科学研究探索的具有一定意义的论说文。完成毕业论文的撰写可以分两个步骤，即选择课题和研究课题。

（1）首先是选择课题。选题是论文撰写的关键。因为选题是毕业论文撰写的第一步，它实际上就是确定"写什么"，亦即确定科学研究的方向。如果"写什么"不明确，"怎么写"就无从谈起。选好课题是毕业论文成功的一半。

1）要坚持选择有科学价值和现实意义的课题。科学研究的目的是为了更好地认识世界、改造世界，以推动社会的不断进步和发展。因此，毕业论文的选题，必须紧密结合社会主义物质文明和精神文明建设的需要，以促进科学事业发展和解决现实存在问题作为出发点和落脚点。选题要符合科学研究的正确方向，要具有新颖性、有创新性、有理论价值和现实的指导意义。一项毫无意义的研究，即使花很大的精力，表达再完善，也没有丝毫价值。具体地说，学生可从以下三个方面来选题。首先，要从现实的弊端中选题，学习了专业知识，不能仅停留在书本上和理论上，还要下一番功夫，理论联系实际，用已掌握的专业知识，去寻找和解决工作实践中急待解决的问题。其次，要从寻找科学研究的空白处和边缘领域中选题，科学研究还有许多没有被开垦的处女地，还有许多缺陷和空白，这些都需要填补。学生应有独特的眼光和超前的意识去思索、去发现、去研究。最后，要从寻找前人研究的不足处和错误处选题，在前人已提出的研究课题中，许多虽已有初步的研究成果，但随着社会的不断发展，还有待丰富、完整和发展，这种补充性或纠正性的研究课题，也是有科学价值和现实指导意义的。

2）要根据自己的能力选择切实可行的课题。毕业论文的写作是一种创造性劳动，不但要有学生个人的见解和主张，同时还需要具备一定的客观条件。由于学生个人的主观、客观条件都是各不相同的，因此在选题时，还应结合自己的特长、兴趣及所具备的客观条件来选题。具体地说，学生可从以下三个方面来综合考虑。首先，要有充足的资料来源。"巧妇难为无米之炊"，在缺少资料的情况下，是很难写出高质量的论文的。选择一个具有丰富资料来源的课题，对课题深入研究与开展很有帮助。其次，要有浓厚的研究兴趣。选择自己感兴趣的课题，可以激发自己研究的热情，调动自己的主动性和积极性，能够以专心、细心、恒心和耐心的积极心态去完成。最后，要发挥自己的专长。每个学生无论能力水平高低，都有自己的专长，选择那些能发挥自己专长的课题，对顺利完成课题的研究大有益处。

（2）选好课题后，接下来的工作就是研究课题，研究课题一般程序是搜集资料，研究资料，明确论点和选定材料，最后是执笔撰写，修改定稿。

1）研究课题的基础工作——搜集资料。学生可以从查阅图书馆、资料室的资料，做实地调查研究，实验与观察等三个方面来搜集资料。搜集资料越具体细致越好，最好把想要搜集资料的文献目录、详细计划都列出来。首先，查阅资料时要熟悉、掌握图书分类法，要善于利用书目、索引，要熟练地使用其他工具书，如年鉴、文摘、表册、数字等。其次，做实地调查研究，调查研究能获得最真实可靠、最丰富的第一手资料，调查研究时要做到目的明确、对象明确、内容明确。调查的方法有：普遍调查、重点调查、典型调查、抽样调查。调查的方式有：开会、访问、问卷。最后，实验与观察。实验与观察是搜集科学资料数据、获得感性知识的基本途径，是形成、产生、发展和检验科学理论的实践基础，本方法在理工科、医类等专业研究中较为常用，运用本方法时要认真全面记录。

2）研究课题的重点工作——研究资料。学生要对搜集到的资料进行全面浏览，并对不同资料采用不同的阅读方法，如阅读、选读、研读。

3）研究课题的核心工作——明确论点和选定材料。在研究资料的基础上，学生提出自己的观点和见解，根据选题，确立基本论点和分论点。提出自己的观点时，要突出新创见，创新是灵魂，不能只是重复前人观点或人云亦云。同时，还要防止贪大求全的倾向，生怕不完整，大段地复述已有的知识，那就体现不出自己研究的特色和成果了。

4）研究课题的关键工作——执笔撰写。下笔时要对以下两个方面加以注意：拟定提纲和基本格式。

5）研究课题的保障工作——修改定稿。通过这一环节，可以看出写作意图是否表达清楚，基本论点和分论点是否准确、明确，材料运用是否恰当、有说服力，材料的安排与论证是否有逻辑效果，大小段落的结构是否完整、衔接自然，句子词语是否正确妥当，文章是否合乎规范。

案例分析

例文

文化育人视域下大学生家国情怀培育研究

赵存东　樊志远　张二星

摘要：家国情怀作为一种文化价值取向，将其内构成为大学生人格的重要组成部分，才能实现大学生由"学生"到"人才"的角色升华。中华优秀传统文化、革命文化、社会主义先进文化中蕴涵着丰富的家国情怀价值元素，把其传授予大学生，使其内化于心、外化于行，正是教育者实施文化育人的显现，二者在目标、主体、内容、方法、过程上相契合。文化育人视角下，培育家国情怀的路径是：推动马克思主义与中华优秀传统文化相结合，课程育人与社会实践深度融合，融入红色文化教育，依托网络媒体，构建家校联动平台，等等。

关键词： 大学生；文化育人；家国情怀；优秀传统文化；红色文化家国情怀是中华民族最为深厚、最为持久、最具有历史底蕴的人格素质和情感，蕴含着丰富的文化内涵和时代价值。家国情怀作为中国特色社会主义文化的标识之一，是中华儿女灵魂深处家国一体的情感共识，也是凝聚家国命运共同体的心理基础。当代大学生肩负着民族复兴的时代重任，更应厚植家国情怀，将自己的专业技能和科研成果融入强国伟业。

一、文化育人与大学生家国情怀培育的契合点

（一）大学生家国情怀培育目标与文化育人相一致

首先，立德树人是二者根本性的价值追求。大学生家国情怀培育的关键，在于增强其个人对家国的认识，增进家国情感，催生为家国奉献之"德"，并引导其投身于国家事业建设当中。其次，全面发展是二者终极性的培养目标。人的全面发展的过程正是在文化场域统摄下进行的，大学生家国情怀的培育同样也需要将个体融入到家国情怀文化的场域之中，实现科学精神与人文精神相统一。最后，社会主义是二者政治性方向定位。文化育人作为思想政治教育内生动力的积极探索，在方向定位上始终贯通着热爱祖国的主题，确保大学生将其专业所学贡献于中华民族的伟大复兴。

（二）大学生是家国情怀文化培育的重要对象

从大学生全面发展的客观需求出发，其在人才培养目标上更加重视创新性、实践性和跨学科性。从大学生的主观需要出发，一方面，由于大学生接触的知识技术处于时代前沿，学习强化的能力直接关系到国家未来发展，这就必须以家国情怀式的品格来支撑其成才之路。另一方面，其道德素质上也可能会存在一定的问题，如人文素养不足、政治意识淡漠和工具理性思维倾向等。同时，新时代大学生还处在多元文化思潮激烈交锋的社会之中，容易被错误思潮所影响和干扰。对这些错误思潮如果不加以理性审视，其思想上定然会出现偏差。因此，对大学生实施家国教育至关重要。在培育家国情怀过程中，要让大学生能清楚地认识自身与国家之间的关系，确立与国家和民族同呼吸共命运的理想目标，在实现中华民族伟大复兴中国梦的新征程中实现自身的人生价值。

（三）以文化人是大学生家国情怀培育的重要途径

首先，文化育人之"化"有"教化"之意，即体现了理论感化与显性表达。家国情怀作为精神标识，具有强烈的价值感召作用，这决定了要以讲授的方式使学生感受和领悟。但这种讲授不是生硬的，而是寓教育于文化场域之中，覆盖于实际生活之内。其次，文化育人之"化"有"外化"之意，即要求进行实践体悟。对大学生进行家国情怀价值传递需要在特定文化场域的濡染下，在生活细节中体现国家荣耀，激发个体责任担当。只有在点滴的家国行动实践积累之后，大学生才会以其自身为能量基点辐散至整个社会。

（四）大学生家国情怀培育过程要遵循文化育人规律

首先，显性隐性相统一的规律决定了家国情怀培育过程要进行全面立体式的生活塑造。对大学生进行家国情怀培育既要旗帜鲜明地表达，同时也要重视其隐性因素的作用发挥，覆盖到学习生活各个角落。其次，双向互动规律决定了教育者与大学生之间要以家国情怀构成良性交往。在文化场域下，教育者和受教育者之间的互动内在地要求教育者与大学生心中装着国家和民族，关注时代和社会。最后，内化外化相贯通规律决定了大学生家国情怀要针对知情意行心理结构进行培育。家国情怀文化价值取向只有在被大学生认同、接受的前提下，才能催生家国归属情感、责任意志和现实行为。

二、文化育人视域下大学生家国情怀培育的优化路径

（一）坚持马克思主义与中华优秀传统文化相结合（略）

（二）推进课程育人与社会实践深度融合（略）

（三）将红色文化教育融入家国情怀培育全过程（略）

（四）依托网络媒体营造良好育人环境（略）

参考文献：

[1] 徐国亮，刘松. 三层四维：家国情怀的文化结构探析［J］. 四川大学学报：哲学社会科学版，2018（6）：9.

[2] 蔡扬波，徐承英. 新时代大学生家国情怀教育探析［J］. 思想教育研究，2020（1）：5.

（本文引自《教育理论与实践》2022 年第 27 期）

例文评析：

本文围绕"文化育人视域下大学生家国情怀培育研究"这一主题，从文化育人与大学生家国情怀培育的契合点、文化育人视域下大学生家国情怀培育的优化路径两方面展开深入阐述，结构完整，思路清晰，格式规范。

拓展延伸

一、毕业论文写作的六个要点

（一）选题

选题是论文写作关键的第一步，直接关系论文的质量。常言说："题好文一半"。例如，对于临床护理专业，选择论文题目要注意：首先，要结合学习、工作实际，根据自己所熟悉的专业和研究兴趣，适当选择有理论和实践意义的课题；其次，论文写作选题宜小不宜大，只要在学术的某一领域或某一点上，有自己成功的经验，或失败的教训，或新的观点和认识，言之有物、读之有益，就可作为选题；再次，论文选题要查看文献资料，既要了解别人对这个问题的研究达到什么程度，也要借鉴他人对这个问题的研究成果。

需要指出，论文选题与论文标题既有关系，又不是一回事。标题是在选题基础上拟定的，是选题的高度概括。但选题不应受标题限制，有时在写作过程中，选题未变，标题却几经修改变动。

（二）设计

设计是在论文选题确定之后，进一步提出问题并设计解决问题的初步方案，以便使科研和写作顺利进行。例如，护理论文设计应包括以下几方面：

（1）专业设计。根据选题的需要及现有技术条件提出研究方案。

（2）统计学设计。运用卫生统计学的方法提出统计学处理方案，这种设计对含有实验对比样本的护理论文的写作尤为重要。

（3）写作设计。为拟定提纲与执笔写作所考虑的初步方案。

总之，设计是科研和论文写作的蓝图，没有"蓝图"就无法工作。

（三）实验与观察

实验是根据研究目的，利用各种物质手段（实验仪器、动物等），探索客观规律的方法；观察则是为了揭示现象背后的原因及其规律而有意识地对自然现象加以考察。二者的主要作用都在于搜集科学事实，获得科研的感性材料，发展和检验科学理论。二者的区别在于"观察是搜

集自然现象所提供的东西，而实验则是从自然现象中提取实验者所期望的东西。"因此，不管进行实验还是观察，都要详细认真，以各种事实为依据，并在工作中做好各种记录。

例如，从事基础或临床护理科学研究，进行必要的动物实验或临床观察是极重要的一步，既是获得客观结果以引出正确结论的基本过程，也是积累论文资料准备写作的重要途径。

虽然有些护理论文写作并不一定要进行动物实验或临床观察，如护理管理论文或护理综述等，但必要的社会实践活动仍是不可缺少的，只有将实践中得来的素材上升到理论，才有可能获得有价值的成果。

（四）资料搜集与处理

资料是构成论文写作的基础。在确定选题、进行设计以及必要的观察与实验之后，要做好资料的搜集与处理工作。

论文写作资料可分为第一手资料和第二手资料。前者也称为第一性资料或直接资料，是指作者亲自参与调查、研究或观察。如在实验或观察中所做的记录等，都属于这类资料。后者也称为第二性资料或间接资料，是指有关专业或专题的文献资料，主要靠平时的学习积累。在获得足够资料的基础上，还要对资料进行加工处理，使之系统化和条理化，便于应用。对于论文写作，这两类资料必不可少，要恰当地将它们运用到论文写作中去，注意区别主次。特别对于文献资料，要在充分消化吸收的基础上适当引用。对于第一手资料的运用也要做到真实、准确、无误。

（五）论文提纲

拟写论文提纲是论文写作过程中的重要一步，自此论文进入正式的写作阶段。拟写论文提纲的注意事项有：首先，要对学术论文的基本格式有一定的了解，并根据自己掌握的资料考虑论文的构成形式。初学论文写作者可参考杂志上发表的论文类型，做到心中有数。其次，要对掌握的资料做进一步研究，通盘考虑众多材料的取舍和运用，做到论点突出、论据可靠、论证有力，各部分内容衔接得体。最后，要考虑论文提纲的详略程度。论文提纲可分为粗纲和细纲两种，前者只是提示各部分要点，不涉及材料和论文的展开，对于有经验的论文作者可以采用。但对初学论文写作者，最好拟一个比较详细的写作提纲，不但提出论文各部分要点，而且对其中所涉及的材料和材料的详略安排以及各部分之间的相互关系等都有所反映。

（六）执笔写作

执笔写作标志着科研工作已进入表达成果的阶段。虽然有了好的选题、丰富的材料和详细的提纲，执笔写作应该会顺利进行，但也不可掉以轻心。一篇高质量的学术论文，内容当然要充实，但形式也不可不讲究，文字表达要精练确切、语法修辞要合乎规范、句子长短要适度。特别应注意，一定要采用科技语体，用陈述句表达，减少或避免感叹、抒情等语句及俗言俚语。

论文写作也和其他文体写作一样，存在着思维的连续性。因此，在写作时要尽量排除各种干扰，使思维活动连续下去，集中精力，力求一气呵成。对于篇幅较长的论文，也要争取一气呵成，中途不要停顿，这样写作效果较好。

二、装订说明

学生毕业论文（设计）一般按照如下顺序装订成册：

1) 封面（由教务处统一提供）。

2) 毕业论文（设计）成绩评定表。

3) 毕业论文（设计）任务书。

4) 毕业论文（设计）开题报告。

5）毕业论文（设计）写作记录卡。

6）毕业论文（设计）指导教师评审记录卡。

7）彩色分隔页。

8）毕业论文（设计）。

9）封底（由教务处统一提供）。

学生毕业论文（设计）按顺序装订成册后，套装在学校统一印制的论文封面之内。

三、毕业论文答辩

（一）毕业论文答辩的目的

毕业论文答辩的目的，对于组织者——校方，和答辩者——毕业论文作者是不同的。校方组织毕业论文答辩的目的简单说是为了进一步审查论文，即进一步考查和验证毕业论文作者对所著论文的认识程度和当场论证论题的能力；进一步考察毕业论文作者对专业知识掌握的深度和广度；审查毕业论文是否学员独立完成等情况。

对于答辩者（毕业论文作者）来说，答辩的目的是按时毕业，取得毕业证书。学员要顺利通过毕业论文答辩，就必须了解学校组织毕业论文答辩的目的，然后有针对性地做好准备，继续对论文中的有关问题做进一步的推敲和研究，把论文中提到的基本材料搞准确，把有关的基本理论和文章的基本观点彻底弄懂弄通。

（二）毕业论文答辩前的准备工作

（1）学生将完成的论文一份（包括正文及附件）交教务办公室；论文形式审查小组成员对论文进行审查，对不符合规定的论文，将通知导师及学生，要求学生补充或返工。

（2）修改后的材料由导师或学生本人负责。学生将修改后的正式定稿（一式三份，其中一份要包括正文及附件、封面）送达教务办公室。

（3）导师负责审查学生的论文材料是否符合以下要求：

1）任务书，开题报告是否符合要求；论文袋是否填写完整，是否提交了论文中期汇报表，论文（三份）装订顺序是否符合要求。

2）封面（其中一份须用统一封面）。

3）毕业论文正文。

4）参考书目。

5）附录（必要时）。

6）附件须单独装订，内容应包括：任务书和开题报告。

（4）其他注意事项：提交电子文档；导师要填写论文中期检查表和论文成绩册第1页，评语要覆盖评分要求的各方面；论文打印稿及电子文档、论文成绩册交至教务办公室。助教为每个学生建立单独的文件夹，直接将其拷在专门的计算机上；参加答辩的老师在教务办公室领答辩小组评阅的论文。

（三）毕业论文成绩的评分方式

各个院校要求不同，毕业论文的成绩一般由指导教师成绩、检查评阅成绩、答辩小组成绩三部分综合而来。

1. 提交材料

各个院校要求不同，一般有任务书、开题报告、文献综述、论文、论文档案袋、论文中期检查表、汇报表、论文成绩册、指导教师工作手册等。

2. 答辩委员会

（1）答辩工作在学院领导下，由答辩委员会主持进行。

（2）答辩委员会主要由专业课教师组成，可聘请部分基础课教师或专业基础课教师参加，答辩委员会的责任是主持答辩工作，统一评分标准和要求，对有争议的成绩进行裁决，并综合指导教师、交叉评阅教师、答辩小组的成绩及评语，决定学生的最终成绩，最终成绩经主管院长审核后，由学院统一向学生公布。

（3）答辩委员会可下设若干答辩小组，答辩小组一般由3~5人（包括秘书1名）组成，组长应由具有副教授及以上职称的教师担任。

实践演练

演练：选择下列主题，撰写论文。

1）×××市企业创新财务效果分析与评价

2）企业社会责任强化与财务报告信息列报实证研究

3）行政事业单位集中核算现状调查与效果分析

4）×××企业（或公司）税收筹划探讨

学习情境四
进行求职面试

任务 1 撰写求职信

任务描述

迎接大一新生的工作已经结束了，校团委开始招募新人。很多大一的学生都踊跃报名，李磊也想好好锻炼自己，于是他仔细研究了校团委的招聘启事，觉得自己完全可以去试一试。可是，怎么准备求职材料呢？

任务目标

* **知识目标**：通过学习，掌握求职信的概念、写作要求；通过案例分析，掌握求职信的写作技巧。
* **能力目标**：能够撰写一封格式规范、语言得体、能突出自己才能和学识的求职信。
* **素质目标**：提高学生分析、解决问题的能力；培养学生的职场应变能力。

任务实施

1）学生分组，讨论问题：求职信怎么写能引起招聘单位的青睐？
2）学生自主探究，掌握求职信的写作方法和技巧。

知识平台

微课 4 –1

课件 4 –1

一、 求职信的概念

求职信，又称自荐信，是指在求职过程中，求职者将自己的具体情况和求职愿望通过信函的方式展示给用人单位的一种书面材料。作为一种普遍的公关行为，求职活动越来越倾向于采取网络招聘或间接招聘的方式。一般来说，单位在招聘职员的过程中，不会直接采取面试形式。因此，在招聘活动中，求职人员需要利用求职信进行自我推销，借助求职信这一载体展示自身优势或特长，达到与用人单位进行有效沟通的目的。所以，求职信的质量在一定程度上决定着求职人员能否顺利获得职位。也就是说，求职信是求职成功的基础。

二、 求职信在应聘中的作用

在当今就业竞争激烈的社会中，越来越多的毕业生在找工作时忽略了找工作的前期准备工作，而是把找到工作当成第一要务，于是越来越多的毕业生在毕业季、求职期间四处碰壁，找不到心仪的工作岗位、不能胜任现有的工作、对工作不满意的情况越来越多地浮现出来。与此同时，用人单位也在不断感叹应届毕业生中人才难求。可见，随着就业形势的发展，求职信的写作变得越来越重要。因为求职信的写作质量不仅反映求职者的文字表达水平，也是求职者的思想觉悟、业务能力等诸多方面的综合反应。

提前规划好自己的职业生涯，不仅仅是为个人的职业前景负责，也是为用人单位负责。如果学生在毕业之前已经对选择的公司、选择的岗位都有一个较为深入的思考，同时理性认识自身的兴趣、人生观、价值观、工作能力，看清自身的优势和劣势，清晰规划自己适合的发展方向，从众多招聘职位中选择最适合自己的几个职位，有针对性地应聘，那么应聘到自己心仪、适合的工作岗位的成功率就会增加。

求职者怎样知道所要应聘的职位是否真正适合自己，需要思考两个问题：首先是这个工作能给求职者带来的回报，是不是自己真正需要的；其次是自己是否符合这个工作对任职者的具体要求。只有当这两方面都满足的时候，才能找到适合自己的职位。这时求职者就要针对该职位写一封热情洋溢的、充满自信的、能充分展现自己特长及优势的求职信以及一份让招聘者眼前一亮、印象深刻的个人简历。一份合格的求职信会让招聘者认定这个职位非你莫属。

以一则真实的求职案例：《一封内含 10 美元的求职信》为例。

美国有一位刚从商学院毕业的大学生，给著名的财富专家拿破仑•希尔写了一封求职信，并随信附带了 10 美元。他的求职信内容如下："亲爱的希尔先生，我是一名刚刚从一所名牌商学院毕业的学生，希望能进入您的办公室工作。因为我知道，对于一个刚刚开始职业生涯的年轻人来说，能够在您的指导下从事工作，真的非常幸运。随信寄去的 10 美元足以偿付您给我第一个星期指导工作所花的时间，我希望您能收下这张钞票。我非常乐意免费给您工作一个月，然后，您可以根据我的表现来决定我的薪水。我非常渴望得到这份工作，其程度超过我一生当中对任何事情的渴望，为了获得这份工作，我情愿付出任何合理的牺牲。"

结果，这个年轻人如愿以偿地进入了拿破仑·希尔的办公室工作，并在那里实习了一个月。一个月后，他被另一家公司总裁高新聘为私人助理。可见，正是这则内容诚恳、富有新意的求职信帮助这名大学生获得了成功。由此，我们也见识到了求职信的作用与意义。成功的求职信，其实并不在于多么规范的格式，也不在于精妙的写作技巧，更不在于华丽的辞藻。成功的求职信，就在于用求职者诚恳与诚实的态度表达出求职者的与众不同、表达出求职者与招聘方共同发展的意愿、表达出求职者与应聘职位之间的匹配度、表达出求职者过人的专业技能，这是求职信最重要的东西。

三、 求职信的写作要求

求职信大体分为两种，一种是面向社会的一般性求职信，另一种是针对具体单位的求职信。一般来说，应届毕业生的求职信大多是面向社会的一般性求职信，这便意味着求职信的针对性较差，导致大学毕业生的求职成功率不尽人意。所以在写求职信过程中，应届毕业生应该采用针对具体单位的求职信。写作求职信的具体要求如下：

（一）标题

标题一般为"求职信"或者"自荐信"。

（二）称呼

求职信开头部分应注意收信人称谓的选择和使用。一般来说，可以直接书写用人单位负责人的名字，比如"敬爱的××先生"，或者采用"××公司人事部负责人""××公司负责人"等称呼。称呼的第一行需要顶格写，在称谓之后应该使用冒号。

（三）正文

求职信的正文由开头、主体、结尾三个部分组成。

1）开头部分。写作求职信时要先向对方致以友好的问候，然后做一个简单的自我介绍，并对自己的应聘缘由进行简单说明。

2）主体部分。求职信的主体部分，是正文的核心。在这一部分中主要包括自己的专业、特殊优势、个人爱好等，要对自身现有专业能力和工作价值做出正确的评价，表明自己对于应聘职位的兴趣和态度，展示与之相应的自身优势。最重要的是应有的放矢地介绍自己的能力，有针对性地介绍自己。与此同时，可以根据自身情况提出合理的待遇要求。

在书写过程中，可以采用夹叙夹议的方式，对自身展开综合分析，突出自身特点和优势，增加说服力。在求职信书写内容上，应根据自身实际情况进行恰当选择。求职信应切合实际，符合毕业生实际特点，首先应将自身优势放在最容易引起用人单位关注的地方；其次应对自身展开全方位的剖析，尤其是与求职相应的工作技能。

3）结尾部分。可以再次表明自己获得应聘职位的强烈愿望，并对自己能够带来的工作效益进行适当承诺；也可以对对方查阅并考虑你的应聘请求进行书面感谢；还可以提示收信人期盼得到其回复或表明期望进行双方面谈的愿望。在这方面上，可以写"希望得到您的回复""盼复"等礼貌用语。在求职信结束语之后应表示对用人单位或用人单位负责人的感谢和祝福，写上"此致敬礼""祝您工作顺利"等感谢语句。

（四）落款

落款由署名和日期两部分组成。在求职信结尾祝词下一行的右后方应进行署名，要求字迹清楚。而在署名的下方则应该填写正确的日期。

（五）附件

根据用人单位的具体要求和实际情况，附上身份证、毕业证、学位证、获奖证书等复印件及照片。与此同时，求职信的左下角应注明相应的附件信息。比如，"附1：个人简历；附2：学历证明等"。

四、写求职信的注意事项

要写好求职信除了要做到目的明确、观点鲜明、内容充实、结构严谨、符合写作格式、语言逻辑性强，求职者还应做到以下几点。

（一） 具有针对性

要广泛收集招聘信息，从中选择与自己专业匹配和感兴趣的职位。可以同时选几个自己心仪的单位，多方发信以创造多个择业机会。但要注意发出的求职信要根据所应聘的职位、单位性质的不同而拟定不同的求职信内容，做到有针对性，避免空洞，还应对招聘单位的用人条件做必要的了解和分析，主动出击，寻找机会。

（二） 拥有自信心

求职者要在求职信中有的放矢地推销自己。在自我介绍中，对于与应聘岗位有关系的工作经历和资历等要具体翔实地说明，与应聘岗位关联不大的一笔带过即可。例如，应聘文秘岗位，就应详细介绍专业、性格、口才、交际能力等；而如果竞聘外语翻译，那么专业知识水平、获得过的翻译等级考试证书、翻译过的文献书籍、工作经验等就需要具体描述。

（三） 实事求是

求职信中介绍的自身情况务必真实，不能夸大其词。用人单位一般都青睐综合能力较强的求职者，因此，在求职信中突出闪光点是必要的，但不可过分推销自己。求职者在求职信中过度吹嘘自己的能力，会有适得其反的结果。诚实是为人之本，每个用人单位都喜欢踏实可靠的人，而不喜欢自信过满、言过其实的人。所以在求职信的写作中，一定要实事求是，不能采取不当的手段。

（四） 注重感情沟通

应聘过程中要想达到打动招聘者的目的，适当的感情沟通是不可忽视的重要方面。首先应在求职信中对招聘单位的企业文化及发展理念有所了解，并予以中肯的评价和适当的称赞。这样就拉近了求职者与用人单位在感情上的距离，也让用人单位感受到求职者的良苦用心。当然，这需要求职者对招聘单位做充分的调查研究，否则也不会有好的效果。

（五） 态度端正

求职信在写作中还要体现出求职者较高的思想境界和对工作的明确认识。虽然不必在求职信中过度地论述某一职业的作用及个人思想觉悟，但是也应对所应聘的岗位具有一定的认识，如果单纯为了"挣钱多""待遇好""轻闲自在"等理由是不可能被聘用的。任何一个用人单位，都希望聘用思想境界高、对工作有明确认识、愿意竭诚为单位效力、具有奉献精神的人，所以在写求职信时要注意此方面的表述。

（六） 语气得当

求职信的写作中措辞要讲究分寸，语气要得当。写作过程中要注意措辞谦逊从容，语气要和婉恳切，充满自信而不浮夸，给人一种踏实感；谦虚而不妄自菲薄，给人一种职业感。过分自信会使用人单位对求职者感到不信任甚至反感，而一味地谦逊则可能让用人单位怀疑求职者具备的工作能力。所以在求职信的写作中，任何不当的话语都可能使求职者难以收到预期的效果。语气得当是在写作求职信的过程中每一位求职者都应当注意的。

（七） 行文规范

写作中要注重行文简洁、通俗、长短适宜，标点符号的使用要准确无误。求职信如果写得太短，首先，会导致求职者难以介绍清楚自己，不足以表达自己对应聘工作的认识；其次，会显得准备不够充分认真，不够郑重。但求职信如果写得太长，又会耽误对方过多时间，使人望而生厌，很难将信完整而细致地读完。因此，求职信的写作要力求目标明确，主旨突出，言简意赅，长短适宜，以一页 A4 纸写满的长度为宜。求职信的行文还要给用人单位留下一种干净、利落之感，以此体现求职者干练的工作作风。标点符号虽小却也反映出一个人的文化水平和修养，所以标点符号的使用也要注意规范以免影响用人单位对你的印象。

案例分析

例文一

亲爱的领导：

您好！感谢您在百忙之中审阅我的自荐书，这对一个即将迈出校门的学子而言，将是一份莫大的鼓励。相信您在给予我一个机会的同时，您也多一种选择！即将走向社会的我怀着一颗热忱的心，诚挚地向您推荐自己！我叫×××，是××学院会计专业 2019 届即将毕业的一名专科生，我怀着一颗赤诚的心和对事业的执着追求，真诚地向您推荐自己。

在校的三年里，我不断充实自己，全面发展，以锐意进取和踏实诚信的作风及表现赢得了老师和同学的信任和赞誉。我有较强的管理能力、活动组织策划能力和人际交往能力。从 2017 年起我一直担任年级学生会主席，曾担任班长、副班长、校学生会委员等职务。作为学生干部，我工作认真，学习刻苦，成绩优异，得到学校领导、老师、同学的一致认可和好评，先后获得校"优秀共青团员""三好学生""优秀学生干部"，市"优秀学生干部"等荣誉称号。作为会计专业的学生，我对基本功尤为重视，平时坚持勤练基本功，国家计算机水平一级考试成绩优异。大专期间，我表现突出，成绩优异，评得一等助学金、二等奖学金。

正直和努力是我做人的原则；沉着和冷静是我遇事的态度；爱好广泛使我非常充实；众多的朋友使我倍感富有！很强的事业心和责任感使我能够面对任何困难和挑战。

作为一名即将毕业的学生，我的经验不足或许让您犹豫不决，但请您相信我的干劲与努力将弥补这暂时的不足，也许我不是最好的，但我绝对是最努力的。我相信：用心一定能赢得精彩！"良禽择木而栖，贤臣择主而侍。"愿您的慧眼，开启我人生的旅程。

再次感谢您为我留出时间，来阅读我的自荐书。录用与否请您在两周之内给予答复，祝您工作顺心！此致敬礼

例文评析：

缺少求职信标题；对单位领导的称呼最好用"尊敬的领导"；开头并未说明要应聘的单位及具体的工作职位；正文未提及对所要应聘单位的了解，也未提及自己在哪些方面适合所应聘的职位。对自己的学习经历、工作经历介绍得不够详细。所获奖项与所应聘的职位关联不大；结尾部分不够贴合实际，不足以吸引用人单位的注意；求职者设定了答复时限；结尾"此致敬礼"的格式不正确，要另起一行，空两格写"此致"或"祝"，再另起一行，顶格写"敬礼"或"工作顺利""事事顺心"等词语；缺少署名及日期，也应适当将自己的证书、证件等有关资料以附件形式附在求职信后，方便招聘人员查看。

例文二

尊敬的领导：

您好！我叫××，是一名刚刚从××大学毕业的学生，我的专业是计算机科学与技术。我写这封信的目的是应聘贵公司的市场部推销员。

首先，我想说明的是我为什么想要加入贵公司。前一段时间，我参加了贵公司的校园招聘

推介会，正像贵公司宣讲人员所说的一样，当我们选择自己的职业和应聘公司时，首先要考虑的是这个企业的价值观是否与自身相吻合。我很尊重并赞同贵公司的企业文化，我认为善良、真诚、诚信是一个人最应该珍重的品质，也是一个企业所应遵守的道德底线。我有志加入其中并为这样的企业的发展努力贡献自己的力量。

其次，我想说明为什么我是加入贵公司的合适人选。我想申请贵公司市场部推销员的岗位，虽然我的专业与所应聘的职位不对口，但是我认为我的学习能力很强，只要给我一个机会，我会利用这个机会迅速成长、成熟起来。

大学期间，我曾做过多份兼职工作，如电话卡推销员、洗衣机推销员、笔译人员、英语培训班助教等。无论是哪一份工作，我都很认真地投入进去并且取得了不错的工作成果。这些工作本身的意义并不是很大，但是通过这些工作，我认识到了自己的长处：我有很好的口才和感染力，这是作为市场部人员所应具备的最基本的素质；我有激情，做事积极主动，这是我能够做出业绩最重要的保证；我不怕吃苦，肯脚踏实地工作，这是我对企业和个人负责的表现；同时，我能很快地融入工作中，利用尽可能短的时间熟悉、了解工作内容并迅速展开工作，这是我能够为企业创造价值的关键。

当然我也有弱点，比如我比较容易多愁善感，但是这一点的另一个好处就是让我有了较强的同理心；我做事可能有时候会冲动一些，但在工作中我会尽量克制。

作为一名刚踏入社会的大学生，我多多少少地也会感觉到迷茫，但是我相信选择贵公司会让我的潜力得到最好的发挥。我是一个自信、积极而且有同理心、有勇气的女孩，我有团队合作的意识，并且会努力认真地工作。所以我希望您能够给我一个机会把这些证明给您看，我一定不会让您失望的。

期盼您的答复！随函奉上成绩单以及个人简历表，敬请收阅。

此致

敬礼

自荐人：××

××××年××月××日

例文评析：

1）开头自我介绍说明目的，简练清晰。

2）根据对公司招聘信息的了解，强调自己的价值观和公司合拍，应聘动机符合对方要求

3）解释对自己不利的条件，打消对方疑虑，化弱势为优势。

4）据应聘职位的需求，组织阐述自己的相关经历及从中获得的经验，针对性极强。

5）坦诚提及自己的缺点，表现出对自己客观、理性的认识。

6）总结全文，再次提出自己的请求。

拓展延伸

延伸一

达·芬奇的求职信

1482 年，时年 31 岁的达·芬奇离开故乡佛罗伦萨，来到米兰。他给当时米兰的最高统治者，米兰大公鲁多维柯·斯弗查写了封求职信，希望谋得一个军事工程师的职位，这封求职信就是著名的《致米兰大公书》，全文如下。

显贵的大公阁下：

我对那些冒充作战器械发明家的人所进行的试验做了观察和思考，发现他们发明的东西与平常使用的并无两样，故斗胆求见阁下，以便面陈机密，但对他人没有任何成见。

（1）我能建造轻便、坚固、搬运便利的桥梁，可用来追逐和击败敌军；也能建造坚固的桥梁，抵御敌军的炮火和进攻；我还能焚毁、破坏敌军的桥梁。

（2）在围攻城池之际，我能从战壕中切断水源，还能制造浮桥、云梯和其他类似设备。

（3）一个地势太高或坚不可摧，因而无法用炮火轰击的据点，只要它的地基不是用石头筑的，我就能摧毁它。

（4）我能制造一种既轻便又易于搬运的大炮，用来投射小石块，类似下冰雹一般，其中喷出的烟雾会使敌军惊惶失措，因而遭受沉重损失，并造成巨大混乱。

（5）我能在任何指定地点挖掘地道，无论是直的或弯的，不出半点声响，必要时可以在战壕和河流下面挖。

（6）我能制造装有大炮的铁甲车，用来冲破敌军最密集的队伍，从而打开一条向敌军步兵进攻的安全通道。

（7）在必要情况下，我能建造既美观又实用的大炮、迫击炮和其他轻便军械，不同于通常所用者。

（8）不能使用大炮时，我能代之以弹弓、投石机、陷阱和其他效果显著的器械，不同于通常所用者。总之，必要时我能提供不胜枚举的进攻和防御器械。

（9）倘若在海上作战，我能建造多种极其适宜于进攻和防守的器械，也能制造出抵御重型炮火的兵船以及各种火药和武器。

（10）在太平年代，我能营造公共建筑和民用房屋，还能疏导水源，自信技术决不次于他人，而且包君满意。

此外，我还善于用大理石、黄铜或陶土雕塑；在绘画方面，我也绝不逊色于当今任何一位画家。我还愿意承担雕塑铜马的任务，它将为您已故的父亲和声名显赫的斯福乐尔扎家族增添不朽的光彩和永恒的荣誉。如果有人认为上述任何一项不切实际的话，我愿随时在阁下花园里或您指定的其他任何地点实地试验。

谨此无限谦恭之忱，向阁下候安。

达·芬奇

米兰大公收到此信后不久，就召见了达·芬奇。在短暂的"面试"后，正式聘用达·芬奇为军事工程师，且待遇十分优厚。达·芬奇这封短短的"求职信"为何能够产生这样好的效果？主要是他的求职信虽然文字不多，但却有不少"闪光点"，让"用人单位"眼前一亮，迅速决定对其进行"面试"并最终将其录用。

一、量身定做

作为文艺复兴的领军人物，达·芬奇不仅会画鸡蛋，还是个多才多艺的人，在美术、音乐、数学、医学、哲学和其他领域都拥有卓越的才能。但在此信中他只是详细描述了自己在军事工程方面的技能。常常见到一些同学，写一份简历，恨不得把自己从幼儿园到大学期间获得的所有奖项都写上来，唯恐述之不尽，其实大可不必如此。任何职位都有其必需的素质和要求，只要"对症下药"，完全可以"以一当十"，一下子抓住用人单位的"眼球"。其实，用人单位对于简历的选择，与其说是"筛选"，还不如说是"扫描"，在大量简历面前，人力资源经理往往是几秒钟就会"扫描"一份简历，同学们把简历写成"繁历"，会把真正重要的信息淹没，反而让人看不清你的闪光点到底是什么，其做法费力不讨好。

二、投其所好

达·芬奇写这封"求职信"的时候，米兰大公当时的处境可谓强敌环伺，他要击败意大利的敌对城邦并消除来自北欧和西亚的威胁，就必须大力发展军事制造业，因此急需这方面的人才。达·芬奇深切地了解他的需要，于是有针对性地撰写了求职信。

近两年，就业形势不容乐观，全国上下齐喊"就业难"，殊不知，就业难，招人也不容易。很多人力资源经理们的心声便是：很难招到适合的应届毕业生。在达·芬奇的这封求职信中，通过细致的介绍，他生动而含蓄地告诉米兰大公："我清楚您的处境，我会帮助您打赢战争！"这种完全对口味，其所需正是己所长，想不脱颖而出都难！了解到这一点，我们就会明白，那些对用人单位毫不了解，在简历中也毫不针对企业需要，甚至一份简历投遍所有企业所有岗位的同学为何会求职失败。有一位广告学的学生小李，从上大学时起就对 IBM 公司情有独钟，并搜集到了一切能搜集到的关于 IBM 的资料。到了大三，对 IBM 已经了如指掌的他花两周时间针对 IBM 实习生岗位打造了一份简历。最终，虽然他所在的学校名不见经传，但是他却幸运地成为 IBM 的实习生。

三、充满自信

那些只会在求职信上写"给我一个支点，我就能翘起地球"，"给我一个机会，还您无数可能"的同学，应懂得自信一定要有理由。我见过不少同学的简历（或求职信），可贵的是充满激情，可惜的是只有激情。其实，从某种程度上说，学校是属于精神的和理想的，社会是属于物质的和现实的，毕业生要从学校走向社会，就必须学会很快适应这种转变。具备激情的满篇空话难以拨动人力经理的心弦。作为要对老板负责的人力经理，他如果净招些眼高手低的人来，他的职位也不能长久。在"求职信"中，达·芬奇一连使用了十个"我能"，一项一项，有条不紊地列举自己军事工程方面的才能，语气坚定，而且他敢于在信中声称："如果有人认为上述任何一项办不到或不切实际的话，我愿随时在阁下花园里或您指定的其他任何地点实地试验。"这是何等的自信！这份自信当然来自于对自己实力的清醒认识，而且显然也感染了见多识广的大公，既激起了他的求贤若渴之意，也引发了他的好奇之心。大公很可能会这样想：此人既然敢口出豪言，想来有些真才实学，给他个"面试"机会又何妨？

延伸二 ☀

求职信的使用

一、求职信的投递

求职信写完后，对于自己心仪的工作职位，要敢于和善于投递求职信。首先，别让用人单位在招聘广告中列出的"资格"给吓着了。许多公司会列出一大堆资格限制，最大的用意不过是想限制应聘的人数，以减少筛选占用的时间。如果列出的条件是"有经验者优先"或"至少一年以上经验"，而你刚从高校毕业不久，虽然实干经验有限，你还是应该试试。其次，招聘广告中列出的待遇比你的最低要求还低，而你又觉得这个职位不错，那也可以一试，写求职信只是给分管部门，待竞聘成功，工作以后可以再争取所要求的待遇。求职信只是敲门砖，到底工作适不适合你，面试之后才能决定。

用人单位在收到大批大同小异的求职信以后，他们会尽可能地按照条件决定取舍。不过，通常情况下并不容易做到这一点。所以，当你的求职信能抓住重点，并且与所要求的条件比较接近时，一般都能得到面试的机会。

二、求职信投递后的信息沟通

毕业生的求职信投递后，会遇到两种情况：一种是直接进入面试过程，当场决定求职的成败。另一种是参加人才市场招聘会或利用网上求职等渠道时，会有一个等待期，才能得到参加面试的通知。在等待期内，毕业生不能毫不作为地坐等结果，应采取主动的方式联系用人单位，以加深用人单位对自己的印象。在某种意义上，如果联系过程的效果好，就会有起死回生的功能。

如何与用人单位联系，虽然上门拜访是展示自己的最佳途径，但一般难以得到用人单位的同意，因此，电话联系是最好的信息传递和情感沟通方式。求职者在使用电话联系时，应注意以下问题：

（1）选择恰当的通话时间。如果是给单位打电话，应当尽量避免在刚上班或快下班这两个时间，这个时间打电话，不仅因为时间仓促而无法认真地表达，而且很可能会因为对方即将开始工作和结束工作，而给对方造成心理上的不良印象。

（2）如果是给个人打电话，最好是在约定的时间里和对方联系。如果没有事前的约定，不要在休息时间打电话。

（3）提前准备通话要点。在电话中应该说些什么，除非你是一个头脑特别清晰的人，否则千万不要打"无准备之战"，而且在一般情况下，打"腹稿"也是远远不够的，最好还是在事前拟出谈话的要点，理清说话的层次，并准备好与通话内容相关的材料，否则，出现词不达意或无话可说的冷场局面，是令人尴尬的。

（4）讲究通话的方式。现在，大多数的人都有这样一个好的习惯，就是在电话拨通后，先向对方问一声"您好"，这是很值得肯定的，礼貌在哪儿都不会有错误。在谈话的过程中，不仅要高频率地使用"您好""请""谢谢"等礼貌用语，而且还要控制语气语调，不要使这些用语显得生硬。电话绝不仅仅是你声音的传递工具，而且还是你的另外一个形象展示。

（5）注意倾听的方式。打电话时不仅要认真倾听对方讲话，还要礼貌地回应对方，适度的附和与重复对方谈话中的要点，或者将这些要点用另一种简捷的方式表达出来，这不仅使对方感到你在认真听他讲话，而且也比只是简单地说"是"或"好"要让人愉快得多。

切记，千万不要轻易打断对方的谈话，通话完毕应当"谢谢"对方给予自己的帮助，要礼貌地说"再见"，最好对方挂断后再放下电话，而不可以很突然地挂断电话。

（6）注意你的通话时间。每次通话时间可以根据对方的情况来决定，最好事先征得对方的同意，但是不管怎样，打电话的时间还是宜短不宜长。如果意识到对方的不愉快时，应当主动提出自己是否打扰了对方，并尽快结束谈话。

实践演练

演练一：撰写求职信

根据下面的资料，撰写一封求职信。

韩梅梅同学是××大学商务文秘专业的应届毕业生。在校期间，她学习了秘书学、办公自动化、公关礼仪、秘书写作等课程，学习成绩优秀。英语已过 A 级，口语能力较强，曾在哈尔滨市大学生英语演讲比赛中获一等奖。韩梅梅同学性格开朗，办事认真负责，待人热忱，曾在好人家销售集团实习期间受到领导和员工的一致好评。她准备毕业后去上海大众汽车有限公司应聘。

上海大众汽车有限公司招聘启事

招聘岗位：总裁办公室文秘 1 名。

学历要求：大专以上学历。

主要职责：

(1) 审核各部门提交的各类文件及总裁办对各部门、各事业部所发的各类文件。

(2) 负责公司外联事务及来宾接待工作。

(3) 负责安排及组织公司的重大会议，制定会议议程，整理会议决议。

(4) 根据总裁办的要求及相关会议纪要，对各部门的工作进行协调及督办，确保总裁办各项工作的有效落实。

(5) 全面负责总裁办公室的日常管理，贯彻落实岗位责任制和工作标准。

任职要求：

(1) 熟悉现代化企业的系统化运作和管理，熟悉企业行政管理知识，具有较强的亲和力，优秀的人际沟通、协调、组织、管理能力。

(2) 稳重、踏实、勤勉、敬业，具有优秀的分析问题、解决问题的能力，以及良好的外联、公关能力。

(3) 有政府、企业、各类协会来宾接待经验者优先考虑。

结合以上材料，收集相关企业信息，研究企业文化，分析该企业对应聘职位的要求，有的放矢，撰写求职信。

演练二：评析求职信

阅读下列求职信并简要评析

求职信

尊敬的上海大众汽车公司总经理先生：

首先，为我的冒昧打扰向您表示真诚的歉意。在即将毕业之际，我怀着对贵公司的无比信任与仰慕，斗胆投石问路，希望能成为贵公司的一员，为贵公司服务。

我是哈尔滨职业技术学院计算机软件专业17级学生，将于今年7月毕业。在大学学习期间，我努力学习各门基础课及专业课，并取得了良好的成绩（见附表），英语已通过六级考试（见附表）。本人不仅能熟练掌握学校所教课程的有关知识（JAVA程序设计、AutoCAD R14、FrontPage 98、FoxPro 2.5、C语言等），而且还自学了Photoshop 5.0、3Dmax 2.5、Visual FoxPro等，专业能力强，曾获学校计算机软件设计比赛一等奖。

作为新世纪的大学生，我非常注意各方面能力的培养，积极参加社会实践，曾在人寿保险做过业务员，在麦当劳做过星级训练员，还在新华信息有限公司做过网络技师，爱好广泛，有责任感，能吃苦耐劳。

本人期盼能成为贵公司的一员，从事计算机服务等工作。诚然我尚缺乏丰富的工作经验，如果贵公司能给我机会，我会用我的热情、勤奋来弥补自身的不足，用我的知识、能力来回报贵公司的赏识。

盼望您能给我一次面试的机会。随信附上简历、英语等级证书、获奖证书等。

此致

敬礼

王磊
2020年2月4日

任务 2　制作个人简历

任务描述

丁一准备了一份简历，外壳是透明塑料夹，封面印着学校大门的彩照。翻开之后，衬纸上面点缀闪闪发光的金点。衬纸后面，一张"美女照"几乎占了满页，下面是一行楷体字"春天，是最美丽的季节，我将收获希望……"之后，是整整两页的自我介绍，从小学时的生活感触说起，文字之间，不时点缀几个可爱的卡通形象。自我介绍之后，是平时考试的成绩单，各种证书和奖状的复印件。简历纸张非常好，印刷精美。丁一做这份简历费了很多心思，也花了不少钱。请问，丁一的简历有什么不妥？

任务目标

- **知识目标**：通过学习，掌握个人简历的概念、写作要求；通过案例分析，掌握个人简历的写作技巧。
- **能力目标**：能够撰写一份格式规范、内容详略得当的个人简历。
- **素质目标**：提高学生公文写作的能力；培养学生的职场应变能力。

任务实施

1）学生分组，讨论问题：个人简历应如何设计？
2）学生自主探究，掌握个人简历的写作方法和技巧。

知识平台

微课 4 - 2

课件 4 - 2

一、个人简历的概念

个人简历是简要地介绍个人生平经历的文章。个人简历的内容主要包括生平的各个阶段及每一阶段的表现。生平阶段一般会依据学习、工作、培训的时间来划分，表现包括思想品德、学习情况、工作成绩等。

二、个人简历的作用

个人简历的作用主要体现在：对求职者来说，是求职者向用人单位展示自己的媒介；同时对招聘单位来说，可以借此初步认识作者的才能和潜能，作为录用的参考。

个人简历与求职信都是求职者找工作的第一步，是求职应聘的敲门砖，决定了求职者是否有机会参加下一步的考核进而获得工作的机会。

三、 个人简历的基本内容

（一） 个人基本信息

个人基本信息包括求职者的姓名、性别、出生年月、具体的联系地址、联系方式等基本情况。个人基本信息必须在求职简历中准确地写出来，忌用错别字与缩写，需使用正式的书面语。如籍贯为"黑龙江省哈尔滨市"，不要写成"哈市"。

（二） 求职目标要明确

在求职简历中必须要明确写出求职者的求职目标或求职意向。例如，求职目标：物流部职员。这样才能让招聘单位在看到简历的第一时间知道求职者的求职方向，从而为求职者找到适合的工作提供可能性。很多大企业每天都会收到几千封简历，一封没有标明求职意向的简历很可能会被放在一边，因此在简历中显眼的位置标明个人的求职意向至关重要，可以节省招聘者的时间，也能为求职者争取机会。

（三） 教育经历

清晰明了的教育经历对于没有工作经验的求职者尤其是应届毕业生尤为重要，应该排在第一位。很多用人单位尤其是大企业非常在意求职者的毕业院校及专业，所以在简历中这些内容要特别交代清楚。值得注意的是，如果在校期间的学习成绩不是特别优秀，在简历中就不必附加个人学习成绩。相反，如果在校期间参加过与自己求职意向相关的比赛或者培训，就应着重写出来。例如，个人求职意向为会计，在校期间参加过一期的会计实务课程培训，那么一定要在简历中写明。

（四） 工作经验

如果是工作经验丰富，或者有过突出贡献和特殊才能的求职者，可将这部分放在教育背景前重点展现。如果工作经历简单，也可简述一下，并说明自己的潜在才能，强调自己对工作的准备情况。应届毕业生普遍存在工作经验不足的问题，简历中这一项可以交代自己在校期间参加过的实践活动和在一些单位的实习情况这两个方面的经历，重点展现自己的工作能力和个人魅力。

1）学生干部的经历。有些学生在学校的学生会、团委任过职，这对一个应届毕业生来说也是一种优势，应在简历中写出；有些学生可能参与过一些社团、协会等，这些也可以在简历中当作工作经历写清。但是要注意两个方面：首先，要交代清楚担任过的具体职位；其次，要将自己在工作中扮演的角色以及承担的工作交代清楚，可以让用人单位更好地了解自己的工作能力。

2）企业实习经历。假如在单位实习过，就应该将实习经历进行比较具体的描述，实习单位情况、所负责的工作内容都要进行详细描述，不过要注意选择与求职意向相关的内容进行重点描述而与所求职工作无关的内容要简化。

（五）个人能力与特长

1）英语能力。重点对自己获得的国内外认可的英语等级进行描述，如英语 A 级、B 级、大学英语 4 级、托福、雅思、GRE 等，如果同时还获得过英语比赛方面的荣誉也可以进行详细描述，如"哈尔滨市英语口语演讲一等奖"。

2）计算机水平。重点对自己获得的计算机方面的专业等级证书进行描述，要针对计算机领域的不同类别，详细说明自己的特长在哪些方面，自己擅长使用的软件与相关应用程序、应用平台等，如"国家计算机一级证书"或"擅长使用 Photoshop"。

3）其他方面能力。将自己所获得与应聘职位相关的证书，如驾驶证、会计师资格证、报关员资格证等进行描述，也可以将自己具备的对用人单位而言潜在有用的技能与特长进行描述。

4）特长。对自己的特长进行客观性描述，避免美化与夸张表达，只写对求职可能有帮助的特长，无关的尽量不要写入简历。

（六）个人评价

用人单位在看求职者个人评价时，主要是观察求职者的自我认知能力，因此一定要客观地评价自己，避免过分表扬自己，但也不要妄自菲薄过分谦虚，让用人单位忽视了个人能力，主要应从个性特征上进行概括性表达，尽量让个人评价显得客观真实。

四、个人简历的写作误区

1）忌事无巨细、没有重点。大学毕业生求学经历至少在十几年以上，有的求职者就在简历里把从小学开始的几乎所有的个人经历、奖励和荣誉、课程一一罗列，唯恐漏掉一点点内容，这需要用人单位费尽心机去寻找简历中的"闪光点"和实质性描述。目前社会中求职就业压力很大，经常一则招聘广告发出之后会有上万封求职简历发到邮箱当中。这样啰唆的简历，很难有招聘者能够耐心看完，哪里还会提供面试的机会。所以，有选择、有重点、条理清晰、逻辑性强、言简意赅、不复杂、不麻烦、关键内容表达明确、到位，水分越少越好。这样的简历才更容易通过第一次的筛选，进而有机会参加面试。

2）忌夸大其词、华而不实。有些人在简历中有意给自己加上"光环"，例如说自己是某著名专家的学生，面试时一问才知，只是选修过该学者的某门课程；说自己参加过某国家级比赛，实际只是报名了而已，并未设计出合格的参赛作品；说自己参加过某著名学者的专业培训，原来只是听过此学者半天的讲座等，这往往会使用人单位对求职者的印象大打折扣。要做到自信但不自夸，充分准确地表达自己的才能，不可过分浮夸、华而不实、空话、套话连篇。当然，写作个人简历过分谦虚、妄自菲薄，也会给人缺乏自信心的印象，同样是不可取的。

3）忌语言混乱、逻辑不清。有的人写作个人简历，想到哪儿写到哪儿，也没有规范的简历写作模式，缺乏逻辑思维。例如，教育背景未按照时间的先后顺序去梳理；写到获得的奖励，没有基本的时间顺序或层次上的差别，一会是大学期间的，一会是研究生期间的，有的甚至把初中期间获得的英语竞赛成绩都写上。有的人为了追求所谓的"新颖""创新"，用词不准确、词不达意，还有的在简历中用一些"网络语言""火星文"，这都是不可取的。一份层次不清晰、表述不清楚、逻辑不严密、态度不认真的个人简历，不可能打动用人单位。

案例分析

例文一

姓名	×××	性别	女	出生年月	1988 年 9 月 26 日	
籍贯	黑龙江	民族	汉	学历	专科	照片
毕业院校	××职业技术学院	专业	市场营销	建康状况	优秀	
体重	60kg	身高	168cm	电子邮件	×××××	
英语水平	良好	计算机水平	优秀	电话	××××××××××	
教育状况	时间	学校	系别	专业	层次	
	2003 年 2007 年	哈尔滨第一中学 ××职业技术学院	管理系	市场营销		
工作经历	时间	单位	职务	工作内容		
	2010 年	家乐购超市	销售			
自我评价	本人性格热情开朗、待人友善，为人真诚谦虚、能吃苦耐劳。学习上，能够认真努力，掌握扎实的专业技能。生活上，乐观上进，乐于助人					
主修课程	市场营销学、财务会计、统计学、市场调查与预测					
个人爱好	看书、游泳					

例文评析：

个人简历需要有标题；内容填写完整；表格逻辑合理；杜绝基础性错误。求职者在设计好自己的个人简历之后，要进行检查。个人基本信息、联系方式等信息都要保证正确无误。语句要符合规范、言语表达要恰当，不要出现错别字、病句、歧义句等错误。比如，在上文这份简历中，求职者将"健康状况"写成"建康状况"，这样的基础性错误会给招聘单位留下粗心的不好印象，会导致求职者错失面试机会；个人简历中的出生年月部分，填写时可以只填写到"月"，不必精确到"日"；求职者在填写"英语水平""计算机水平"时，不要以简单的"优秀"或"良好"概括，最好可以填写具有国际、国内认证的等级，如"大学英语四级"或"国家计算机一级"等。

"教育状况""工作经历"等需要填写起止时间，需要求职者将具体学习、工作的时间段写清。"工作经历"部分，不仅需要写明工作的具体单位、职位，还可对所在的工作单位进行简单的描述并具体说明从事的具体工作内容，可以让用人单位更好地了解个人的工作能力；求职者设计、填写个人简历时，尽量使自身情况与所应聘职位相关联。例如，上文简历中"个人爱好"部分不要填写"看书、游泳"等与应聘职务无关的方面。"主修课程"部分也应尽量选择与所应聘职务相符合的课程；"求职意向"是个人简历的精华部分，可以让招聘者首先了解求职者的求职意向，进而与公司所需岗位相比对。个人简历中如果缺少明确的求职意向，可能会使求职者错失心仪职位。

例文二

个人简历

姓　名	×××	性　别	女	
名　族	汉	政治面貌	团员	（照片）
出生年月	1992.11	婚姻状况	未婚	
学　历	本科	籍　贯	江苏无锡	
毕业学校	南京邮电大学	专业名称	人力资源管理	
在校期间担任的主要职务情况			学习部长	
职位类别	办公室文员			
期望待遇	1000元/月			
教育背景	2011－2015年在南京邮电大学学习 主修课程包括：管理学原理、人力资源管理、工作分析、招聘管理、培训管理、绩效管理、薪酬管理、劳动关系等			
在校成就	曾获得"南京市栖霞区优秀团员"称号 组织过校园演讲比赛、跳蚤市场等 曾改进过学校早晚自习的制度			
工作经历	在南京海底世界负责销售 在齐家团购网的钜豪灯具负责团购促销			
个人能力	办公自动化证书、助理人力资源师证书			
爱好	休闲活动、体育			
自我评价	在学习上，我勤奋努力，认真对待学习，掌握扎实的专业技能；在生活上，我乐观上进，乐于助人，沉着稳重；在工作中，我吃苦耐劳，做事细致。我相信，只有通过不断的努力，才能达到人生的高峰			
联系电话	187×××××××××	QQ	×××××××××	

例文评析：

　　杜绝基础性错误。面试者在设计完自己的简历后，检查是必要的，文字、语句都要保证准确无误，不要出现错别字，明显的病句等错误。比如，在上述这份简历中，面试者将"民族"写成"名族"，这样的基础性错误很可能让你在简历筛选阶段便失去面试机会；明确个人的价值，面试中常常会遇到"你的理想薪资是多少"这种问题，薪资不仅是求职中非常重要的一项因素，同时还反映了求职者对自我的认知程度和衡量标准。无限制降低薪资要求并不是求职的优势。比如，在上述这份简历中，面试者将薪资定为"1000元/月"，这样的薪资不仅不能保障求职者的基本生活，在面试官眼中也是求职者不自信的表现。

　　求职者在个人简历中的措辞应规范化，保持谦虚的态度。求职者不能自我贬低，但也不要自我吹嘘。适当的谦虚是求职者必备的品质。比如，在上述这份简历中，"在校成就"一词过于夸大求职者的在校表现，替换成"在校情况"一词会更为贴切；求职者在简历的设计过程中，或者说在求职选择中，应当尽量选择所应聘企业的用人要求是与个人情况相符合的，比如自我的教育背景和实习实践情况。在上述这份简历中，求职者求职办公室文员的岗位，但自身的工作经历却主要为销售类工作。这类矛盾可能造成面试官的困惑，更甚者可能让求职者失去面试的机会，这与上述的基础性错误一样，值得重视。

简历的整体结构和具体表达值得精心准备。整体结构是面试官的第一印象，具体表达是面试官对求职的深入了解；自我评价部分需要简洁明了，重点突出。求职者可以结合自身特长，描述自己希望面试官重视的部分，或者经历中较为优秀的具体案例；简历中联系方式的位置要适当。联系方式是简历的重要信息之一，关系到求职者与所应聘单位的良好的沟通环境。至于联系方式的前后位置，可以视求职情况而定。

例文三

个人简历

基本情况							
姓名		性别		出生年月			（照片）
民族		籍贯		婚姻状况			
学历		英语		计 算 机			
手机		座机		邮　箱			
地址					邮编		

求职意向		
岗位		薪资

教育背景				
入学时间	毕业时间	学校	专业	主修课程

工作经历					
就职时间	离职时间	单位	职务	工作内容	离职原因

其他

例文评析：

这是一份具有一定参考价值的个人简历模板，但并不是万能的个人简历模板。在个人简历制作中，求职者应综合考虑自身特点以及应聘单位的特点进行适当的加工和修改。

拓展延伸

延伸一

趣味求职

不少求职者在找工作时会花些心思，想在面试前就给面试官留下深刻印象。据外国媒体报道，在这些奇葩的求职者中，有的人用蛋糕求职，有的人寄鞋子求职，还有人把简历做成打包盒、急救箱，花样百出。而收到这些"奇葩"简历后，HR 究竟是开心地把其"纳"进公司，还是觉得太过古怪，让其出局呢？我们来看几个国外"趣味求职"的小故事。

一、鞋子简历

在求职者们接到应聘公司发出的笔试、面试信息时，总能看到上面写着"你已经一只脚迈进了我们公司"之类的客套话。可是，你能想到吗？真的有人按照字面上的意思，将简历和一只鞋一同寄给了他所应聘的公司。上面写着，"现在我已经一只脚踏进了你们公司，请看看我的简历，并保持联络。"

二、最高机密档案简历

30 岁的平面设计师凯威·妮斯曼曾被委婉告知用人单位会将他的简历"存档"，如果有合适的机会会再联系他。受这启发，他制作了一份类似档案的简历，采用的是二战时期最高机密档案的风格。凯威·妮斯曼说："招聘单位的答复让我想到了冷战时期满是灰尘的旧文件柜，这激发了我想做点特别事情的热情，让我的简历不至于被丢在垃圾桶里。"

三、麦片盒子简历

来自多伦多的艺术指导维克托·罗德里格，用营养麦片的盒子制作了简历，在盒子侧面本该印上营养成分的地方，他印上了自己的各种信息。这份特别的简历盒子，让他在搬到一个新城市几天之后，就找到了工作。

四、打包盒简历

爱尔兰平面设计师科尔姆·奥康纳选择在一个打包盒上印上自己的应聘信息。他说："我想从成千上万的简历中脱颖而出，当雇主收到一个纸盒和一份打印的简历时，他会因为好奇先打开纸盒。"他还解释说，他的主要目的就是吸引雇主注意，将他们引到他的博客上去，那上面有他更多的设计作品。不过，遗憾的是，奥康纳并没有得到公司的雇佣。但仍有不少求职者成功地通过创意简历应聘成功。

五、急救箱简历

来自新加坡的王琐英将自己的简历制作成了一个急救箱，她将自己的特长、爱好等个人信息印在急救箱内的药瓶身上。因此，她收到了多家公司的面试通知和工作邀请。这位 25 岁的女平面设计师表示，她会鼓励其他求职者也尝试使用创造性的简历。

六、牛奶盒简历

伦敦设计师米格尔·拉托表示，牛奶盒简历更像是一个他满意的作品，而不仅仅是为了求职。他说："如果你有漂亮的简历，但是你的作品并不能支撑你的简历，那这还有什么意义？"

所以，最终他是通过网投获得工作，而不是通过这个创意简历。

七、3D 图表简历

27 岁的莫希特，是一位来自印度新德里的信息图表设计师。一份花费四天时间，利用纸和线制作的 3D 图表简历让他顺利地被一家著名广告公司录取。

八、T 恤简历

弗兰选择将个人信息印在 T 恤上，还在纸版简历下面附上了自己穿着 T 恤的照片。

九、通缉告示简历

还有人采用美国西部经典的通缉告示的形式来制作简历。

十、交互式视频简历

这一个在 YouTube 上被观看了超过 35 万次的求职视频。虽然视频只有短短的 37 秒，但是求职者格雷姆·安东尼超好听的英音，以及视频最后几个闪动画面所展现的特长仍然给人留下了深刻的印象。他现在已经是 Frank PR 公司曼彻斯特分公司办公室的总经理了。

建议：

1）虽然创意简历有很多成功案例，但是针对国内传统的就业形式，还是建议求职者尤其是应届毕业生尽量使用传统简历求职。虽然创意简历很吸睛，不过这并不代表它总能给求职者带来一份工作。一个求职网站的主管曾说，"一份创意简历也许在一些场合很有用，不过，一份传统的简历对大部分职位来说是最好的，也是招聘人员和人资部所期待的。"

2）思考 HR 是否接受创意简历。在放弃使用传统的简历模板之前，应先详细研究所应聘的单位以及职位，以确保看简历的人是公司人事部员工，因为很多公司现在会把第一遍筛选简历的工作外包给求职网站。

3）关注招聘重点。求职者应该将重点放在简历所要呈现的必要的信息上。英国职业资源网站的发言人称，"如果雇主必须在一堆并不重要的信息或是古怪的形式中找寻求职者的关键信息，那他可能会很烦闷。记住，原创设计或是抓人眼球的设计都代替不了准确的拼写和语法检查。"

延伸二 🔆

诚信，才是最好的简历

刚回家，大学毕业的儿子东东便高兴地向我报告喜讯："妈，我今天投了 8 份简历，收到 5 份录取通知，其中就包括那家著名的企业。我还挺厉害吧？"

"哟，是挺不错。"我一边回应东东，一边觉得哪里不对劲儿，过了一会突然想起来："东东，那家公司不是必须有 2 年实习经历，可是你……"

没等我把话说完，东东便自豪地说："实习经历不算什么，想有多少就有多少！"

还没等我反应过来，东东就把他的一份简历塞给我："看看吧，能吓你一跳！"

拿着东东的简历，我定睛一看，东东的各方面条件那是万里挑一啊！成绩优秀不说，学生会主席！中共党员！国内知名企业实习！优秀的业绩！还都盖了公司和学校的公章……可是，这些我怎么都不知道？

看着我疑惑的样子，东东在我旁边嘿嘿地笑起来说："简历不造假，十足一大傻。这是我们同学之间互相传授的经验。我特意为这经历，查阅了相关企业的官方网站和行业资料，现在对相关公司的业务已经相当了解，别说面试，就是吹点专业性的东西都没问题！"

东东说这话时脸上洋溢着自信，可我心里却七上八下的，怎么也高兴不起来。

东东在他大四下学期的时候，按照学校安排去了一家企业实习，可还没有半个月便跑回了家，说是学校找的企业不好。这孩子又去了两三个地方，却挑三拣四，都因为这样那样原因不肯坚持，说白了，他就没有长性，还缺乏社会经验，不想付出辛勤的劳动，只想坐享其成。为此，我和东东父亲没少教育他。东东父亲悄悄跟我说，现在工作这么难找，不踏踏实实怎么能找到满意的工作，等他自己摔了跟头，到时候就安分了。

可现在的大学毕业生真是让我瞠目结舌，我没想到就连个人简历都可以作假的，经过注水的简历为他带来了如此多优秀的工作机会。可说白了，这就是欺骗啊！

不出我所料，东东父亲听说了这事，与我反应一样。

当天下午，东东父亲语重心长地跟东东讲，简历造假是典型的个人诚信道德缺失的行为，这与社会上所有造假一样，表面看到的是一时的利益或机会，但失去的是诚信、正直这些无形的品质。爸爸很严肃地说："儿子，诚信永远都是我们做人最基本的常识和底线。这份简历你可以留在家里，当作对你的警示和告诫。男子汉做错事要有承担的勇气，你要把投出的8份简历收回来，跟人家说明情况，挽回自己所犯的错误。"

"爸，我们同学都这样做，以后我不再造假就行了呗，可这次，简历已经发出去了，不就是一块敲门砖嘛！"东东说得毫不在意。

"一定要把东西要回来。同学是同学，但你，坚决不可以。"他爸的态度不容置疑。

沉默了好一会，东东才有些心虚地说："我大学室友高波，在北京大学参加了假期培训，就在简历上写自己是北京大学的研究生，已经通过面试准备上班了。我也没想欺骗谁，我就是想要一个稍稍高一点的平台，获得一个比较好的工作机会。"

东东父亲听东东仍然这样说，有点生气了，恼怒地反问他："就算你有了这个工作，你就能好好地把握？你想要一个高一点的平台，你上学时候想什么去了，为什么不努力学习？做人必须脚踏实地，没有踏实的过去，就无法得到心安理得的未来。而你现在需要做的是把你那些造假的简历要回来，踏实学习。"

回了房间，东东依然皱着眉头，还在小声牢骚："我爸是不是有点太迂腐了啊。"

过了没几天，东东便垂头丧气地告诉我们，高波已经被那家公司辞退了。

东东说，高波简历造假是跟一个室友学的，室友是学物理的，人家需要生物制药专业，他就谎称自己学生物制药，求职成功后，在实验室中做实验研发，干得不错，还升了职加了薪。高波于是就学他的样子，请人做了假毕业证，只是他工作能力实在太差，名牌大学的简历也没起啥作用，照样被辞退了。

我想了一会，对东东说："儿子，简历作假并不见得就是习惯性诈骗，你就是想得到一个高平台的就业机会，是吧。"

东东答："肯定是啊。"

"可是按照高波的经历来说，他有一个投机的心理在里面，假如用人单位发现不了，他就成功了是吧。"我接着问。东东面无表情地回答："对啊。"

"但是你想想，他自身的能力能把握住这个机会吗？名牌大学的毕业证虽然夸大了他的能力，但用人单位一旦发现他的真实能力与简历出入很大，必然会重新审视他。"我看着东东，接着说："到时候那家企业肯定会想，你是假冒的吧。而且，用人单位也不知道你还有什么地方造假了，人家也不知道你将来在工作上会不会也造假。这样的话，对他的看法肯定就不一样，辞退是早晚的事，依靠造假得来的机会，不长久。"

　　看东东默默点头，我接着发表自己的看法："可能某些用人单位会睁一只眼闭一只眼让你的假简历蒙混过关，给你一个开局的机会，但这不能构成我们造假的动机啊。"

　　东东沉默了。看得出他是在认真思考这个问题了。我接着跟他说："东东，你从小到大，我们都一直和你强调诚信两个字。现在是你受了朋友和同学的影响，没有认真思考，可这样的小聪明，确实带着投机和欺骗的性质。你已经毕业了，要知道，不论职场还是其他场合，你的个人信用是最重要的，你个人的人品口碑和你的未来，比这个短暂的工作机会更重要。"

　　东东不说话，低着头想了很久，终于说："看来，欺骗真的不可取。还是你俩说得对，踏踏实实补短板。"

　　东东拒绝了两家公司的面试机会，重新做了份真实的个人简历，也去公司要回了有水分的简历。看他知道改正错误，我和他父亲都很高兴。

　　两天后的晚上，低头吃饭的东东突然说："妈，我们看好的那家知名企业约好明天面试，我还是想去试一试。"

　　东东面试那天我的心里惴惴不安，直到接到东东的电话。东东的语气很高兴："妈你猜猜结果？"还没等我说话，东东便急不可耐地嚷着："我通过了，妈，通过了面试，下周一正式入职！"

　　下班回家，东东面带少有的羞涩，跟我描述面试时的场景："我进去就跟经理坦白了简历上的水分，并且很真诚地对他们说对不起，说自己不够录用资格，今天来，是想对他说一句抱歉，然后拿回简历。两位面试官沉默了一下，就把简历还给了我。"

　　"然后呢？"我着急地问。

　　东东语音低落："然后我就走了呗。说实话，我挺悔恨的，要是早点明白这一点，脚踏实地去实习，今天也不会没有工作经验。"

　　"你不是说通过了吗？"我诧异。

　　"是啊。我走出公司没多远，就意外地接到他们的电话，人事部说有个工资低一些的岗位他们觉得适合我，如果我觉得可以试试，他们愿意给我机会。而且他们还说，他们看好的是我的诚意与职业操守，相信我可以做好。其实我不计较工资，只要有了这个机会，我愿意通过自己的努力争取更好的岗位。"东东一口气说完，低下头，不好意思地笑了。

　　"你看，这是你用诚信换来的他人的信任，我喜欢这个结果。东东，这样你就可以大大方方努力地工作了，不必担心会有被人拆穿的一天！"我拍着东东的肩膀鼓励他。

🖱 实践演练

演练：撰写个人简历

　　刘彬彬同学是××职业技术学院会计专业的应届毕业生。在校期间，他学习了管理系统中计算机应用、金融理论与实务、资产评估、高级财务会计、审计学、财务报表分析、市场营销学、会计制度设计、国际贸易理论与实务等课程，学习成绩优秀，英语已过 A 级，口语能力较强，曾在哈尔滨市大学生演讲比赛中获二等奖。刘彬彬同学性格开朗，工作认真负责，待人热忱，曾在佳乐谷销售集团实习期间受到领导和员工的一致好评。

　　请根据所学内容，结合以上信息，撰写一份个人简历。

任务3　模拟求职面试

任务描述

　　刚刚走出学校大门的求职者，在求职过程中无论是面试中的自我介绍、即兴表达，还是初入职场时与领导、同事、合作伙伴的日常交往，具有优秀的口才可以让职场新人更好地向他人展示自己的才华、增加个人魅力，从而拓展自己的求职之路。刚刚接到企业面试通知的应届毕业生张磊，由于平时性格内向、不善言辞、缺少语言沟通的技巧，因此对此次面试缺乏自信。请你协助张磊收集一些求职口才的技巧，帮助他顺利通过此次面试。

任务目标

- **知识目标**：了解面试的基本流程；掌握面试中常见问题的回答技巧。
- **能力目标**：能够顺利开展模拟面试；能够通过讨论，相互点评。
- **素质目标**：提高求职应变能力；提高学生的综合素质。

任务实施

1）分组分角色，模拟面试。
2）互换角色，相互点评。

知识平台

微课 4 – 3　　　　　课件 4 – 3

一、面试礼仪

（一）仪表礼仪

　　面试时，符合自身形象的着装会给人以干净利落、有专业精神的印象，参加面试的服饰应符合求职者的身份，男生应显得干练大方，女生应显得庄重俏丽。

1. 男生面试时的仪表礼仪

　　西装。男生应在平时就准备好一至两套得体的西装，不要到面试前才去匆匆购买，那样不容易选购到合身的西装。西装应选择整套的，颜色应当以主流颜色为主，如灰色或深蓝色，这样在各种场合穿着都不会显得失态，在价钱档次上应符合学生身份，不要盲目攀比，乱花钱买高级名牌西装。因为用人单位看到求职者的衣着太过讲究，不符合学生身份，对求职者的第一印象也会打折扣。

衬衫。以白色或浅色为主，这样较好搭配领带和西裤。平时也应该注意选购一些较合身的衬衫，面试前应熨平整，不能给人"皱巴巴"的感觉。崭新的衬衣穿上去会显得不自然，太抢眼，以至于削弱了面试官对求职者其他方面的注意。这里要提醒一点，面试时求职者所穿的西服、衬衫、裤子、皮鞋、袜子都不宜给人以崭新发亮的感觉，原因是面试官会认为求职者的服饰都是匆匆凑齐的，那么求职者的其他材料是不是也加入了过多人工雕琢的痕迹呢？而且太多从没穿过的东西从头到脚包裹在身上，很可能就有某些东西让求职者觉得别扭，从而分散精力，影响面试表现。

领带。领带在材质上以真丝的为好，上面不能有油污，不能发皱，平时应准备好与西服颜色相衬的领带。

袜子。袜子的颜色也有讲究，穿西装革履时袜子必须是深灰色、蓝色、黑色等深色，这样在任何场合都不失礼。

皮鞋。不要以为越贵越好，而要以舒适大方为准。皮鞋以黑色为宜，且面试前一天要擦干净。

头发。尽量避免在面试前一天理发，以免看上去不够自然，最好在三天前理发。求职者应在面试前一天洗干净头发，避免头屑留在头发或衣服上，保持仪容整洁是取得用人单位良好第一印象的前提。

此外，男生要将胡须剃干净，并且在刮的时候不要刮伤皮肤，指甲应在面试前一天剪整齐。

2. 女生面试时的仪表礼仪

套装。每位女生应准备一至两套较正规的套服，以备去不同单位面试之需。女式套服的款式可根据个人的喜好来选择，但原则是必须与准上班族的身份相符，颜色鲜艳的服饰会使人显得活泼、有朝气，素色稳重的套装会使人显得大方干练。记住这个原则，针对不同背景的用人单位选择适合的套装。

衬衣。在挑选衬衣的时候，无论是颜色还是款式都以保守为宜。不要挑选那些透明材质的上衣，也不要选择蕾丝花边或者雪纺薄纱的衬衣。

发型。头发在整个仪容中是十分重要的组成部分。头发应干净清洁，仔细梳理。如果是长发，可以选择马尾辫或盘发，或者其他看起来专业舒服的发型，不要让自己看起来好像刚刚起床或者从派对回来。

化妆。参加面试的女生可以适当地化点淡妆，但不能浓妆艳抹，过于妖娆，不符合大学生的形象与身份。

皮鞋。鞋跟不宜过高，过于前卫。夏日最好不要穿露出脚趾的凉鞋，更不宜将脚趾甲涂抹成红色或其他颜色，丝袜以肉色为雅致。

皮包。女生的皮包要和装面试材料的公文包有所区别，可以只拿公文包而不背皮包，但不能把公文包里的文件全部塞在皮包里而不带公文包。

手表。面试时不宜佩戴过于花哨的手表，会给人过于稚气的感觉。手表在面试前应调准时间，以免迟到。

配饰。选择尽可能简单的饰品。面试属于正式交往场合，一只手只戴一个戒指，且不要戴形状奇特的戒指，不然不方便握手，也会留下不好的印象。不要戴很大很长的耳环，也不要戴太多耳环，简洁的耳钉就可以带来不凡的效果。

（二）举止礼仪

举止体现着一个人的修养和风度。粗俗的行为举止会使一个人失去亲和力，而稳重大方的举止则会受到人们的普遍欢迎。在陌生的面试官面前，坐、立、行等动作姿势正确雅观、成熟庄重，不仅可以反映出青年人特有的气质，而且能给人以有教养、有知识、有礼貌的印象，从而获得别人的喜爱。具体说来，以下几点值得注意。

1. 走路姿势

走动时应当身体直立，两眼平视前方，两臂在身体两侧自然摆动，摆动幅度不要过大。脚步声应控制，不要两脚擦地拖行。如果走路时身体有前俯、后仰或左右摇晃的习惯，或者两个脚尖同时向里侧或外侧呈八字形走步，是不规范、不雅观的举止。

2. 站立姿势

站立时身形应当正直，头、颈、身躯和双腿应与地面垂直，两肩相平，两臂和手在身体两侧自然下垂，两眼平视正前方，嘴自然闭合。双脚对齐，脚尖分开的距离以不超过一脚为宜，如果叉得太开是不雅观的。不应把手插在裤袋里或交叉在胸前。

3. 坐姿

面试时，轻易不要紧贴着椅背坐，也不要坐满，坐下后身体要略向前倾。一来表明求职者坐得很稳，自信满满。二来证明求职者没有过于放松地全身靠到椅背上。但也不宜坐得太少，只坐椅子的五分之一，意味着求职者几乎要靠自己的双腿支撑住自己的体重，稍向前倾就失去重心。这是一种极度紧张的表现，也会把面试官的注意力吸引过去。一般以坐满椅子的 2/3 为宜。既可以让求职者腾出精力轻松应对考官的提问，也不至过于放松，乐不思蜀而忘了自己的来意。建议毕业生多多接触社会，观察沉稳人士的坐姿，并稍加练习，改善坐姿，别让椅子拖了后腿。

4. 手势

"手势宜少不宜多"，多余的手势，会给人留下装腔作势、缺乏涵养的感觉。反复摆弄自己的手指、活动关节，要么捏响，要么攥着拳头，或是手指动来动去，往往会给人一种无聊的感觉，让人反感，这都将严重影响形象。

5. 避免不必要的小动作

身体各部分的小动作往往令主考人分心，甚至令其反感。下面这些动作都是要不得的：当众搔头皮、掏耳朵、抠鼻子、咬指甲、玩手指头、翘起二郎腿乱抖、用脚敲踏地面、双手托下巴、说话时用手掩着口、摇摆小腿、手指在桌上乱写乱画等，不要玩弄衣带、发辫、打火机、香烟盒、笔、纸片、手帕等物品。

（三）其他礼仪

1) 按时到达面试地点。在开始面试之前如果有一段等候的时间，切忌到处走动，更不能擅自到考场外面向里观望。

2) 求职者一定要先轻轻敲门，切忌贸然闯入面试室，得到面试官的许可后方可入室。入室时不要先把头探进去张望，而应整个身体一同进去。

3) 走进室内之后，背对面试官，将房门轻轻关上，然后缓慢转身面对面试官。向面试官微笑致意，并说"您好""你们好"等招呼语，创造和谐的面试气氛。若非面试官先伸手，求职者切勿伸手向前欲和对方握手；如果面试官主动伸出手来，就报以坚定而温和的握手。

4）在面试官没有请求职者坐下时切勿急于坐下。请求职者坐下时，也切勿噤若寒蝉，诚惶诚恐，而应说声"谢谢"后，大方坐下。

5）面谈时要真诚地注视对方，表示对他的话感兴趣，绝不可东张西望，心不在焉，不要不停地看手表，要注意和考官的目光接触。尽可能记住每位面试官的姓名和称呼，千万不要弄错。

6）回答问题要口齿清晰，声音大小适度，口中不要含东西，更不要吸烟。回答不要太突然，答句要完整，不可犹豫，不可用口头禅。

7）若集体面试，求职者之间的交谈应尽可能地降低音量，避免影响他人面试或思考。

8）说话时目光要与面试官接触。若面试官有几位，要看首席或中间的那一位，同时也要兼顾其他面试官。

9）注意用敬语，如"您""请"等，市井街头常用的俗语要尽量避免，以免被认为油腔滑调。

10）不要随便打断面试官说话，或就某一个问题与面试官争辩，除非有极重要的理由。不要在面试官结束面试前表现出浮躁不安、急欲离去的样子。

11）面试官示意面试结束时，求职者应微笑、起立、道谢、说声"再见"，无须主动伸出手来握手。如果在求职者进入面试房间之前，有秘书或接待员接待，在离去时也应向他或她致谢告辞。

12）出门时，要转身正面面对面试官，说声"谢谢，再见"，然后再出门，并轻轻关上门。

二、 自我介绍

自我介绍通常是面试谈话的第一项内容，不少求职者认为，对于"介绍一下自己"这个常规性的问题，象征性地谈几句或者简单复述一下简历上的内容就可以了，更有甚者直接告诉面试官："这些我的简历中都已经写得很清楚了。"实际上，让求职者自我介绍是了解求职者最直接和最简单的方式，通过求职者的叙述，面试官能大概知道其经历、性格特点、语言表达能力、逻辑思维能力等。对于求职者而言，这是一个推销和展示自己的大好机会，如果回答得很得体，令对方印象深刻，接下来的面试会在融洽的气氛中进行，甚至顺风顺水，无往不胜。

自我介绍的时间一般为 1.5~2 分钟。面试官可以利用这段时间再次浏览求职者的简历，思考一下该如何进行提问。那么，什么样的自我介绍能引起面试官对求职者的好感或者兴趣？

1. 自我介绍的要点

一般来说，具有以下特点的自我介绍是面试官喜欢的：

1）自我介绍中的每段内容都有亮点，而不是平铺直叙。

某同学在面试中国银行的时候，他的自我介绍是围绕三个英文字母展开的，BOC（中国银行的英文简称），分别代表 Balance、Opportunity、Collaboration，然后将他自己的经历融合进去，这样的自我介绍形式令面试官眼前一亮。

2）自我介绍过程中能与面试官互动，而不是自说自话。但是要记住一点，这种互动并不需要面试官来配合，绝对不要眼睛直勾勾地盯着面试官，逼着面试官配合你，这样会令双方都感到尴尬。

3）自我介绍的内容与所申请的职位有关系，而不是流水账。根据个人的实际情况，有选择地突出教育背景、实习兼职经历或者社会实践经历等内容，选择 1~2 个亮点重点描述即可，切忌无实例的空洞描述。

在面试前，建议求职者准备一个约 1.5 分钟的中文自我介绍，如果朗读起来需要 1.5 分钟，那么在正式面试现场阐述起来则可能需要大概 2 分钟，因为口语化之后再加上现场的心理因素等作用，势必会延长阐述的时间。

2. 特殊经历

如果求职者有独特的经历，那么不妨跳出大众化的自我介绍模式。这样一来会让面试官觉得新鲜，二来也会令本人信心陡增。例如，有一个同学曾经徒步行走西藏，此经历非普通人能有，他的自我介绍围绕着这段经历展开，几乎每次都能博得面试官的青睐。如果有独特而又出众的经历，请一定不要放在心里自我陶醉，而是要让面试官知道你的出众。如果只是芸芸众生中的普通一员，建议使用大众化的自我介绍模式，至少可以规避风险，如果逻辑比较清晰，面试官可以从求职者的介绍中直接知道求职者的能力是否匹配公司的职位。

大众化的自我介绍模式为：名字、学校和专业；能力，分项阐述，而且要与所应聘的职位相符合；实例，紧跟在每个能力点的后面作为论据（要使用数字说话）；客套话，包括前后语句的衔接以及个人的措辞等。

例如，我叫×××，英文名字×××，××省××市人，今年 6 月将从××学校××专业本科（专科）毕业。除了简历上您看到的介绍，我愿意特别说一下我在×××方面的特长/我最大的特点是……（给出事例）。正是基于对自己这方面的自信，使我有勇气来应聘贵公司的×××这一职位。

建议在大众化自我介绍模式的基础上，添加一些自己的特色，每个人都这样说的话，面试官听多了也会疲倦的。

📓 | **案例分析**

例文一 ✉️

规避专业劣势，突出实践经历，用数字说话，一对一自我介绍

面试地点：某知名快速消费品公司

目标职位：销售管理培训生

应聘人概况：应届毕业生，专业为基础医学

面试类型：一对一面试

自我介绍

您好，我叫高婷婷，来自××大学。虽然我是个女生，学的是基础医学专业，但是我更热衷于从事极具挑战性的销售职业，因为我觉得推销成功以后很有成就感，我认为我在三个方面的优势可以胜任贵公司的销售管理培训生职位。

1）积累的销售经验。在读期间我做了很多销售类的实习与兼职工作。参加了 20 多次商场促销、校园促销活动，其中包括雅芳化妆品促销、卡西欧电子词典促销等，做过××公司×× 手机高校销售代表，曾经在 2 个月时间内成功销售 26 部手机，销售额达 30000 多元。销售工作锻炼了我的勇气和耐力，我相信这两种素质将会对我未来的工作很有帮助！

2）不怕吃苦。正如之前介绍的销售实践经历，我参加的这些销售兼职活动占据了我全部的课余时间，同时我还要兼顾学业，这个过程很辛苦，但是我坚持了下来，学业成绩和社会实践两不误。还有，我不担心频繁出差，因为我身体素质很好，我已经坚持晨跑两年多了。

3）性别优势。作为女生，我认为女性和客户沟通具有的天然优势是男性所不能比拟的，女

性给人的亲和力更强。

当然，在大学做推销比真正的销售工作要容易得多，我知道自己的推销技巧还很不够，还有很多东西要现学现卖，不过，我已经做好了"好好学习，天天向上"的准备。

例文评析：

这个女生对自己与销售相关的实习兼职经历进行重点描述，用数字来证明自己的销售业绩和能力，是非常明智的。另外，由于销售岗位的特点，其性别和能否吃苦也是容易引起面试官质疑的地方，该女生在自我介绍时主动提到了这两点，并给出了令人信服的理由，可以打消面试官的这部分担心。该女生所学的专业显然与应聘的职位毫无关系，所以在自我介绍中没有过多地提及教育背景及专业成绩，这是非常聪明的做法。最后收尾时实话实说，表示自己还有不足的地方需要提高，给人以谦虚的印象。

例文二　✉

围绕职位，中规中矩，实实在在，一对多自我介绍

面试地点：××大学××学院会议室
目标职位：辅导员
应聘人概况：应届毕业生
面试类型：一对多，三个面试官同时面试一个求职者

自我介绍

尊敬的各位老师，大家早上好！

我叫×××，来自××大学××学院，学习的专业是工商管理专业。今天很高兴能够站在这里应聘××学院辅导员一职。

正如我简历中所提到的：我在工作中善于发现问题、思考问题和解决问题，有着较强的组织协调能力与团队意识。

在校期间我担任过班长、系团委组织部部长及本专业的辅导员助理等职，参与过本系的党建、团建工作，成功策划组织××大学××学院"党在我心中"主题演讲比赛、××大学××学院"光荣与梦想"奥运主题知识竞赛、工商管理系首次"团支部培训"活动及工商管理系首次"学生干部交流会"等系内外活动，均得到老师同学的好评。这让我积累了较为丰富的学生管理、政治思想教育及活动开展经验，使我对辅导员一职也有了较深的认识。

我喜欢辅导员这个不平凡的职业，我相信自己有能力胜任辅导员一职。倘若我成功应聘，我一定会在辅导员这个工作岗位上交上一份让学院、让××师生都满意的答卷！谢谢！（鞠躬）

例文评析：

这段中文自我介绍，采用了中规中矩的自我介绍模式，围绕职位的特点，结合自己的实践经历来说明自己应聘辅导员的优势。

例文三　✉

诚实主动，自曝缺陷，优点与缺陷再结合，巧妙应对硬伤，一对一自我介绍

面试地点：某银行软件开发中心
目标职位：软件开发岗位
应聘人概况：应届毕业生，成绩中有 2 门非专业课程曾重修过
面试类型：一对一面试

自我介绍

您好，我叫张宇，宇宙的宇。我来自××大学，专业是计算机科学与技术。针对这次应聘的软件开发岗位，我认为自己在三个方面比较有优势。

第一个优势是我的计算机硬件和网络知识实践经验。我在大二的时候组织了一个校园计算机服务工作小组，利用课余时间给同学们提供装机和网络维护服务。去年，我担任了一家小公司的兼职网络管理员，月薪1500元。我对待工作非常负责，有次网络出现中断故障，我连续24小时不睡觉，直到把问题解决。

第二个优势是编程能力比较强。在学校的模拟计算机集成系统项目中，我由于编程能力突出被教授任命为组长。我在用友软件公司工作过两个月，参与了一个80万元大项目的本地化二次开发，主要负责编写数据库。

第三个优势是我对IT技术十分狂热！初高中时期三次在北京市中学生编程大赛中获奖，在大学我的计算机专业课成绩向来名列前茅。

非常遗憾的一点是，虽然我的计算机专业课成绩非常好，但是我曾经有两门非专业课考试不及格重修过。究其原因，是我在大一、大二的时候完全按照自己的兴趣分配学习时间，几乎把所有时间都给了计算机。回头看来，这是我大学生活最失败的地方，给我日后的求职带来了非常严重的影响，有些企业一看到我有重修科目就立刻把我淘汰了。

××××能够给我这次面试的机会让我非常感动，也体会到了××××人性化的招聘标准。所以，无论今天我是否能够面试成功，我都要感谢您给我这次面试的机会。

例文评析：

企业对应届生的成绩还是相当看重的，尤其是像银行这样的单位。张宇在自我介绍中把"不及格"的非专业课程这块硬伤解释成"在计算机课程上花了太多时间"，这样既突出了职位的专业及技能要求，又巧妙地解释了有两门非专业课重修的事实，将硬伤转化成优势。

三、 面试能力训练方法

（一） 心理素质训练

有些同学不善于与人沟通、交流，是因为"嘴皮子"不行，说不好、说不清楚；有些同学不善交际是由于心理素质差、不敢在人前说话，更不用提面试、表演等人多的场合。心理训练可以使求职者突破心理障碍，能且敢于在正式场合尤其是面试等重要场合当众表达自己的见解。

拥有良好的心理素质是应届毕业生走向社会并在社会立足的必备条件，所以要养成对沟通成功的渴求，训练对失败的承受心理，养成正确看待和解决困难的心理。在职场口才训练中首先要克服的就是胆怯的心理障碍，要了解害怕当众说话是一种自我保护的正常心理反应。其实产生胆怯的主要原因是不习惯，包括一些职业演讲家在最开始的时候也会有紧张的感觉。克服这种心理障碍最好的方法就是经常锻炼当众说话的能力，只有在反复的锻炼中，才能克服紧张情绪，达到良好的心理状态。

心理训练可以先从适应当众站立、坦然地接受众人的目光开始。之后，可以逐渐开始为自己当众说话做准备，在心中模拟练习想要表达的话语。

（二） 语言、思维训练

在面试中，有时面试官所提的一些问题并不一定有标准答案，只是要求求职者的回答能自圆其说而已。这就要求求职者答题之前要尽可能考虑得周到一些并具有一定的面试思维能力，以免使自己陷于被动。有一位求职者参加一次面试，当考官提出"请你举一个实例说明你从前的工作规范和流程"时，他回答："很抱歉，这有可能涉及我们的商业秘密，所以我不能作答。"考官说："那么好吧，请你把那些不属于商业秘密的内容告诉我。"这样一来，问题的难度更大了，他先得分清楚哪些范畴属于商业秘密，哪些不是，一旦说漏了嘴，则更显出其专业水平不够。不能自圆其说，很可能会被逼入"死角"。

在面试当中，有两个典型的考题出现的频率最高。一是"你最大的优点是什么？"二是"你最大的缺点是什么？"这两个考题看似简单，其实很难答好。因为接下来面试人员很可能会追问："你的这些优点对我们的工作有什么帮助？""你的这些缺点会给我们的工作带来什么影响？"之后，还可以层层深入，求职者很容易陷入不能"自圆其说"的尴尬境地。面试在某种程度上就是求职者和面试人员的斗智斗勇，必须圆好自己的说辞，方能滴水不漏。

面试中，如果考官提出近似于游戏或笑话式的、过于简单的问题，你就应该多思考一下考官是否另有所指，是否在考察你的情商水平和随机应变的能力。如果是，那就得跳出常规思维的束缚，采用一种非常规思维或发散式思维的方式去应答问题，如果生硬地就事论事，很可能会给面试人员留下死板没有创新能力的印象。有一位求职者到一家大公司应聘管理人员的时候，一位考官突然提问："请问，一加一是多少？"这位求职者先是一愣，略加思索后，便出其不意地反问考官："请问，你是说的哪种场合下的一加一？如果是团队精神，那么一加一大于二；如果是单枪匹马，那么一加一小于二。所以，一加一是多少，要看您想要多少了。"

（三）模拟训练

模拟训练，是最原始也是最有效的口才训练形式。求职者在掌握了招聘岗位的信息之后，可以预测面试方式、面试会被提问的问题，然后与同学互相扮演面试官和求职者角色；也可以面对镜子和录像加以训练；有条件的求职者，还可以录制自己的模拟面试视频、音频，类似于普通话等级考试一样，反复观看，反复听，反复训练。对错误的发音加以矫正和训练，对于"自我介绍""说说你曾经从事过的工作"等常规性问题，准备精简有条理的答案并能熟练灵活表达。同时，注意面试过程中表述是否准确，表达是否流畅，语气、表情是否自然等问题。通过模拟，求职者一方面可以看到真实的自我表现，纠正面试的常规性错误，另一方面，也可以消除临场的紧张感，增加自信。

模拟面试训练，是一种临时训练方式，但想具备优秀的口才，还需要流畅的语言表达能力和良好的语言表达习惯，这都需要平时的刻苦锻炼和日积月累。正如华罗庚先生在总结练"口才"体会时说的"勤能补拙是良训，一分辛苦一分才"。语言流畅可以说是各个层面口才艺术的共同特点，在求职面试中尤为突出，它直接反映出一个人的心理素质、思维敏捷性等。求职者可以通过速读、背诵、发表即兴讲话等方法练习准确发音，清晰吐字，久而久之，"侃侃而谈"便不是问题。良好的语言习惯是每个人都需要具备的素质，但事实上却有相当多求职者没有养成这一习惯。说话之前的问候语、说话有目的有逻辑有条理、说话语调抑扬顿挫等，都是一种语言习惯。大学生在日常交流中，应有意识地组织语言，准确传达想表达的意思，让倾听者舒服。同样的意思从不同人的嘴里说出来，听者领悟的意思可能大相径庭。说话水平高的人，言辞得体，可以"天机云锦为我用"，而说话水平低的人，却总是词不达意，就好像"茶壶里煮饺子——肚子里有货，嘴上却倒不出来"，两者相较，面试官当然舍后者而取前者。

四、结构化面试

（一）结构化面试的定义

结构化面试是一种标准化的面试方式。面试官会事先设计一份"标准化"的面试问答卷，包括面试过程中的所有问答内容和评分细节。在进行面试时，面试官会依照规定的流程及事先拟定好的面谈提纲对求职者逐项提问，对各要素的评判也按设定好的分值结构来界定。也就是说在结构化面试中，面试的程序、内容以及评分方式的标准化程度都很高，是一种结构严密、评分模式固定且层次性很强的面试形式。

（二）结构化面试的常见问题

1. 关于个人基本信息

面试官：请简要介绍家庭情况。

求职者：我们家里有三口人，我和我爸妈。我爸和我妈都是化肥厂的普通工人，后来我爸下岗了。下岗之后我爸靠修理煤气灶、安装热水器的手艺赚钱，收入还比以前高了。所以我爸总是跟我强调一定要掌握一门手艺，来面试前他还问我审计是不是个手艺呢。

评析：有些国企或民营企业面试官、年长的面试官会在面试开始时问一些家长里短的问题，例如，家庭情况、父母的职业、是否是独生子女等。这类问题一般在面试的寒暄阶段出现，起到的作用是调节紧张气氛，对于面试官来说是为了找到一种感觉：与这个求职者聊天，是令人舒服的！如果在这个聊天阶段不能令面试官感到舒服，有可能面试官会草草结束面试，因为在面试官看来你不可能很好地与同事或者客户交流。

2. 考查解决问题的能力

面试官：你从事的是咨询师，那么遇到过难缠的客户吗？最后是怎么解决的？

求职者：我在之前的咨询师工作中确实有过比较难缠的客户，他们会提出很多的要求，但是我都是耐心地听他们的要求，积极主动地与他们沟通，最终让客户满意。具体的情况是……

评析：作为一个面试中的经典问题，回答的难度在于真实的描述案例，如果求职者可以详细地阐述这一段经历，让面试官听得清清楚楚、明明白白，赢得面试官的认可，这就可以很好地为面试加分，大大地增加成功概率。

3. 考查应变能力

面试官：你还应聘别的公司了吗？如果其他公司也给了你录取通知，你会怎么选择呢？

求职者：（应聘海尔）我其实投了不少的公司，相信您也可以理解，作为应届生找工作基本都是要"海投"的。我主要是投知名公司的销售职位，销售是我给自己定好的理想职业。如果别的公司也给我录取通知，我肯定还是倾向于签海尔的。这是因为：一是我对海尔的品牌特别认同，我家用的冰箱、空调都是海尔的；二是我曾经仔细读过《张瑞敏如是说》这本书，了解了张瑞敏先生是如何将海尔从一家亏损147万元的小企业发展为全球营业额达711亿元的跨国公司，给我的触动、启发很大。我想在海尔会有比较大的发展空间。

评析：应届生在回答这个问题的时候，一定要注意两个层面的问题。第一个层面：对于应届生来说，"海投"公司属于正常现象，如果回答只应聘了这家公司，并不能证明你的忠心，相反会让面试官觉得你在说谎，实际上诚实回答还应聘了其他公司并不会让面试官不舒服。第二个层面：如何在应聘的公司之间做出取舍，是这个问题的核心。在回答这个问题时，我们最好给出选择当前面试公司比较恰当的理由，可以从自身的职业兴趣、对公司及品牌的认识等方面来阐述。记住，既然接受这家企业的面试，我们就应该围绕这家企业的优势及我们对这家企业的认识来回答。

4．考查沟通能力

面试官：与领导的想法不同时，你会怎么办？

求职者：我觉得在处理这个问题的时候，首先要对领导表示尊重和信任。通常领导看到的是全局，而我可能看到的只是细节，还是要仔细聆听领导的意见，看看是否有我没考虑到的方面。但如果我认为我的意见比较好的话，我也不会保持沉默，我会主动和领导分享我的建议，与他交换意见，进行沟通。如果沟通不能达成一致，我会服从领导的意见并执行，因为公司的制度是不能破坏的。但我会在执行的过程中继续跟进和关注，并随时将情况反馈给领导，使得整件事情处理得更加完善。

评析：这是个比较难回答的问题，而且在实际工作中经常会遇到。面试官问这个问题的目的是想了解你权衡问题和处理矛盾的能力。回答这个问题建议从认识态度及实际经历两方面来描述。

5．了解求职者个性

面试官：你最欣赏你朋友的哪些优点？

求职者：我比较欣赏大学时的一个朋友。在我眼中，他比较乐观、自信，还很幽默。他的专业课成绩不是很好，有几门课考试不及格，但是他能够乐观、自信地面对，通过努力把那几门课重修通过了。

评析：有些同学可能对这样的面试问题很疑惑：我朋友的优点跟我有什么关系啊？这个问题实际上是一种试探性的面试问题，面试官可能想要考查以下三个方面：

（1）考查观察能力，看求职者是否能够细致地观察别人、关注别人。

（2）可以从求职者朋友所具备的品质以及优点来看出求职者所欠缺的是什么，正因为求职者有这方面的欠缺与不足，所以可能最欣赏该优点。

（3）考查求职者的性格取向以及价值取向，正因为朋友是求职者最亲近的人，所以从他们具备的品质与优点也可以反映出求职者的性格。所以这个问题其实回答起来并不简单，既不能让面试官觉得自己欠缺太多，又要很好地突出自己。

6．了解工作经历

面试官：在简历中，您提到曾经在××公司工作过，能谈谈您对这个公司的看法和您在那里工作的经历吗？

求职者：我实习期间在××公司担任了一段时间的××职务，主要负责××工作，这是一次非常宝贵的工作经历，××公司在××领域具有突出优势与一整套先进的管理技术，在××公司工作期间让我学到了很多东西。

评析：面试官会突然提出一些简历描写到的情况来进行提问，而此类问题很能考验求职者是否在简历中弄虚作假，夸大事实。因此求职者对于自己的简历的写作必须十分认真，同时要提前做好准备，对于面试官有可能提到简历中涉及的任何问题都要有立即应对回答的能力。同时就工作经历而言，要懂得用专业化的语言客观描述自己从事过的工作，让面试官相信自己对工作拥有高度的责任心与专业水平。

7．了解薪酬要求

面试官：您觉得职位月薪应该是多少？

求职者：就我的了解，此类职位月薪一般在××到××之间，不过对我而言，薪水的高低是次要的，工作是否适合我更重要。

评析：面试官对于薪资方面的提问是考察求职者是否符合本单位的一般薪资水平，因此求职者应在对用人单位充分了解情况下减量报出薪资要求，而如果无法了解到用人单位的薪资情况，则应根据行业的一般标准减量报薪资要求，对于薪资水平不能表现得过度关心，但也不能采取毫不在乎的态度，过度关心会显得唯利是图、目光短浅，而表现得毫不在乎则会被认为虚伪。

8. 把弱项转化为优势

面试官：您认为自己最主要的弱点在于哪些方面？

求职者：（应聘文职类职位）我的公开演讲能力比较差，如果在公共场合谈论我不太熟悉的领域，我会感到紧张。但如果谈论的是我熟悉的内容，我会表现得自如得多。所以当我需要做公开演讲的时候，我必须要准备得很充分。说实话，我确实很羡慕那些无论什么话题都能高谈阔论的人。

评析：这是面试中比较难以回答的一个问题，坦白地说出自己的缺点固然值得提倡，但是也许某个缺点正是招聘公司拒收理由上的一条，那么这个缺点就成了"死穴"，点中就可能导致面试失败。但是绝口不提缺点必然表明求职者不够诚实。于是有些人采用将优点当作缺点来大做文章的方法，既回答了问题，又推销了一把。例如，有人说自己忘我工作而不注意休息，亏待了身体，并且假惺惺地检讨一番。还有人说自己是一个完美主义者，事事追求完美，以致影响了工作效率。这样的回答可能是双刃剑。老练的招聘经理一下就能听出来求职者其实是想夸自己，会觉得求职者不真诚。对待这个问题，唯一的对策就是真诚地暴露自己的弱点，只要这个弱点不是所申请职位的"致命伤"即可。

9. 用比较优势打动用人单位

面试官：您认为自己的优点有哪些？

求职者：我做事比较有计划性，我信仰一句英文谚语"If you fail to plan, you plan to fail"，每天我做的第一件事情就是列出当天的计划，把当天要做的事情分成两种：必须完成的及最好能完成的。我去购物前也一定会列出购物清单，所以我几乎从来不会在超市里面瞎逛。职业发展方面我也有明确的规划，从大二暑假开始我就决定毕业后要从事与销售和市场相关的工作，所以从那个时候就开始去做一些相关的实习兼职，同时还选修了市场类的课程。

评析：有许多面试官都喜欢问这个问题，其目的主要有两点：第一，考查求职者的诚实度，有没有撒谎，能否真实客观地阐述自己的优点；第二，求职者所阐述的优点是否符合这个职位所需要的素质。有时候优点与缺点会因为职位的不同而出现互换，即对于一个职位而言的优点，可能会成为另一个职位的缺点。例如，具备很强领导力的人往往不适合从事客服、助理及秘书等以细节和服务他人为主的工作。所以，在准备这个问题的时候，建议从以下方面考虑：首先列出自己的3～6个优点；然后就每个优点找出3个例子，例子最好来自学习、工作和生活3个方面，而不仅是一个方面；最后从这3～5个优点中选出1～2个与申请职位相符的优点。

（三）结构化面试的回答技巧

1）在面试过程中，面试官提出问题后，求职者不应立即回答，而应稍作思考再进行回答为好。如果面试官话音一落就立即答题，会给人感觉态度轻率而不够认真，更会让面试官怀疑求职者事先背好了一些答案来专门应对面试，这会让面试官对求职者的真正能力难以把握，因此，对于所有问题都应进行一定的思考后再回答，但思考的时间不宜过长。

2）面试过程中，求职者对于面试官提出的问题不要过度表达，要适可而止，抓住重点表述问题的核心，而不要滔滔不绝且内容空泛。要注意面试的时间长短是由面试官把握的，如果一个问题上说了太多不必要地话会对后面的问题造成时间上的挤压，而如果表述被面试官打断则会对面试结果造成不良影响。因此在能够清晰明确地回答面试官提出的问题基础上回答时间不宜过长。

3）对于内容较为丰富的问题要进行概括性表达。面试官提出的一些范围较大的问题如果全面回答，时间是不够的，而此类问题一般面试官也并不要求回答内容细致全面，而主要用来判断求职者的能力，因此应抓住问题的核心进行概括性表达。例如，在回答"您认为做好一个会计师应具备什么"此类问题上，应针对用人单位的特点与工作性质，选择其最有可能关心的方向进行概括性表达。

4）随机应变，留出余地。面试官会针对某些问题进行关联性提问，而此类问题中一般含有检验其他问题的"圈套"，如果求职者不能清醒地注意到此类问题而草率回答，就有可能会陷入自相矛盾的境地。

例如，面试官提出："请您谈一下对实习单位的看法""您的毕业论文中对互联网经济的主要观点是什么"之类的问题时，求职者在回答上要注意和自己所回答的其他问题的关联性，保持对同一问题一致的应答，避免前后矛盾。

如果面试官问道"您刚才说您对某某领域有一定的研究，请您谈谈对××问题的看法"，对于此类设定前提的问题，求职者在回答上要特别注意。面试官实际上已经把求职者限定在一个特定环境中，如果求职者的回答无法表现出"对某某领域有一定的研究"，则会推翻自己先前的表述，而要表现出对某领域有深入的了解，则需要在接下来的回答中表现出相应的专业水平，因此对于此类问题如果没有充分深刻的认识不要草率回答，而应该表述为："谈不上很有研究，我只是对此类问题比较感兴趣，对于这个问题我个人的观点主要是……"这样一方面显得谦虚谨慎，另外也为自己留下一定的回旋余地。

5）对于自己不懂或不知道应该怎样回答的问题，要坦率承认，而不能不懂装懂。面试官有时会提出一些高度专业化的问题或者使用专业术语来考验求职者，而这些并不一定都是一般职位所应具有的能力，这时就职者就应该坦率承认自己的水平尚未达到这一程度，而不应勉强回答或者不懂装懂，对于自己不熟悉的领域不可能通过假装而表现出专业性，勉强回答只会让面试官发现求职者更多的缺点。

6）恰当处理表述错误。在应聘过程中，求职者如果一时疏忽或者由于紧张等原因，有可能会出现表述错误。对于这种情况要懂得采取良好的方式去应对，以免对接下来的应聘造成不良影响。首先要保持镇静的心态，如果面试官对于求职者的表述错误毫不在意或者没有明确的表示，求职者也不需要特意去进行解释，继续回答接下来的问题就可以。如果面试官指出了求职者的错误，首先应坦率承认，并就自己的错误诚恳地表示歉意，但不要过多解释或者文过饰非，这样才能为面试官留下一个从容坦诚的好印象。

7）巧妙化解尴尬局面。如果在面试过程中面试官自身出现错误，有时会让局面陷入尴尬的境地。例如，面试官称呼错了求职者的名字，提出的问题前面已经回答过一次等，对于此类情况，求职者要懂得合理应对，如果面试官的错误不影响接下来的面试，求职者不要主动去纠正，应该忽略掉错误的细节本身而以正确的答案去应对。即使面试官提问重复，也无须指出其错误而应依照原来的答案复述一次即可。

8）对于以往曾经实习过的单位要尽量正面评价。面试官完全有可能会问求职者对实习单位的印象，即使实习单位环境不佳或者单位实力较差，也要本着尊重的态度尽量做正面评价，而要避免对以往工作环境的抱怨和批评，但也不可歪曲事实而进行美化，对于确实较差的单位应以委婉的方式去表达而不应刻意掩盖或美化。

9）对于一些判断性提问，如"你是不是……""你能不能……"等问题，求职者在肯定或否定回答的同时要进行简短的解释，而不能只回答了"是"或"否"就结束问题，如果回答过于简短，会让面试官认为求职者不善于沟通，缺乏口头表达能力。

10）对于无法全面阐述的问题不要纠缠太久。如果面试过程中面试官提出一些大而全的问题，要对其进行全面回答是非常困难的，这实际上是考验求职者的概括能力与随机应变的能力，对此类问题在答案上不应求全，回答不全面也可以，但要控制好回答问题的时间，不宜过长，应就其中某些关键性内容进行表述之后适时结束话题，要表现出自己对问题的全局性认识与概括能力，同时要将问题中的主次与重点分清，舍小求大，而不要过分追求全面而滔滔不绝地进行表述，把回答时间拖得太长。

五、 无领导小组讨论

（一） 无领导小组讨论的定义

无领导小组讨论，是对一组面试者同时进行集体面试的一种情景模拟方法。通俗地讲，无领导小组讨论可以被看作是"群面"，它显著区别于结构化面试这种"逐一面试"的形式。在实际应用过程中，无领导小组讨论一般由 5 ~ 8 位面试者为一组进行，会被要求在限定的时间内（通常在 30 ~ 60 分钟之间），围绕考官给出的一个背景或问题展开讨论，讨论过程中不指定组长或主持人，考官也不出面干预，但考官会从旁细致地观察并记录小组中每一位面试者在讨论过程中的语言和非言语行为，然后参照面试前确定好的评判标准和要点，通过对观察和记录到的小组中每一个面试者行为的定性描述、定量分析以及人际比较，来判断小组中每一位面试者的能力、素质和个性特征等各方面是否达到其应聘职位的相关要求，最终考官会分别给小组中的每一位面试者独立评分，并按照一定的统计规则进行合计，就得到了每一位面试者在无领导小组讨论中的成绩。

（二） 无领导小组讨论的特点

1）求职者的表现更自由。无领导小组讨论在整个讨论过程中没有固定的组长和主持人，能够保证面试讨论的自由性，每一位求职者机会平等，可以充分发挥自主性和积极性。讨论中，既能够提出自己的观点、想法和感受，又能对小组其他成员的观点进行补充和反驳，自由的氛围可以激发求职者的潜能，更容易碰撞出思想的火花，使求职者的思路更新颖，观点更明确。

2）求职者的表现更真实。在无领导小组讨论中，面试官不做出任何指导和干预，只是作为旁观者来观察每一位求职者的表现，这一特点为求职者在讨论中表现出最真实的自己创造了条件。由于在结构化面试中通常是一名求职者面对多名面试官，面试氛围相对紧张，求职者会表现得很拘谨，而无领导小组讨论中求职者会比较放松，从而表现得更自然，大大减少了求职者在语言和行为上的自我伪装。此外，无领导小组讨论要求面试者在同一时间里展现自己多方面的素质，这也加大了面试者掩饰的难度。

3）对求职者的评价更全面。无领导小组讨论过程中，讨论氛围自由活跃，小组成员之间互相讨论，频繁互动，这就能使面试官了解许多在笔试乃至结构化面试中都无法考察到的有关求职者的多方面能力和素质。比如，有特定环境或情境下的适应能力，应变能力，非语言沟通能力，甚至包括在相对放松状态下，求职者的表情、举止等小动作所表现出的个人修养。

4）对求职者可以横向比较。在无领导小组讨论中，各小组成员在同一背景和环境下，讨论同一话题，这样就可以对求职者的表现相互参考，横向比较。有的人表现得积极主动，而有的人则消极被动；有的人据理力争，而有的人强词夺理。这种在完全相同的条件下所产生的不同表现，为面试官横向比较提供条件，也克服了考官可能由于记忆力、知感、印象等在时空上的滞后性，以及过往经验带来的评判缺陷，大大提高了无领导小组讨论中评判的信度和效度。

5）对求职者评价客观。结构化面试是单独面试，程序不断地周而复始，始终重复，很容易造成面试官审美疲劳、精力不济，从而造成效率和效果下降。相比之下，无领导小组讨论是求职者"群面"，在同一时间对多名求职者同时考查，这就弥补了结构化面试在这方面的缺陷，大大提高了评价结果的公平性和公正度。

（三）无领导小组讨论的角色职责及技巧

多数情况下，角色包括计时员、指挥者、记录员、总结者等，以下概括一下各种角色的职责及面试技巧。

1）指挥者。指挥者相当于领导者，他需要主持掌控讨论进程，提醒成员不要离题，注意发言时间等。

指挥者这种角色需要调动所有成员在讨论中的气氛，控制讨论进展方向，并且掌控全局，要有领导气质和风度；特别是当很多求职者没有充分发言的时候，他能调配所有人的积极性，给别人发言的机会。这种角色适合有全局观念、思维敏捷、观点犀利并且能够把控全局，以及平日就比较善于言谈，喜欢与人辩论的求职者。但是在做这个角色的时候，一定要注意，不要只顾自己表现，不要一开始就锋芒毕露，不要毫无保留地对每个发言者的言论点评，还要有合作精神和团队意识。很多求职者认为只有成为指挥者，才能最大限度地表现出自己的能力和水平，尤其是当小组其他成员所说的内容不够完美时，就不顾一切地帮他进行总结。这样没有必要，实际上，我们可以这样做：在讨论结束之前，将各成员的要点大致点评一下，分析优劣，语调舒缓平和，这样自然而然地成为小组中的指挥者。

2）协调者。这个角色在小组中起到沟通的作用。这并不是指对各个成员的观点进行协调沟通，那就变成指挥者了。协调者指的是协调持不同观点的成员之间的关系、保证讨论气氛和谐，出现冷场或气氛突然紧张时，这个角色会突出他的作用，比如协调者常会用一些带有幽默成分的表达让大家放轻松下来，或者提出一个新的想法转移大家的注意力，最终达到协调和沟通的作用。

3）参与者。参与者这个角色不是很有特点，但是也不能缺少，在团队当中也是十分重要的，这一角色的任务是阐明自己的想法和观点，并和其他成员积极讨论，然后对于不同的意见也会辩驳，确保团队在讨论过程中保持正确的思路。

4）计时员。这个角色是团队所有成员角色中最容易扮演的，比较适合平时不太善于表达，又不愿与他人争辩的求职者，有大局观念是这个角色的特点。这个角色还需要熟悉整个讨论的流程，每个环节需要多少时间，每个人大约需要发言几分钟等，都是计时员应完成的任务。

若想扮演这一角色，建议在面试之前就把手表或者手机拿在手里，在面试官说完面试流程与要求后，直接把计时的东西放到桌子上，说一句："现在是×点×分，我们有×分钟来做……最后留×分钟做总结，也就是到 X 点 X 分，那么我们现在就开始吧"。一般来说，就不会有人跟你抢这个角色了。

5）记录员。无领导小组讨论中的记录员不是记录讨论程序，而是要记录每个小组成员的发言要点，并进行简单的加工整理形成阶段性总结，然后讲出来供大家参考的角色。这个角色最大的特点就是关注细节。比如记录员会说："我总结一下，A、C、D 组员的观点主要集中在……而 B、E、F 组员的观点是……其他组员的观点是……我觉得可以重点在这三个观点中讨论一下。"

6）总结者。把小组讨论的结果向面试官陈述，主要注意的是说话的逻辑性与条理性，最好能够把小组成员思考的过程说明一下。当然，有些陈述量比较大的话，可以把部分论点让给其他成员来扩展，注意总结完成时不要忘记说："其他组员还有没有什么需要补充的。"

（四）无领导小组的一般流程

通常情况下，一个完整的无领导小组讨论流程包括：资格审核、抽签、等候、入场、讨论前的准备、个人观点陈述、自由讨论、讨论结果汇报、退场、公布结果等环节。其中，讨论前的准备、个人观点陈述、自由讨论和讨论结果汇报，这四个部分是无领导小组讨论的核心环节。

1. 讨论前的准备

在参加无领导小组讨论的所有面试者们都已经全部入场就座完毕之后，一般会给出少许时间，让面试者进行短暂的调整，通常主考官也会利用这一段时间宣读指导语。例如：

大家好！首先，欢迎大家来参加今天的面试。我们今天的面试将采用无领导小组讨论的形式进行，主要包括个人观点陈述、自由讨论、讨论结果汇报三个阶段。在正式开始讨论之前，大家可以有 5 分钟的时间来阅读桌面上的规则要求和题本，并就需要讨论的问题独立进行思考。接下来，你们每一个人都有 1 分钟的时间可以阐述自己的观点。在你们阐述完各自的观点后，将有 30 分钟的时间供你们自由讨论。在讨论的过程中，希望大家积极参与，充分表达自己的观点；在自由讨论结束之后，你们可以自行推荐一个代表来汇报和总结小组的讨论结果，时间是 3 分钟。当 5 分钟的准备时间结束，我宣布讨论开始以后，在整个过程中，考官不会参与你们的讨论、不会干涉你们的讨论，也不会给予你们任何提示，所有的问题都将交由你们自己解决，你们尤其需要注意好各个环节的时间，希望你们最终能够达成一致的意见。请问大家还有什么不清楚的地方吗？好。如果没有什么疑问，就请大家翻开桌面上的题本，计时开始。

在主考官说完上面一段话后，面试者就可以开始认真进行讨论前的准备了。这 5 分钟时间对面试者而言非常关键，一定要充分利用。

2. 个人观点陈述

在 5 分钟准备时间结束后，主考官宣布讨论开始，接下来的时间将全部交由面试者。首先，第一阶段是个人观点陈述。在这个环节中，面试者主要的任务是在规定的时间里（通常是 1 分钟），基于前面 5 分钟的思考，就所要讨论的问题，进行简明扼要的阐述，把自己的基本想法、基本观点说清楚即可。面试者在陈述个人观点时需要体现出自己思考问题的逻辑主线，阐述的要点之间可以层层递进，可以辩证统一，可以点面结合，还可以正反对比等，无论面试者选择哪种逻辑顺序，只要表述清晰，层次分明即可。在这一方面，无领导小组讨论与结构化面试非常相似，但与结构化面试中回答问题不一样的是，面试者一定要意识到现在自己并不是一个人在表演，而是一群人在合作，所以我们的表达需要兼顾群体的氛围。

例如，如果求职者是第一个发言的，可以谦虚地说"就考官们布置的问题，在刚刚的 5 分钟里，我尝试着做了一些分析和思考，但把握的可能还很不透彻，我抛砖引玉，还请大家多提意见"；如果求职者是第二、第三或第四个陈述等，也应该谦虚地说"刚刚认真听了×××或者几号面试者的发言，他提到了……我觉得很受启发，也很赞同，就这个问题，我还想到了其他一些方面……"总之，面试者一定要明确，讨论不是一个人，非常有必要对他人的发言做出反馈，或是与他人进行互动，而且这种反馈和互动最好是积极的、正面的。在个人陈述观点的时候，我们要考虑他人的感受，协调好讨论的气氛。只有这样，后续的自由讨论和总结汇报才能更加有利。

此外，还有同样不能忽视的一个问题，虽然是个人陈述观点，但是面试者一定不能只顾自己说自己的，还是要认真聆听他人的发言，该思考的要思考，该记录的要记录，这样才能够有利于后续的讨论和总结。当然，这也是交流过程中最起码的尊重。

3. 自由讨论

自由讨论是考官们对面试者进行考察和评判的黄金时间，也是最考验面试者的一段时间。有些问题需要注意：

1）要边听、边记、边想、边说，虽然简单，但很容易忽略和忘记。

2）很多失败的讨论大多都是因为没有注意他人的发言，看似很热闹，大家发言都很积极，但都是各说各话，最终讨论变成了一轮又一轮的"个人观点陈述"，始终说不到一块儿。这是自由讨论中最致命的一个问题。

3）在讨论中不要人云亦云、相互附和，需要多尝试着从不同的角度思考问题，尽可能为小组创造一些新的思路、新的想法，这一点也很重要。

4）讨论中鼓励提出不同的观点，但前提是一定学会从他人的发言中汲取有用的东西，即便是非常不赞同小组中其他面试者的观点时，表达也应当尽可能委婉。比如，"×××或者几号面试者刚刚提的……我也曾想到过，但是在听他阐述的过程中，又使我想到了一个问题，让我感觉很棘手，不知道考虑得对不对，我先说出来供大家讨论"，这样做才不至于让他人难堪（况且个人的想法也并非一定是对的），才能创造一个更有利于深入讨论的氛围。

5）讨论过程中，应当尽量避免打断他人的话，有时候会遇到这样的情况：前一位面试者说完了，这时候你可能和另一位面试者同时开口了，而他这时可能让你先说。即使在这种情况下，也应该礼貌地说"抱歉，打断了你，我就冒昧地先说了"，讨论过程中应当时时有尊重，处处见和谐。

6）小组讨论过程中，可以多次发言，但每次发言的时间最好不要超过 2 分钟。即便是小组中遇到了那种一开口就口若悬河、说个没完的面试者，我们应当尽可能地尊重、倾听，不要随意打断，这也是考验面试者情绪稳定性的时候。

7）小组讨论过程中，可能会有一些面试者比较内向，总是插不上话，甚至有些腼腆，不好意思表达，我们要注意留意他们的表情和眼神，尽量创造他们开口说话的机会，要尊重在场的每一位面试者，不要轻易地忽略他们的观点，不要轻视他们的意见。

8）小组讨论过程中，如果说话不留神，可能弄得讨论气氛不太愉快，甚至出现不太友好的争执。遇到这种情况，面试者首先要调整好自己的情绪，然后应当尽可能地调动小组成员，消除紧张的气氛，重新回到和谐的讨论。

4. 讨论结果汇报

在讨论结果汇报阶段，小组成员要推选一个代表或者是毛遂自荐来对本组讨论的内容和最后的结论做一个总结。在实际面试过程中，很多面试者都会不自觉地去争取最后一个总结发言的机会，其实大可不必。小组中最后谁去总结，应当是根据当时的情况，水到渠成。小组中的其他成员要认真聆听，因为考官们可能还在考察所有面试者此时的非言语行为。

（五）无领导小组讨论的评价标准

1）参与有效发言的次数。面试者的有效发言不外乎三种：一是提出一个新的观点；二是对现有的观点进行补充或者纠正；三是对现有的观点进行总结概括。如果面试者的发言是有效的，不仅证明了其良好的表达能力、分析能力、概括能力、创新能力等，而且也证明了其充分地尊重其他面试者，善于倾听。

2）是否善于提出新的见解和方案。这是对专业知识储备的考验。这个需要依靠平时的日积月累。不积跬步，无以至千里；不积小流，无以成江河。

3）是否敢于发表不同的意见，或支持别人的意见，或在坚持自己的正确意见的基础上，根据别人的意见发表自己的观点。无领导小组讨论的过程，也是一个相互学习、相互启发的过程。无论是赞同还是反驳，都要有依据，要从别人的观点上提出，要从事实或理论出发，既不能强词夺理，也不能当墙头草，否则会给考官们留下很不好的印象。

4）是否善于消除紧张气氛，说服别人，调解争议，把众人的意见引向一致。如何把小组成员的观点引向一致，这是对面试者应变能力、协调能力、问题处理能力等方面的全面考察。

5）是否善于创造发言的气氛。

6）是否善于倾听别人意见，是否尊重别人，是否妨碍了他人表达观点的权利。

案例分析

排序型题目

在面试中，这类问题是让求职者将多种信息或答案进行排序的题目。这类题目最常见，也是最早被应用于其中的。它们通常比较有趣，求职者也能很快投入其中。以"沙漠求生"的题目为例。

题目

沙漠求生

在炎热的八月，你乘坐的小型飞机在撒哈拉沙漠失事，机身严重撞毁，即将着火燃烧。在燃烧前，你们有15分钟时间从飞机中取出物品，并且只能从14项物品中挑选5项。在考虑沙漠的情况后，你们会怎样按物品的重要性排序呢？请解释原因。

现场情况补充说明：飞机的位置不能确定，只知道最近的城镇是距离70公里的煤矿小城。沙漠日间温度是40度，夜间会骤降至5度。飞机上生还人数与小组人数相同。你们装束轻便，只穿着短袖T恤、牛仔裤、运动裤和运动鞋，每人都有一条手帕，全组人都希望一起共同进退，机上所有物品性能良好。

物品清单：一支闪光信号灯（内置四节电池）；一把军刀；一张该地区的地图；七件大号塑料雨衣；一个指南针；一个小型量器箱（内有温度计、气压计、雨量计等）；一把9mm口径手枪（已有子弹）；三套救生衣；一瓶维生素（100粒装）；十升饮用水；化妆镜；七副太阳眼镜；一升高度白酒；七件厚衣服。

题目解析

关于物品排序这类问题由于或多或少需要一些户外运动的知识，因此通常不刻意追求正确答案，但如果有较为科学合理的答案也可以参考一下，比如美国山地救援协会的一些专家在研究沙漠求生问题时搜集了很多事件和生还者的资料，得出以下结论，以重要性强弱顺序排序如下：

化妆镜：在各项物品中，镜子是获救的关键。镜子在太阳下可产生相当于700支蜡烛的光，只要有面镜子，获救的机会就有80%。

外套：人体内有40%是水分，流汗和呼吸会使水分丧失，保持镇定可减低脱水的速度，穿外套能减少皮肤表面的水分蒸发，如没有外套，维持生命的时间便减少一天。

水：水有助减低脱水速度，口渴时，饮水可使头脑清醒。但身体开始脱水时，只饮水也起不到作用，因为需要同时补充大量电解质。

手电筒：手电筒是晚上最可靠的工具，有了化妆镜和手电筒，24小时都可发出讯号，而且可用手电筒的玻璃作反光镜发出信号，亦可将聚光面镜用作引火工具。

降落伞：可用于遮阳和发出信号。

大折刀：可用于切割等用途，可排在较前位置。

塑料雨衣：可做集水器，在地上挖一个洞，用雨衣盖在上面，再在中间放一小石块，使之成漏斗形，日夜温度差距可使空气中的水分附在雨衣上。将雨衣上的水滴储存在手电筒中，这样做一天可提取差不多500毫升的水。

手枪：在说话和行动已经很困难时，开枪可以用作信号，很多悲剧事件是因为求生者不能作声而没有被发现。弹药有时可做引火之用，还有枪柄可做锤子用。

太阳眼镜：在猛烈阳光下，用降落伞遮阳可避免眼睛受损，但用太阳眼镜更舒适。

纱布：可当绳子或包扎保护之用。

指南针：除用其玻璃面反射发出信号外，几乎没什么用处，反而引诱人离开失事地点而造成更大的危机。

地图：可用来生火或做卫生纸用，沙漠中地图是没用的，也会起误导作用。

猎枪：最大问题是脱水而非饥饿，打猎本身会失去很多水分，其次沙漠中也没什么动物可见，而且进食也需要大量的水以帮助消化。

伏特加酒：剧烈的酒精会吸去人体水分，更可致命，它只能用于暂时降低体温或消毒。

盐：人们往往过分高估盐的用途，在这里其实作用很小。

问题解决型题目 ✉

在面试中，这是一类以小组为单位共同解决一个虚拟难题的题型。设置的条件尽量和实际工作条件在一定程度上保持一致，以达到最佳的预测效果，同时选取的材料应该来源于实际工作。

题目

又值春节前客户高峰，我行某支行网点共有6个综合业务窗口。其中一个是VIP窗口，现在普通客户等待人数是67人，VIP客户排队11人。请问：现在是否应该暂时关闭一个普通窗口，增开一个VIP窗口？请讨论。

题目解析

个人观点陈述阶段，各面试者的发言与点评如下。

1号面试者："我觉得，现在大堂这么忙的时候，让一个普通的综合窗口变成一个VIP窗口，这个办法可能有点欠妥。我的想法是，是不是可以请大堂经理或者其他员工在排队等候的人中间咨询一下他们要办什么业务，因为作为一个网点，提供存取款、转账业务的ATM机是很便捷的，可能有些人不知道这些机器可以办理这些业务，而这些业务是不需要在柜台办理的，然后，可以请他们去ATM机上办理，能大大减少排队等候的人数。而且题目背景资料中给出的时间是春节前，我正好曾经春节前后在银行网点实习过一段时间，也接触过大堂经理，我感觉大部分人办理的业务都可以在ATM机上实现。以上就是我的观点。"

点评：作为第一个发言的人，面试者首先应该说"大家好，我是今天的×号面试者，很荣幸第一个发言"，然后再发表自己的观点。虽是即兴发言，但也应该流畅、简洁。在阐述观点时，能结合自己的实习经历，是十分可取的，可以让考官对其有进一步的了解。

2 号面试者："我同意上一位同学'部分客户在 ATM 机上办理业务'的想法，因为 VIP 客户比普通客户办理的业务可能比较大，更需要在柜面上进行。而普通客户就如上面一位同学讲的，可能只是办理存款、取款、转账这些业务，这些完全可以在 ATM 机上做到。另外可以在大厅内设置报刊，还有提供饮水等服务，让客户们在等待的时间缓解一下情绪。回答完毕。"

点评：面试者在表明观点时，不明确，绕来绕去；"同学"一词不可用；补充"可以在大厅内设置报刊""提供饮水等服务"等措施，这一点可取；"回答完毕"显得画蛇添足，恰当的说法是"以上是我的观点"。

3 号面试者："我觉得上面两位同学的思考方式和角度都让我很受启发。我的观点同第一位同学是一样的，我认为将一个普通柜台改为 VIP 柜台这个方法有所欠缺。首先，她分析到了我们所在的时间是春节前，这个时候往往是一些散户或者是办理小额业务的客户，他们都是办理一些存取现钱的业务，如果这个时候我们将大量的客户普通柜台撤掉或者是减少，而变成面向少数客户的 VIP 柜台，会造成大批客户的负面情绪，甚至可能会造成排队场面混乱之类的情况发生。因此，第一位同学说的疏导一部分小额业务的散户到 ATM 机或者其他平台去办理的方法，我认为是十分可取的。综上所述，我同意前面同学提到的观点，反对将普通柜台改为 VIP 柜台。谢谢。"

点评：用"很受启发""我的观点同第一位同学是一样的"表述，十分可取。但"同学"一词需要更正；在无领导小组讨论中用"他"来指代是不妥的；"散户"通常是我们在证券市场中听到的说法，用在这里代指银行的小客户是不恰当的；没有提出自己的独特观点，是比较遗憾的；最后说"同意前面同学提到的观点"还是指代不明，应学会使用"1 号""2 号"等指代。

拓展延伸

延伸一

世界 500 强公司的"全面招聘体系"（节选）⊖

丰田公司的"全面招聘体系"大体上可以分成 6 大阶段，前 5 个阶段招聘大约要持续 5 ~ 6 天。在前 5 个阶段，求职者要经历简历筛选、基本能力测试、职业态度的心理测试、实际操作、小组讨论、集体面试等。在最后一个阶段，新员工需要接受 6 个月的工作表现和发展潜能评估。在该阶段，新员工会接受公司的全面监控、观察、督导等。最后，由公司对其进行全方位的评估，并做出最终的雇用决定。测评方法以面试为主。

研究发现，对于人才的选拔测评，30 家世界 500 强样本企业都不约而同地把面试作为主要的手段。具体而言，面试又以情景面试、行为面试、结构化面试为主。在世界 500 强中，70% 的公司运用情景面试法，来筛选他们的高级人才。世界 500 强的面试通常要进行两轮，第一轮由人力资源部进行面试，第二轮由各职能部门进行面试。面试问题可以归纳为以下几个方面：行为化或情景性的问题、角色扮演性的问题、行业相关问题、时事问题和忠诚度问题。

以宝洁公司的面试为例。宝洁的面试分两轮。第一轮为初试，采用面试官与求职者一对一的方式进行。面试官通常是有一定经验并受过专门面试技能培训的公司部门高级经理，面试时间大概在 30 ~ 45 分钟。第二轮面试大约需要 60 分钟，面试官至少是 3 人，由各部门高层经理来亲自面试。

⊖　王林. 世界 500 强招聘策略研究及启示 [D]. 重庆：重庆大学，2008.

宝洁的面试由八个核心问题组成：第一，请你举一个具体的例子，说明你是如何设定一个目标，然后达到它。第二，请举例说明你在一项团队活动中如何主动地起到领导者的作用，最终获得你所希望的结果。第三，请你描述一种情形，在这种情形中你必须去寻找相关的信息，发现关键的问题，并且依照一些步骤来获得期望的结果。第四，请你举一个例子，说明你是怎样通过事实来履行你对他人的承诺的。第五，请你举一个例子，说明在完成一项重要任务时，你是怎样和他人进行有效合作的。第六，请你举一个例子，说明你的建议曾经对一项计划的成功起到了重要的作用。第七，请你举一个例子，说明你是怎样对你所处的环境进行评估，并且能将注意力集中于最重要的事情上以便获得你所期望的结果。第八，请你举一个例子，说明你是怎样学习一门技术并且怎样将它应用于实际工作中。

中国青年报社会调查中心曾采用问卷调查与"结构性访谈"的方式，围绕人才招聘的简历筛选、笔试、面试等过程对惠普、西门子、IBM 等 30 家世界最知名的跨国公司的在华人力资源主管进行了调查。调查结果显示：在给出的 22 项人才素质中，所有接受调查的人力资源主管都认为"团队精神、忠诚度、创新能力和沟通表达能力"是跨国公司在选才时"非常重视"或"比较重视"的。若按"非常重视"的获选率进行排序的话，"团队精神"可谓是"重中之重"，80% 的被调查者选择"非常重视"，其次是"创新能力"（63.3%）、"忠诚度"（60%）和"沟通表达能力"（53.3%）。

延伸二

不"唯文凭是用"

索尼公司在招聘人才时，非常强调求职者的实际才能。索尼创始人盛田昭夫曾开玩笑地说过，他真想把公司所有的人事档案全都烧掉，以使整个公司杜绝学历歧视。他在 20 世纪 60 年代写过一本书——《学校成绩别在意》，书中强烈斥责了"唯文凭是用"的做法，而强调企业应注重个人能力而非学术背景。

再如，宝洁公司在世界范围内招聘时遵循一条准则：即根据本人能力和表现，来招聘宝洁所能找到的最优秀的人才。在宝洁公司的招聘宣传册上，各部门对求职者所学专业几乎没有任何限制，学文也行，学理也可以，只要求职者能通过考察就行。

延伸三

看重求职者的品德

松下公司在招聘人才时非常注重员工的道德水平。在面对所有求职者时，松下把"人格"放在了首位。松下幸之助曾说："一个人要达到道德上的圆满是非常艰难的。但是，它的修炼比才能、经验重要得多。当道德与才能、知识、经验产生冲突，需要做出选择时，松下公司一定会选择前者。"松下幸之助强调：如果仅有知识而不懂得做人，那么，这个人的知识就很容易成为"恶智慧"。学历、知识好比商品上的标签，论才用人要看品质，不要只注重标签价码。

可口可乐在选拔人才时，一定要求这个人的职业操守、敬业精神以及正直诚实没有问题，然后才会考虑其知识水平和技能。可口可乐非常看重员工的个人品质，他们认为，即使求职者的知识水平差一点，但可以通过学习和培训得到提高，但个人品质是无法通过其他途径完善和提高的。

实践演练

演练一：模拟销售人员面试

小夏是一名刚从××职业技术学院毕业的市场营销专业的学生，她刚刚通过了一家企业销售人员的笔试，即将参加第二轮面试。请同学根据下面试题帮助小夏模拟面试场景。

1）请你做简要的自我介绍。

2）您的缺点或不足是什么？您的优点或特长是什么？

3）请说一下别人是怎样看你的？

4）您在选择工作中更看重的是什么？说说你在薪酬方面的心理预期。

5）如果您在一个士气很低落的环境中工作，您将如何做？

6）您认为自己有什么资格来胜任这份工作？

7）请详细描述您以往的销售流程。

8）请讲讲你遇到的最困难的销售经历，你是怎样劝说客户购买你的产品的？

9）电话推销和面对面的推销有什么区别？为使电话推销成功，需要什么样的特殊技能和技巧？

演练二：模拟财会人员面试

××公司是一家世界 500 强企业，由于公司要扩大中国市场，现要在黑龙江地区开设下属分公司。公司将在黑龙江地区招聘 5 位财务工作人员，以下是该公司往年的面试试题，请同学分组模拟面试场景：

1）在财务管理、预算管理、投资融资等方面，你有哪些经验？请详细介绍工作中的具体事件。

2）如果接到某部门的电话，要求追加部门费用预算，可你知道无法立即解决他的问题时，你会如何处理？

3）财务人员最重要的品质是什么？

4）你如何看待做假账现象？

5）你对公司财务的哪部分最感兴趣？

6）诚实、聪明、细心这三个品质，你觉得最重要的是哪个？

7）开具增值税红字发票需要有哪些条件？

8）如何理解会计岗位的职责及作用？

任务 1 撰写市场调查报告

任务描述

手机作为日常最常用的社交、通信工具使越来越多的人成为"低头族",手机的使用率也逐年提升,某职业技术学院创业学院的学生要针对手机开发一项自己的创新创业项目,他们首先要对市场需求进行调查,并写出一份调查报告。

任务目标

- **知识目标**:了解市场调查的概念、作用、特点及分类;掌握市场调查报告的写作方法。
- **能力目标**:能够理解市场调查的意义。能够针对调查所得数据进行分析、整理,并写出市场调查报告。
- **素质目标**:通过分组合作进行市场调查,增强学生的团队合作精神;通过与同学、调查对象的交流,增强学生的语言表达能力。

任务实施

1)将学生分为多个调查小组,以抽签形式分配角色,每组由组长、调查员、被调查人员组成。
2)每组调查员汇总调查数据,全组共同讨论,合作写出调查报告。
3)各组选派成员宣读调查报告,师生共同评选出最佳调查报告。
4)教师讲评。

知识平台

微课 5 – 1　　　　　　　课件 5 – 1

一、 调查报告的概念

调查报告是对某项工作、某个事件、某个问题，经过深入细致的调查后，将调查中收集到的材料加以系统整理、分析研究，以书面形式向组织和领导汇报调查情况的一种文书。

二、 调查报告的作用

市场调查是捕捉市场信息、认识市场规律、预测市场变化、促进现代化管理的重要手段。调查报告的作用主要有以下几方面。

1）调查报告可为制订方针、政策及领导者的正确决策提供依据。它能真实地反映社会实际情况和问题，使政府各部门制订的方针、政策更符合实际，同时，也为领导者的正确决策提供参考和依据。

2）调查报告可通过调查、宣传、介绍先进经验和先进人物事迹，指导全面工作。

3）调查报告可以揭露社会问题、鞭挞不良倾向、改正工作失误，从而引起有关部门的注意和重视，起到解决问题、教育广大干部群众的作用。例如，《中国首例特大有害化工废料进境事件追踪调查》。

4）调查报告可揭露事实真相，说明和回答社会问题。社会上和组织中往往会对某一事件、某一问题争论不休或众说纷纭。在真相不清、谣传离奇的情况下，就需要用调查报告来澄清事实真相，帮助群众分清是非和真伪。例如，《转基因事件的深入调查》。

三、 调查报告的特点

1）写实性。调查报告是在大量现实和历史资料的基础上，用叙述性的语言实事求是地反映某一客观事物。充分了解实情和掌握真实可靠的素材是写好调查报告的基础。

2）针对性。调查报告一般有比较明确的意向，相关的调查取证都是针对和围绕某一综合性或是专题性问题展开的。所以，调查报告反映的问题集中而有深度。

3）逻辑性。调查报告离不开确凿的事实，但又不是材料的机械堆砌，而是对核实无误的数据和事实进行严密的逻辑论证，探明事物发展变化的原因，预测事物发展变化的趋势，揭示事物的本质和规律，得出科学的结论。

4）时效性。调查活动是应当下的情况和新出现的事物而展开的，写成调查报告是为了推广好的工作经验，解决现实生活中的问题，因此，时效性也是衡量调查报告价值的重要标准之一。

四、 市场调查报告的种类

市场调查报告属于专业性调查报告，依据调查的内容和作用，可分为以下几种。

（一） 市场产品情况调查报告

以产品调查为主，重点介绍市场对产品的数量、规格、型号、品种、性能、价格、技术服务等方面的评价、建议和要求，从而了解产品的市场地位及其市场占有率等信息。

（二） 市场销售情况调查报告

突出介绍产品市场分布、消费人群构成、销售规模、销售渠道、销售能力、仓储运输成本、广告费用及效果等。

（三） 市场竞争情况调查报告

以调查市场竞争情况为主，具体说明市场上同类产品在质量、价格、品种、交货期限、零配件供应、经营推销方式、服务特点等方面的情况。

五、 调查报告的写作步骤

所有调查报告的写作都要经过三个过程：实际情况调研、分析研究和撰写报告。

（一） 实际情况调研

调查研究是调查报告的客观基础和依据，调查报告是调查研究成果的客观反映和体现，两者缺一不可。因此，写报告前，要深入实际，对情况、问题或事件的经过进行详尽的调查，掌握第一手材料。

为了获得丰富的材料，首先要讲究调查的方法。常见的调查方法有：

1）专项调查法。对局部性的某一项目或某个具体问题进行的调查。内容比较单一，反馈比较迅速，在各级机关中运用较多。

2）综合调查法。对某一对象进行多方位的全面考察。例如，调查城镇变迁就需要对产业、人口、政策、环境、文化等多方面进行详细考察。

3）典型调查法。在需要调查的对象群体中，选择有很强代表性的对象进行深入调查。典型调查的目的是窥一斑而见全豹。为了确保调查的客观有效，必须注意代表性对象的选取标准，避免主观片面和绝对化。

4）抽样调查法。按照随机原则，在总体中选取某一部分作为调查对象，通过部分推算整体。此种调查法的优点是能以较少的人力、物力投入来获得结果，缺点是对于动态的事物难以把握，抽样比例的多少会直接影响到最终结果的正确性。

5）直接调查法和间接调查法。直接调查法包括开会调查、个别访问、现场观察、蹲点调查等。间接调查法包括阅读有关书面资料和利用网络资源等。

（二） 分析研究

调查报告写得成功与否，关键在分析研究。调查报告绝不是材料的堆积、情况的汇总，而是要进行大量的分析。只有分析才能找出规律、形成观点、得出正确的结论，也才能提供建立在事实基础上的、揭示事物本质规律的、有参考价值的调查报告。这就要求在动笔写报告之前，对获得的材料进行去粗取精、去伪存真、由此及彼、由表及里的分析研究，揭示事物的本质、找出事物的规律、抓住事物的真相，从而得出结论。

具体说，就是把调查得来的情况进行综合梳理，把零散的东西系统化，把感性的东西理论化，把表面的东西实质化，弄清事物的内在联系，探求事物的本质和发展规律。一方面要注意从历史发展上来分析和研究事物的发展变化以及事物间的联系，从而揭示事物发展的规律；另一方面还要注意将其放在一个特定的环境中，通过与其他事物的横向比较来分析事物间的联系，得出所调查事物的自身特点及其发展规律。

分析研究是撰写调查报告的关键，既起到承上启下的作用，将实际调查和撰写报告有机地结合起来，又贯穿调查报告写作的全过程。从实际情况调研开始，一直到撰写报告，始终都不能放松对事物的分析研究，在实际调查过程中要边调查边思考研究，不放过对任何事件，哪怕是一个细节的分析研究，这样才能使调查不断深入，也使自己的认识不断深入。虽然人的认识往往是有局限性的，但认识的水平会随着思索的进一步深入而逐步提高。所以，在撰写报告时，应该注重进一步的分析和研究，不要认为已经系统地对所收集的材料进行了整理，就一定抓住了事物的实质，发现了事物发展的真正规律，就不再需要分析研究了。

其实，在动手撰写报告的过程中，作者通过对材料的进一步分析、整理和使用，对事物会产生更深入的理解和认识，其认识水平往往也会随着写作的进行而提高，因此，在写作阶段仍然不能忽视分析研究工作，要将分析研究贯穿调查报告写作的整个过程。

（三）撰写报告

调查报告的结构一般由标题、正文（前言、主体、结尾）和落款构成。

1. 标题

好的标题，不但可以使读者深刻地理解调查报告的内容，而且可以激发广大读者的阅读兴趣。对调查报告标题的要求有：准确、鲜明、生动、新颖、简练等。调查报告的标题，一般有四种写法。

1）文章式标题。这类标题，概括调查报告的主要内容，如《湖南农民运动考察报告》《一个经营有方的超市》等。

2）公文式标题，即"事由+文种"。这类标题，提示调查对象或主要问题，明显的标志是使用介词结构"关于"，如《关于××幼儿园饮食安全的调查报告》《关于××厂整顿产品质量的调查》《关于××学院2020届毕业生就业情况的调查》。

3）提问式标题。这类标题，总结某一项工作经验，或揭露某一个问题，标志是使用疑问句，如《市第一医院是怎样扭亏为盈的?》《公路"三乱"何时休?》《儿童究竟需要什么读物?》。

4）正副式标题。这类标题，正标题揭示调查报告的思想意义，副标题标示调查的事项和范围，如《他山之石可以攻玉——关于×市开发区招商引资调查报告》《曙光初现——×州工业在西部开发中崛起调查》。

2. 正文

调查报告的正文是调查报告的主体部分，是充分表现主题的关键所在。正文由前言、主体和结尾三部分组成。

（1）前言。前言又称导语或开头，是调查报告的开头部分，要求用简明而生动的文字，交代调查目的，说明调查工作的主要情况（调查人、时间、地点）、调查对象的基本情况、历史背景，鲜明地揭示调查报告的主题思想，引起读者的兴趣。前言的内容应根据调查目的来定，不能千篇一律。一般要说明以下几点内容。

1）有关调查本身的概况。如调查的起因或目的、时间、地点、对象或范围、经过与方法等。

2）有关调查对象的概况。如组织规模、背景、历史与现状、主要成绩、面临问题、问题形成的简单过程等。

3）有关研究结果的概况。如肯定意义、指出影响、提示结论意见、点出报告的主要内容等。

（2）主体。调查报告的主体，是前言的引申开展、结论的根据所在。内容包括两大方面：一是调查到的事实情况，包括事情产生的前因后果、发展经过、具体做法等；二是研究这些事实材料所得出的具体认识或经验教训。按照内容，主体一般有三种写法。

1）将说明主题的材料，按照事物性质归类，每类用小标题统领，然后按一定的次序排列起来。各个小标题之间是并列的，这样，能使文章条理清晰、观点突出。这种写法叫"并列式"。

2）按照事物发生、发展、结局的先后顺序安排材料，分成相互衔接的几个层次，一层一层地把事情的来龙去脉报告清楚，这样，使人既了解全貌，又得到方向性、指导性的经验教训。这种写法叫"平叙式"。

3）先将调查的结果、结论告诉读者，然后再叙述这一结果、结论的由来，从几个方面分析形成这个结果的原因，这种写法叫"因果式"。

以上三种方式，无论采取哪一种，都要注意先后顺序、主次分明、详略得当，更好地表现主题。

调查报告的结构也是有章可循的。如情况性调查报告："情况—成果—问题—建议"；经验性调查报告：："成果—做法—经验"；揭露性调研报告："问题—原因—建议"；推广新生事物的调查报告："新生事物—主要特点—现实意义"。

（3）结尾。结尾又叫结论，是调查报告的结束语，是提出问题、分析问题和解决问题的必然结果。好的结尾，可以加深读者对主要事实的感受，得到更大的启发。

结尾的写作，应当避免与前言雷同，写法有以下六个方式。

1）小结式结尾。就是对调查报告的内容进行小结，使人更加明确调查报告的目的，增强报告的说服力和感染力。

2）启发式结尾。就是不把话说完，指明发展趋势，使读者回味无穷，引人深思。

3）号召式结尾。就是依托调查报告的事实，发出号召，激发情感，以唤起人们的响应。

4）展望式结尾。就是由"点"到"面"，指出方向，以鼓舞人们的斗志，增强信心。

5）分析式结尾。就是在肯定成绩的前提下，指出不足，然后提出解决的办法、措施、意见和建议。

6）自然式结尾。就是调查报告主体写完即自然结束，没有单独的结尾。

3. 落款

在正文的右下角，写上作者的单位名称、个人姓名及成文日期。

案例分析

例文

关注大学生的健康消费（节选）
——当代大学生消费状况的调查报告
广州南华工商学院社科部

随着经济社会的纵深发展，大学生作为社会特殊的消费群体，他们消费观念的塑造和培养更为突出而直接地影响其世界观的形成与发展，进而对其一生的品德行为产生重要的影响。因此，关注大学生消费状况，把握大学生生活消费的心理特征和行为导向，培养和提高他们的"财商"，在当前成为高校"两课"教学的重要课题。

为了对大学生消费状况有比较全面准确的了解，我们从三方面开展研究。其一，对广州南华工商学院 2017 级 442 名学生进行了消费状况的问卷调查。回收有效问卷 389 份（男生 192 份，女生 197 份），施测率为 88%。调查问题包括客观选择题和主观表达题，涉及消费的经济来源、家庭经济状况、月消费状况、消费支出分布情况及其对消费方面的最深刻感受等。其二，通过访谈等方式对 20 世纪 70 年代至今的大学生进行个案调查，从而提供了纵向比较的资料。其三，让学生通过课堂讨论形式对调查后发现的消费问题进行分析讨论，从而达到验证调查情况的准确性及对学生进行自我教育的目的。基于以上三方面情况的把握，结合其他院校的学生消费状况，我们对当代大学生的消费状况有了新的认识与把握。

一、当代大学生消费新概念

（一）消费方式已经进入网络电子时代

随着社会经济的飞跃发展，社会消费方式已经从原来单一的现金交易向现金、信用卡、支票等多样化的交易方式转变，使人们的生活方式更趋向方便快捷。当代大学生是青年人中的佼佼者，他们有着开放的思想意识，从不落后于时代的发展。那么他们在消费方式上是怎样的状况呢？在调查中我们发现，作为特殊的消费群体，当代大学生的消费方式已经进入了网络电子时代。在他们的钱包里，许多大学生都有校园 IC 卡、交通 IC 卡、银行卡、上网卡甚至运动健身卡等，"刷卡"时代使他们的消费行为潇潇洒洒，用他们当中某些同学的话来说，就是"卡一刷，钱就花"。

（二）消费多元化倾向

我们以个案分析的研究方式，主要通过电话访问和面谈方式，分别选取了 20 世纪 70 年代中期至今的大学生做了基本调查，并进行纵向比较。

（三）理性消费是主流

价格、质量、潮流是吸引大学生消费的主要因素。从调查结果来看，讲求实际、理性消费仍是当前大学生主要的消费观念。据了解，在购买商品时，大学生们首先考虑的因素是价格和质量。这是因为中国的大学生与国外的不同，其经济来源主要是父母的资助，自己兼职挣钱的不多，这使他们每月可支配的钱是固定的，大约在 800～1500 元之间，家境较好的一般也不超过 2000 元，而这笔钱主要是用来支付饮食和日常生活用品开销的。由于消费能力有限，大学生们在花钱时往往十分谨慎，力求"花得值"，他们会尽量搜索那些价廉物美的商品。无论是在校内还是在校外，当今大学生的各种社会活动都较以前增多，加上城市生活氛围、开始谈恋爱等诸多因素的影响，他们不会考虑那些尽管价廉但不美的商品，相反，他们比较注重自己的形象，追求品位和档次，虽然不一定买名牌，但质量显然是他们非常关注的内容。

（四）追求时尚和名牌是不老的话题

即使在取消高考年龄限制之后，20 岁左右的青年仍是大学校园的绝对多数，他们站在时代前沿，追新求异，敏锐地把握时尚，唯恐落后于潮流，这是他们的共同特点。最突出的消费就是使用手机。首先，大学生们的消费中普遍增加了手机的消费项目。本次调查中发现学生手机拥有率每班不低于 60%。此外，电脑及相关消费也是他们的追求，小至一张几十元的上网卡，大至电脑都是当代大学生的宠物，用计算机系同学的话来形容，他们简直就把电脑当成自己的"情人知己"。再次是发型、服装、饰物、生活用品，大学校园中都不乏追"新"族。调查资料也印证了这一点，就所占比例来看，"是否流行"紧随价格、质量之后，成为大学生考虑是否购买的第三大因素。至于名牌产品，当问到"如果经济许可，是否购买名牌产品"时，80% 的学生表示肯定。以上充分体现了大学生对追求高品质、高品牌、高品位生活的需要。

二、当代大学生消费状况存在的问题

（一）储蓄观念淡薄，"财商"需培养和加强

"财商"一词的提出者罗伯特·清崎曾经说过，"财商与你挣了多少钱没关系，它是测算你能留住多少钱以及能让这些钱为你工作多久的能力。"在讨论会上，当问及对"财商"概念的认识时，很多同学表示陌生。当问及一学期结束后经济情况如何时，大部分同学都坦然承认自

己的消费已经超出计划范围，甚至有些同学还需要向别人借回家的路费，略有剩余的同学也想着如何把剩余的钱花完，只有极个别同学有储蓄的意识。可见，当前大学生的"财商"需要培养和加强。

（二）消费差距拉大，出现两极分化

在关于月平均消费一栏的调查中，有15.2%的同学在800元以下"有点痛苦"的生活线上坚持学业；有28.3%的同学在800～1500元之间"勉强过得去"，有23.7%的同学在1500～1800元之间"稍微有点爽"，有16.7%的同学在1800～2000元之间"可以潇洒走一回"；有6.9%的同学在2000元以上可以说是"跟着感觉走"——无忧无虑。可见，大学生的消费差距增大，两极分化也比较分明，这在我国当前剧烈转型的社会大背景下有一定的必然性，但我们相信，随着社会的发展和人民生活水平的进一步提高，这些问题必将在一定程度上得到改善。

（三）消费结构存在不合理因素，女生更为突出

大学生的生活消费从20世纪70年代至今，至少有一个方面是共同的，即消费的主要组成部分以生活费用和购买学习资料、用品为主。在生活费用中，饮食费用又是重中之重，按照广州地区的物价水平，以学生在校每天消费十元左右用于基本饮食需要来估计，学生每月净饮食费需300元左右。

（四）过分追求时尚和名牌，存在攀比心理

在讨论会中，一些同学指出，为了拥有一款手机或者换上一款最流行的手机，有的同学情愿节衣缩食，甚至牺牲自己的其他必要开支；有些男同学为了一双名牌运动鞋，有些女同学为了一套名牌化妆品或者一件名牌衣服，不惜向别人借钱甚至偷钱以满足自己的欲望等，都可以反映出一些学生不懂得量入而出，而虚荣心的驱使又极易形成无休止的攀比心理。

（五）恋爱支出过度

在调查和讨论会上我们发现，一部分谈恋爱的大学生每月大约多支出300～800元，最少的也有200元左右，最高的达到1500元（比如送贵重礼物给对方）。他们大多承认为了追求情感，需要物质投入，经常难以理性把握适度消费的原则。这是让人感到忧虑的方面。有趣的是，传统意义上谈恋爱的费用支出一般由男方承担的局面已经完全被打破，而出现三种情况，即男方全部承担、男女方共同承担和女方主动全部承担，女生的恋爱支出甚至有超过男方的情况。传统与现代生活方式在当代大学生中被充分演绎。

三、当前大学生消费心理和行为偏颇的原因分析

当前大学生在消费上出现无计划消费、消费结构不合理、攀比、奢侈浪费、恋爱支出过度等问题，既与社会大环境的负面影响有关，也与家庭、学校教育缺乏正确引导不无关系。

首先，今天的大学生生活在"没有围墙"的校园里，全方位地与社会接触，当某些大学生受到享乐主义、拜金主义、奢侈浪费等不良社会风气的侵袭时，如果没有及时得到学校老师和父母的正确引导，容易形成心理趋同的倾向；当学生所在家庭可以在经济上满足较高的消费条件时，这些思想就会在他们的消费行为上充分体现。更糟糕的情况是，有些家庭经济状况不允许高消费的学生，为了满足自己的消费欲望，会不惜做出一些损人利己甚至丧失人格、法理不容的犯罪行为。

其次，父母日常生活消费的原则是子女最初始的效仿对象。有些父母本身消费观念存在误区，又何以正确指导自己的孩子呢？

因此，作为教育工作者，我们更应该关注学校教育环境对学生消费观念培养的重要作用。可事实是，高校思想政治教育对学生消费观教育还没有形成足够的重视。

四、引导大学生养成健康消费心理和行为的建议

当前，我国社会正处于激烈的社会转型过程中，虽然社会经济与以往比较已经取得卓越的成就，但是放眼世界，我们离工业化发达国家的距离还很遥远。当代大学生是未来社会建设的栋梁，引导他们继续保持艰苦朴素、勤俭节约的消费观念，反对奢侈浪费、盲目攀比、过高消费等不良消费风气，加强大学生健康的消费观念的培养与塑造，在当前国情下具有非常重要的意义。要正确引导大学生养成健康消费心理和行为，可以从以下三个方面着手。

（一）加强对大学生消费心理和行为的调查研究

在思想理论教学中，应该大力提倡调查研究与理论教学相结合的科学方法，使理论教学真正摆脱空洞无物的说教。今后我们应当重视和加强对大学生消费状况的关注，注重在研究他们的消费心理与行为中发现问题和解决问题。诚然，调查研究是一个艰辛的过程，但是作为教育工作者应该首先培养自己刻苦钻研的科学精神、实事求是的科学态度、理论联系实际的科学思维。

比如，我们在本学期初尝试了在"邓小平理论概论"关于社会主义本质论专题中，进行"我的消费状况"问卷调查和随后的课堂讨论。在积极主动的参与中，同学们充分了解了自己和周围同学的消费状况，对不良消费心理和行为进行了自我解剖与反思，对健康的消费观念开始形成全面、正确的认识。最后，通过我们的总结以及有关"财商"知识的传授，同学们从认识问题、解剖问题到解决问题，思想认识有了长足的进步。学期末的教学反馈调查中，当问到参与"我的消费观"活动后有无收获时，广大同学都表示肯定，他们认为在教学中设计这样的活动具有深刻的意义，使理论教学真正联系实际。

（二）培养和加强大学生的"财商"

所谓"财商"，指的是一个人在财务方面的智力，即对钱财的理性认识与运用。专家指出，"财商"的概念是与"智商""情商"并列的现代社会三大不可缺少的素质，也是现代教育不可忽略不宜回避的话题。可以这样理解，"智商"反映人作为一般生物的生存能力，"情商"反映人作为社会生物的生存能力，"财商"反映人作为经济人在经济社会里的生存能力。"财商"主要包括两方面的内容：其一，正确认识金钱及金钱规律的能力；其二，正确运用金钱及金钱规律的能力。我们应该围绕这两方面的内容，在"两课"教学活动中设计生动活泼的教学形式以达到教育目的。

（三）大学生良好消费风气应该成为良好校风的重要组成部分

良好校风是师德师风和学生学习、生活作风的有机组合。其中学生的消费心理和行为是体现学生生活作风的重要部分。高校校风建设应该把握育人第一位的原则，重视大学生为人处世每个环节的教育，重视培养和塑造大学生健康的消费心理和行为，以促进大学生学业的成功追求。一旦良好的消费习惯得到培养和加强，就会对良好校风的塑造起促进作用，并形成校风助学风的良性循环。因此，我们应该把大学生良好消费心理和行为的培养作为校园文化建设的重要组成部分。在校园文化建设中设计有关大学生健康消费理念的活动专题，并且持之以恒，以大学生良好的消费心理和行为促进良好生活作风的形成，进而促进良好学风、校风的巩固与发展。

例文评析：

这是一份针对当代大学生的健康消费状况的有实际意义的调查报告。从总体上看，符合调查报告的写作要求，而且条理清晰，逻辑性强，采用逐步递进的表现手法。

开头部分包括前两段内容，第一段揭示主题，强调大学生健康消费的重要性和与"两课"

的关系；第二段说明了本调查报告所采用的科学形式，突出了该课题的研究方式的科学性和正确性。

主体部分的内容遵循了提出问题、分析问题和解决问题的写作思维方式，从四个方面加以阐述。先是说明当代大学生消费的特点，包括消费网络化、多元化、理性消费占主流、追求时尚和名牌四个方面；然后通过消费的特点引出大学生消费状况存在着一些值得关注的问题，包括储蓄观念淡薄、消费差距拉大、消费结构不合理、过分追求时尚和名牌、恋爱支出过度五个方面。同时对存在问题的原因进行了分析，通过一般性的分析，表明其既与社会大环境的负面影响有关，也与家庭、学校教育缺乏正确引导不无关系，更对学生这一特殊群体进行了针对性的剖析，认为问题产生的根源在于对大学生消费心理和行为研究不足，"两课"教学中对大学生消费观的教育指导不够，校风建设范畴中普遍缺少倡导大学生勤俭节约生活消费观的内容。最后从解决问题的角度提出了引导大学生养成健康消费心理和行为的建议，包括加强对大学生消费心理和行为的调查研究，培养和加强大学生的"财商"，良好消费风气应该成为良好校风的重要组成部分等几个方面。这样，整个调查报告不仅提出了问题、分析了原因，而且提出了合理化建议，是一篇有实用价值的调查报告。

本文所采用的纵向比较与分析的方法有助于提出和分析问题，讨论的方式有利于问题的集中与归纳。调查报告有观点、有分析、有实践、有理论，值得借鉴。

拓展延伸

市场调查报告写作三忌
沈天水

市场调查报告是经济写作中常用的文种，它是对市场进行了深入的调查，并对调查中获得的资料和数据进行归纳研究之后写成的书面报告。它的主要作用是为有关部门进行市场预测和经济决策提供科学的依据，是市场预测和经济决策的基础，因此市场调查报告十分重视它的科学性和客观性。

市场调查报告亦可称之为市场调研报告，即是告诉我们市场调查报告不仅仅是对市场现状的一种反映，而且要求在对市场现状深入了解的基础上，对其进行深入的研究，归纳出合乎市场经济发展规律的结论，并提出相应的对策。因此市场调查报告必须具备市场调查与市场研究两大要素。市场调查是市场研究的基础，市场研究是市场调查的进一步深化，两者缺一不可，在这基础之上形成的书面报告才是一篇有质量、有价值的市场调查报告。要写出一篇有质量的市场调查报告，有三大问题必须注意。

一忌：根据自己的主观意愿选取调查样本。市场调查是市场调查报告写作的基础，要写作一篇具有一定质量的市场调查报告，首先要高度重视市场调查的质量。为了保证市场调查的科学性、客观性，选取合适的调查样本是十分关键的一步，切忌根据自己的主观意愿来选取调查样本。这种带有强烈的调查者主观因素的非随机抽样法，因为抽取的调查样本不具有广泛的代表性和客观性，会扭曲市场发出的信号，得出的结论会与市场实际状况有很大的出入，最终会影响到市场调查报告的科学性和客观性。如有一篇题为《大学生消费状况调查》的市场调查报告，作者仅从自己认识或熟悉的大学生中选取调查样本，这篇调查报告得出的结论与大学生实际消费水平产生了很大的偏差，最终使这篇市场调查报告成为一篇无效的调查报告。

因此，为了保证市场调查的科学性与客观性，在市场调查方法上可采用随机抽样法来确定调查的样本。随机抽样法具有两大特点：一是遵循随机原则，即它在抽取样本时，总体中每一个个体中选的机会都是均等的，完全排除了调查者的主观因素，从而保证了中选样本的客观性。

二是可以从中选的样本来推断总体情况。但中选的样本要保证一定的数量，否则由于样本的数量太少，会影响到调查的质量，据此推出的结论会产生以偏概全的弊病。有时为了保证中选的样本在总体中平均分布，还可以同时采用等距抽样法或分层抽样法。

等距抽样法即是给所有的调查对象编上号码，然后按抽样的比例将总体划成若干份，每一份中按相等的间隔距离抽取所需的样本。分层抽样法即是将所有的调查对象按一定的标准划分为若干类别，然后在各类别中采用等距抽样法来抽取所需的样本。

通过这样的方法抽取的样本就能保证市场调查所调查的样本具有广泛的代表性，真实客观地反映市场的实际状况，最后得出的结论必然是科学的、客观的，是能反映市场本身的真实面貌的。在此市场调查基础上写成的市场调查报告也才能成为有关部门进行市场预测和经济决策的可靠依据。

二忌：仅对市场调查的结果做客观的描述。在市场调查报告写作中，进行深入的市场调查是写作的基础，是十分重要的一环。但一篇有质量的市场调查报告不能仅停留在对市场调查的结果进行客观的描述上，还要对市场调查的结果做进一步的分析与研究，找出其中带有规律性的东西，以提供给相关部门作为经济决策的参考。目前我们看到一些报刊上发表的市场调查报告对市场调查结果进行流水式的描述，读者从这些市场调查报告中只能了解到市场的现状，而看不到作者的观点。如在一篇题为《南方车展消费者调查》的市场调查报告中对参加车展的消费者进行了调查：

调查表明，来看车展的人群当中，4 成是有车一族，而 6 成是没有车的。他们以中青年人居多，平均年龄约 30 岁左右。

所从事的职业以经理主管、专业技术人士、业务销售、个体经营为多，占了约 62%，而高校学生也有不少，占了约 13%。当然，学历整体水平也较高，大专以上学历占了 72%。

来看车展的人家庭经济能力较强，家庭月度平均收入达到 7400 元。

有效的市场营销必须基于对消费者群体的深入分析，市场细分工作越来越重要。今后的汽车产品销售及服务策略将会呈现出个性化、针对性的发展趋势。

车展是一个强有力的推广渠道。参展厂商应该充分把握这些时机，向消费者传递公司的最新产品信息及品牌文化，相信必定会取得丰厚的回报。

在这篇市场调查报告中作者虽然对参加车展的消费者进行了较深入的调查，但是没有围绕所调查的结果进行深入的分析与研究，"今后汽车产品销售及服务策略将会呈现出个性化、针对性的发展趋势"，这一结论应该是对调查结果分析研究后自然提出的，而不应该是作者外加上去的。因为缺少深入的分析研究，所以这一结论就缺少说服力。从这篇市场调查报告中参展厂商仅了解到消费者的构成情况，却看不到这种消费者的构成与汽车生产销售之间的联系，而这正是参展厂商最关心的问题。但遗憾的是，这篇市场调查报告没有起到应有的作用，其主要原因就是这篇市场调查报告中缺少对汽车消费者调查结果的分析与研究。

三忌：游离于市场调查结果的"空对空"的研究。市场研究必须基于市场调查的结果，如市场研究不紧紧围绕着市场调查结果展开，空发议论，这种市场研究就会成为"空中楼阁"。这种现象在一些以新闻采访代替市场调查而写成的市场调查报告中尤为多见，其主要原因是这些市场调查报告缺少一个必需的要素，没有深入进行市场调查，而是以蜻蜓点水式的新闻采访代替了深入的市场调查。如在一篇《我国儿童消费市场调查》的市场调查报告中看不到作者对市场调查结果的描述，而占有大量篇幅的是作者没有基于市场调查结果的分析与议论：

调查表明，近年来我国家庭中儿童的消费持续增长。儿童消费已占到了家庭支出的相当大比例。但是，在针对 6 岁以下城市儿童家长的焦点小组座谈和问卷调查中我们发现，在这看似繁荣的儿童消费市场的背后，却隐藏着家长的许多焦虑。

例如，在儿童玩具及营养品购买的调查中，家长们普遍表现出一定的困惑。拿玩具来说，当作为一个消费者步入玩具商场时，我们能感受到什么呢？琳琅满目！五光十色！但这时的消费者恐怕大多都要迷失了，如果想挑选一件称心如意的商品那将要大费周折，这里的原因是：

1. 在大多数情况下，玩具商场的商品都是以下列方式陈列的：制造商品牌，如×××专柜；商品的物理特征，如长毛绒玩具、塑胶玩具、木制玩具。这与多数情况下消费者的搜索目标是不吻合的，这就意味着消费者要进行不断的搜寻、挑选和反复的比较。

2. 大多数情况下，商家都在极力地发挥着信息不对称的威力，总是试图要消费者相信，本柜台的商品正是其最佳选择。这又给消费者的选择平添了几分困难。

之所以会这样，是因为现在儿童商品由制造商主导，以产品为中心，而非以消费者为中心。如果企业能从消费者的需求出发，会有意想不到的收获。下面的案例或许能带来一些启发：2000 年我们曾在北京某大商场开设了一个儿童用品专柜，所经营的品种与市场上其他商家并无很大差别，不同的是，首先在形式上我们摒弃了商品按其物理特征进行分类的常规做法，而是根据消费者的搜索目标加以区分，以期最大限度地与消费者意愿相吻合，从而大大地降低顾客的搜索成本；其次，在终端促销方面，我们选择了强调产品价值而非产品功能的做法，客观地帮助消费者建立目标商品与其购买意图之间的联系，以帮助消费者实现其"投资效益"的最大化；此外，我们还根据消费者普通关心的问题和困惑，提供了一系列的增值服务，使顾客的消费过程成为愉快的体验。

作者的分析研究必须基于市场调查的结果，这篇市场调查报告却把主次颠倒了，用作者的分析与议论来代替市场调查的结果。这篇市场调查报告事实上成了一篇阐述作者对儿童消费市场个人观点的研究报告。市场调查报告的主体应该是市场调查，市场研究是为了深化市场调查的结果，是为市场调查服务的，"皮之不存，毛将焉附？"离开了市场调查，"空对空"地研究，往往会脱离市场的实际状况，成为一种空谈。这对于儿童消费品的生产者与经营者来说又有什么意义呢？

写作市场调查报告实际是一项系统工程，在写作之前必须要进行深入的市场调查，大量搜集与调查主题相关的各种资料，然后对这些资料进行分类统计，归纳分析，进而以经济学理论对归纳出来的问题进行研究，提出解决的对策。在这一系列环节中，市场调查是最基础的环节，离开了市场调查就无所谓的市场调查报告。但仅做市场调查，不对市场调查的结果进行系统的分析研究，就无法对市场中存在的问题提出相应的建议或对策。这两方面相辅相成，缺一不可。因而在具体的表述方法上应以叙述为主，以议论为辅，议论为叙述服务，这样写成的市场调查报告才不会产生喧宾夺主的现象，这是在写作市场调查报告时必须关注的问题。如果避免了上述三种弊病，我们就会写出一篇符合商品生产者和经营者需要的有质量、有价值的市场调查报告。

（作者单位：华东政法大学人文学院）

🔍 实践演练

演练：撰写市场调查报告

网购在当今社会越来越流行，大学生也更加热衷于网购，请你选定范围和对象，设计一份关于大学生网购习惯的调查问卷，有序进行市场调查，再根据调查材料，撰写市场调查报告。

任务 2 模拟商务谈判

任务描述

在一次贸易交易会上，哈尔滨某公司外贸部要与一位客商在三天后洽谈出口业务，请你了解相关情况并做好此次商务谈判的准备工作。

任务目标

- **知识目标**：了解商务谈判的概念、特点及作用；熟悉商务谈判的类型及模式。
- **能力目标**：掌握商务谈判的基本原则；熟悉商务谈判的准备工作。
- **素质目标**：通过小组商务谈判的模拟训练，培养学生公平竞争、团队合作精神；通过学生之间的交流，培养学生创新思维，提升学生语言表达能力。

任务实施

1) 将全班同学分为两个谈判组，每组选出谈判负责人、主谈人及其他有关人员（营销专家、工程技术专家、金融专家、翻译人员等）。

2) 每组在谈判前分别做好谈判的信息准备。

3) 各组开始谈判。

4) 根据谈判过程及结果，教师进行点评。

知识平台

微课 5 – 2　　　　课件 5 – 2

一、 商务谈判的概念

商务谈判（Business Negotiation）主要指经济领域中，具有法人资格的双方或利益相关的当事人，为了协调、改善彼此的经济关系，满足贸易的需求，围绕涉及双方的标的物的交易条件，彼此交流、磋商达到交易目的的行为过程。

二、 商务谈判的特征

在整个商务谈判中，具有以下两个基本特点。

1. 以经济利益为谈判目的

不同的谈判者参加谈判的目的是不同的,外交谈判涉及的是国家利益;政治谈判关心的是政党、团体的根本利益;军事谈判主要是关系敌对双方的安全利益。虽然这些谈判都不可避免地涉及经济利益,但常常是围绕着某一种基本利益进行的,其重点不一定是经济利益。而商务谈判则十分明确,谈判者以获取经济利益为基本目的,在满足经济利益的前提下才涉及其他非经济利益。虽然,在商务谈判过程中,谈判者可以调动和运用各种因素,而各种非经济利益的因素,也会影响谈判的结果,但其最终目标仍是经济利益。

2. 以价格为谈判的核心

商务谈判的结果是由双方协商一致的协议或合同来体现的。合同条款实质上反映了各方的权利和义务,合同条款的严密性与准确性是保障谈判获得各种利益的重要前提。有些谈判者在商务谈判中花了很大气力,好不容易为自己获得了较有利的结果,对方为了得到合同,也迫不得已进行了让步,这时谈判者似乎已经获得了这场谈判的胜利,但如果在拟订合同条款时,掉以轻心,不注意合同条款的完整、严密、准确、合理、合法,则会被谈判对手在条款措辞或表述技巧上引入陷阱,这不仅会把到手的利益丧失殆尽,而且还要为此付出惨重的代价,这种例子在商务谈判中屡见不鲜。

三、 商务谈判的类型

(一) 按谈判人数分类

1) 一对一谈判。适于项目小的谈判,这种谈判往往也是最困难的谈判类型,因为双方谈判者只能各自为战,得不到助手的及时帮助。

2) 小组谈判。一种常见的谈判,适用于较大型的、情况比较复杂的项目。

(二) 按谈判国别分类

1) 国内谈判。

2) 涉外谈判。

(三) 按谈判地点分类

1) 主座谈判指在自己的所在地进行的谈判。主座谈判给主方带来许多便利条件。谈判时间表、各种谈判资料的准备和新问题的请示均比较方便,所以主座谈判人谈起来很自如,底气十足。

2) 客座谈判指在谈判对手所在地组织的谈判。对于客方来说需要克服一些困难。要入乡随俗、入国问禁,要审时度势,争取主动。如果是在国外举行的谈判,遇到语言问题时,不能随便接受对方推荐的翻译、代理人,以防泄密。

(四) 按谈判交流方式分类

1) 口头谈判。

2) 书面谈判。

(五) 按合作与冲突的程度分类

1) 输谈判。

2）赢谈判。

（六）　按谈判展开的方式分类

1）纵向谈判（逐项谈判）。

2）横向谈判（循环谈判）。

四、　商务谈判的准备工作

（一）　谈判前的信息准备

1．谈判信息

谈判信息是指反映与商务谈判相联系的各种情况及其特征的有关资料。收集谈判信息是了解对方意图、制订谈判计划、确定谈判策略的基本要求。

2．谈判信息的作用

谈判信息是制订谈判计划的依据，是谈判双方磋商的依据，是控制谈判过程的依据。

3．谈判信息的内容

1）市场信息主要包含市场分布信息、市场需求信息、产品销售信息等。

2）竞争对手信息。竞争者作为谈判双方力量对比中的一个重要"砝码"，影响着天平的倾斜。这方面的情报包括：市场同类产品的供求状况；相关产品与替代产品的供求状况；产品的技术发展趋势；主要竞争厂家的生产能力、经营状况和市场占有率；竞争者的推销能力、市场营销状况、价格水平、信用状况等。

4．收集谈判信息的要求、途径和方法

1）收集谈判信息的要求：信息要真实、信息要有用、信息要及时。

2）收集谈判信息的途径：文字媒介、电子媒介、统计资料、专门机构、知情人员、会议、公共场所、函电、名片、广告等。

3）收集谈判信息的方法：访谈法、问卷法、文字媒介法、电子媒介法、实地观察法和实验法。

5．谈判信息的处理过程

谈判信息的处理过程有鉴别、分类、分析、得出结论、写出报告等。

（二）　确立谈判目标

1．定义

谈判目标是指谈判人员为满足自身的需要而确定的指标或指标体系。它既是谈判的起点，也是谈判的归宿。

2．谈判目标的构成

谈判内容不同，谈判目标的构成就会有所差别。就交易谈判来说，谈判目标的制定应主要突出以下五个方面。

1）商品品质目标：买卖双方对准备购进或销售的商品，在质量、规格、品种、等级、成分、技术指标等方面做出的具体条件规定。

2）商品数量目标：买卖双方对准备购进或销售的商品，在成交中就量的多少、计量单位的选择、重量的计算方法以及特定的约定等方面所做出的具体条件规定。

3）商品价格目标：买卖双方对准备购进或销售的商品，在可接受单价或理想成交单价、价格术语的选择、计价货币的规定等方面所做出的具体条件规定。这方面内容往往是谈判双方的重点。

4）支付方式目标：买卖双方对准备购进或销售的商品，在货款支付的理想方式或可接受方式、时间、程序等方面做出的具体条件规定。

5）交接货目标：买卖双方对准备购进或销售的商品，在运输方式的选择、责任划分，以及交接货物时间、手续的办理等方面做出的具体条件规定。

（三）拟订谈判计划

1. 制订谈判计划的要求

1）谈判计划的制订要简明扼要。

2）谈判计划的制订要力求明确严谨。

3）谈判计划的制订要体现出灵活性。

2. 谈判计划的内容

（1）确定谈判目的。谈判目的的计划是谈判活动的中心内容，也是谈判时的公开观点。谈判目的的计划要求回答"Why"（为什么）的问题，即要说明为什么要坐在一起进行谈判。双方坐在一起谈判，可能各方有不同的目的，一般而言有以下八种目的。

1）摸底，即了解对方的出发点和追求的利益。

2）谋求一致，即发现双方获得共同利益的条件、双方合作求得一致的可能性。

3）对需要解决的问题进行论证。

4）双方达成原则性协议。

5）双方达成某一具体的协议。

6）批准已达成的协议草案。

7）检查谈判计划要点和谈判进程，并提出新的设想。

8）讨论并解决双方有争议的问题。

（2）确定谈判议程。谈判议程即谈判的议事日程，亦即对谈判内容所做的程序编排。谈判议程的确定主要包括以下几方面的内容：

1）谈判应在哪一个时间举行？为期多久？倘若这是一系列谈判，则分几次举行？每次所花的时间有多长？每次谈判完休息时间有多久？

2）谈判应在哪里举行？

3）每一方参与谈判的人员各多少？谁是首席代表？倘若有必要邀请第三者参加，则该第三者是谁？应具什么身份？其权利义务的内容是什么？

4）哪些事项应列入讨论范围？哪些事项不应列入讨论范围？

5）列入讨论范围的事项如何编排先后次序？每一事项应占用多少讨论时间？

6）谈判的记录工作及书面协议书应由谁负责处理？

（3）选择谈判地点。谈判地点是影响最终结果的一个不可忽视的因素。选择谈判地点时通常要考虑：即将展开的谈判中力量的对比，可选择地点的多少，双方之间的关系等因素。谈判按地点分可分为主场谈判、客场谈判和中立地谈判。不同地点均有其利与弊，在谈判时应根据谈判的具体情况，尽可能选择对己方有利的谈判地点。

（四） 选择谈判人员

1．谈判人员应具备的素质

谈判人员应具备的素质有坚定的政治思想素质、健全的心理素质和合理的学识结构。

2．谈判队伍的规模和构成

在确定谈判队伍的规模和构成时，应从谈判项目的复杂程度、谈判项目的重要程度、谈判主题以及主谈人员的素质等方面来决定参与的人数。

如果是一对一的谈判，对谈判人员的素质要求很高，但也有以下优点：可以避免对方对己方较弱的成员发动攻势；可避免谈判对手对己方成员制造意见分歧；可当机立断地让步、接受对手的让步、签订协议等。但是当项目很大，靠一个人的力量难以完成谈判任务时，就要选择小组谈判。小组谈判可以通过各种借口拖延会谈时间，促使对方让步；可以有效地分散对方的注意力，使之不至于将进攻的矛头对准己方一个人，从而可以大大减轻己方某一个人的压力。小组谈判通常由谈判负责人、主谈人及其他有关人员（营销专家、工程技术专家、法律专家、金融专家、翻译人员等）构成。主谈人与负责人可以是同一个人，也可以不是同一个人。当两者不是同一人时，谈判负责人也有发言权。由于两者都是重要的谈判人，因此要相互配合，不能越俎代庖，要拾遗补阙，达到珠联璧合的效果。

（五） 模拟谈判

1．模拟谈判的主要任务

1）检验本方谈判的各项准备工作是否到位，谈判各项安排是否妥当，谈判的计划方案是否合理。

2）寻找己方忽略的环节，发现己方的优势和劣势，从而提出如何加强和发挥优势、弥补或掩盖劣势的策略。

3）准备各种应变对策。在模拟谈判中，需对各种可能发生的变化进行预测，并在此基础上制订各种相应的对策。

4）在以上工作的基础上，制定出谈判小组合作的最佳组合及策略等。

2．模拟谈判的方法

1）全景模拟法。这是指在想象谈判全过程的前提下，企业有关人员扮成不同的角色所进行的实战性排练。这是最复杂、耗资最大但也往往是最有效的模拟谈判方法。这种方法一般使用于大型的、复杂的、关系到企业重大利益的谈判。

2）讨论会模拟法。

3）列表模拟法 。

3．模拟谈判时应注意的问题

1）科学地做出假设。

2）对参加模拟谈判的人员应有所选择 。

3）参加模拟谈判的人员应有较强的角色扮演能力。

4）模拟谈判结束后要及时进行总结。

五、 商务谈判的开局

开局是谈判活动的起点。"良好的开端是成功的一半"，一个良好的开局会为接下来的谈判取得成功打下一个良好的基础。商务谈判的开局阶段，一般是指谈判双方从见面开始到相互提出交易条件之前的这一时间段。在开局阶段，谈判者一般要完成两方面的工作：一是建立起适合己方的谈判气氛；二是确定本次谈判的谈判议程。

（一）商务谈判气氛的含义

商务谈判气氛是指商务谈判对象之间的相互态度，以及由它引起的商务谈判人员心理、情绪和感觉上的反应。

（二）谈判议程的含义

谈判议程是指对谈判事项的程序性安排，即对此次谈判何时开始、何时结束、谈判议题、先谈什么或后谈什么的一个双方预先约定，也称为谈判的日程。

在外交、军事谈判中，谈判议程起着极其重要的作用，任何一个谈判者都不会忽视谈判议程的确定。但在商务谈判中，谈判者往往把谈判的着力点放在了商品和价格上，忽略了开局阶段谈判议程的确定。其实在这一点上商务谈判与外交、军事谈判并无太大的差异，事先确定一个好的谈判议程，对于促进谈判的顺利进行，降低谈判成本，谋取谈判利益都是有益的。

六、 商务谈判的报价与磋商

（一）报价

报价，亦称开价，这里所指的"价"是广义的，并非单指商品的价格，还包括商品的品质、数量、包装、装运、保险、支付等所有的交易条件，其中价格是其核心条件。

（二）讨价

讨价是要求报价方改善报价或重新报价的行为。

（三）让步

让步就是指谈判中向对方妥协，降低己方的利益要求，向双方期望目标靠拢的谈判过程。让步是为了避免谈判出现僵局，达成协议。让步可以使谈判者回到谈判中来，继续谈判；可以使争论不休的问题，得以解决；使双方逐渐向对方靠近，最后达成双方认可的期望目标。让步本身就是一种策略，它体现了谈判人员通过主动满足对方需要的方式来换取自己需要的满足的实质。

七、 商务谈判的沟通

（一）商务谈判的沟通方式

商务谈判沟通就是买卖双方为了达成某项协议而进行的信息交换与信息共享过程。沟通是人类调整各种关系最首要的、最普遍的手段，在商务谈判中扮演着十分重要的、不可或缺的关键角色。商务谈判的过程，其实就是谈判各方运用各种语言洽谈、沟通的过程。商务谈判中的沟通方式包括语言沟通和非语言沟通。

（二）商务谈判的沟通技巧

沟通贯穿于商务谈判的自始至终，而沟通最重要的方式是听、问、答。所以，商务谈判沟通的关键是要掌握怎样听、如何问、如何答的技巧。这些综合性的技巧不仅贯穿于商务谈判的始终，也贯穿于商务活动的全过程。

八、商务谈判的成交与签约

（一）促成交易的七个条件

1）使对方信任谈判者和其企业的信誉。

2）使对方完全了解企业的产品及产品的价值。

3）对方必须有成交的欲望。

4）发现并准确把握每一次成交的时机。

5）明确促成交易的各种因素。

6）不应过早放弃成交的努力。

7）为圆满结束做出精心安排。

（二）商务谈判的签约

谈判双方经过认真谈判并达成一致意见后，都要签订合同或协议书等形式的契约，以明确双方的权利和义务。因此，签约是谈判中的一个重要环节。商务谈判签约是谈判双方将达成的目标、条件和意见，以契约（合同、协议书）的方式肯定下来，经双方签字后成为具有法律效力的谈判文件的过程。

签订商务谈判协议书或合同，是商务谈判的直接目的。

📖 | 案例分析

例文 ✉

中欧国际工商学院—沃顿商学院 EMBA 对抗模拟谈判

某日，美国沃顿商学院的 15 位 EMBA 学员来到中欧国际工商学院，与中欧国际工商学院的 17 名 EMBA 学员进行了一场全真的"演习"——就一项技术的转让进行国际商务谈判。

供谈判使用的案例很简单。卡梅隆家族的汽车配件公司考虑开拓国外市场，希望通过技术转让的方式，以按英国生产商销售额的 3% 的比例收取技术转让费的条件，进入英国市场。现在，卡梅隆把目光瞄准了中国市场。模拟中国公司和卡梅隆汽车配件公司进行技术转让的谈判。

在对抗赛中，沃顿商学院的 EMBA 学员代表卡梅隆汽车配件公司的管理层，中欧国际工商学院的 EMBA 学员则代表争取获得技术转让的中国公司，谈判合作方式和技术转让条件。

根据谈判需要，中方确定了主要谈判的成员，并选出了一位谈判负责人。在具体的谈判策略上，中方则没有明确最终的目标，而是确定了大方向——达到"双赢"的策略。

"美方的文化是重视信誉，看重数据。"某主要谈判成员提醒说。

谈判一开始，中方就占据了主动，历数市场的增长情况、市场的占有率，公司实力、生产成本等优势，同时对未来的销售情况做出了预期。

而美方则采取了"倾听"的姿态，他们没有咄咄逼人的问题，也没有提出建设性的合作策略。谈判开始 10 分钟后，美方要求暂停。

美方离场讨论后，中方继续预测美方的需求和谈判方向，对美方可能提出的问题进行了相应的准备。

美方回到谈判室后，要求停止细节的讨论而进行合作伙伴框架的讨论，这个提议正中中方下怀。在美方就知识产权保护、许可证费用、亚洲市场的合作策略等一一进行提议后，中方"CEO"突然抛出一个撒手锏——"美方是否能够保证订单数量"。

这个问题让一贯钟情数字的美方措手不及，中方又一次占据了谈判的主动权。

出现这一戏剧性转折后，中方开始认真考虑新的方案——是否能够不通过支付技术转让费的方式获得技术的使用权。中方建议双方互相购买股份，最终形成风险共担的局面。

但美方此刻态度发生了转变，他们对此提出了问题，担心由于过多持有中国公司的股份而难以获得投资者的信任。

2个小时的谈判接近尾声，结果似乎很难在短时间内取得。双方继续"拉锯"。这时中欧和沃顿商学院的教授宣布，美方代表乘坐的班机马上就要起飞，五分钟内必须结束谈判。在"谈判截止期"的时间压力下，双方基本同意了一个框架性协议，同意以合资的方式进行合作，因为双方谈判代表都不愿意空手而归。

主持 EMBA 课程的教授最后说："最重要的学习成果，不是知识的增加，而是行为与基本思维模式的改变。"

（案例来源：《第一财经日报》）

例文评析：

这是一场模拟有关技术转让的国际商务谈判，谈判前中方就确定了谈判的大方向"达到双赢"。从谈判的开局可以看出中方在谈判前对谈判信息做了充分的准备工作，这对了解对方谈判意图、控制谈判走向起着重要的作用，也是控制谈判过程的重要因素。同时，问、答的技巧也是谈判能够成功的重要决定因素，值得学习借鉴。

拓展延伸

议程安排中的奥妙

中国自然科学基金资助项目"中外企业家商务谈判行为模式比较研究"课题组在调查中发现：老练的商务谈判者在参与非实质性谈判时，如果一方提出的议程为 A 方案，另一方提出的议程为 B 方案（如果他愿意提出的话），并假定 A、B 方案彼此既有相同之处，又有某些差异，在此情况下，如果后者赞同按照 A 方案参与谈判，则结果当然受 A 方案的影响较大，最终可能更有利于前者，而如果后者能争取按照 B 方案安排谈判议程，结果自然会对自己有利得多。然而，议程本身毕竟只是一个供双方讨论的事先的计划，并不是固定不变的契约，如果任何一方在谈判开始后，对议程的形式不满意，那么就应该提出修改议程，否则，在不满意的议程安排下即使达成某种协议，也未必使谈判各方感到满足，其后果当然不会理想。

除此之外，调研还发现，即使在议程敲定后，谈判者还可以准备一个无须与对方商议的供自己安排时间和精力用的灵活的谈判日程。对容易引起争议的问题，寻找一个于自己的时间和精力所容许的，对双方适合的场合和时机提出来，即使在社交场合，也可以表明己方的诚恳态度。这样做既有效避免了因为事前未通气而在正式会谈中突然提出来可能招致的不愉快和尴尬，又可以在正式谈判开始前迫使对方先正式地发表意见，了解对方的某些需要。如果一方的正式表态令另一方不能接受，由于后者还未正式提出自己的主张，所以不必承担什么义务，可以研究之后再予以答复。

实践演练

演练：思考讨论

目前你所在的公司跟加拿大某公司要进行一次重要谈判，作为谈判团队的负责人，在正式谈判之前，你需要做哪些准备工作？谈判时要注意哪些事项？

任务 3 撰写经济合同

任务描述

为了兴修水利、造福地方，建筑工程施工前发包方和承包方要订立相关合同，以明确双方权利义务。

任务目标

- **知识目标**：了解经济合同的概念、作用、特点和种类；掌握经济合同的写作内容及结构。
- **能力目标**：了解经济合同的作用，能够按照法定程序独立完成不同工作情境下的经济合同写作任务。
- **素质目标**：锻炼学生的人际交往及语言表达能力，提高学生分析、解决问题的能力，培养学生创新意识及团队合作精神。

任务实施

1）学生分组合作，根据教师给出的工作情境搜集相关合同写作的要点，了解经济合同的基本概念、种类和特点。

2）学生以小组为单位，模拟经济合同签订场景，进行现场商务洽谈并签订一份经济合同，其他小组及教师进行点评。

3）选出最佳商务谈判代表及最完善的合同。

4）各小组根据教师点评及讲解修订完善合同。

知识平台

微课 5-3

课件 5-3

一、经济合同的概念

根据《中华人民共和国民法典》第四百六十四条，合同是民事主体之间设立、变更、终止民事法律关系的协议。经济合同，是合同的一种，是指平等民事主体的法人、其他经济组织，个体工商户、农村承包经营户相互之间，为实现一定的经济目的，明确相互权利义务关系而订立的合同。

二、 经济合同的特点

（一） 合法性

订立经济合同是一种法律行为，经济合同的内容必须遵守国家的各项法律、法规，符合国家政策和计划的要求。任何单位和个人都不得利用经济合同进行违法活动，扰乱社会经济秩序，损害国家利益和社会公共利益，牟取非法收入。违反法律、法令的经济合同是无效的，无效的经济合同从订立的时候起，就没有法律约束力。这是合同效力存在的基本前提。

经济合同受法律保护和监督，依法订立的合同，对当事人具有法律约束力。当事方应当按照约定履行自己的义务，不得擅自变更或者解除合同。当事方任何一方不履行经济合同或不完全履行经济合同，都要承担由此引起的法律后果。

（二） 平等性

订立经济合同必须贯彻平等互利、协商一致、等价有偿的原则。经济合同是各当事方意志表示一致的法律行为，不是单方面的法律行为，当事方不论是买与卖、租与赁、借与贷、聘与任，也不论单位的大小，级别的高低，在经济合同关系中的地位是平等的，任何一方不得把自己的意志强加给另一方。

商品经济活动本身就是进行交换，不能无偿占有，因此签订经济合同的各方必须遵循等价交换的原则，既享受各自的权利，也要尽各自的义务。

（三） 规定性

经济合同的主要条款和格式一般具有规定性。《中华人民共和国民法典》第四百七十条就规定"合同的内容由当事人约定"，一般包括下列条款：当事人的姓名或者名称和住所、标的、数量、质量、价款或者报酬、履行期限、地点和方式、违约责任、解决争议的方法。当事人可以参照各类合同的示范文本订立合同。

三、 经济合同的订立

按照《中华人民共和国民法典》第四百六十九条，当事人订立合同，可以采用书面形式、口头形式或者其他形式。书面形式是合同书、信件、电报、电传、传真等可以有形地表现所载内容的形式。以电子数据交换、电子邮件等方式能够有形地表现所载内容，并可以随时调取查用的数据电文，视为书面形式。

四、 经济合同的总体构成

经济合同一般由约首、正文和约尾三部分构成。

（一） 约首

约首包括合同标题、合同编号、合同的当事方名称。

1）合同标题。一般是由合同事由加"合同"两字组成，应表明合同的业务性质和种类，如买卖合同、借款合同等，有时还需要进一步写出内容，如"电冰箱购销合同""机动车辆保险合同"等。

2）合同编号。一般用组合编号，即将合同双方的合同号组合在一起，如"苏食司字

[2014] 22 号/皖汽运字 [2014] 83 号", 一般位于合同标题的右下方。

3) 合同的当事方名称。在合同编号的左下方, 分行并列写明签订经济合同当事双方的单位名称, 并在名称后面加括号注明"甲方"和"乙方"("买方"和"卖方"), 一般是甲方(买方)在前, 乙方(卖方)在后, 不能颠倒。但有些合同如租赁合同, 则相反, 是"供方"在前, "需方"在后。

(二) 正文

正文是合同的主要部分、核心部分。一般包括前言、条款和附件。

正文表述合同的实质性内容及与之有关的重要条件, 明确记载签约各方的权利和义务, 由于正文是反映各方交易条件和规定各方权利义务的部分, 所以它是合同最重要的部分。

1) 前言写明双方签订经济合同的依据和目的。

2) 条款通常包括标的、数量、质量、价款或者报酬、履行期限、地点和方式、违约责任、解决争议的方法等。

3) 附件是对合同有关条款做进一步的解释与规范, 对有关技术问题做详细阐述与规定, 对有关标的的操作性细则做说明与安排的部分。附件通常在正文结束后另起一行写明附件名称, 附件正文另起一页排印。

(三) 约尾

约尾是合同的结束部分, 内容包括合同文本的份数、合同的有效期限、通信地址、合同的签署与批准等。若合同有附件, 还应有关于附件的说明。若为涉外合同, 还应包括合同使用的文种及其效力的说明和规定。

五、 经济合同的主要条款

经济合同的主要条款, 确定了签约各方之间具体的权利和义务, 是签约各方履行合同和承担法律责任的依据。主要条款有以下六类。

(一) 标的

所谓标的, 是指谈判活动要达到的目的, 同时也指签订谈判合同各方确定权利和义务共同所指的对象。标的是订立谈判合同的前提和目的, 没有标的或标的不明确的合同无法履行也是不能成立的。标的可以是物和货币, 也可以是某项工程、劳动活动或智力成果, 还可以是非物质财富等。如买卖合同中的商品、供应合同中的物资、借贷合同中的货币等。

(二) 数量和质量

谈判合同有了标的, 还必须有标的数量和质量, 它们是衡量标的的指标, 确定权利和义务的尺度, 计算价格或者报酬的依据, 同时也是这一标的与另一标的相互区别的具体特征。数量是标的的计量, 如产品的数量、完成的工作量等。没有数量就无法确定谈判各方权利义务的大小, 就会使各方义务处于不确定的状态。质量主要是指标的的特征, 即标的的内在因素和外观形态的综合, 如产品的品种、型号、规格、工程项目标准等。没有质量, 各方的权利义务也就没有共同指向的对象, 谈判合同也就不能成立生效。因此, 任何谈判合同的标的, 都应有明确的数量和质量要求。

（三） 价款或者报酬

价款是指标的物的价格，报酬是指为设计、施工、承揽等各项内容进行劳动服务应得到的金额。这类内容的规定充分体现了等价交换、按质论价的原则。为了实现货币制度，各方在签订谈判合同时，还应明确规定支付价款或者报酬的结算方式。

（四） 履行期限、地点和方式

这部分内容是经济合同中具有重要意义的条款，是检验合同是否全面、正确地履行的标准之一。履行合同的期限是指签约各方在什么时候履行各自所承担的义务，也是享有请求权的一方要求对方履行合同的依据，是检验合同是否按时履行的标准。履行合同的地点是指签约各方在什么地方履行各自所承担的义务，它直接关系到履行的义务和费用。履行合同的方式是指签约各方采取什么方式去履行各自所承担的义务，它因各种合同的不同而有差异。

（五） 违约责任

违约责任是指合同当事人因不履行合同义务或者履行合同义务不符合约定，而向对方承担的责任。这是为了维护签约各方的合法权益，维护合同的法律严肃性，督促签约各方认真履行合同的义务，补偿被损害一方的经济损失而形成的法律规定。因此，违约责任是经济合同的关键内容之一，一般都应在合同中加以明确规定，否则就无法保证合同的顺利进行。

（六） 解决争议的方法

有些经济合同，特别是涉外经济合同在写明违约责任后，还要写明解决纠纷、争议的方法。《中华人民共和国民法典》第五百七十七条规定："当事人一方不履行合同义务或者履行合同义务但不符合约定的，应当承担继续履行、采取补救措施或者赔偿损失等违约责任。"

案例分析

例文一

房屋租赁合同

出租方：××市威龙房地产开发公司（以下简称甲方）

承租方：××市凯丰服装鞋帽公司（以下简称乙方）

经甲乙双方协商决定，甲方将位于本市××区××路××号的总面积为400平方米的门面房房屋租给乙方，用于经营服装鞋帽业务。依据有关法律法规的规定，甲乙双方在平等、自愿的基础上就房屋租赁的有关事宜达成协议如下：

第一条 租赁期限及条件

一、房屋租赁期自2016年1月1日起至2019年12月31日止，共计3年。

二、租赁期满或合同解除后甲方有权收回房屋，乙方应按照原状返还房屋及其附属物品、设备设施。甲方对水电使用情况进行验收。

三、乙方继续承租该处门面房，应提前两个月向甲方提出续租要求，经双方协商一致后重新签订房屋租赁合同。

四、乙方在租赁期间应依法经营，不得随意改变门面房用途。爱护室内设施，不得随意拆卸屋内装修。租赁期间所发生的水、电、税务、物业等费用由乙方自理。

第二条 租金及押金

一、租金标准及支付方式：每年租金伍万元，在每年1月5日前将租金转入甲方银行账号。

二、押金：房屋押金叁万元，待合同期满或特殊情况导致的合同结束时，乙方退租后返还。

第三条 房屋维护及维修

一、甲方应保证房屋的建筑结构和设备设施符合建筑、消防、治安、卫生等方面的安全条件，不得危及人身安全。乙方保证遵守国家相关的法律、法规以及房屋所在地的物业管理规约。

二、租赁期内甲乙双方应共同保障房屋及其附属物品、设备设施处于适用和安全的状态。

1. 对于房屋及其附属物品、设备设施因自然属性或合理使用而导致的损耗，乙方应及时通知甲方修复。甲方应在接到乙方通知后及时进行维修。

2. 因乙方保管不当或不合理使用，致使房屋及其附属物品、设备设施发生损坏或故障的，乙方应负责维修或承担赔偿责任。

第四条 房屋转租

除甲乙双方另有约定以外，乙方需事先征得甲方书面同意，方可转租给他人，并就受转租人的行为向甲方承担责任。

第五条 合同解除

一、经甲乙双方协商一致可以解除本合同。

二、因不可抗力导致本合同无法继续履行的，本合同自行解除。

第六条 其他约定事项

本合同双方签字后生效。本合同一式贰份，甲乙双方各执壹份为凭。

本合同生效后，双方对合同内容的变更或补充应采取书面形式作为本合同的附件。附件与本合同具有同等的法律效力。

甲方	乙方
××市威龙房地产开发公司（签章）	××市凯丰服装鞋帽公司（签章）
代表人：×××（签字）	代表人：×××（签字）
地址：××市××路××号	地址：××市××大道××号
电话：×××××××	电话：×××××××
开户银行：××市商业银行	开户银行：交通银行××市分行
账号：×××××	账号：×××××
邮政编码：××××××	邮政编码：××××××

2015年12月1日

例文评析：

租赁合同的内容，《中华人民共和国民法典》第七百零三条中有专门说明："租赁合同是出租人将租赁物交付承租人使用、收益，承租人支付租金的合同。"租赁合同与买卖合同在写作上有如下差别。

1）标题写明合同名称和性质，将标的具体化，标题下面没有合同编号，这是因为尽管甲方和乙方都是企业，甲方又是房地产开发公司，有大量的租赁业务，要签订诸多合同，也有合同编号，但乙方只有这一笔交易，无需编号，而且合同一般用组合编号，如果只有一方编号，则无从组合。

2）标题下面是合同当事方名称，为行文方便，也分别注明"甲方"和"乙方"，与买卖合同不同的是充当"甲方"的是标的提供者（供方），充当"乙方"的是租赁者（需方），这是必须注意的，如果次序颠倒，会给下面的行文带来麻烦，破坏对应关系。

3）主体部分也采用两段式，前言段先明确租赁物（包括位置、面积、类型）和乙方的用途，然后转入下面的条款。

4）《中华人民共和国民法典》第七百零四条规定："租赁合同的内容包括租赁物的名称、数量、用途、租赁期限、租金及其支付期限和方式、租赁物维修等条款。"前言段将名称、数量、用途写明，下面的条款集中表述除此以外的内容。

5）这份合同共有六个条款，有的条款内容、层次较多，所以采用"条"以下分"款"（"一""二"），"款"以下分"目"（"1""2"）的结构形式，这样有利于有条理地表述相关约定。

6）第一条是租赁期限及条件的约定，分四款，涉及租期、乙方履约的方式、续租的条件、应遵守的承诺，以及双方各自承担的相关费用，内容具体周详，便于履行、操作。

7）第二条规定了租金标准及支付方式，也规定了押金的数目和返还条件。关于押金，《中华人民共和国民法典》中没有明确规定，所以应该算约定俗成的规则，属于有利于甲方的保障性约定。

8）第三条是房屋维护及维修，涉及标的物的质量和履约方式，突出的是安全和适用，同时对双方各自应当承担的义务作了具体约定，这符合《中华人民共和国民法典》第七百三十三条"租赁期限届满，承租人应当返还租赁物。返还的租赁物应当符合按照约定或者租赁物的性质使用后的状态"的规定。

9）条款四～六涉及房屋转租、合同解除和其他约定事项。其中房屋转租是租赁合同无可回避的问题。《中华人民共和国民法典》第七百一十六条规定："承租人经出租人同意，可以将租赁物转租给第三人。"这份合同的"第四条"与此规定相符。

10）因为合同体现的是法人之间的经济行为，所以约尾部分有较多的项目，保证合同的有效性和可操作性。

从总体上看，这则例文可以作为一般租赁合同写作的参考文本。

例文二 ✍️

购销合同

购货方：××市肉类联合加工厂（以下简称甲方）

供货方：××市食品公司（以下简称乙方）

为了繁荣市场，保证食用猪油供应，经双方协商，签订本合同，以资共同遵守。

一、由甲方向乙方订购食用猪油200吨。按每吨3500元计算，由甲方付给乙方货款共70万元。

二、乙方于2020年4月至5月分4次在××火车站向甲方交付完所订购的食用猪油。

三、付款办法采取银行托收承付。甲方在验收第一批货物后5日内先付款50%，在验收全部货物后5日内付清余下货款。

四、采用铁桶包装，铁桶回空，回空铁桶由甲方运至××站，运杂费由乙方负担。货物发运后的铁路运费及卸车费由甲方负担。

五、质量标准。按食用油规格水分不超过1%为合格，不符合质量标准甲方拒收。

六、双方按规定日期交付货物或货款，逾期不履行合同的，违约方按每天1%的尾款或货物折价款付给对方违约金。

七、本合同一式四份，双方各执正副本一份存查。

×　×市肉类联合加工厂（盖章）　　　　　×　×市食品公司（盖章）

地址：×××××××××　　　　　　地址：×××××××××

账号：×××××××××××　　　　账号：×××××××××××

代表人：×××（签名）　　　　　　代表人：×××（签名）

电话号码：××××××××××　　　电话号码：×××××××××

开户银行：××××××××××　　　开户银行：×××××××××××

　　　　　　　　　　　　　　　　　　　　×××年×月×日

例文评析：

　　这是一份条文式货物购销合同，写得简明、具体、完备、规范。首先确定了标的物、单价及总货款，然后规定了货物交付的时间、方式和地点，并且注明了付款方式和有关要求，还规定了货物的质量标准，最后明确了双方的违约责任和处罚方法。该合同内容比较完备，对合同的履行有明显的制约作用。

🔎 **| 拓展延伸**

租房小贴士

　　"我即将大学毕业，要从大学宿舍里搬出来租房子住了。租房子要注意看什么？签订合同要注意什么？合租又要注意哪些问题呢？"这是许多毕业生会遇到的困境。

　　大学生涉世不深，如不小心谨慎，往往容易上当受骗，所以大学生租房应该选择一家可以提供完备的租赁合同，有利于保护个人合法权益的中介公司，这样既可以减小受骗的风险，也可以节省大量时间和精力。

　　建议刚刚步入社会的大学毕业生可以去中介信息网站查询相关品牌中介公司的信息，及时了解租赁市场的最新动向，真正做到知己知彼，方能省时省心地找到适合自己的房子。

　　1. 量入为出

　　对于刚走出校门的大学毕业生而言，房租是一笔不小的开销。大学生租房应该量入为出，衡量好房租与个人收入之间的比率。切忌好高骛远，一味寻找高品质高价位的房子。一般来说，每个月租金的数额不要超过自己月收入的三分之一，否则就会影响到个人的正常生活。一般刚参加工作的毕业生月薪在4000元左右，能够承担的房租在700～1500元，如果再高，就可能会产生温饱问题。

　　2. 实地勘察

　　实地勘察房情很重要，这决定毕业生是否能够安全、放心地入住。在实地勘察房情时，要仔细考察房子周边环境和房子本身。考察房子周边环境包括查看房子周边购物、交通等是否便利；考察房子本身包括户型、采光和是否安静等，因为这些因素将直接影响到毕业生的日常生活居住；要检查屋内设施、配置的好坏及有无安全隐患；将家电都试用一遍，检查插头是否漏电，煤气是否泄漏，水、电、马桶等日常设施是否良好等。只有这些综合因素都让自己满意的房子，才适合入住。

　　3. 签好合同

　　签好合同是最要紧的。在签订租房合同时，要注意合同中权利和义务的明确性，重要的款项有：管理费、水电费、煤气费、电话费、有线电视费等以什么方式缴纳，每个月什么时候缴纳房租，房屋设施如果非人为损坏，由谁负责维修，物业费和清洁费等相关费用由谁来支付，提前终止合同该如何赔偿等。

另外，有关地产专家提醒毕业生，签订合同的时候，要标明房屋内设备的情况，越具体越好，比如有几把椅子，几个遥控器，家具哪里缺个角……这些都要白纸黑字写明，让房东签字。然后与房东确认水表、电表的具体数字，查明前任房客是否结清电话费，扣款的时候仔细核对，以免不明不白地替别人付账单。

4. 合租要有书面协议

大学生因为收入不高，可以选择合租，但是要注意选择合租对象，尽量和朋友、同学等相熟的人合租。合租各方要互相尊重，不干涉对方隐私。

若是与陌生人合租，大学毕业生应查验对方毕业证、身份证原件并保留复印件，确认对方的身份，了解对方的基本情况。

安全问题要注意，尤其是女孩，应适当做些应变准备，诸如把电话号码告知好友，带朋友过来看看等。若决定外出夜不归宿，应告诉其他人、留下紧急联系人电话号码等，总之越详细越好。

合租者应共同承担房租，特别注意的是，合租前应事前商定费用的分摊比例，最好各类开销都实行"AA"制，并签订具体的书面协议，免除日后的口舌争端。书面协议应包括分摊比例、空间的占用、卫生谁负责、餐饮问题、客人的来访及留宿、什么时间应保持安静等。

合租各方最好与业主共同签约，防止二房东从中牟利，引发其他争执。

实践演练

演练：思考讨论

作为一名大学毕业生，你已经在某传媒公司工作半年了，熟悉了部门采购工作业务流程，并取得了一定的业绩，获得了同事和领导的信任，现在公司经理派你与供货商签订一份食品采购合同。签订合同前，你该做哪些准备？

学习情境六
介绍说明产品

任务 1 撰写产品说明书

任务描述

刚毕业的刘洋同学找到了一份工作，恰逢这家公司开发出了新产品，于是，小刘接到了第一项工作任务——给这款新产品撰写说明书，这下可把他愁坏了，产品说明书究竟该如何写作呢?

任务目标

- **知识目标**：了解产品说明书的概念、种类、特点和作用。
- **能力目标**：掌握产品说明书的基本写法，并灵活运用所学知识，撰写规范的产品说明书。
- **素质目标**：提高学生分析问题、解决问题的能力；培养学生对知识的钻研精神、求实的学习态度及团队合作精神。

任务实施

1）以小组为单位，思考、查阅资料，分析讨论产品说明书的概念、种类、写作内容等，并进行例文分析。

2）模拟办公情境，撰写产品说明书，各组派代表上台朗读草拟的产品说明书，各组互相评议，即时纠正错误，填补漏洞。

3）教师释疑解错，归纳提升总结。

4）学生根据教师指导进行修改。

知识平台

微课 6 –1　　　　　课件 6 –1

一、 产品说明书的概念

产品说明书是向消费者介绍产品的性能、构造、用途、操作、保养和维修等方面的应用性文书。

二、 产品说明书的种类

1）按内容分，有产品介绍说明书、产品使用说明书、产品保养说明书等。

2）按表现形式分，有文字式说明书、图表式说明书等。

3）按结构形式分，有文章式说明书、条目式说明书等。

4）按性质分，有日用品说明书、食品说明书、医药说明书、电子产品说明书、机械产品说明书等。

三、 产品说明书的特点

1. 内容的科学性

产品说明书以传授产品知识为主，科学性是对产品说明书的必然要求。

2. 表述的通俗性

以通俗浅显的语言，将产品各方面的情况一一说明，以便消费者易于理解。

3. 层次的条理性

这是说明性文体的共同要求。说明要条款清晰，层次清楚。

四、 产品说明书的作用

1. 传播知识

当说明书伴随着产品走向消费者群的时候，它所包含的新知识、新技术，也将为消费者所了解。

2. 指导消费

说明书对产品或服务内容进行客观的介绍、科学的解释，可以让消费者了解产品的特性、掌握产品的操作程序，从而达到科学消费的目的。

3. 宣传企业

产品说明书在介绍产品的同时，也宣传了企业，因而兼有广告宣传的性质。

五、 产品说明书的基本写法

产品说明书通常由标题、正文和落款三个部分构成。

（一） 标题

标题包括完整式和省略式两种。

1）完整式标题：产品名称＋文种，如咳特灵说明书；产品名称＋功效，如多维咀嚼片——营养健康。

2）省略式标题：产品名称，如：××清咽片。

（二）正文

正文是产品说明书的核心部分，分为开头、主体、结尾三部分，一般可按照"是什么""怎么样""怎么用"的顺序展开。

1）开头：介绍是一种什么产品。可从产品的名称、产地、性能、特点、用途、设计目的、历史背景等方面进行简要介绍。

2）主体：说明产品怎么样。可从产品的工作原理、制作工艺、性能指标、主要技术参数等方面进行介绍。在说明时，要求分项列条，进行全面细致的说明或有所侧重地选择其中几项进行详细说明，并配以各种图像、表格、符号、数据，使解说更具体、形象，便于用户掌握。

3）结尾：介绍产品怎么用。可从使用方法、维修保养方法以及其他注意事项等方面进行说明。

正文写作格式一般有概述式、条款式、复合式三种。概述式是对产品进行概括的、科学的介绍，意思连贯，内容完整，可有一定文采和趣味性。条款式是对产品的特征分条逐项地介绍，这样显得层次分明、条理清楚。复合式就是既有概述文字说明，又有条款分项说明。这种形式使用较多，因为它具有把说明对象说得具体、周密且清楚的优点，既能给人一个总的印象，又能让人了解具体的项目内容。

（三）落款

写出生产企业名称和联系方式，如地址、邮编、电话、网址等。

六、撰写产品说明书的注意事项

第一，目的明确，指导消费。
第二，内容真实，实事求是。
第三，抓住特点，写出特色。
第四，语言通俗，准确简洁。

七、产品说明书与广告的区别

第一，写作目的不同。产品说明书的目的是介绍产品知识，使消费者了解产品；广告的目的是促进商品的销售、推广经营理念。

第二，写作内容有别。产品说明书注重科学性、实用性；广告突出艺术性、感染力。

第三，表现形式各异。产品说明书属于说明文体，叙述客观冷静；广告是一种宣传形式，表现手法多种多样。

第四，宣传手段不同。产品说明书往往由生产厂家撰写，出现在产品外包装，或置于包装盒内，与产品在一起。广告则多委托广告专业部门策划、制作，单独出现在各种媒体上。

案例分析

例文一

双黄连口服液说明书

【药品名称】

通用名称：双黄连口服液

汉语拼音：Shuanghuanglian Koufuye

【成　　分】金银花、黄芩、连翘，辅料为蔗糖。

【性　　状】本品为棕红色的澄清液体；味甜、微苦。

【功能主治】疏风解表，清热解毒。用于外感风热所致的感冒，症见发热、咳嗽、咽痛。

【规　　格】每支装 10 毫升。

【用法用量】口服。一次 20 毫升（2 支），一日 3 次；小儿酌减或遵医嘱。

【不良反应】尚不明确。

【禁　　忌】尚不明确。

【注意事项】

1. 忌烟、酒及辛辣、生冷、油腻食物。

2. 不宜在服药期间同时服用滋补性中药。

3. 风寒感冒者不适用。

4. 糖尿病患者及有高血压、心脏病、肝病、肾病等慢性病严重者应在医师指导下服用。

5. 儿童、孕妇、哺乳期妇女、年老体弱及脾虚便溏者应在医师指导下服用。

6. 发热体温超过 38.5℃ 的患者，应去医院就诊。

7. 服药 3 天症状无缓解，应去医院就诊。

8. 对本品过敏者禁用，过敏体质者慎用。

9. 本品性状发生改变时禁止使用。

10. 儿童必须在成人监护下使用。

11. 请将本品放在儿童不能接触的地方。

12. 如正在使用其他药品，使用本品前请咨询医师或药师。

【药物相互作用】如与其他药物同时使用可能会发生药物相互作用，详情请咨询医师或药师。

【贮　　藏】密封，避光，置阴凉处（不超过 20℃）。

【包　　装】低硼硅玻璃管制口服液瓶，口服液瓶用铝塑组合盖、药用氯化丁基胶塞装，每盒装 10 支。

【有 效 期】24 个月。

【批准文号】国药准字×××××××××

【生产企业】

企业名称：×制药有限公司

生产地址：××市××街××号

邮政编码：××××××

服务热线：×××××××××××

网址：××××××

例文评析：

这是一份产品说明书。它分别从产品的名称、成分、功能、使用等向消费者做了全面介绍。本文语言明晰、准确，很好地体现了产品说明书的科学性、通俗性和条理性的特点。

例文二

××牌电磁炉使用说明书

本厂生产的电磁炉，是根据我国国情、烹调习惯、消费者的特点和消费水平，在吸收国内外的各种电磁炉优点的基础上，精心设计研制的。它具有以下特点。

1. 经济省电：热效率高于电炉、煤气、液化气，可达80%以上，烹调时炊具离炉面，即自动停止加热，省时、省力、省开支。

2. 安全卫生：无火、无烟、无尘、无气味，又无中毒、起火、灼伤的危险，可防止老人、儿童的意外事故。

3. 功能齐全：集电饭煲、电热壶、电炒锅的功能于一身；烧饭蒸馍、炒菜炖肉、煮炸、保温样样都行。

4. 使用方便：操作简单、一学就会。既易移动使用，又易清洁保养，温度可随意调节控制。

使用方法：

1. 把功率调节开关向左移至"关"的位置，然后再插上电源插头。

2. 将锅放置在炉面的中央。

3. 将功率调节开关向右缓慢移至需要位置，负载指示灯（绿色）和加热指示灯（红色）即显示负载和加热情况。

4. 需要保温时将功率调节钮移至保温指示灯（黄色），机器自动进入保温（85℃）状态。

5. 不得来回急速移动功率调节开关，以免造成损失。

6. 用毕，将功率的调节开关移至左端"关"的位置，然后切断电源。

使用注意事项：

1. 放置位置应离开墙壁或其他物体10厘米以上，以保证进、排风口畅通。

2. 应单独使用5A以上的插座，不要与其他电器共用一个插座。

3. 不要将手表、磁带等物体放在炉面上，以免受磁场影响受损坏。

4. 不要直接加热密封的罐头之类的食品，以防加热后炸裂。

5. 不要将金属物体插入进、排风口拨弄，以防触电和损坏电磁炉。

6. 停止使用或清洁擦拭前应切断电源。对难擦的污垢，可用中性洗涤剂或肥皂水蘸湿后擦拭，然后用干布擦干；不能用水直接清洗，以免水进入炉体内出现故障。

7. 使用的锅必须是导磁质的平底锅（直径12～26厘米），如铁锅、搪瓷烧锅、不锈钢锅等；非导磁质的容器，如陶瓷、铜、铝等制品不能导磁加热。

8. 发现故障后应切断电源，送维修站检查修理，不要自行拆开。

产品保修：

1. 本产品在一年内发生自然故障（不含人为故障），凭保修单、发票到本厂指定地点免费保修。

2. 请用户认真填写保修单，并妥善保管。

本厂的宗旨：三杰。

    杰出的设计

    杰出的产品

    杰出的服务

愿您的厨房像客厅一样精美！

××市第五电子仪器厂

××电器开关厂 联合生产

电话：×××－×××××××

厂址：××市××街××号

例文评析：

这篇产品说明书用商品名称做标题。正文部分用分条列项的方式详细介绍产品的特点、使用方法、维修保养等内容。正文的最后做出信誉方面的承诺以增强消费者的信任感和留下深刻的印象。落款部分给消费者提供有关购买的信息，内容详尽、无遗漏。

拓展延伸

延伸一

产品说明书为何说不明

1. 目的不明

消炎药不写消炎和消哪些炎，而开列一大串病菌名称，即属此类。药品配上说明书，目的是引导大众选购。可是大串的专业名称术语，除了卖弄一下知识，什么目的都无法达到。

再如某药品的说明书，画着一大片分子结构图。给同行参考？是泄密；供专家鉴定？放错了地方；给患者看？患者不懂或没兴趣。这样漫无目的地写说明书，"大众不明白"也就很正常了。

2. 动机不纯

有些产品的说明书，是用过心思之后而含糊其词，或搞内详外略两套说明文字。含糊其词者，如"疗效显著""正确使用保修三年"之类。

"疗效显著"，多长时间见效，多长时间治愈呢？有效率、显效率、治愈率，都没有一个数字。服药而没见效，是服药时间短，应该再买再吃；没治愈，是服药时间短，应该再买再吃；再买再吃了，仍没治愈，只好自认倒霉！因为"疗效显著"本不等于"治愈"。如果投诉药品无效，便以对什么病症有效和效力大小快慢不同开脱。

"正确使用保修三年"的"正确使用"，更让消费者有理难讲。即使仅仅使用三天，产品就出了问题，使用是否"正确"的问题也可能会产生争议并纠缠不清，令人筋疲力尽。

至于搞内详外略两套说明文字的，也许是行业需要吧。通常是扬善于外，隐恶于内。

例如，某治疗痔疮药的外包装上的说明文字，印着治疗诸种痔疮，唯独不印上"脱肛患者禁服"几个字，也没有"禁忌见内"的字样，患有痔疮并脱肛的患者，把药买到家却发现不能使用，而药店大多有个规定：药品售出不退换，不买到手不能开封。这样，患者看不见内说明，买错了药，也没办法。

无独有偶、某感冒药包装盒上印着"不良反应、禁忌症、注意事项详见使用说明书"，"注意事项详见说明书"9个字占了两行的空间，却不肯把注意内容直接印上。

这样写说明书，是没想"说明白"；或者"说明白"了，但没想让人们在购买之前明白。

3. 目中无人

产品说明书写作，不仅需要了解读者，还需要设身处地为读者使用产品的方便着想。

例如，某药品的说明书，写着每瓶的药量是35g，常用量是一次3.5g，即每次服十分之一瓶。可是，看懂了所用符号及数字关系之后，患者从药瓶里倒出来多少才是十分之一、九分之一、八分之一……呢？为了用量准确，只能把一瓶药全倒出来，分成10堆，再包成10包；或者把那些麦粒大的药丸数清总数，再平均分成10次服用。按照这样的"说明书"服药，实实在在是在接受智力和耐心的考验！

目中无人的例子还有很多，许多药品在用量上都可以用粒、颗、片为单位，却偏偏使用较难计量的g、mg。某药品的药盒正面印着"24粒"，"每粒250毫克"，反面又印着常用量"成人一次0.25~0.5g"。文字、数字和符号混合，让患者一时摸不着头脑。

（改编自黄立中《"产品说明书写作"之我见》，《应用写作》2001年10期）

建议：

商品、产品说明书为什么说不明？本文一针见血地指出，是由于代表卖方利益的写作者"目的不明""动机不纯""目中无人"。文中举出的例子不仅真实、常见，也很典型，作者不齿于商家、厂家自私自利的行为，愤慨之情溢于言表。倘若我们换一个立场，从消费者的利益考虑问题，就一定会写出清楚明白的说明书。

延伸二

产品说明书怎样才能"说明"

王学华

不久前，中国消费者协会与浙、京、渝等地"消协"共同举办了产品说明书评议活动。评议结果显示，目前市场上流通的药品、手机、化妆品、空调、农药、化肥等类产品的说明书都不同程度地存在着说而不"明"的问题，由此引发的消费纠纷也呈上升趋势。

看来，产品说明书不说明、说不明、不明说的问题已经日趋严重。为了使广大消费者明明白白消费，使本企业的产品更多地占领市场，企业必须在产品说明书的拟写上下一番功夫。

一、思想上要高度重视

要高度重视产品说明书指导消费的作用，明确说明书是产品的有机组成部分。企业既然舍得花钱、花精力做广告，就应该重视和写好说明书。企业在征求消费者对产品和服务的意见时，也应把对产品说明书的意见和建议包括进去，并组织相关部门站在消费者的角度定期对说明书进行评议，及时更正其中的不合理内容，修订说明书。

在产品说明书的撰写过程中一定要设身处地为消费者着想，尽可能考虑到不同文化程度、不同地区、不同层次消费者的不同情况。只要"思想上高度重视"，就一定能把说明书写好。

二、写法要规范

1. 不说过头话

说明书不应写成广告词，因为说明书的作用不在宣传，而在于指导和帮助消费者正确使用产品，所以不应有夸大的内容。否则，非但不能有效地吸引消费者，反而有可能影响产品在消费者心目中的形象。

产品经营贵在诚。食品包装都应注明保质期，但有的厂家往往不注明生产日期，只在不显眼的地方标有"生产日期见外包装箱"或"生产日期见袋口"字样，对不能成箱购买的广大消费者来说，这个说明等于没说。而袋口的生产日期一般也都模糊不清。这种不明说的做法显然是不负责任和没有诚意的。

2. 不说过时话

随着产品的不断改进和更新换代，说明书也应随之修改和补充。由于产品说明书的过期使用或未按规定及时修改，导致使用者权益受损的，生产企业应负相应责任，而负责撰写说明书的部门恐怕也难辞其咎。

3. 表达力求口语化

产品说明书的内容应当简洁明了、通俗易懂，使一般消费者都能理解，因此应尽量不使用深奥难懂的专业术语。针对一些特殊消费人群的产品说明书，其内容应符合这类消费者的阅读习惯和理解方式，特别像农药、化肥一类产品的说明书，考虑到农民的文化水平，应力求通俗、直观，让农民看得懂、会操作、会使用。

4. 说好中国话

产品销售的对象是中国人，那就不但要有中文说明，而且中文说明还要符合中国人的阅读习惯和理解方式。有些进口商品，必须要有准确、完备的中文说明，不能只介绍商品的原产地、名称和规格，而对其功能、使用方法、注意事项、禁忌等关键内容忽略、省略或错译，尤其对警示性内容更不可掉以轻心。几年前，北京一家餐厅发生一起卡式炉炸伤顾客的事故，原因就是销售商把充气罐上"空罐绝不能再次充气"的英文说明译成了"本罐使用无损坏可再次补充"。

5. 不说含糊话

因表意含糊不清引起歧义，这是许多产品说明书的通病。这一点在药品说明书中表现更为突出：一是名称混乱，二是计量不明。有的药品生产企业为了突出自己的产品，给药品换了"洋名"，加上这些药以前的旧名和俗称，就使一种药品有了四五种名称，但其"说明书"却对同药异名、老药新名、英文名、拉丁名均不加说明，搞得人满头雾水。至于药品用法用量说明就更让人无法准确掌握。如有的只以克（g）、毫克（mg）、毫升（mL）表示，并缺少对儿童等特殊群体的用法用量的准确说明，广大消费者不好掌握、不易理解，也不便于换算。因此，要根据不同类别的产品在说明书中使用普通消费者容易理解、容易掌握、便于换算的统一计量单位。

6. 说清提醒话

一些著名医药生产企业本着对消费者负责的精神，对药品的用法用量、不良反应、注意事项、禁忌等内容在说明书中叙述得极为详尽，特别是对不良反应，哪怕该药品的不良反应在全球只出现过一例，也都要详细说明，以充分体现对患者负责。诸如药品、电器等与使用者的健康、安全密切相关的产品，该提醒的一定要提醒，并力求详细、准确、明白。

7. 说好关键话

如今许多生产企业对封口商品从防伪、求真、创名牌的角度出发，刻意在瓶盖上出奇出新，出现了"罐头好吃口难开"的问题。为此，许多厂家在详细介绍商品使用方法的同时还要对开瓶方法标以图示，这种设身处地为消费者着想的做法值得肯定。其他诸如挂衣柜、组合柜等需要安装、开启的商品更应将关键环节的操作用通俗易懂的语言讲清楚，以方便消费者安装和使用。

8. 避免不说话

要增加产品小包装中说明书的配置，以方便零星购买商品的消费者。一些商品，如农药基本上是一箱中只有一份说明书，还堂而皇之地标有"说明书见包装箱"的字样，而购买者多是以瓶为单位购买，这样就等于没有说明书。鉴于此，生产厂家在小包装单位内部也应附带一份说明书。

三、宏观上要统一管理

针对目前产品说明书存在问题较多、无章可循的现状，在国家尚未出台系统、翔实的产品说明书编写规范之前，企业自身在拟写产品说明书时要订出具体标准，使职能部门在规范说明书内容、写法上有所遵循，同时也为消费者辨别说明书的优劣提供参考。

针对药品、农药等涉及人身安全的产品说明书项目格式混乱、项目不全的现状，建议制定特殊商品说明书统一格式，并要求所有生产企业必须按照统一格式制作。同时还要加强对产品说明书的监督管理，严禁在产品说明书中出现"国内首创""有效率达100%"等带有广告色彩的文字。对一些厂家在说明书中有意简化内容，尤其是对涉及使用安全警示的内容说不明、不说明、不明说和避重就轻的行为，要坚决予以制止和打击，以维护广大消费者的合法权益。

愿所有的厂家、商家都能意识到产品说明书的重要性，从而制作出规范、详尽、明确的产品说明书，以便让消费者清清楚楚、明明白白地使用商品。在产品说明书的制作方面，企业秘书部门应意识到自己的责任并发挥好把关作用。

（摘自《秘书之友》2001 年 8 期）

建议：

商品、产品说明书怎样才能说得明，本文着重阐述了"写法要规范"的意见，并从语言表达的多个角度提出了八项切实、具体的要求。这些要求对写作者（特别是初学者）有指导作用。

同时，它还强调"思想上要高度重视""宏观上要统一管理"，这些都是写明产品说明书不可缺少的因素。

🔍 | 实践演练

演练一：改进说明书

阅读以下说明书中的内容，你认为有何问题，应如何改进？

1）香皂：如一般香皂使用。

2）某退烧药：年龄大的多吃点，年龄小的少吃点。

3）某笔记本电脑：采用了先进的奔腾三处理器，拥有一颗强劲的芯。

4）某纸箱包装的电脑桌：先安装起来，然后将电脑放到桌子上。使用时不要碰撞，不要站到桌上。

演练二：分析说明书

请阅读下面案例，并分析这则说明书。

李梅半夜发烧，需要吃退烧药。李梅妈妈匆忙到药店买了退烧药，回到家却犯了愁，该给李梅吃多少呢？原来，药品说明书没有明确标出用法、用量，只是指出每片药含有效成分0.125g，人体每千克服 30～50mg，李梅的妈妈花了好半天时间也没弄清楚该给李梅服用几片，心急如焚的她只得出门再去药店询问。

演练三：分析说明书结构

找一份你认为写得较好的产品说明书，分析它的结构。

演练四：评析说明书

请评析下列产品说明书。

××口服胶囊是最新出产的广谱抗菌药。本产品疗效好，使用方便，无副作用。

使用方法：成人口服每次 150mg，每日两次。20～40 公斤的儿童每次 100mg，每日两次。12～20 公斤的儿童每次 50mg，每日两次。

产品规格：150mg/ 粒。

产品有效期：有效期 1 年半。

生产厂家：××××制药厂

地址：××市××街 ××号

电话：×××－×××××××

演练五：比较说明书

综合比较下列两款说明书，说一说各采用什么写法，哪一个更好些，为什么？

强力毕那命驱（灭）蚊片

本品为新型的电热驱（灭）蚊片。系引进日本原药，我厂包装制造。配以我厂生产之恒温电热驱蚊器使用，能达到有效驱（灭）蚊之效能。经广东省卫生防疫站检验测试，驱（灭）蚊片效果良好。长期使用对人畜、婴幼儿、病弱人等无不良影响。气味芬芳，清新舒适。

金鹿牌电蚊香片
高效无毒　高枕无忧

优点：无烟、无臭、无灰粉、无刺激。使您在清香卧室中安枕达旦，免受蚊虫侵扰之苦。安全可靠，对人体绝对无害，且不玷污食品、衣物及家私。

用法：将药片放入电热器金属板上，然后接通电源，药物即开始发挥作用。

室内有效药力范围15平方米。每片时效8~10小时。

药片如仅需使用2~3小时，可切断电源，下次使用时再接通电源。

更换新药片时，必须先切断电源。

演练六：撰写说明书

为你熟悉的一件产品写一篇产品说明书。

演练贴士：

市面供应的产品都附有说明书。写作前，除技术术语、技术参数等必须掌握的资料外，最好不看原有说明书，待写出初稿再对照。

任务2　撰写广告文案

📢 | 任务描述

为了扩大宣传，使创业项目运营良好，请为自己的创业项目设计一则广告文案。

◎ | 任务目标

●**知识目标**：了解广告文案的概念和特点；学习广告文案的结构、格式和写作要求。

●**能力目标**：能够掌握广告文案的写作技巧；能够完成工作情境下广告方案的写作任务；能够为创业项目设计新颖合理的广告文案。

●**素质目标**：提高学生分析问题、解决问题的能力；培养学生对知识的钻研精神、创新意识和独立完成工作的能力。

🖼 | 任务实施

1）课前将学生分成小组，搜集关于广告的资料。

2）学生展示资料，初步认知广告。

3）经典广告文案欣赏，教师讲解广告文案的相关知识，学生自主探究，掌握广告文案的概念、结构、格式、写作要求。

4）学生分小组为创业项目设计广告文案，提交后，全组人员共同修改完善文案。

5）学生展示广告文案创意作品，师生点评，选出最佳文稿。

知识平台

微课 6－2　　　　课件 6－2

一、 广告文案的概念

广告文案是指广告作品中为传达广告信息而使用的全部语言符号（包括有声语言和文字）所构成的整体，是广告创意和策略的符号表现。

广告文案有广义和狭义之分。广义的广告文案就是指通过广告语言、形象和其他因素，对既定的广告主题、广告创意所进行的具体表现，包括标题、正文、广告语的撰写和对广告形象的选择搭配；狭义的广告文案则指表现广告信息的语言与文字构成，包括标题、正文、广告语的撰写。本书主要讲解狭义的广告文案。

二、 广告文案的作用

1）引起受众注意，扩大影响。

2）传递信息，繁荣经济。广告宣传可以沟通产、供、销渠道，帮助信息交流，加快资金流动，提高经济效益。

3）刺激消费，提高企业知名度。广告使消费者了解商品的信息，刺激消费者选购商品，同时提高企业商品的知名度。

三、 广告文案的种类

关于广告文案的种类，我们可以依据不同的标准，从不同的角度来划分。

1）按媒体分：报纸广告文案、杂志广告文案、广播广告文案、电视广告文案、网络广告文案、户外广告文案、其他媒体广告文案等。

2）按文体分：记叙文广告文案、论说体广告文案、说明体广告文案、文艺体广告文案等。

3）按内容分：消费物品类广告文案、生产资料类广告文案、服务娱乐类广告文案、信息产业类广告文案、企业形象类广告文案、社会公益类广告文案等。

4）按诉求分：理性诉求型广告文案、情感诉求型广告文案、情理交融型广告文案等。

四、 广告文案的写作格式

一则完整的广告文案主要包括广告标题、广告正文、广告语、广告附文等几部分。

（一）广告标题

广告标题就是广告的题目，是广告主题或基本内容的集中表现，被誉为广告的灵魂。由于人们阅读广告的习惯是先浏览标题，所以，标题的写作质量直接决定广告的可读性。标题写作的关键是引人注目、便于记忆、关联内容。

广告标题按表现的形式分，有直接标题、间接标题和复合标题三种。

1. 直接标题

直接标题是指直截了当或简明扼要地将广告所要传播的主要信息在标题中表达出来。例如，"紫霞山庄欢迎您""农夫山泉有点儿甜"。

2. 间接标题

这种标题往往不直接说明产品和有关情况，而是先用富有趣味性和戏剧性的语言抓住人们的好奇心和注意力，使人们非弄明白不可，直到读了广告正文才恍然大悟。例如，"画龙点睛与画蛇添足，龙年好在画龙点睛"（美国"博士伦"隐形眼镜广告标题）"隐形的手套"（护手霜广告标题）。

3. 复合标题

把直接标题和间接标题复合起来，一则广告有两个或三个标题，形成复合标题。例如，

标题：改变对世界的看法，就在这一线之间。

副标题：逐行扫描，让线条表现力进入新境界！长虹"精显"系列上市。

广告标题精粹

夏威夷是微笑的群岛——夏威夷旅游广告

露天博物馆——意大利旅游广告

有目共赏——眼镜广告

打开您心灵之窗——珍珠明目液广告

今天你喝了没有——乐百氏奶广告

一夫当关——鱼牌锁广告

凡是纸上的东西，它都能再现——复印机广告

雕牌洗衣皂，只选对的，不买贵的——雕牌洗衣皂

一毛不拔——牙刷

紧紧依偎在你的掌心——铅笔

它能将愤怒吞没——镇定药

把一颗热心、耐心、诚心、爱心、奉献您——购物中心

（二）广告正文

广告正文是广告文案中除标题、口号、商标品牌、企业名称、联系方法等之外的说明文字，是广告文案中的重要组成部分。主要凭借正文来体现广告的目的和内容。

广告正文通常由开头、中心、结尾等部分组成。开头部分要紧扣主题，以便自然、准确地引出下文。中心部分重在表达所要宣传的内容，如产品的性能、特点、用途、使用方法、实际效果、售后服务等。结尾部分一般要号召人们积极响应、立即行动。

广告正文的表现形式主要有以下几种。

1. 叙述体

用简洁、平实的语言，开门见山地介绍产品或服务，如商品的名称、规格、特点、价格等情况，直截了当，清楚明了。例如：

一部高效率的超级个人电脑，必须具备一片高性能的快速处理器，才能得"芯"应手地将各种软件功能全面发挥出来。Intel 现率先为您展示这项科技成就，隆重推出跨时代的奔腾处理器，它的运算速度是旧型处理器的 8 倍，能全面缩减等候时间，大大提高您的工作效率……（英特尔奔腾处理器广告）

2. 证书体

着重宣传商品的获奖情况，提供权威人士或知名人士对商品的鉴定、赞扬、使用和见证，或是用消费者对商品赞扬的信件来证明产品的质量或信誉，从而增加商品的信任度。例如：

古井贡酒清如水晶，香如幽兰，甘美醇和，回味悠长，连续三次荣登国家名酒金榜，又获第十三届巴黎国际食品博览会金奖。（古井贡酒广告）

3. 对话体

把广告宣传的内容通过两个或几个人对话的方式表达出来。例如：

男童：爷爷，你怎么了？

老人：哦，这是爷爷当年在荷兰留学的时候最喜欢听的曲子，那时候，我用的是荷兰飞利浦音响，它伴随我度过了多少思乡之夜啊！

女儿：爸爸您说的荷兰飞利浦音响已经在北京安家落产了，咱们现在听的就是北京飞利浦音响。

男声：北京飞利浦，唤起您温馨的回忆。（北京飞利浦音响广告）

4. 文艺体

用诗歌、散文、小说、故事等形式宣传产品或服务，生动活泼，富有感染力。例如：

子夜，灯一盏一盏熄了，

浓密的夜色淹没了初歇的灯火，

万物俱眠。

怎舍得未归的人，

独自在黑夜赶路？

且点上一盏灯，

点上家的温暖与期待，

让晚归的人儿不觉孤独。

飞利浦真柔灯泡，

为晚归的人点上一盏温馨的灯。（飞利浦真柔灯泡广告）

（三）广告语

广告语，也称广告口号，是为了强调品牌或企业的独特定位和形象而提出的一句简明、通俗的宣传语，并能在较长时间内反复使用，引导一种长期观念，注重对消费者观念和品牌形象的长期效果。

广告语按其内容和心理效应，可分为赞扬式、号召式、情感式、综合式等。写作时要突出企业、商品的特点，要有强烈的号召力，尽量口语化。例如：

小洋人妙恋，初恋般的感觉！（小洋人妙恋广告）

看病人，送初元！（初元保健品广告）

成长快乐，快乐的维生素！（成长快乐广告）

欧米茄——卓越的标志。（欧米茄手表广告）

海尔，中国造！（海尔广告）

原来生活可以更美的！（美的广告）

天上彩虹，人间长虹！（长虹广告）

让我们做得更好！（飞利浦广告）

万家乐，乐万家！（万家乐广告）

好空调，格力造！（格力空调广告）

吸烟是继战争、饥饿和瘟疫之后，对人类生存的最大威胁。（"禁烟"公益广告）

涓滴之水成海洋，颗颗爱心变希望。（"希望工程"公益广告）

动物是人类亲密的朋友，人类是动物信赖的伙伴。（"保护动物"公益广告）

（四）广告附文

广告附文，又称广告随文，是传达商品名称、商标牌号、商品销售日期、价格、商品购买方法、企业名称、电报电话、联系人等附加性信息，位于广告文案结尾处的语言文字。

写作广告附文的要求是既要清楚、明白、详细、具体，又不可喧宾夺主。根据广告宣传的需要，附文的内容也可有所选择，突出重点。

📁 | 案例分析

例文一 ✒️

奥尔巴克百货公司广告文案

标题：慷慨地以旧换新。

副标题：带着你的太太，只要几块钱我们将给你一个全新的女人。

正文：为什么你硬是欺骗自己，认为你买不起最新的与最好的东西？在奥尔巴克百货公司，你不必为买美丽的东西而付高价。有无数种衣物供你选择——一切全新，一切使你兴奋。

现在就把你的太太带给我们，我们会把她换成可爱的新女人——仅仅花几块钱而已。这将是你有生以来最轻松愉快的付款。

随文：奥尔巴克　纽约·纽瓦克·洛杉矶。

口号：百万的生意，毫厘的利润。

例文评析：

这篇文案写得很有鼓动性。标题新颖，能吸引受众的眼球；副标题对标题做了进一步的解释，也透露出了主题的相关信息。紧抓消费者的心理，使受众保持了浓厚的兴趣；正文以奥尔巴克百货公司价廉物美的优势，激起消费者的购买欲；随文告知了奥尔巴克百货公司的地点，方便消费者采取行动；口号（广告语）简短而有力，加深了消费者对奥尔巴克百货公司的信任，强烈刺激着消费者的消费欲望。这篇文案可谓广告文案中的经典之作。

例文二 ✉

宝来汽车平面广告文案

标题：奔跑，奔跑者之间的语言。

正文：他，他们，天生的运动者。

以奔跑为生，以奔跑为乐，

以奔跑为表情，以奔跑为语言，

以奔跑为态度，以奔跑为价值。

不以物喜，不以己悲；

平凡态度，超越平凡。

宝来，超越平凡。

广告语：驾驶者之车。

例文评析：

这篇文案的标题是间接标题，给人以想象的空间，吸引着受众的阅读兴趣。正文采用诗歌的形式，排比的句式传达着宝来汽车的最大优点——奔跑，且是超越的奔跑。最后一句点题，在无形的比较中突显宝来汽车的优越性，吸引消费者。广告语深入人心，极能打动消费者。

例文三 ✉

瑞士欧米茄手表报纸广告文案

标题：见证历史，把握未来。

正文：全新欧米茄碟飞手动上链机械表，备有18K金或不锈钢型号。瑞士生产，始于1848年。对少数人而言，时间不只是分秒的记录，亦是个人成就的佐证。全新欧米茄碟飞手表系列，将传统装饰手表的神韵重新展现，正是显赫成就的象征。碟飞手表于1967年首度面世，其优美典雅的造型与精密科技设计尽显贵气，瞬即成为殿堂级的名表典范。时至今日，全新碟飞系列更把这份经典魅力一再提升。流行的圆形外壳，同时流露古典美态；金属表圈设计简洁，高雅大方，灯光映照下，绽放耀目光芒。在转动机件上，碟飞更显工艺精湛。机芯仅2.5毫米薄，内里镶有17颗宝石，配上比黄金还贵20倍的铑金属，价值非凡，经典设计，浑然天成。全新欧米茄碟飞手表系列，价格由八万至二十余万元不等，不仅为您昭示时间，同时见证您的杰出风范。配备纯白金、18K金镶钻石、18K金及上乘不锈钢款式，并有相配衬的金属或鳄鱼皮表带以供选择。

广告语：欧米茄，卓越的标志。

例文评析：

这篇文案标题含蓄而无不相关主题，一语双关。正文采用叙述体，简洁的语言，实事求是的态度，产品信息详细的介绍，使消费者对商品有一个全面而直观的认识，配以对商品优越性的重点介绍，更增加了消费者对本产品的信任。

例文四 ✉

箭牌衬衫广告文案

标题：我的朋友乔·霍姆斯，他现在是一匹马了。

正文：

乔常常说，他死后愿意变成一匹马。

有一天，乔突然死了。五月初我看到一匹拉牛奶车的马，看起来很像乔。

我悄悄地凑上去对他耳语："你是乔吗？"

他说："是的，现在我很快乐！"

我说："为什么呢？"

他说："我现在穿着一件舒服的颈圈，这是我有生以来的第一次。以前，我衬衫的领子经常收缩，简直在谋杀我。事实上有一件衬衫让我窒息而死，那就是我死亡的原因。"

"天哪，乔！"我惊讶失声。

"你为什么不把衬衫的事早点告诉我？我就会告诉你关于'箭牌'衬衫的事。它们永远合身而不收缩，甚至织得最紧的深灰色棉布衬衫也不收缩。"

乔无力地说："唉！深灰色棉布是最会收缩的了！"

我回答说："可能是，但我知道'戈登标'的箭牌衬衫是不缩的。我正穿着一件。它经过机械防缩处理。收缩率连1％都不到！此外，还有箭牌所独有的'迷陶夏'特适领！'戈登标'每件只卖两美元！"我说得达到了高潮。

乔说："真棒，我的老板正需要一件那种样子的衬衫。我来告诉他'戈登标'的事。也许他会多给我一些燕麦。天哪，我真爱吃燕麦呀！"

例文评析：

本广告文案是一篇故事型文案，标题出人意料，激起了读者的好奇心。正文通过构建与产品相关的情节内容来介绍产品，夸张的故事情节与真实的产品信息相结合，给消费者留下深刻的印象。虽然没有广告语，也足以使消费者长久地记住这个品牌。

拓展延伸

一、广告文案写作的注意事项

1. 要实事求是

实事求是是广告的基本原则。真实是广告的生命。《中华人民共和国广告法》明确规定："广告应当真实、合法，以健康的表现形式表达广告内容，符合社会主义精神文明建设和弘扬中华民族优秀传统文化的要求，广告不得含有虚假或引人误解的内容，不得欺骗和误导消费者。"可见，无论是什么性质的广告，所宣传的事物都必须实事求是，有一说一，不能夸大其词，不能移花接木，这样才能使受众对广告产品产生信赖。

2. 要有明确的诉求重点

根据产品进入市场的不同时期、不同地点，对产品信息进行提炼、分析、研究，选取诉求重点。诉求点要具体、明确，不能笼统、空洞，也不能朦胧、含蓄。

3. 要独特新颖，以奇取胜

广告文案要从诱发读者好奇心入手，来提高广告效果，扩大产品影响，拓宽产品销路。

4. 语言文字要有感染力，健康向上

语言文字要准确、精练、鲜明、生动，既要通俗易懂，朗朗上口，易于记忆，又要活泼风趣，富有情调。

二、广告语与广告标题的区别

1）广告语的目的是在消费者的头脑里树立起企业或商品的形象，引导购买；广告标题的目的是引导消费者注意广告和阅读正文。

2）广告语位置灵活，可以在广告文中出现，也可以单独出现，是反复强调使用的；广告标题的位置相对固定，必须与广告正文联合使用，是依附性的、一次性的。

3）广告语必须使用完整的句子，表达出明确的概念；广告标题的形式可以是整句话，也可以是半句话，甚至一个字。

三、广告文案的结构发展与新变化

最原始的广告形式是口头广告，又称叫卖广告。古希腊就用这种方式贩卖奴隶。商标字号也是古老的广告形式之一。我国在西周时期就有了音响广告，《诗经》记载卖糖食的小贩吹箫招揽生意。之后，又出现了悬帜广告，《韩非子》记载酒家用酒旗招徕生意。从国际广告发展史看，最初时期的广告文案并没有完善的结构。在英国伦敦博物馆保存着的迄今为止发现的世界上最早的广告文案也只有一段文字，没有广告标题等其他结构因素。

印刷术的发明和发展使广告文案出现了变化。只有一段文字的广告逐步出现了广告标题，产生了广告正文、附文的分工。如中国北宋时期"济南刘家工夫针铺"铜版印刷广告，广告文案总共不过 44 个字，但就结构而言，它已具备了完整的广告文案基本结构。

广告标题：济南刘家工夫针铺。

广告正文：收买上等钢条，造工夫细针，不误宅院使用，客转为贩，别有加饶，请记白。

广告附文：认门前白兔儿为记。

广告发展到现代，广告文案的结构正在发生新变化。在四部分结构的基础上，广告文案结构中又出现准口号部分。

四、广告文案实例

标题：送出你的爱。

标语：想通过网络表达你对他的爱？那就赶快加入我们吧！

正文：是爱在心口难开？还是当面说不出 Sorry？或者"说"爱还不够？那就通过××公司的"送出你的爱"活动来展现你特别的表达方式，有多款卡片样式可供选择，还犹豫什么？快来参加吧！

附文：详情请见××主页 www. × × × × . com. cn

画面说明：标题和标语在画面的上方，中央是××公司"送"给全体消费者的"爱"。

To：亲爱的消费者

　　××公司向您郑重承诺：我们将不畏艰难，更加努力，为消费者提供放心食品和优质服务。

From：××公司

正文紧随其后，旁边有一个较大的可单击的按钮，单击进入，随文在画面下方。

整个画面色彩鲜艳，感觉活泼、动感，并配有可爱的动画，总体显得年轻、朝气。

实践演练

演练一：填空题

1. 一则完整的广告文案包括（　　）、广告正文、广告附文、（　　）。

2. "达派箱包"是（　　）标题。

3. 常见的广告正文表现形式有（　　）、证书体、（　　）、文艺体。

演练二：单选题

1. 下列哪一项不是广告随文的内容（　　）。

　　A. 企业名称　　　　B. 企业电话　　　　C. 商品购买方法　　　　D. 题目

2. 属于广告文案正文体式的是（　　　）。

A. 叙述体　　　　　B. 间接式　　　　　C. 热烈式　　　　　D. 条文式

3. 下列哪一项跟其他三项不属于一类（　　　）。

A. 报纸广告文案　　　　　　　　　B. 杂志广告文案

C. 广播广告文案　　　　　　　　　D. 娱乐服务广告文案

演练三：判断题

1. "喝了×××口服液，保你上大学，谁吃谁能上。"这则广告符合广告的原则。（　　）

2. 广告文案不一定有诉求点。（　　）

3. 广告语与广告标题内容必须相同。（　　）

演练四：写作题

1. 请任选一件商品，写一则广告文案，要求：不得模仿同类商品广告。

2. 请根据下列两则葡萄酒广告文案的正文内容撰写广告标题及广告口号。

第一则正文：

科学家发现了 12,866 颗小行星；地球上出生了 3 亿人；热带雨林减少了 6,070,000 平方公里；元首们签署了 6,035 项外交备忘录；互联网用户增长了 270 倍；5,670,003 只流浪狗找到了家；乔丹 3 次复出；96,354,426 对男女结婚；25,457,998 对男女离婚；人们喝掉7,000,000,000,000罐碳酸饮料，平均体重增加15%。我们，养育了一瓶好酒。

第二则正文：

三毫米，瓶壁外面到里面的距离，一颗葡萄到一瓶好酒之间的距离。

不是每颗葡萄，都有资格踏上这三毫米的旅程。它必是葡园中的贵族，占据区区几平方公里的土地；坡地的方位像为它精心计量过，刚好能迎上远道而来的季风。它小时候，没遇到一场霜冻和冷雨；旺盛的青春期，碰上了十几年最好的太阳；临近成熟，没有雨水冲淡它酝酿已久的糖分；甚至山雀也从未打它的主意。摘了三十五年葡萄的老工人，耐心地等到糖分和酸度完全平衡的一刻才把它摘下；酒庄里德高望重的酿酒师，每个环节都要亲手控制，小心翼翼。而现在，一切光环都被隔绝在外。黑暗、潮湿的地窖里，葡萄要完成最后三毫米的推进。天堂并非遥不可及，再走十年而已。

3. 请根据下列两则药品广告文案的正文内容撰写广告标题及广告口号。

第一则正文：

那天在火车上，我孩子发高烧，他爸爸又不在，我一个女人家，真急得不知怎么办才好。多亏列车长帮我广播了一下，虽然车上没找到医生，但还好有一位女同志，给了我一瓶儿童用的百服宁，及时帮孩子退了烧，我光看着孩子乐，就忘了问那位好心女同志的名字和地址，药也忘了还她。你瞧这药，中美合资的产品，没药味，跟水果似的，能退烧止痛，并且肠胃刺激又小，在我最需要的时候，百服宁保护了我的孩子。人家帮了这么大的忙，我和孩子他爸都非常感谢她，真希望能再见到她，给她道个谢。

第二则正文：

王霞，听说你在找我，其实给你一瓶药，帮你的孩子退烧，只是一件小事。那天在火车上，我一听到广播里说你孩子发高烧又找不到医生，正好包里有一瓶医生给我孩子退烧的药——儿童用的百服宁，可以退烧止痛，肠胃刺激小，而且又有水果口味，孩子也乐意吃，所以就给你救急了。那瓶药你就留着用吧,我家里还有,我孩子也常发高烧,家里总备几瓶,在最需要的时候,百服宁可以保护我的孩子,都是做妈妈的,你的心情我很了解。希望你以后带孩子出门,别忘了带施贵宝生产的儿童用百服宁!

4. 请参照所给的"大白兔"奶糖的素材,并进一步查找有关资料,虚拟一个策略单,创作一则广告文案。

上海冠生园食品有限公司生产的大白兔奶糖是中国著名食品,曾两次荣获国家优质食品银质奖。1979 年经国家工商行政管理局商标局批准注册"大白兔"商标。1959 年,"大白兔"为国庆十周年献礼而诞生。当时工厂只有一条生产流水线,每天的产量是 800 公斤,许多生产环节还要手工操作来完成。当时大白兔奶糖的年销量只有几千万元人民币。但在那个年代,大白兔奶糖是上海的骄傲,是不敢存有太多奢望的中国人的奢侈品、营养品。1972 年,周总理曾将大白兔奶糖作为礼物赠送给美国总统尼克松。

进入 20 世纪 90 年代,大城市吃糖的人少了,但中小城市和农村市场对大白兔奶糖的需求量仍年年攀升。每年广交会、华交会其成交量维持在 40 万至 30 万美元左右。作为中国糖果业的知名品牌,"大白兔"奶糖还进入了南非市场,在南非成立了冠生园非洲食品有限公司,并投资 50 多万美元上了两条先进的生产线。经过多年的努力,"大白兔"奶糖已被南非社会认可,进入了南非的超市、大商场和华人市场。在南非的中国餐厅,客人临走时店家往往都送上几块"大白兔"奶糖。

为了提升老字号的形象,上海冠生园集团正在策划"大白兔"奶糖的全新形象。根据人们的现代需求,重新策划、塑造大白兔这一品牌。在我国加入 WTO 后,冠生园(集团)有限公司决心在保持"大白兔"奶糖世界一流品质的同时,创造后五十年的辉煌。经过反复的市场调查、认证,按照科学配方,推出全新"大白兔"奶糖。新品在品质上,鲜奶含量再增 10% 以上,奶香更浓郁;不含香精和色素;低糖分、低甜度;弹性更足、更滑软、不粘牙、不呛口。在包装上,采用高档材料,站立式包装,不易皱折,突显精品风范。改装后的大白兔奶糖有三个品种——鲜乳牛奶糖、鲜乳太妃糖、奶油话梅糖。相信全新大白兔奶糖一定能带给广大消费者新的惊喜和快乐。

5. 在明了品牌、产品、定位、创意概念和画面配合的基础上,练习文案创作。

项目:广州康城花园。

定位:首席绿色成熟社区。

创意概念:分享。

画面配合:一对白衣青年男女并肩在大树下读书,椅子延长,坐上了很多读书的人;一对少年男女在欢快地荡秋千,秋千延长,坐上了很多个孩子;一对衣着考究的男女对面隔桌进餐,桌子延长,坐上了很多对这样的男女;一把雨伞下相恋的男女相依避雨,雨伞变大,更多的人靠拢来分享这把会变大的雨伞;出 Logo,广告语。

练习:

(1) 请为这则房地产广告配上相应的文案。

(2) 请根据这则广告的创意概念及画面配合,写出相应的电视广告分镜头脚本。(要求:有分镜头、画外音、旁白。形式自选——对话式、独白式等)

6. 请根据下面的资料为儿童安全座椅写作一篇故事型的杂志广告文案。(要求:有广告标题——正标题、副标题,广告正文,广告附文,广告口号,字数在 100 字以上)

儿童安全座椅

产品功能及特点：

1. 适合 6 个月~4 周岁，根据东方儿童体形特征设计。

2. 五点式安全带，四种调节位置组合，适合不同体形儿童使用。

3. 安装方便，操作简单，适合各类车型（需配备标准汽车安全带）。

4. 采用进口高抗冲击塑胶原料一次射注成型，安全坚固耐用。

5. 可拆洗椅套采用高弹海绵及透气面料制作，乘坐舒适。

6. 轻巧美观，方便提携，适合中国用户使用习惯。

售后服务：中国人民保险公司承保产品质量责任险。

不用安全座椅潜藏危机：即使是在车速很低的车祸事件里，对于前座的幼儿来说，也绝对无法抵挡全力向前撞射的冲击力量！当车速 50 千米/时发生碰撞时，对一个没有使用儿童安全座椅和安全带固定的 4 岁孩子而言，产生的向前冲射力量可高达 400 千克的力，大人难以抱住。正确安装的儿童安全防护系统可以将可能致命的伤害减轻 75%，重伤程度则能减轻 67%。欧洲驾驶安全组织建议，父母应尽可能把儿童安全座椅安装在后座，特别是面向车后座的儿童安全座椅，绝对不能装在具有车侧气帘（或气囊）的前座。

欧美地区车辆安置儿童安全座椅的风气早已行之多年，有一定的制度规范。

价格说明：750/套

产品数量：600

单位名称：××电子有限公司

地　　址：深圳市福田区××科研楼

邮　　编：5180××

电　　话：0755-8157×××

传　　真：0755-8312×××

联系人：王××

电子邮件：×××××1217@yahoo.com.cn

7. 根据以下给出的五大连池"火山泉"矿泉水的素材，并进一步查找相关产品资料，虚拟广告策略单，然后创作一则广告。（广告媒体不限、形式不限。要求结构完整、表述清晰。）

产品名称：五大连池"火山泉"矿泉水

产品介绍：

世界三大著名冷矿泉：法国"维希"、俄罗斯"高加索"、中国"五大连池"。火山泉牌天然矿泉水系列产品，其水源取自五大连池南饮泉，天然绿色、保健时尚、品质超群。其特点有：

（1）低温含气，矿化度可达 1500mg/L，具有浓重的矿化口感，清爽中略带微微苦涩，饮之清凉可口，深层解渴，系国际流行口味，亦是本产品独特之处。

（2）富含多种重碳酸盐和钾、钠、钙、镁四种宏量元素以及钡、锡、氟、硅、铁、锌、钴、钼、硒、镍十余种微量元素，天然含有二氧化碳气体，满足人体健康需求，有抑菌作用，饮用更卫生、更安全。

（3）由于独特的理化作用，长期饮用"火山泉"矿泉水，可以有效地改善机体生物酶的活性，促进病理组织恢复，提高机体的免疫力。科学研究证实，重碳酸盐矿泉水，对人体肠胃、神经、血液循环和内分泌系统具有良好的保健作用，特别是对慢性胃炎、缺铁性贫血等具有神奇功效。

（4）火山泉是世界稀有组合型矿泉水，人工无法复制。

（5）"火山泉"牌矿泉水取自火山冷矿泉，饮、医并用，生产加工环境安全符合 ISO 14000 环境标准，生产过程严格执行 ISO 9001 质量保证体系，无任何添加剂，具有高贵的品质，既是天然绿色的高档次饮用矿泉水，又是天然良药。

8. 请根据下列资料为七匹狼实业股份有限公司分别拟定一则报纸广告和一则电视广告。

广告主：七匹狼实业股份有限公司。

广告主题：七匹狼男装系列品牌形象广告。

广告目的：

（1）塑造七匹狼男装积极硬朗、成熟性感、有男人味的品牌形象。

（2）传播品牌所倡导的"做强者"之精神，及积极向上、奋斗乐观的生活态度。

（3）力图以视觉语言使目标消费者建立深刻影像，从而产生对产品的消费行为。

广告目标：25～45岁，成熟男性为主，这是一群收入相对稳定，文化水平高中以上的人群，对于事物有自己独立的观点。

公司理念：诚信、求实、敬业、奉献。

公司精神：挑战人生，永不回头。

产品简介：七匹狼生产男士系列休闲男装的同时，更为奋斗中的男人提供一种文化，一种精神，一种积极向上的生活形态。以夹克为核心产品，七匹狼正服系列包括西装、领带、西裤、衬衫；休闲服系列包括夹克、T恤、牛仔服；皮制品系列有皮带、皮包、皮鞋；饰品系列将来可以包括香水、火机、手表、眼镜、笔等。

品牌形象：如果用一句话来讲，我们所希望树立的就是一个"做强者"的男人形象，在他追求理想的道路上，他相信自己，相信伙伴。他坚信自己就是这城市森林里的一匹狼，为生存也为生活"做强者"。

Logo 释义："狼"集智慧、机灵、团结于一身，是极具拼搏力、顽强执着，不停地为生存而奋斗的群体性动物，Logo 图形是一头向前奔跑的狼，其昂首挺尾奔越的形状，四脚蓄积力量爆发的立姿表现公司勇于突破传统，独具个性的舒展形象。墨绿色是企业标准色，象征着青春、活力，孕育着勃勃生机。

任务❸　介绍推销产品

📌 任务描述

请将你们公司最新研发的产品，推销给你的客户。

🎯 任务目标

- **知识目标**：了解介绍推销产品的口语技巧。
- **能力目标**：掌握推销产品的口语技巧。
- **素质目标**：提高口语表达能力；培养学生对知识的钻研

精神、求实的学习态度及团队合作精神。

任务实施

1）以小组为单位，分组讨论：介绍推销产品的口语技巧。
2）分角色模拟训练：演绎具体角色，研究如何进行产品推销。
3）课堂练习：以小组为单位进行一次产品推销。各小组必须按照规定时间完成推销任务。
4）全班评议，选出最佳推销小组。

知识平台

微课 6 - 3　　　　课件 6 - 3

一、推销的概念

狭义的推销是指推销人员直接与潜在顾客接触、洽谈、介绍商品、进行说服，促使其采取购买行动的活动，即市场营销组合 4PS 中促销组合（Promotion）里边的人员销售（Personal Selling）。

广义的推销不限于商品交换，泛指一切说服活动，使别人接受我们的物品或者某种观点。广义的推销在我们的生活中无时不在、无处不在。比如，各种性质的谈判，毕业生的求职面试，政治家的游说演讲等。

二、推销的步骤

寻找客户——访问准备——约见客户——洽谈沟通——达成交易——售后服务——信息反馈。

三、推销原则

1．需求第一

这是由市场营销观念决定的。市场营销观念要求以消费者为中心，重视消费者需求，谋求长远利益。现代推销必须贯彻这个思想，不能搞强力推销。

2．互惠互利

交易的"双赢"原则，不是"零和"博弈。目的在于培养长期客户，不做一锤子买卖。

3．诚信为本

成熟的市场经济是法制经济，同时也是信用经济。讲究诚信，对维护企业形象非常重要。

4．说服诱导

说服诱导是推销工作最重要的特征。

四、推销形式

1．上门推销

上门推销是最基本的推销方式。

2．店堂或柜台推销

店堂或柜台推销的地点有超市、商场、专卖店等。

3．电话推销

电话推销是重要的辅助推销方式。

4．会议推销

会议推销包括展销会、洽谈会、交易会、订货会等形式。

五、推销口才技巧

国际推销专家海因兹姆·戈德曼把成功推销总结成四个步骤：引起顾客注意——唤起顾客兴趣——激起顾客购买欲望——促成顾客购买行为。因为注意、兴趣、欲望、购买四个英文单词第一个字母分别是 A、I、D、A，所以其推销步骤又称为国际推销埃达（AIDA）公式。

（一）接近客户的口才技巧

推销员必须首先会见顾客，接近顾客，才能推销商品。由于推销员往往和顾客是初次接触，容易遭到拒绝。因此，必须讲究接近技巧，设法引起顾客的兴趣和好感。有人曾提出推销员为顾客服务的"5S 原则"：迅速（swift），即行动快捷，话语主动；微笑（smile）；诚意（sincere）；精明（smart）；研究（study）。推销员接触顾客面广人多，面对随和的顾客要热情、耐心，顺水推舟，推销表达时要满足他们的自尊心；对于严肃的顾客要主动真诚，以柔克刚，设法和他们交流；面对慎重的顾客，要不厌其烦，耐心解答，不要言语唐突，刺激对方；面对情绪型的顾客，要话说到其心坎上，取得对方信任，消除其心理压力。具体接近顾客的技巧有以下几种。

1．搭话接近

搭话接近就是通过有意找话题来接近顾客。推销员要善于找话题搭讪，力争三言两语能打消顾客完全的陌生感，引起顾客注意。例如：

"小姐，您对化妆品使用一定有自己独特的看法，对这个品牌您觉得怎么样？"

2．策略接近

策略接近就是推销员不直接介绍，而是用令人震惊的话语或戏剧性的动作引起顾客的兴趣，然后再巧妙地转入洽谈。例如：

一天，推销员来到某超市杨经理的办公室："杨经理，您好！我想请您看看我厂生产的新型不碎玻璃杯。"杨经理没有表现出什么兴趣。推销员出其不意地说："杨经理，您注意看好啦！"杨经理倍感吃惊，目光集中到推销员身上。这时只见推销员把手中的玻璃杯甩到空中，随后玻璃杯落在水泥地板上，发出"砰"的一声，杨经理吃惊地从座位上站了起来。这时，只见推销员把杯子拾起来恭恭敬敬地递到他手中，说道："没吓着您吧！您看到啦，这杯子确实不同于你们现在出售的普通玻璃杯，最大优点是不易破碎。"杨经理随即对这种新型玻璃杯表现出了明显的兴趣。

3．夸奖接近

夸奖接近就是通过夸奖对方的长处，或对方喜好的人和物来取悦对方接近顾客。例如：

"哟，这孩子长得真乖，都上学了吧。"推销员笑呵呵地走进了顾客的家门。

"哇，你这办公室布置得真雅致！"推销员边说边轻轻地步入顾客的办公室。

4. 正面接近

正面接近就是推销员见到顾客，按照一般的步骤首先进行自我介绍，然后再介绍商品。这是最常用的一种方法。例如：

"王总，我是长虹电器股份有限公司销售部经理（边说边双手把自己的名片递了过去），我公司生产的最新长虹画王电视面市后，深受顾客欢迎。我到你们商场转了转，发现还没有我们这种牌子的电视机销售，我希望能与您谈谈，行吗？"

（二）推销面谈的技巧

推销面谈是激起顾客购买欲望和促成购买行为的关键环节，其中包括面谈中的叙述、倾听、提问和答复。

1. 叙述技巧

顾客在对推销员的了解和认识过程中，总伴随着对商品从有购买兴趣到采取行动的转变，推销员适时、准确地抓住时机对商品叙述推荐，能加速强化这种转变。叙述推荐除了注意语调、声音、停顿、重音、易懂、真实、明确和简明外，还要尽量巧立新意导入正题，如赞美、请教、谦虚等，目的是要使顾客对商品的注意和兴趣得以持续，进而高涨，促使推销成功。

一位西装笔挺的顾客走到玩具摊前，售货员立即起来接待。顾客伸手拿起一只声控玩具飞碟。"您好！要买玩具吗？您的小孩多大？"售货员彬彬有礼地发出试探信息。"六岁。"顾客回答，并把玩具放回到原处，眼光又转向其他玩具，顾客不经意的回答却使售货员顿时兴奋起来，从反馈的信息中，她确认找到了实现目的的突破口，便立即说道："六岁！这样的年龄正是玩这种飞碟的时候。"她一边说一边把玩具飞碟的开关打开，操纵着。同时又再次强化话语信息："玩这种飞碟，可以让孩子从小培养强烈的领导意识。"接着，她把另一个声控器递到顾客手里，两三分钟后，介绍商品的任务完成了，果然引导顾客发出新的信息："1 套多少钱？""45 元。""太贵了。""那就 40 元好了，这两节电池免费送给你，跟培养孩子的领导才能比起来，这实在是微不足道！"售货员递上发票后，又补充说："如果有质量问题，三天内凭发票调换。"

以上这场营业交谈中，虽然历时短暂，但也十分曲折，话题由介绍商品，到议定价格，到质量保证，环环紧扣，这中间只要有一环节调控不当，就会导致交谈中断，原定目标就无法实现。可见，一个口才交际好的人，不仅要用口、用耳，而且还要用眼。用耳朵、眼睛去了解对方、把握对方、体贴对方，然后口里说出的话才会深入对方的心坎，这才是口才交际的最高成就。

2. 倾听技巧

推销中善于倾听顾客的意见是博得对方好感的一个秘诀。倾听可以了解顾客的真正意图，明了客户的想法与需求。去倾听顾客的抱怨，可以体现自己口才交际的修养，并可以留住顾客的心。

首先，耐心倾听。推销员切忌打断顾客的言论而伺机插话，申述自己的观点，而是要集中精神，耐心、细心地倾听，适时发问，如"后来呢""的确是那么回事"等，或者适时表达自己的建议，肯定对方的意思。这样做可使对方满心欢喜时，缩短两者之间的心理距离，促成推销。

其次，富有感情，诚心诚意。推销员在倾听顾客时，要用抑扬顿挫的语调向顾客传递内心的感情，用愉快的声音传递内心的诚意和外在热情，克制自己内心的不良情绪，恰当地以有趣的话、关心的话、为顾客着想的话去表情达意，要避免做出虚假的反应。

3. 提问技巧

很多顾客在产生购买行为前会不假思索地拒绝推销，所以"推销是从拒绝开始的"。此时推销员不是退避三舍，而应迎难而上。提问是破解顾客拒绝的一个技巧，也是推销面谈中非常有效的方式。接近顾客时要懂得巧问，也要学会恰当提问。面谈中的提问以引起顾客的注意和思考为目的，尤其是要引起无购买目标、受外界刺激而可能产生购买行为的顾客的注意，从内因唤起顾客主观的欲念、情感和兴趣。同时可以向顾客传输相关商品和商情，获得自己所需要的信息，制造双方交流的平台，激发顾客的购买兴趣。还可以借宣传和推介商品之机，阐明道理，解决顾客内心由原发冲动而来的"需要"与实际需求之间的不平衡，实现推销的目标。

面谈中的提问有如下几种技巧。

(1) 单刀直入式。这种方法要求推销员直接针对顾客的主要购买动机，开门见山地向其提问，然后对其进行耐心劝说。例如：

门铃响了，当主人把门打开时，一个衣着精致的人站在大门的台阶上，这个人问道："先生，您还没有吃早餐吧？您家里有高级的食品搅拌器吗？"男人怔住了。他转过脸来和夫人商量，夫人有点窘迫但又好奇地答道："我们家有一个食品搅拌器，不过不是特别高级的。""我这里有一个高级的。"推销员说着，从提包里掏出一个高级搅拌器。通过演示，这对夫妇接受了他的推销。

(2) 连续肯定式。这种方法是指推销员所提的问题便于顾客用赞同的口吻来回答，让顾客连续地回答"是"，造成有利推销的态势。例如，推销员要寻求客源，事先未打招呼就打电话给一个公司的新客户："我很乐意和您谈一次，提高贵公司的营业额对您一定很重要，是不是？"（很少有人会说"无所谓"）"好，我想向您介绍我们的××产品，这将有助于达到您的目标。您肯定很想达到自己的目标，对不对？"……这样让顾客一直"赞同到底"。提问时推销人员要有准确的判断能力和敏捷的思维能力，每个问题的提出都要经过仔细的思考，特别要注意双方对话的结构，使顾客沿着推销人员的意图做出肯定的回答。

(3) 诱发好奇式。这种方法是在见面之初直接向可能的买主提出问题，故意讲一些能够激发他们好奇心的话，将他们的思路引到你可能为他提供的好处上来。

一个推销员对一个多次拒绝见他的采购经理递上一张纸条，上面写道："请您给我十分钟好吗？我想为一个生意上的问题征求您的意见。"纸条诱发了采购经理的好奇心——他要向我请教什么问题呢？同时也满足了他的虚荣心——他向我请教！经理看完后，推销员被邀请进入他的办公室。

(4) "照话学话"式。这种方法就是首先肯定顾客的见解，然后在顾客见解的基础上，再用提问的方式说出自己要说的话。例如，经过一番劝解，顾客不由说："嗯，目前我们的确需要这种产品。"推销员应不失时机地接过话头说："对呀，如果您感到使用我们这种产品能节省贵公司的时间和金钱，那么还要过多久才会购买呢？"这样就顺理成章促成购买了。

(5) 刺猬效应式。这是一种很有效的促进成交的提问技巧。所谓"刺猬效应"，就是用一个问题来回答顾客提出的问题。用自己的问题来控制和顾客的洽谈，把谈话引向销售程序的下一步。

顾客："这项保险中有没有现金价值？"推销员："您很看重保险单是否具有现金价值的问题吗？"顾客："绝对不是，我只是不想为现金价值支付任何额外的金额。"这时，销售员适时向客户解释现金价值这个名词的含义，提高他在这方面的认识。顾客就会在没有顾虑的情况下决定成交。

(6) 求教型提问。即用婉转的语气，以请教问题的形式提问。这种提问的方式是在不了解对方意图的情况下，先虚设一问，投石问路，以避免遭到对方拒绝而出现难堪局面，又能探出对方的虚实。例如，推销员打算提出成交，但不知对方是否会接受，又不好直接问对方要不要，于是试探地问："这种商品的质量不错吧？请您评价一下好吗？"如果对方有意购买，自然会评价；如果不满意，也不会断然拒绝，使双方难堪。

（7）启发式提问。即以先虚后实的形式提问，让对方做出提问者想要得到的回答。这种提问方式循循善诱，有利于顾客表达自己的感受，促使顾客进行思考，控制推销、劝说的方向。例如，顾客要买帽子，推销员问："请问买质量好的还是差一点的呢？""当然是买质量好的！""好货不便宜，便宜无好货。这是……"

（8）协商型提问。即以征求对方意见的形式提问，诱导对方进行合作性的回答。这种方式对方比较容易接受，即使有不同意见，也能保持融洽关系，双方仍可进一步洽谈下去。例如，"您看是否明天送货？"

（9）限定型提问。即在一个问题中提示两个可供选择的答案，两个答案都是肯定的。人们有种共同的心理——认为说"不"比说"是"更容易和更安全。所以推销员向顾客提问时要尽量设法不让顾客说出"不"字来。例如，与顾客约会时不要问"我可以在今天下午来见您吗？"这种只能在"是"和"不"中选择答案的问题，顾客多半会说："不行，我今天下午的日程实在太忙了，等我有空的时候再打电话约时间吧。"如果推销员对顾客说："您看我是今天下午2点钟来见您，还是3点钟来？"顾客会说："3点钟来比较好。"

4. 答复技巧

答复是推销员处理顾客提出异议、疑问，处理顾客投诉的一种常用方法。任何推销活动，都会遇到顾客（或目标顾客）的不同意见，甚至是反对意见。顾客的这种意见是推销中的异议，是推销过程的障碍，但也是顾客的权力。回答时，可争取充分的思考时间去准备和答复顾客的异议，如果是棘手问题，要适当以资料不全等借口拖延一下答复时间；搞清顾客异议的真正含义后再予以答复；先主后次地进行回复、答疑；个别答复可选择留有余地的具有弹性的答案作答；答复中永远讲求适度，正确的答复未必是最好的答复；先让对方阐明其问题实质后，再从容作答；对不值一提的问题可弃而不答。

（三）处理和突破异议的推销技巧

顾客考虑购买产品而不提出任何异议的情况是很少见的，而不提异议的往往是那些没有购买动机和购买欲望的顾客。因此，要把异议作为促成推销的一个机遇。美国著名推销大师汤姆·霍普金斯把顾客的异议比作金子："一旦遇到异议，成功的推销员会意识到，他已经到达了金矿；当他开始听到不同意见时，他就是在挖金子了；只有得不到任何不同意见时，他才真正感到担忧，因为没有异议的人一般不会认真地考虑购买。"

1. 如何处理和突破异议

面对顾客的异议，如何巧妙处理和突破呢？

（1）顾客提出异议，推销员可以就其异议进行分析，扭转客户的认识角度。

一名斯通公司的推销员经销高质量的复印机。他走进客户张先生的办公室，交谈中才知道张先生是斯通公司的老主顾，这反而使推销员陷入了困境。张先生说："两年前，我们买了一台斯通复印机，它的速度太慢了，用你们的复印机，我们损失了不少宝贵的工作时间。"如果推销员按通常情况进行争辩，说斯通复印机速度同其他复印机一样快，这样的争辩常常会得到这样的回答："好啦，我听到了，但是我们不再想要斯通复印机。谢谢光临，再见。"这位推销员巧妙地说："张先生，假定您是斯通公司的董事长，两年前已经发现复印机速度慢的问题，您会怎么办呢？""我会叫我的工程技术部门采取措施，促使他们尽快解决这个问题。"张先生说道。推销员笑着说："您和斯通公司董事长所想和所做的事情一样。"异议被突破了，张先生继续听完推销员推销介绍后，又订购了一台斯通高质量、高速度的复印机。

想办法使异议变得无足轻重。"价格太贵了！"这是顾客对价格的一般异议，也是经常提出的异议。推销员可以使用"理解价值法"，使异议变得无足轻重，即设法使顾客理解你所推销的产品的价值，让顾客相信产品的价格与价值是相符的；如果产品价格比竞争者的产品价格高，那么就需要设法使顾客理解产品在质量、性能及服务等方面优越于竞争者的产品，使顾客理解优越部分的价值与价格差是相符的。

美国推销大师汤姆·霍普金斯讲过一段自己成功地推销高速办公复印机的经历。一天，汤姆走进一家公司，当公司老板拉比听到高速复印机的价格是1万美元时，说："价格太贵了。"汤姆问："那么您能接受的价格是多少呢？"拉比回答说："8000美元左右。"这是当时一般复印机的市场价格。这时价格异议只是2000美元，而不是1万美元了，那么这个差额就成为异议的焦点。

汤姆说："拉比，实际的问题是2000美元，不是吗？那好，我认为应当认真地把这个问题放到适当的位置上进行探讨。"他把计算器递给拉比，继续说："假定您拥有这种高速复印机，您认为能用5年吗？"拉比说："差不多这样。"汤姆说："好，2000美元除以5，每年就是400美元。复印机在你们公司每年能使用50周，那么每周就是8美元，对吗？"汤姆接着说："我了解贵公司周末还有很多工作，需大量加班，因此我可以说每周使用7天是比较合理的。这样，8除7等于多少？"拉比说："1.14美元。"汤姆微笑着说："您觉得是不是因为每天得多花1.14美元，就不应该购买高速复印机来增加利润、增加产量和扩大生产能力吗？"拉比回答说："这个……我不知道。""拉比，我能问一下这里的打字员最低工资是多少吗？""黑人姑娘大约每小时3.5美元，这大概是最低工资。""是3.5美元，那么这1.14美元就等于您的最低工资助手工作20s的报酬。""要这么算，是20s的报酬。"汤姆说："拉比，让我再问您一件事，这种高速复印机连同它所拥有的现代化生产能力和节约时间的特点及我们所讲到的效用，在一天内为你公司创造的利润，不会比黑人姑娘在20s内创造的多吗？"拉比回答说："不，我想会更多。"

汤姆接着说："我们意见一致了，是吗？顺便说说，哪一天交货最能适合您的计划？1号还是15号？"

（2）如果确实需要，可以友好地"反驳"。

在一家鞋店，顾客挑剔地对老板说："这双鞋子后跟太高了。"老板再拿出一双递给她，她说："这种样式我不喜欢。"老板又拿出一双，她又莫名其妙地说："我的右脚比较大，很难找到合适的鞋子。"这时，老板才开口说了一声："请等一下！"便转身进到里面，拿出另外一双鞋子说："我想这双一定让你满意，请您试穿看看。"顾客半信半疑地试穿那双鞋子，果然如老板所说令她非常满意，于是高兴地说："这双鞋子好像专为我做的一样。"

2. 处理异议时应遵循的原则

处理异议时推销员至少要遵循以下原则。

（1）听顾客讲完。当顾客不断提出异议，其实就为推销员提供了说服顾客的资料。刚才所说的那位鞋店老板，就深谙这种道理，尽量让对方说出她想要说的话，等她把心中所想的全部显露出来时，以后就会按照推销员的推销意愿进行，而成功地卖出适合顾客需要的鞋子。如果顾客说了几句，推销员就还以一大堆反驳的话，不仅打断了顾客的讲话而使其感到生气，而且还会向对方透露出许多不利于自己的信息，顾客便会以此想出许多拒绝购买的理由。

（2）不要跟顾客争论。推销是为了成交，不是为了争强好胜，顾客提出异议，意味着他表示需要更多的信息，推销员理应表达有利于成交的信息。一旦与顾客发生争论，拿出各种各样的理由来压服顾客时，推销员即使在争论中取胜，也会彻底失去成交的机会。

（3）不要攻击顾客。推销员在遇到异议时，必须把顾客和他们的异议分开。也就是说，要把顾客自身同他们提出的每一个异议区别开来。这样，在突破异议时才不会伤害到顾客本身。要理解顾客提出异议时的心理，要注意保护顾客的自尊心。如果推销员表达出顾客的异议不明智、没道理，那么就是在打击顾客的情绪、伤害顾客的自尊心，尽管在逻辑的战斗中取胜，但在感情的战斗中却失败了，推销员也就不可能获得成交。

要引导顾客回答自己的异议。有一句推销格言："如果你说出来，他们会怀疑；如果他们说出来，那就是真的。"顾客提出异议，说明在他们内心深处想得到进展，只要引导他们如何进展就行了。只要推销员在这方面努力，给顾客时间，引导他们，大多数顾客最终会回答他们自己的异议。

以上是推销员在接近顾客、推销面谈、处理异议、答复疑问时可以参考、训练和运用的一般推销口才技巧。实战中，顾客因异议、疑惑造成的推销障碍是五花八门的，因此处理异议、排除障碍的交际表达也多种多样，需要灵活应对。

（四）上门推销与柜台推销的口才技巧

1. 上门推销的口才技巧

无论什么商品的推销员上门推销，都离不开商品宣传，做好商品宣传是推销成功的重要条件。商品宣传中的交际表达可以从利益上表达，晓以利害，表达出购买、使用该产品后的益处。

例：这个小型汽水机，既可以生产汽水，又可以生产汽酒，两个月就能收回全部成本，一年就可以赢利两万元呢。

可以从功能上宣传，侧重于表达商品独特的功能和特点。

例：这种太空被，最大的特点是轻便、暖和，盖一床 1kg 重的太空被就顶 4kg 重的棉絮被，家庭、宾馆都适合使用。

可以从比较方面宣传，通过对同类产品价格、质量的对比，优胜劣败，使顾客在比较中坚定购买信心。

例："张经理，在价格方面，本公司的产品是同类同质产品中最便宜的，你看看，这是本公司的产品价目表，另一份是其他公司同类的产品价目表。"这位推销员出示两份价目表，示意顾客进行比较，既简便，又可信度高。

可以进行表演宣传。推销员应让顾客亲眼看到产品，并尽可能演示给顾客看，或让顾客亲自体验，使顾客对该产品的功能、特点有直接的了解，以加深对产品的印象，促使其采取购买行动。

例：请看，这种菜刀是本厂最新研制的新产品，适合家庭、饭店、副食店、肉摊、餐厅等各种场合使用，最大的优点是刀口锋利而又坚韧。请看，刀口剁在铁丝上，一点也没有卷刃，也没有豁口。

还可以进行说服诱导，即运用能激起顾客某种需求的语言说服顾客采取购买行动。在交易中，顾客总会产生一些顾虑，提出各种疑问、异议，这就需要用因势利导、灵活机敏的口才说服顾客。

例："我不需要这种东西，"顾客提出了不需要的异议。

"是呀，许多人起初都认为自己不需要，但是，当真正了解这种产品的用途后都改变了看法。"推销员机敏地答道。

顾客略有心动："这种颜色早就过时了。"

"您真有眼力，要是在去年，我也认为这种颜色过时了。但是，现在这种颜色又时兴起来，真是只有过时的思想，没有过时的颜色，对吗？"

"这种东西好是好，就是太贵。"顾客进而提出了对价格的异议。

"是吗？许多人开始会嫌贵，当他们仔细考虑了产品的功能和质量以后就觉得合算了，据厂家讲，由于原材料紧俏，这种产品的价格或许还会上涨呢！"

"没有保修服务，我不敢买。"顾客又对保修提出了异议。

"我们对这类产品虽不保修，但扣除了产品保修费，降低了售价，只要您试好、选好，保证不会出现问题，也用不着修呀。"

顾客放心地购买了。

顾客中类似的异议还有很多，有时是顾客为了压价而有意刁难，只要推销员态度诚恳，言辞恳切、诱导恰当、多数顾客是可以被说服的。运用灵活机敏的口才，说服犹豫不定的顾客，往往能实现推销的目的。

"买卖不成仁义在"，推销结束，不论生意是否成功，都应该礼貌告辞，而不因事成而得意忘形或因事不成而垂头丧气。应该在告别时同登门时一样恭敬，当顾客送你出门时，应不时回过身，笔直地伸出右手，礼貌地说声"请留步"；门将关上时，再一次向顾客道声"再见"；无论顾客买货与否，都应真诚地道声："谢谢"或"打扰您了"。

2. 柜台推销的口才技巧

俗话说："货卖一张嘴。"无论在超市还是在一般商店，推销人员柜台推销口才应用得好，不但能促进顾客的购买行为，而且还能为超市或商店树立良好的形象。

作为服务性的商业行为，柜台推销首先要热情接待。无论买东西或不买东西，进来的都是顾客，都应以热情的话语迎来送往。常以"早上好""您好""欢迎光临""请随意参观"等亲切和善的话语和顾客打招呼，这也是一种形象宣传和广告宣传。

其次是满足需要。商业是以满足大众的需求为目标的行业。顾客进店购物的时候，要给予热情引导和服务。并根据顾客需要，适时进言，促进购买。在进商场的顾客当中，有真正想买东西的人，这类人一进商场就用目光寻找他需要的商品柜台。另一类顾客则是闲逛消遣，在这类人中，有一部分人是随便逛逛的，但也不排除有合意的顺手买点回去。这是一类潜在的销售对象，而成功的柜台推销就是善于发现这一类顾客，并且通过适当的语言激发起他们的购买欲望，尽可能促成他们的购买行为。

例：一位女士进入时装商场。"请随便参观……从您这身打扮就可以看出您对服装有眼光……越看越觉得这套衣服很适合您的气质，又高贵又典雅，要不要试试？"顾客经这么一夸赞，心情肯定很好，就可能会促成顾客的购买行为。

柜台推销，除了要货真价实、热情服务以外，一定要采用巧妙的口才交际，目的一是了解顾客的心理，知道他们进店的目的；二是让顾客相信推销员及推销员的服务。亲善的交际表达可以加深推销员和顾客的亲近程度。

例："小姐，您在看洗发水是吗？"

"对，我头屑多，用了很多牌子都不见效。"

"是呀，头屑多真讨厌，我妻子头屑也很多，现在正让她用这种新出的洗发水。"（推销员拿出一瓶洗发水）

"是吗，效果怎样？"

"效果如何还不清楚，不过现在她的头屑确实少了很多，它的配方和别的不一样，您要不试一试，也许会有效。"

这是应用了亲善的口才技巧。使用这种技巧的关键，在于能和顾客的语言和思想做出同步反应（我也讨厌头屑），与顾客建立一种信任、亲善的关系，然后再向顾客补充一些建议，进行诱导购买。一般商品的销售量和定向的口才交际诱导是成正比的，定向诱导根据人的定向思维所设计。

例："请来杯热鲜奶。"

"加一个鸡蛋还是加两个？"

"一个就够了。"

上例实际上跨越了买与不买这个层次，直接就和顾客讨论买多少这个问题，采用了定向诱导技巧。据统计，定向诱导促进购买的成功率要比一般的诱导大一倍。

柜台推销要注意应变表达。如果是客观原因或推销员自己大意造成的过失，首先要以诚恳态度当面致歉，祈求顾客的原谅，然后用一定的话语巧妙挽回影响。如果遇到顾客不满，大发牢骚，有效的方法是改变接待的地点或换人来接待。例如，"在这里，我们不方便听取您的意见，咱们一起到接待室坐下来谈好吗？""我现在没有时间，我另找一位经理和您继续谈，还是我们另约一个时间再谈？"

例：在美国经济大萧条时期，有位 17 岁的姑娘，好不容易才在高级珠宝店找到一份售货员的工作。在圣诞节前的一天，店里来了一位 30 岁左右的贫民顾客，他的衣服破烂不堪，一脸的悲哀、愤怒，他用一种茫然的目光，盯着那些高级首饰。

这时，电话铃响了，姑娘要去接电话，一不小心，把一个碟子碰翻，6 枚精美的钻石戒指落到地上。慌忙中她捡起了其中的 5 枚，但第 6 枚却怎么也找不着。这时，她看到那个 30 岁左右的男子正向门口走去。顿时，她醒悟到了戒指在哪儿。当男子的手触及门柄时，姑娘柔声叫到："对不起，先生！"

那男子转过身来，两人相视无言，足足有一分钟。

"什么事？"他问，脸上的肌肉在抽搐。

"什么事？"他再次问道。

"先生，这是我头一回工作，现在找个事儿很难，您说是不是？"姑娘神色黯然地说。

男子长久地审视着她，终于，一丝柔和的微笑浮现在他的脸上。

"是的，的确如此。"

他回答，"但是我能肯定，你在这里会干得很不错。"

停了一下，他向前一步，把手伸给她："我可以为你祝福吗？"

姑娘立刻也伸出了手，两只手紧紧地握在一起，她用低低的但十分柔和的声音说："也祝你好运！"

他转过身，慢慢走向门口。姑娘目送着他的身影消失在门外，转身走向柜台，把手中握着的第 6 枚戒指放回原处。

柜台推销时，介绍商品的每一句话都应该抓住顾客的心理特点。顾客心理特点是影响购物的重要因素，售货员应细心观察顾客的心理特点，只有"投其所好"，才能满足其需要。一般来讲，顾客比较稳定的心理特点有：老年人恋旧求实、青年人求新求美、少年儿童求乐好奇、男性重质、女性重价等。例如，卖布料，对中老年人应强调质地坚固、实用廉价，说"这是名牌产品，布幅宽、厚实、耐用，价格又便宜"；对青年人则应该强调色泽流行、品质高档，说"你真有眼光，一下便挑中这种非常流行的好料子"。再如卖玩具，如果是小朋友自己来买，则重在激发孩子的好奇心、好胜心，说"小朋友，这个火箭玩具真好玩，只要你一发射，就可以冲上天空 100 米高，是新式玩具"；若是父母或爷爷奶奶来买，则应强调安全性、知识性和游乐性，说"先生，您买对了，这种玩具是模仿我国'长征'运载火箭制作的，孩子玩起来跟电视里发射的火箭具有同样效果，可以培养孩子探索航空航天奥秘的兴趣，玩起来也非常安全"。

另外，抓住商品的突出特点。不同商品的特性不同，基于消费者的购买习惯，可将商品分为选购商品、方便商品和特殊商品。

选购商品是指吸引消费者视觉，并使之产生美感的商品，如时装、化妆品及其他时尚商品。这类商品价格较高，供求弹性较大，顾客对商品知识掌握不充分，往往希望推销员提供参考意见。售货员恰当的宣传和接待往往达到促销的目的。对此类商品，营业员应着重从质量、功能、样式、色彩、价格等方面做好宣传介绍，并注意调动顾客的美好联想。这种介绍常常能左右顾客的意志。

方便商品多为日常生活必需品，价格低廉，交易频繁，挑选余地小，无售后服务，消费者对商品熟悉，希望快捷成交，推销员无须详细介绍商品，只需按照顾客要求快速取货算账。对于方便商品，顾客通常就近购买，因此，推销员最好记住常来的顾客和常买的商品，这样，顾客一进门，就招呼说："您来了，还是买一瓶酱油吧？"这会使顾客心里感觉热乎乎的，以后还愿意常来。

特殊商品也就是高档消费的名贵商品，如录像机、空调、抽油烟机、冰箱、彩电、摩托车等。顾客在购买前往往有周密的计划，常常选好商店，专程而来，愿意花较多的时间去选择。因此，推销员服务一定要周到，宣传要细致，尽量把有关商品的知识介绍给顾客。这类商品价钱较贵，推销员应抱着对顾客负责的态度，减少顾客的麻烦，也就是减少自己的麻烦。

推销员在推销时要运用真实贴切的语言。绝大多数顾客来到商店买东西，对推销员往往怀有矛盾的心理：一方面认为推销人员自吹自夸，不说真话，对他们心存戒备；另一方面又认为他们懂行情，了解商品特征，希望得到指点和帮助。聪明的推销员应该通过自己的言谈举止消除顾客的戒备心理，增进顾客的信任感，热诚地提出自己的见解，为顾客做好参谋，如果推销员无视顾客的双重矛盾心理，一味地着眼于推销自己的商品，就很难获得顾客的信任，结果也往往适得其反。

柜台推销还要善于使用含蓄委婉的表达。有些容易引起顾客反感或不易被顾客接受的词语要避免使用，代之以意义相同或相近的词语。例如，把"胖"说成"富态""丰满"；把"瘦"说成"苗条"；把"瞎子"说成"眼睛看不见"或"盲人"。商店里常常遇到挑选时间长或只看不买的顾客，由于顾客众多，应接不暇，见久选未定者可以说："再拿一个您选选看"或"这几件您再比较比较"。这里的"再""比较比较"是暗示语，也可以说："别着急，您到别的地方看看有没有更合适的。"

这类暗示语既体谅了顾客的心情，又能使其听出弦外之音，明智的顾客此时不难理解推销员的用意。

📖 | 案例分析

推销中的产品介绍方法

一、产品介绍的原则

（一）了解自己的产品

案例：某位推销工业生产用机器的推销员，与顾客谈得很投机，前期工作做得很好。到了产品解说阶段，顾客问机器的材料是什么、如何保养等产品知识问题，推销员答不上来，吞吞吐吐，张口结舌，顾客很失望。顾客认为推销员不务实，花言巧语，不值得信赖。

因此，推销员务必掌握产品知识。推销员应当做到：了解产品性能的程度使内行人感到惊讶；了解产品用途的程度使顾客感到惊讶。

推销员应掌握的产品知识，包括：

1. 原材料和生产过程

既要使用专业术语，使顾客感到你是内行；同时又要用顾客能听懂的词语来解释清楚，否则，顾客认为你在故弄玄虚，在糊弄他。

2. 商品的技术特征

规格、性能、技术参数、质量、样式等；与竞争商品比较，优、劣方面各有哪些。

3. 推销员不负责销售的、公司生产的其他产品

如果顾客问起，你说"不知道"，同样会导致顾客对你的不信任。

4. 商品的使用特征

用途、维护方法、使用方法、安全问题、注意事项等。

5. 售后服务

如实讲述，不能夸大其词。

6. 交货期和交货方式

交货期：库存、发货、生产周期；选定合适的交货日期，否则，要承担违约责任；跟单员、跟单制度等。

交货方式：运输方式、运输费用由谁承担等。

7. 价格、结算方式和顾客信用条件

价格：公司的优惠政策等

结算方式：现金、商业汇票、银行汇票、本票、支票等。

顾客信用条件：信用管理、评估定级、授权等。

8. 竞争对手的商品

性能、价格、售后服务等主要方面的比较。

（二）信赖自己的产品

推销员必须百分之百地相信自己的产品。——乔·坎多尔弗

推销工作是感染力发挥作用的工作，你对顾客所做的有关该产品性能的任何有证据的说服工作，都比不上你对产品的自豪和信任所起的作用。——齐格拉

案例：在日本，一个家庭的祖孙三代三个人，同时都在一家医疗器械公司上班，同时都担任推销员职务，并且他们三个人的销售业绩占据了该公司的第一、二、三名。为什么会出现这样有趣的现象？原来，这个家庭的祖父，之前曾患有一种慢性病，医院无能为力，偶然机会，使用了这家公司生产的医疗器械，把病给治好了，解决了大问题。从此，逢人便说这家公司的

产品是如何如何的好，免费为这家公司做了很多宣传工作。公司得知这个消息，将这个老人聘为销售人员，老人对产品的功效深信不疑，并且以自己的实际体验为说服材料，当然是业绩斐然。之后，他的儿子、孙子都进了这家公司，一起从事推销工作，也同老人一样对产品的功效深信不疑，成绩也一样的斐然。

（三）满腔热情推销产品

没有热情，就没有销售。

只有划着的火柴才能点亮蜡烛。

热情能使说服获得意外的成功。推销是面对面的沟通，是心与心的交流。热情会传染。

热情在推销中，至少包括三个方面的内容：一是微笑；二是好听的话；三是乐于助人。

在东南亚经济危机中，日本、韩国的企业不景气，产品卖不出去。在这种情况下，日本、韩国的企业对推销员进行培训。培训的一项重要的内容，就是练习微笑。韩国企业的做法是，让推销人员用牙齿咬住一支筷子，长时间咬住不放。牙咬住筷子的表情，就像微笑。日本企业的做法是，让推销人员练习发声，发"qi"这个音。发这个音时的表情，也跟微笑差不多。

好听的话。有推销员总结说：我们推销人员随时都要赞美顾客，对顾客讲好听的话；这些好听的话，要像铃铛一样叮当叮当地响。

乐于助人。如果雷锋活在这个时代，让他从事推销工作，他的业绩肯定会非常好。另外，推销方格理论认为，理想的推销人员类型是"解决问题导向型"。如果我们在推销产品的同时，热心帮助顾客，为顾客提供解决问题的方案，一定会深受顾客的喜欢。

二、语言介绍的原则与方法

（一）原则

1. 推销就是说服。我们中国有句俗语："买卖不成话未到，话语一到货三俏"。

2. 生意的"意"字。

"立"字。站起来；站着接待顾客。没有一个大商场让推销员坐着接待顾客。

"曰"字。会说。例如，金利来公司在元旦、春节期间的宣传语"快来买呀，这是金利来，金利一起来。"

"心"字。用心去推销。例如，IBM公司要求推销人员"Think，think，and think。"

3. 不能用顾客听不懂的语言推销。

（二）语言介绍方法

1. 讲故事

通过故事，推销员把想要向顾客传达的信息变得饶有趣味，使顾客在快乐兴奋中接受信息，对产品产生浓厚兴趣。当一个推销员能让产品在顾客心目中留下一个深刻、清晰的印象时，他就有了真正的优势。

案例：20世纪60年代，美国一家企业生产销售"兰羚"牌绵羊油，用于治疗皮肤病。推销人员不直接介绍产品，而采取讲故事的方法。

故事是这样的：很久很久以前，一个封建王国。国王喜爱美食，找了一个手艺极佳的厨子专门为他做菜。突然有一天，他觉得饭菜的口味变差了，派人把厨子叫过来。原来，厨子的手臂上长了些红红的东西，很痒，影响了手艺的发挥。国王让御医给厨子治病，治不好。没办法，国王只得让厨子下岗。厨子很郁闷，没脸回老家，就四处流浪，流浪到草原上，给牧羊人打工，帮助牧羊人放羊。到了剪羊毛的季节，厨子还帮助修剪羊毛。几年时间过去了。有一天，他突然发觉手臂上长的那些红红的东西不见了，也不痒了。厨子喜出望外，赶紧回京城，看看国王是否还需要他。来到城门外，看见很多人围观城墙上贴的一张皇榜。原来，国王自打手艺最好的厨子下岗后，一直没有再找到满意的厨子，所以张榜寻找手艺好的厨子。这个厨子很高兴，揭下皇榜，在侍卫的带领下，来到皇宫。由于厨子已经外出多年，且满脸胡子，没人认出他。直到厨子把做好的菜送给国王品尝。"味道太好了，简直和以前的厨子一模一样。"这个时候，厨子才表明了身份。国王大喜。询问，病是怎么治好的。厨子说，他自己也不知道。国王召集全部御医，让他把离开皇宫的经历都说出来，让御医来判断。最后，断定是绵羊毛的功效。

推销员讲到这儿，话题一转，我们就是根据这个历史故事开发出了"兰羚"牌绵羊油。

技巧：推销人员要善于挖掘故事，善于讲故事。

任何产品都有它迷人而有趣的话题：它是怎样发明的？怎样生产的？企业发展中的故事，使用产品给顾客带来的好处，等等。这些方面都可以挖掘，再发挥想象能力和语言组织能力，动人的故事就产生了。

掌握了这个技巧，推销特别是产品介绍，将会变得非常容易。保罗·梅耶说："采用讲故事的方法，你就能迎合顾客，使顾客在饶有兴致的状态下认识产品和推销员。毫无疑问，你的推销将非常顺利。"

2. 例证

用 10 倍的事实证实一个道理，比用 10 倍的道理去论述一件事情更能吸引人。生动的例子能产生很强的说服力。

案例：一次，拿破仑对他的秘书说："你可以流芳百世。"言外之意，你跟着我沾光了。

秘书不以为然，但也无法直接反驳，便灵机一动，笑着说："将军，您能告诉我，亚历山大的秘书叫什么名字吗？"

拿破仑无言以对。

这个例子告诉我们，实例的威力是巨大无比的。

例证分为三类：人证、物证、事例。人证的效果最好。

美国一个推销员做了 27 年的销售。每做成一笔生意后，他都把顾客的姓名留下来。在以后的销售中，他把长长的顾客名单念出来，以此来说服洽谈中的顾客。

德国西门子公司，每季度为其经销商提供上一季度新顾客的名单，让经销商用顾客名单去说服顾客。

要点：推销人员不可编造虚假的例证来蒙骗顾客；要用数字说话。

3. 富兰克林法

什么是富兰克林法？先来听一个故事。

有个年轻女子结婚没几天，忍受不了丈夫的一些臭毛病，跑回娘家，跟爸爸妈妈说要跟老公离婚。他爸爸没说别的，递给她一张白纸和一支笔，说：

"我想看看你丈夫到底有多少缺点。这样，你每想起他的一个缺点，就用笔在这张纸上点一个点。慢慢想，一点一点地回忆。"

女儿接过笔和纸，开始在纸上认真地描点。画出了很多点。交给他父亲，说：

"你看，他有这么多的缺点。"

父亲接过纸，看了看，又还给了她。

"就这些吗，还有没有？"

"没有了。"

"你看这张纸，除了点以外，还有什么？"

"除了点以外，还是点，没有别的什么。"

"你再仔细看看。"

女儿看了半天，终于明白了。纸上除了点以外，还有大量的空白之处。这些空白之处，正是丈夫的优点所在。女儿明白了父亲的良苦用心，便回去了。

富兰克林法，就是把我们产品的优点或给顾客带来的好处一一列举出来，写在纸的左边；再把不购买产品的损失一一列举出来，写在纸的右边。一条一条、对比着讲给顾客听。

三、产品示范

别忘了产品，当你用语言无法打动顾客时，产品本身可能是最好的说服手段。

有时候，语言是苍白无力的。

赤道附近某个国家，在某个小学语文课上，老师给学生描述"雪"。

老师说：雪是纯白的东西。

学生说：知道了，老师，雪像盐。

老师说：不错。雪是冰冷的东西。

学生说：雪像冰淇淋。

老师说：不对。雪是颗粒状的东西。

学生说：雪像沙子。

老师始终无法向学生解释清楚什么是雪。课后，老师布置作业，让学生以"雪"为题目写作文，结果有好几个学生这样写道："雪是白色的、味道又冷又咸的沙。"

案例：我们常常说椅子坐着舒适，怎样描绘舒适？美国克莱斯勒汽车公司的董事长埃克哈，推销员出身，当年推销汽车，向汽车经销商展示汽车座椅性能的时候，没有直接说"坐着如何舒适，如何柔软"。而是采用这样的方法：他把一千多名经销商邀请到一块，把汽车座椅卸下来，放在地上，爬上三层楼房房顶，向汽车座椅扔鸡蛋。扔在座椅上的鸡蛋都没被摔烂。经销商折服了。

日本某品牌手表，要在澳大利亚打开市场。人们只知道瑞士手表好，还没听说日本手表好。他们就在报纸上登广告，说某年某月某日在堪培拉广场，公司将免费赠送手表给市民，方式是从直升机上向下扔手表，赠送给市民。表演完了，人们从地上捡起手表，发现手表居然没有损坏，拿回家用，时间还很准。这样，该品牌手表就在澳大利亚打开了市场。

产品示范是创造销售奇迹的好方法。

某品牌服装，当初进军上海市场。进百货商场，人家不让，说没听说过。公司就在商场门口摆了一台洗衣机，将某品牌衬衣放进去洗。洗了拿出来，再放进去，……，演示了三天，衬衣拿出来，居然没走型。商场终于同意给专柜，上海市民也认识了某品牌服装。

产品示范方法：

（1）让顾客亲身体验，观看、触摸、鼻子闻、耳朵听、尝味道等。

（2）当场使用、操作。

（3）现场表演。

（4）产品试用。

（5）展示。汽车展示、服装表演。

（6）参观工厂。有些现代化工厂，卖门票。既有门票收入，又能宣传企业和产品。

顾客类型和购买模式

人的头脑和电脑有很多类似的地方，我们对很多事情的决策过程相当于电脑软件处理程序。人是一种习惯型的动物，我们百分之九十的行为都是有模式可寻的。

顾客类型有五大类十种模式。

1. 理智型 VS 感性型

（1）理智型客户

特点：比较相信自己的判断；固执，一旦形成某个意见，别人很难改变他。

推销策略：不能强力推销。我们的推销工作，为了能使客户尽早下购买决定，大多数情况下都会带有一点强迫他人购买的味道。而理智型顾客最讨厌的就是别人强迫他去干什么事。

要用商量性口吻，强调站在客观的立场等方式来介绍产品和利益。比如：

"张先生，我看得出来您是一个比较有主见的人，您需要什么样的产品，我相信您心里已经有了比较清晰的想法和决定，我在这里只是站在一个客观的立场，来向您解释一下我们的产品还有哪些特点，还能为您带来哪些好处。当我花完十分钟为您解说之后，您一定有能力来自行判断什么样的产品或服务是您最好的选择。"

（2）感性型客户

特点一：容易受别人意见的影响，比较缺乏主见，在乎别人的看法，参考别人的意见。犹豫不决。

推销策略：向客户提供许多其他客户的鉴证，或媒体的报道，或专家的意见。

比如，一个办公室的员工，经理安排他去购买办公家具。这种类型的客户一定会非常重视办公室其他同事的感受。这时，我们应该尽量向他多提供一些信息，重点是各种顾客对产品的态度，归纳出大多数人的共同的一些感受。这样，来帮助感性型的顾客进行购买决策。

特点二：感情细腻。在乎人跟人之间的一种良好的感觉，在意推销人员的服务态度。

首先，推销人员要有热情，态度要和蔼。再就是，在描述产品时，尽量多使用一些表达感性的词汇。比如，你是一个推销汽车的推销员，可以这样描述产品：

"王小姐，您知道吗？这个车型的车子，特点是特别的舒适、安全，减震系统特别的好。所以，您想象一下，您家里的老人、您的父母，还有您的小孩，坐这样的车子一定非常适合。"描述产品时，推销员对顾客周围比较关心的人进行了链接，说服力自然就增加了许多。

特点三：比较"粘"，话语较多，喜欢和推销员多聊天，希望通过和推销员的交谈获取更多的信息。

推销策略：多次联系。一次、二次、三次，甚至四次、五次，直到客户对你产生信任感。否则，他总在那里犹豫不决。

2. 粗线条型 VS 细节型

（1）粗线条型客户

特点：做任何事情都讲究抓大方向、大重点、大原则，只要把这些问题解决好了，就应该不会发生问题。这类顾客不会去注意细节，讨厌芝麻绿豆、鸡毛蒜皮之类的事情。

推销策略：不要啰里啰唆，讲得太详细，只要把我们产品的利益，按照一个大的框架，符合逻辑、有条理地讲清楚就行了。

（2）细节型客户

特点：细心，特别爱关注细节，观察力也比较强；要在头脑里对产品有了非常详细、非常完整的一个画面之后，才会做购买决定；比较挑剔，可能会问到连我们想都没想过的问题。

推销策略：提供的信息越详细，越能让他放心；提供一些非常具体的数字。比如：

"林小姐，我们产品市场占有率达到52%。"

"王小姐，我们产品顾客满意度达到95%以上。"

再如。你是一个房地产的推销员，推销商品房。观察到你的客户是一个细节型的客户。可以这样介绍你的房子：

"张先生，你知道吗？我们这个房子，设计得特别的坚固，特别的耐用，住上一百年都不成问题。比如说，这面墙一共用了1625块砖，砖的质量非常好，烧制严格，一共经过了……个步骤，温度非常高，具体是……。"你会发现，你的顾客听得特别过瘾，他会觉得你是一个非常专业的销售人员，跟你购买房子，非常放心。

但是，如果你判断失误，你的客户恰巧不是细节型，而是粗线条型的。你再用刚才的那一套介绍：

"王小姐，你知道吗？我们这个房子，设计得特别的坚固，特别的耐用，住上一百年都不成问题。比如说，这面墙一共用了1625块砖，砖的质量非常好，烧制严格，一共经过了……个步骤，温度非常高，具体是……。王小姐，王小姐，嗯，王小姐到哪儿去了？"你回过头来，发现顾客不见了，到处找不到。原来，早跑了。人家不过是想来看看房子，你啰里啰唆讲一大堆，什么砖有多少块，温度有多高，我要听那干什么？

3. 求同型 VS 求异型

在讲这两个类型之前，我们先来做一个小测验。

你们觉得这三个图形有什么不同吗？

"没什么差别，都是长方形，大小也差不多。"这是求同型。

"这三个图形，大小不一样，线条粗细也不一样，有的横着，有的竖着。"这是求异型。

（1）求同型客户

特点：看事情有惯性，喜欢看相同点，而不太喜欢差异性，觉得那样不协调，不舒服。这种类型的人与他人之间的配合性比较好。举个例子，有一天下班的时候，办公室一个同事提议大家晚上聚一聚，去吃火锅，大部分人都已经附和同意了，轮到你发表意见。如果你是求同型的，即使你不是很愿意，估计你也会同意这个提议。因为求同型的人认为，既然大家都愿意去，我也应该跟他们保持一致，我也应该要去。

推销策略：我们在向这种类型的顾客推销商品时，应该先调查清楚顾客对先前使用的同类产品的态度，然后在介绍产品时，强调我们的产品与顾客先前喜欢的产品的相似之处。比如，推销汽车：

"张先生，你之前有开过车吗？"

"开过。"

"开的是什么样的车？"

"A品牌的车。"

"你在开A品牌车的过程中，你觉得这个车型的优点有哪些呢？"

他可能告诉你有三个或五个优点。接下来，你就可以这样对他说："我很高兴地告诉你，这五个优点我们公司的产品都有。"

又如，销售房屋：

"王小姐，你之前买过房子吗？"

"买过。"

"当初你为什么会选择购买那套房屋呢？"

她可能会说："那房子景观很好。"那我们就知道了，她这次购买房屋也可能同样将周围的环境作为最重要的考虑因素。

(2) 求异型客户

特点：挑剔，鸡蛋里挑骨头；逆反心理重，跟你反着来；观察力敏锐，创造性强。

销售人员发现这样的客户特别难缠。你说你的产品好，他偏偏说不好；你说你的产品物超所值，他马上说你的东西太贵。反正他要跟你反着来。

销售策略：可以采取一种非常简单的方法，四个字"负负得正"，也就是声东击西。

例如，朋友的老婆爱花钱逛商场，买衣服。向我询问对策。我问他是怎么一回事。

"一个月要逛几次，花掉我几千元钱。我很心疼。但我越是不让她买，她越是要买。"

听到"越是不让她买，她越是要买"，我心里有底了，但还不敢确定，准备找机会进一步确认。

一次，我们在一起吃饭的时候，以做游戏的方式来测试。我从口袋里掏出三个一元的硬币，问她："这三个硬币之间有没有什么联系？"

"没有。有的新，有的旧，出厂的年份也不一样。"

结论出来了。我就向我的朋友提供对策：每次购物时紧跟她屁股后面。她就要看中某件衣服时，赶快冲上去，对这件衣服大加赞赏，最好夸张一点。

结果肯定有效。

4. 追求型 VS 逃避型

人都是趋利避害的。

(1) 追求型客户

特点：在意产品给他导致的最终结果，能带来什么利益，什么好处；比较现实，追求物质享受。

推销对策：言简意赅，不要啰里啰唆。要在短短几分钟之内讲清楚产品带来的利益，并不断强调这种利益。

(2) 逃避型客户

特点：逃离痛苦；购买产品是为了减少痛苦和避免麻烦；你问他要什么，他反而回答你，他不要什么。

推销策略：强调购买产品会避免哪些麻烦，减少哪些痛苦。

例如，两个人来买汽车，一个是追求型的，王先生；一个是逃避型的，李小姐。问他们要什么样的车子。

王先生：我要3000CC以上的车子，我要白色的车子，我要有天窗的车子，我要有ABS刹车的车子。

李小姐：我不要3000CC以下的车子，我不要不是白色的车子，我不要没有天窗的车子，我不要没有ABS刹车的车子。

此时，推销员介绍汽车使用的词汇不同。

对王先生，我们的车子省油；对李小姐，我们的车子不费油。

对王先生，我们这个车子维修费用低；对李小姐，我们这个车子维修费不贵。

5. 成本型 VS 品质型

(1) 成本型客户

特点：非常在意成本；喜欢杀价，把杀价当成一种乐趣；不管你的东西卖得多贵或多便宜，他总是说"太贵"。

推销策略：要有非常有效的方法解除顾客对价钱的抗拒。

（2）品质型客户

特点：便宜没好货；用价格高低来衡量质量的好坏。

很多生意人，经常故意将进价相同或处于同一档次的两种商品的标价弄得很悬殊，赚取这种用价格来衡量质量好坏的品质型顾客的钱。

推销策略：强调质量，提高价格。

实践演练

演练一：模拟推销场景

几人一组，先讨论设计一个上门推销或柜台推销某产品的推销场景，然后登台演示，时间为5分钟。

演练二：设计拜访场景

假如你是一家财会公司负责市场开拓的一名业务人员，设计首次拜访客户的场景，及第二次拜访客户的场景。

首次拜访客户的场景设计提示：

1. 打招呼

在客户未开口之前，以亲切的音调向客户打招呼问候，如"王主任，早上好！"

2. 自我介绍

表明公司名称及自己姓名并将名片双手递上，在与客户交换名片后，对客户抽空见自己表达谢意。例如，"这是我的名片，谢谢您能抽出时间见面！"

3. 接近

营造一个好的气氛，以拉近彼此间的距离，缓和客户对陌生人来访的紧张情绪。

4. 开场白的结构

① 提出议程；② 陈述议程对客户的价值；③ 时间约定；④ 询问是否接受。例如，"王主任，今天我是专门来向您了解贵公司对××产品的一些需求情况的，希望知道你们明确的计划和需求后，我可以为你们提供更方便的服务，我们谈的时间大约只需要5分钟，您看可以吗？"

5. 巧妙询问，尽量让客户说话

（1）设计好问题漏斗。通过询问客户来达到探寻客户需求的真正目的，这是业务代表最基本的销售技巧。在询问客户时，问题面要采用由宽到窄的方式逐渐进行深度探寻。例如，"王主任，您能不能介绍一下贵公司使用××类产品的情形？"

（2）综合运用扩大询问法和限定询问法。采用扩大询问法，可以让客户自由地发挥，让他多说，让自己知道更多的东西；采用限定询问法，则让客户始终不远离推销会谈的主题，限定客户回答问题的方向。

（3）对客户谈到的要点进行总结并确认。根据推销会谈过程中所记下的重点，对客户所谈到的内容进行简单总结，确保清楚、完整，并得到客户一致同意。例如，"王主任，今天我跟您约定的时间已经到了，今天很高兴从您这里听到了这么多宝贵的信息，真的很感谢您！您今天所谈到的内容一是关于……，二是关于……，三是关于……，是这些，对吗？"

（4）结束拜访时，约定下次拜访内容和时间。在结束初次拜访时，业务代表应该再次确认一下本次来访的主要目的是否达到，然后向客户叙述下次拜访的目的，约定下次拜访的时间。例如，"王主任，今天很感谢您用这么长的时间给我提供了这么多宝贵的信息，根据您今天所谈到的内容，我将回去好好准备更详细的资料，然后再来向您汇报。下周二上午我将把资料带过来让您审阅，您看可以吗？"

二次拜访客户的场景设计提示：

1. 电话预先约定及确认

例如，"王主任，您好！我是××公司的小周，上次我们谈得很愉快，我们上次约好今天上午由我带一套资料来向您汇报，我9点整准时到您的办公室，您看可以吗？"

2. 进门打招呼

第二次见到客户时，仍然在他未开口之前，以热情和熟人的口吻向客户打招呼问候。例如，"王主任，上午好啊！"

3. 再次接近

再度营造一个好的会谈气氛，重新拉近彼此之间的距离，让客户对你的来访产生一种愉悦的心情。例如，"王主任，您办公室今天新换了一幅风景画，看起来真不错！"

4. 开场白的结构

① 确认理解客户的需求；② 介绍本公司产品的重要特征和带给他的利益；③ 时间约定；④ 询问是否接受。例如，"王主任，上次您谈到在使用××产品碰到几个问题，他们分别是……，这次我们根据您所谈到的问题专门准备了一套资料，这套资料的重点是……。通过这套资料，您看能不能解决您所碰到的问题。我现在给您做一下简单的汇报，时间大约需要15分钟，您看可以吗？"

5. 介绍产品

以较为专业的话语导入产品，表达时要不断迎合客户需求；重点表达产品的功能、优点，以及这些优点带来的利益。

6. 善用加减乘除

当客户提出异议时，要运用减法，求同存异；当在客户面前做总结时，要运用加法，将客户未完全认可的内容附加进去；当客户杀价时，要运用除法，强调留给客户的产品单位利润；当业务代表自己做成本分析时，要用乘法，算算给自己留的余地有多大。

7. 要求承诺与缔结业务关系

这部分包括：重提客户利益；提议下一步骤；询问是否接受。

演练三：分析推销口才

分析下列推销口才提问是否得当。

1）"这两种颜色您更喜欢哪种？"

2）"您刚才说付款的方式可以商量，这是不是说你们可以如期支付这笔贷款？"

3）"我认为那种机器很快就会被淘汰，对此您怎么看？"

4）"请问小朋友喝点雪碧还是可乐？"小孩的饮品确定后，销售员随即可转向女士："请问您来一点白果粥还是酸奶？这些都是很时尚的营养饮品，都有较好的美容保健作用。"

参考提示：

这些提问采用了选择疑问句，有探索和引导作用，能促进销售效果。

演练四：比较推销口才

下列两种推销口才表达，试分析哪种能成功，为什么？

1）推销员 A 应一个家庭电话的约请前往推销汽车。A 推销员进门后只见这个家里坐着一位老太太和一位小姐，便认定是小姐要买汽车，推销员根本不理会那位老太太。经过半天时间的推销面谈，小姐答应可以考虑购买这位推销员所推销的汽车，只是还要最后请示那位老太太，让她做出最后的决定，因为是老太太购买汽车赠送给小姐。

2）推销员 B 应约上门推销，他善于察言观色，同时与老太太和小姐展开洽谈。

演练五：案例分析

书店里，一对年轻夫妇想给孩子买一些百科读物，推销员走过来与他们交谈。

客户：这套百科全书有些什么特点？

推销员：你看这套书的装帧是一流的，整套都是这种真皮套封烫金字的装帧，摆在您的书架上，非常好看。

客户：里面有些什么内容？

推销员：本书内容编排按字母顺序，这样便于资料查找，每幅图片都很漂亮逼真，比如这幅，多美。

客户：我看得出，不过我想知道的是……

推销员：我知道您想说什么！本书内容包罗万象，有了这套书您就如同有了一套地图集，而且还是附有详尽地形图的地图集。这对你们一定会很有用。

客户：我是为孩子买的，让他从现在开始学习一些东西。

推销员：哦，原来是这样。这套书很适合小孩的。它有带锁的玻璃门书箱，这样您的孩子就不会将它弄脏，小书箱是随书送的。我可以给你开单了吗？

（推销员顺势要将书打包，给客户开单出货）

客户：哦，我考虑考虑。你能不能留下其中的某部分比如文学部分，我们可以了解一下其中的内容？

推销员：本周内有一次特别的优惠抽奖活动，现在买说不定能中奖。

客户：我恐怕不需要了。

分析这位推销员的失误之处在哪里？

提示：

推销员不明白客户购买此书的动机；没有掌握产品介绍技巧；同时自始至终以自己为主，忽略客户的感受。

学习情境七
撰写计划总结

任务 1 写好计划书

任务描述

为了保证学生每学期的学习质量，某职业技术学院要求学生根据每学期的课程安排及学习目标写出自己本学期具有可操作性的学期学习计划书。

任务目标

● **知识目标**：了解计划书的概念、类别、特点和作用；并掌握计划书的基本写作格式和注意事项。

● **能力目标**：能够了解计划的不同种类及它们之间的联系和区别，掌握计划书的写作方法并能按照计划书的种类书写出格式规范、内容翔实的计划书。

● **素质目标**：培养自身的人文素养，拓宽自己的知识领域、提高自己的思想境界和业务能力，培养语言表达及文字写作能力。

任务实施

1）以班级为单位，组织同学课前思考、查阅与计划相关的资料，了解计划的基本概念及学习计划书写作的意义和作用。

2）课上组织同学分析讨论计划书的写作意义及对今后学习、生活的作用，学生以小组为单位模拟职场办公情景，深入了解计划书写作在工作中的重要性。

3）教师根据学生课前查阅的相关资料，深入讲解计划书的写作格式，并以小组为单位让学生书写一份与自身专业相关的学习计划书，各组选派代表上台朗读草拟的计划书文稿，各小组相互评议、相互学习，即时纠正文稿中出现的错误。

4）教师提供规范的计划书范文，归纳各小组出现的相关问题，释疑解惑提升学生的写作水平。

5）学生根据其他小组及教师提出的建议，重新分析计划书文稿并进行相应修改。

✍ 知识平台

微课 7-1　　　　　课件 7-1

一、 计划的含义

计划是党政机关、社会团体、企事业单位、部门或个人常用的一种事务性文书，是对未来一定时期内要做的某件事、要完成的某项任务，拟定目标、提出具体要求、制定相应措施的一种应用频率较高的应用文体。

计划处在决策和实践之间，要想完成某项任务，必须要对一定时限内的工作进行筹划、设计和部署。科学、切实地制订计划，有利于增强工作的主动性和预见性，克服随意性和盲目性，最大限度地提高工作的质量和效率。计划是建立正常工作秩序、做好工作的前提，也是领导指导工作并进行监督检查的依据。

日常生活中有这样一种说法：计划没有变化快。这句看似十分随意甚至有些调侃的语句其实反映了人们对"计划"的准确认识。"计"是算计、估计，"划"是谋划、筹划，这都是人的主观意志和愿望，从时间节点上看具有"超前"性，很难与未来的事物发展变化做到完全的吻合。

二、 计划的特点

计划是事前的行为，主要有以下特点。

（一） 预先性与预测性

预先性是计划的本质特点，也是计划最明显的特点之一。计划不是对已经形成的事实和状况的描述，而是在行动之前对任务、目标、方法、措施等所做的预见性确认。所以凡是计划都是在预测的基础上，对未来的工作任务所做的构想。但这种构想不是盲目的、空想的，而是以上级部门下发的任务、规定、指示或者个人的目标为基础，结合当下的实际条件及过去的成绩和问题，对未来的发展趋势做出的科学预测。如果目标不明确或者方法不正确，不仅计划无法达成，而且也毫无意义。

（二） 客观性与针对性

计划类文书虽是人们主观意志对未来的设想，但并不是纯主观的幻想或者胡思乱想，而是有依据、有实现可能的设想，符合客观事物发展的规律。计划类文书是主观和客观相统一的产物。所以在制订计划时既要考虑党和国家的方针政策、上级部门的工作安排、相关法律法规和针对本系统、本机关、本单位、个人的特定目标、实际情况等，又要从制订者的主观意愿出发，自发、自觉地做好工作、定期完成任务，表达出一种主观的愿望。写计划之前，先要进行深入调查，充分了解相关资料，掌握各种因素，并在此基础上，综合分析研究，提出切实可行的任务、指标和措施。

（三） 可行性与执行性

可行性是计划能够顺利实施的保证。计划如果没有预见性，那就失去了计划的意义，而计划如果没有可行性，就成为一纸空文没有任何用处。预见准、针对性强的计划在现实中才真正可行。但如果目标定得过高、措施无力支撑，这个计划就会成为空中楼阁。反过来，目标定得过低，措施方法没有创见性，看似实行起来容易，实则难以取得成就，计划也就算不上有效。

计划一旦制订，就会成为未来一段时间内某项任务的"工作指南"，同时也会成为工作负责人执行工作的参考和相关监督机构检查工作完成情况的参照。所以，计划的单位和执行人员必须要按照计划内容认真执行，这也就要求在制订计划时要考虑到计划的可行性与执行性。

（四） 创新性与可变性

现代社会的发展日新月异，充满众多变数。计划的制订也应该充分考虑到各种可能发生的变化。在实际工作中，越是成功的计划，越要具有可变性，要在工作实施的过程当中考虑到各种可能会影响目标实现或影响目标达成效果的因素，要给计划留有一定的"退路"，保持一定的弹性空间。

无论是中、长期计划，还是短期计划，其内容都要追求新意。如果各个计划都大体相似，那么这个计划也就可以废而弃之了。对于一个地区来说，其发展规划需要新项目、新指标、新措施、新的增长点来凝聚力量。否则，地区的建设和发展就无从谈起。对一个单位来说，尤其是发展计划要有新产品、新技术、新的经营战略作为助推力，否则，这个单位的发展也会受限受困。对于个人来说，计划也要确认新的目标、方式或新的内容，促进个人实力的提升或境况的变化。因此，计划类文书既要求新，更要可变。

（五） 约束性与指挥性

计划一经通过、批准，在它所涉及的范围内，就有了一定的约束性与权威性，机关、单位、部门、个人在工作中必须要按照计划的要求予以贯彻执行，不可随意变更，更不能不予实施。计划既是指引行动的指南针，又是评价最终是否达标的公平秤，所以写作计划类文书之前一定要认真调查研究，慎重落笔，避免因失当的计划导致最终工作的失误。周密的计划还可用来指导工作实践，可以更好地避免许多人力、物力的浪费，其作用是不可忽视的。

三、 计划的作用

无论是单位还是部门，在社会中处理任何事情，都应该有提前安排或者打算。

俗话说"凡事预则立，不预则废"。预，就是事前的计划和安排。在经济活动中，计划的作用更不可忽视。不仅国家要有各种各样的计划，而且各部门、各地区、各单位以至生产班组和个人，都必须制订自己的计划，有了计划，就有了明确的奋斗目标，也就有了明确的工作措施和步骤，就可以更好地统一思想，协调行动，减少盲目性，增强工作的自觉性和创造精神。同时，领导者也可以随时掌握工作进程、检查任务的完成情况取得主动权。计划的作用主要体现在以下几个方面。

（一） 具有指导作用

计划指导人们按既定的方向和目标努力奋斗，可以增强自觉性。一份好的计划可以使工作、学习减少盲目性，避免人力、物力、财力的浪费。

（二）　具有推动作用

计划是提高工作效率，取得经济效益的重要途径。制订计划使人们有了奋斗的目标、行动的方向，积极主动地工作，从而克服盲目性和被动性，推动工作向着预定的目标前进。

（三）　具有保证作用

计划是实现科学管理、预防失误的重要手段。计划根据客观实际和主观因素预先估计工作中可能出现的困难和问题，制定出相应的措施和办法，使工作有条不紊地进行，保质保量地完成。

（四）　具有督促作用

计划是检查和总结工作的主要依据。依据计划检查工作的进展情况、完成情况，根据实际情况适时加以调整。计划为总结工作提供依据，按照计划规定的指标，可总结工作的完成情况。

四、　计划的类别

按照内容分类，计划可以分为工作计划、学习计划、科研计划、文体活动计划、生产计划、教学计划、宣传计划、发展规划等。

按照执行主体或范围分类，计划可以分为国家计划、地方计划、单位计划、部门计划、科室计划、工段班组计划、个人计划、行业计划等。

按照时限分类，计划可以分为长期计划、中期（近期）计划、短期计划，或者年度计划、月度计划、阶段性计划等。

按照作用分类，计划可以分为指令性计划、指导性计划等。

按照性质分类，计划可以分为综合性计划、单项性计划、专题性计划等。

按照形式分类，计划可以分为文章式计划、条文式计划、图表式计划、图表兼条文式计划等。

有的计划具有多种属性，往往可以重复归类，如《××职业技术学院2020年年度招生计划》，既属于年度计划，又属于招生计划。

五、　计划的不同称呼

计划是一个统称，在日常工作中常见的"安排""规划""纲要""设想""打算""要点""方案""意见"等，均属于计划的范畴，它们的区别主要体现在内容的详略和时限的长短上。

（一）　安排

安排是预计短期内要做的，内容较为具体的，偏重于工作步骤和时间的计划，如《第三周教学安排》或《五一期间夜班安排》。

（二）　规划、纲要

规划、纲要是比较全面的、长远的，带有战略性、发展性的计划，如《哈尔滨市2019～2023年人才培养五年规划》。

（三）设想、打算

设想、打算是初步的、粗线条的、不太成熟的、有待于进一步完善的非正式性计划，如《××学院人事制度改革设想》。打算与安排类似，但安排是已经确定的既定稿，而打算只是一种考虑，一种设想，甚至是一个念头，尚未深思熟虑，等待进一步斟酌修改的未定稿，如《××大学 2020 年工作打算》。

（四）要点

要点是内容比较概括的计划。一般只列出未来一段比较短的时间内的工作要点，有时它是以进一步制订详细计划的写作提纲的形式出现的，有时它是以详细计划摘要的形式出现的，如《×××职业技术学院 2021 年度工作要点》。

（五）方案

方案是对某项工作，从目的要求、方式方法到具体步骤都做出全面部署与安排的计划，如《××公司绩效改革实施方案》。

（六）意见

意见是原则性较强、内容较完整的计划。

六、 计划的写作

（一） 基本步骤

1）明确主旨。
2）收集相关资料，进行调查研究。
3）草拟提纲，构思结构。
4）落笔起草，拟写正文。
5）反复检查，认真修改。

（二） 结构和写法

计划的文体结构一般有两种：一种是图表式，写法灵活，没有固定的格式要求；另一种是条文式，需要按照一定的格式写。有些部门的计划，因为专业性、量化性比较突出，因此会采用图表式或者图表兼条文式，如企业中的《工程进度计划》《2020 年度生产计划》《季度销售额增长计划》等。以条文式计划为例，条文式计划一般由标题、正文和落款构成。

1. 标题

（1）完全式标题。常规写法是由单位（个人）名称、适用时限、计划内容或事由、文种名称四个部分组成，如《×××职业技术学院 2019～2020 学年第二学期招生工作计划》《××建筑工程公司 2021 年销售计划》。此外，计划标题中还可能出现第五部分，若计划还不成熟或者未通过审批时，可在标题尾部加括号，注明"草案""初稿""送审稿"或"讨论稿"，如《×××汽车 4S 店 2021 年第二季度销售计划（初稿）》。

（2）非完全式标题。可以根据实际情况省略部分要素，也可以变化文体名称。所谓"省略要素"指的是如下几种情况：

1）省略单位名称，由适用时间、指向事务和文种组成，如《2020 年度城市街道美化工作计划》《2020 年学习计划》。

2）省略适用时间，这种省略在专题计划中比较常见，如《××职业技术学院学生实习就业工作计划》。

3）省略单位名称和适用时间两个要素，由指向事务和文种组成，如《教学工作计划》。这些情况下，所省略的要素在正文或落款中会加以补足。

不提倡只用文种做标题的写法。省略标题要素时需要注意，越是涉及面小的计划标题，省略要素的情况越普遍，所省要素在所涉范围内不言自明。越是涉及面大的计划标题，省略要素的情况越少见，因为省略可能会引起工作中的麻烦。

2. 正文

正文一般包括前言、主体、结尾三部分，包括基本情况、目的与要求、步骤与做法等几方面内容。

（1）前言。前言是计划的开头部分，也叫序言或者导语。主要是阐述依据、概述情况，或直接叙述写作目的，需简明扼要地表达出制订计划的背景、依据、目的、意义、指导思想、可行性等，主要写"为什么做"和"为什么不做"，计划的前言不能冗长，要以精练简洁为原则，一般一两个自然段即可。如《××汽车 4S 店 2020 年第二季度销售计划》的前言部分，可这样开头："针对当前市场形势，为了更好地提升 2020 年第二季度本店销售业绩，本小组特制订以下计划……"；又如《×××公司销售部第二季度销售增长计划》的前言可以这样写："今年第一季度，在全体销售人员的共同努力下，公司销售工作创下佳绩，完成净售额××亿元，利润×亿元，创历史最高纪录。尽管如此，对照同行先进企业，仍有诸多不足，仍有潜力可挖掘。为使第二季度的销售工作再上新台阶，根据董事会制订的五年发展规划，特制订以下计划……"

总之，前言的详略长短，要根据工作的重要程度、内容的多少来确定，总体上以精练简洁为原则。有时一笔带过，有时还可以略去不写。

（2）主体。主体是计划的核心，主要阐述目标和任务、措施和办法、步骤和时限。如果说，前言阐明的问题是"为什么做"，那么主体部分要说的就是"做什么""怎么做""何时做"。

目标和任务：这是计划的核心内容。主要阐述所要达到的工作目标和具体工作要求，包括数量上和质量上的要求。也就是说明"做什么""做到什么程度"的问题。必要时可以分解目标，使目标具体化、任务明确化。

办法和措施：这是任务完成的保证。主要详细地说明应该做的具体工作，采取的相关措施，人力、物力、财力的具体安排，这部分的写作应该明确、具体、可行。

步骤和时限：这部分应该明确工作的先后顺序，比如先做哪方面内容、分为哪几个步骤去做、在什么时间完成等，也就是说明"怎么做"和"什么时候做完"的问题。要求主次分明、重点突出、时间安排具体合理。

（3）结尾。结尾可以提出希望、发出号召、展望前景、明确执行要求、表明信心态度，也可以不写，在主体部分结束后自然终结。

3. 落款

正文右下方写出制订计划的单位名称和日期。如果标题中已经有单位名称，署名则可以省略。

📖 | 案例分析

例文一 ✉

个人学习计划

为了响应党中央打造"学习型社会"的要求，也为了不断更新自己的知识层次，满足教育、教学的需要，与时俱进，努力提高自己的综合素质，更好地服务学生、服务教学、服务社会，做先进文化的传播者、社会道德的引领者，特制订学习计划如下。

一、学习目标

两年内自学完中文本科课程、教育理论、学校管理等内容。

二、学习时间

1. 周一至周五，每天晚上 7:30~9:00 学习一个半小时。

2. 周六、周日，学习六个小时。

3. 寒暑假，利用每天上午学习 3~4 个小时。

4. 每周利用"中央电大在线网""自考网"等网络资源，上网学习 2 个小时。

5. 每天用半小时到一小时的时间阅读当天报纸、杂志，了解国内外的重大新闻、政策形势，提高自己的政策理论水平。

三、学习内容

1. 政治理论。系统学习马列主义、毛泽东思想、邓小平理论、"三个代表"重要思想、科学发展观、习近平新时代中国特色社会主义思想及其一系列重要论述，深刻领会其精神实质，用先进的理论指导教育工作实践。

2. 专业知识。《中国古代文学专题 1、2》《中国现当代文学专题 1、2》《美学专题》《英语》《现代教育思想》《外国文学专题》等。

3. 法律知识。系统学习《教育法》《教师法》《未成年人保护法》《义务教育法》等法规知识，提高自己的法制意识，依法治校。

四、学习形式

自学为主，函授为辅，遇到疑难问题上网查资料解决，讨论。

五、学习进度

1. 2020 年 9 月至 2021 年元月学习《诗经与楚辞》《唐诗宋词》《现代教育思想》《语言学概论》。

2. 2021 年 2 月至 2021 年 8 月学习《开放英语》《外国文学专题》《美学专题》《语法研究》。

六、学习措施

1. 每周坚持上网学习 2 个小时以上，及时解决学习中遇到的困难。

2. 制订学习时间表，张贴在办公室和家中，让同事和家人见证，监督自己的学习。

3. 利用周六、周日到电大听课。

4. 定期完成电大布置的作业。

5. 每年保证 1000~2000 元的学习资金。

七、学习原则

1. 循序渐进、持之以恒，不能"三天打鱼两天晒网"。

2. 统筹兼顾、科学安排，处理好学习与工作的关系，做到学习与工作有机统一，努力使学习工作化、工作学习化。

3. 融会贯通、学以致用，通过不断学习业务知识来提高自身的业务水平，通过不断实践来丰富工作经验，把知识和经验的积累升华为思维模式的更新，进而转化为工作创新的源泉和动力。通过学习，有效解决工作中存在的问题，真正使思想有明显提高，作风有明显转变，工作有明显推进。

4. 学习和实践相结合。用学习来提高实践能力，用实践来检验学习效果。

×××

2020 年 1 月

例文评析：

该文是一份个人学习计划。标题由指向事务和文种名称两个要素构成。正文的前言部分说明了开展此项工作的依据和目的。在主体的第一部分，写出了明确的学习目标。主体的第二、三、四、五、六部分，为"步骤与做法"部分，以分条列项的形式，非常具体地写明了实施并完成计划所要采取的步骤、方法和措施，回答了"怎么做"的问题。主体的最后，进一步写明了学习原则。本计划非常完善，安排适当，内容具体，条理清楚。只有这样的计划，才能更好地执行，执行时才更有约束力。

例文二

小刘在大学期间的学习计划

一、编制目的

为了让自己的大学生活过得充实，更是为了自己能学有所成。

二、目标

让自己具备建筑工程专业要求的所有技能，并熟悉建筑工程师职务所需的全部基本技能和专业知识。

三、需掌握的知识体系

基础知识层：建筑学、工程学、管理学、法律基础。

主体知识层：建筑识图、工程画图、工程识图与制图。

辅助知识层：Office 办公软件系列、办公设备（如打印机、复印机、扫描仪、投影仪、传真机）、制图识图相关专业软件

沟通知识层：应用文书写作、商务礼仪、谈判口才与技巧

四、要取得的证书

计算机二级以上、英语四级以上。

五、实现方法

采用课外学习与课堂学习相结合的方法。

六、实现步骤

分四个阶段实现。

1）第一阶段

时间：_____年_____月_____日到_____年_____月_____日

目标：_____

学习内容：_____

　　具体计划：早上＿＿＿＿点＿＿＿＿分学习到＿＿＿＿点＿＿＿＿分

　　　　　　　晚上＿＿＿＿点＿＿＿＿分学习到＿＿＿＿点＿＿＿＿分

　　计划检验与修整：＿＿＿＿年＿＿＿＿月＿＿＿＿日对学习进行评估

　　评估结果：＿＿＿＿＿＿＿＿＿＿＿＿＿＿＿＿＿＿＿＿

　　2）第二阶段

　　……

　　3）第三阶段

　　……

　　4）第四阶段

　　……

小刘

2020 年 1 月

例文评析：

　　这是一份学习计划，结构严谨，紧紧围绕主题和目标安排计划，内容丰富，条理明晰，便于执行。这份计划书"标题"部分由"小刘＋大学期间＋学习＋计划"组成，分别对应了"单位（个人）名称＋适用时期＋内容＋文种"，整齐、规范。"正文"部分由"为什么做、做什么、怎么做、做的效果"等依次安排，条理清楚，结构完整，内容翔实，是一篇不错的学习计划书，对其大学期间的学习安排有较强的针对性、约束性。

🧠 拓展延伸

学生在计划写作中的常见问题

　　其一，为写而写，不重谋划。其实，计划绝不像一些人所认为的那样只是写作的问题，计划还涉及制订的问题、谋划的问题、思维的问题。计划是对未来的设想，是对要做工作的设计和谋划。衡量一份计划质量的高低，不能只看其行文和言辞如何，更要看其制订、谋划、思维的水平如何。

　　高质量的计划必须遵循客观规律，从工作实际出发，超前思维，精心谋划，具有预见性、创造性和可操作性。因此，谋划与思维是计划写作的灵魂，也是计划写作的难点所在，而这恰恰是学生最薄弱的环节。许多学生写作计划时并无明确目的，不清楚为什么要写，要解决什么问题，只把计划写作当成完成一次例行的作文，不动脑子，应付了事，谋划与思维停留在极低的水平上。如要求学生制订个人学习计划，措施办法多是"不迟到、不旷课，上课专心听讲，认真做好笔记，按时完成作业"等，却不做深层次的思考与谋划，不去探寻学习的规律，不会从自己的实际出发，针对薄弱环节，拟出适合自身特点、行之有效的学习方法。要根治此弊，需要帮助学生认识计划的重要性，感悟谋划与思维在计划写作中所起的关键作用，善于思维，精于谋划，使计划的写作建立在坚实的基础之上。

　　其二，目标不清，笼统模糊。人的行为不同于动物的行为，人的行为具有目的性和计划性。计划总与目标相连，计划总要达到一定的目标；没有目标，制订计划就失去了意义。计划目标应积极稳妥，是"跳起来能摘到的果子"，既应达到一定的水准高度，又是经努力可以达到的。计划目标的表达必须清楚明晰，尽可能数据化、指标化，具有可度量性，以增强其约束的刚性，便于检查落实、考核评估。然而，学生计划写作时，确定计划目标具有很大的随意性，事前不注重深入实际调查研究，摸清家底，而是关起门来订计划，拍着脑袋定指标，致使计划目标不切实际：或没有难度，唾手可得，缺乏激励作用；或高不可攀，让人望而生畏，对达标信心不足。尤为突出的问题是，计划目标的表述笼统模糊，弹性太大，让人不清楚要做什么，应做到何种程度。

其三，措施不明，无法实施。计划就是行动的方案，是为指导未来行动而设计的，必须具有很强的可操作性，能够实施。否则，不考虑实施的条件，没有切实可行的措施办法作保障，无论言辞多么漂亮，目标多么吸引人，那都是纸上谈兵、空中楼阁。要增强计划的可操作性，措施办法必须明确具体。明确，就是要使执行者清楚地知道做什么、做到什么程度、怎样完成、何时完成。具体说，就是要写清完成计划的数量、质量、时间进度、工作步骤、措施办法、责任分工等。计划只有具体明确，才具有可操作性，易于执行落实。学生常见的通病就是计划措施考虑粗疏，不重细节，含混空洞，大而无当。

其四，空发议论，华而不实。计划是对未来行动方案的设计和谋划，其基本的表达方式是说明而非议论，重在表述"做什么""怎么做"就可以了，无须像写议论文，对问题的重要性、必要性论证一番。空发议论，华而不实，也是学生在计划写作中最常见的通病之一。前言多是套话、空话，却无实质性内容，倒不如用些数据来说明"骄人的成绩"更实在。

实践演练

演练：选题撰写个人计划

任选下列一个题目，完成一份年度个人计划。

1）2021 年通过大学英语六级考试的计划。

2）2021 年假期实习计划。

3）2021 年假期参加志愿者服务活动计划。

提示：

1）计划要切实可行。

2）计划要具体，要分解成具体的任务。

任务 2 撰写策划文书

任务描述

×××职业技术学院将举办校园寝室文化艺术节活动，为保证活动能顺利有效地进行，请为这次活动写作一份活动策划书。

任务目标

• **知识目标**：通过学习，了解策划书的概念、作用、分类和特点；通过例文讲解，掌握策划书正确的书写格式和写作要求。

• **能力目标**：能够独立写作格式规范的策划书。

• **素质目标**：提高逻辑思维能力、独立解决问题能力

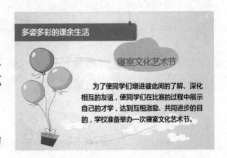

及创新创业能力。

任务实施

1）教师模拟职场活动策划场景，提供相关活动信息，让学生分组针对活动展开讨论，发挥创造力提出策划方案，了解策划书的作用。

2）教师根据优秀策划书例文讲解策划书的写作方法。

3）分组讨论×××职业技术学院校园摄影大赛策划书的写作方法并写出相关活动策划，进行公开评议，选出最佳策划方案。

知识平台

微课 7 - 2

课件 7 - 2

一、策划书的概念

策划书是指企事业单位或社团展示某次活动的整体设想、主题、目的、流程的一种书面文书，它把活动中要采取的所有行动及方式都列出来，指示相关人员在特定时间予以执行。它要求语言简洁，但内容具体明确。

二、策划书的作用

策划书是针对某个未来的活动或事件进行策划，并展现给读者的文本。策划书可以为整个活动提供有力指导。

三、策划书的分类

策划书一般分为商业策划书、广告策划书、活动策划书、营销策划书、网站策划书、项目策划书、公关策划书、婚礼策划书、医疗策划书等。

四、策划书的内容

策划书的内容一般包括策划书标题、活动背景、活动目的和意义、活动步骤、活动时间与地点、活动内容、活动开展、活动经费预算、活动负责人及主要参与者。

（一）策划书标题

策划书的标题需要简单明了，但要写清进行什么会议、开展什么活动。例如《×××职业技术学院摄影大赛活动策划书》，标题应居中。

（二）活动背景、目的与意义

活动背景、活动目的与活动意义要贯串一致，突出该活动的核心构成或策划的独到之处。

活动背景应根据策划书特点尽量包含各个项目的内容并进行重点阐述。

活动目的即活动要达到什么样的目标，陈述活动目的要简洁明了，要具体化。

活动意义包括文化意义、教育意义和社会效益等。

（三）活动时间与地点

活动时间与地点必须详细写出，非一次性举办的活动必须列出时间安排表。活动时间与地点要考虑周密，充分顾及各种客观情况，比如教室申请、场地因素、天气状况等。

（四）活动内容

活动内容为策划书的关键部分，要详细介绍所开展活动的主要内容，如影片放映要写出影片的性质、名称和大致内容。

（五）活动开展

作为策划书的主体部分，表述要力求详尽，不局限于用文字表述，也可适当加入统计图表、数据等。活动开展应包括活动流程安排、奖项设置、时间设定等。

活动流程安排大致可以分为三个阶段：

1）活动准备阶段，包括海报宣传、前期报名、赞助经费等。

2）活动举办阶段，包括人员的组织配置、场地安排情况等。

注：须注明开展活动的阶段负责人、指导单位、参加人数等信息。

3）活动后续阶段，包括结果公示、活动展开情况总结等。

（六）活动经费预算

经费预算要尽量符合实际花费。做出每一笔经费预算，以便于报销处理。

案例分析

例文一

××商场2020年国庆营销策划书

一、活动目的

中秋节的营销活动已经结束，由于人们在节日期间走亲访友，家中的礼品类商品比较充足，因此在国庆节期间，我商场的销售思路重点应在日常消费品上，因此我们在"十一"期间，可以组织"超低商品、重拳出击"，推出"十一"超低商品的抢购活动，再次吸引人气，带动商场的人流，再创销售高峰。

二、活动主题

精彩华诞，举国同庆。

三、活动时间

9月30日~10月7日。

四、活动内容

（一）国庆节里乐无边，精彩大戏随您看

活动期间，在新天地广场西口，本商场为您从上海邀请来了专业的演出团队，高雅的演出风格，多种多样的文艺形式，让您在国庆节里大饱眼福！（活动期间的演出内容和形式由经理部根据情况决定。）

（二）我是中国人，国旗大派送

国庆节当天，凡在我超市二楼一次性购物满 38 元，即可凭小票到一楼总服务台领取小国旗一面。（限 1000 面，送完为止。）

（三）秋装上市，名品服饰展示会

自 10 月 1 日起，本商场三楼时尚服饰馆，名品秋装隆重上市，休闲装、商务装、职业套装等新款服装靓丽登场。

（四）名品夏装换季打折，超低特价、最后清仓

活动时间：10 月 1 日~10 月 7 日（共 7 天）。

10 月 1 日起，在商场四楼举办名品男女夏装换季打折大优惠活动，以超高的品位、超低的价位吸引顾客。（以上两项由百货部安排三、四楼各专柜协同进行，有出外卖的，统一由服务部处理。）

（五）国庆七天乐，欢乐实惠送

国庆七天，每天推出一款超低惊爆价产品，让顾客能感到实实在在的实惠。出惊爆价产品的部门依次为：二楼食品、酒饮、洗化、百货、针织、食品、母婴。选择商品时，根据近期活动，要有针对性，提前一天由财务部定价，原则上为零毛利。情况特殊可为负毛利。一定要在活动期间营造出顾客盈门的盛况。

（六）购物有奖刮刮乐，惊喜大奖乐翻天

10 月 1 日~10 月 5 日，凡在我商场二楼一次性购物满 38 元，或是在一、三、四楼一次性购物满 58 元，即可凭购物小票参加国庆刮刮乐活动，获得刮奖卡一张，刮开涂层，便可获得对应奖品。

一等奖：54 英寸××数字电视一台。

二等奖：××洗衣机一台。

三等奖：电饭锅一台。

参与奖：洗衣粉一袋或是醋一瓶。

100% 中奖！

（抽奖活动由经理部和服务部合作进行，解释权归经理部。）

（七）黄金周，结婚季，浪漫甜蜜有惊喜！

凡在黄金周期间结婚且在我商场一次性购物满 1000 元以上的新人，可申请成为我商场金卡联名会员，可获赠××丽人婚纱摄影店提供的 20 寸免费艺术照一张和价值 200 元的该店优惠券一张，还可获赠由××珠宝提供的精美情侣小挂饰一对和价值 360 元的珠宝专品贵宾卡一张。（此项活动由会员贵宾部联合××珠宝和××丽人婚纱摄影进行。）

五、广告宣传

请营运管理部配合，通过各类媒介做好活动推广的宣传。

××商场企划部

2020 年 2 月 2 日

（引自王光文主编《高职汉语实用写作新编》）

例文评析：

这篇策划书标题简洁明了，目的和主题明确。作为营销活动策划书，对于国庆促销期间的各

项营销活动的目标、时间、方式、规则和责任主体都有合理的安排，各项目展开充分，层次分明，要点清楚具体，时间衔接紧凑，分工明确。需要重点落实的部分有强调和突出，可操作性强。

例文二

献礼十年庆典　情系神州人寿
——神州人寿保险公司成立十周年庆典活动营销策划书

为迎接神州人寿保险公司成立十周年，公司定于2021年7月举行"风雨十年路，悠悠神州情——神州人寿保险公司成立十周年庆典"活动。为更好地丰富7月庆典活动的内容使更多的客户了解公司十来年的成长与进步，坚定对持有神州保单的信心，同时，进一步提升公司品牌效应，为业务员创造新的销售契机，促进公司业务发展，特制定本营销策划方案。

一、活动目的

1. 业务员通过此次活动累积优质准客户，确保2021年开门红及年度目标的达成。

2. 为公司成立十周年的系列活动提供素材，以确保活动的激励效果。

3. 传播公司品牌文化，强化业务员品牌意识，充分展示公司品牌效应。

4. 促进公司业务发展，确保一季度开门红100亿新单销售目标的达成。

二、活动目标

活动期间，每个业务员每天新建3张准客户卡，活动结束，每人共计建卡150张，每人成新单期缴保费15万元。

三、活动时间

2021年1月26日~2021年3月30日，分两个阶段。

第一阶段：1月26日~2月25日，强势宣导，全面启动。

第二阶段：2月26日~3月30日，客户回访，借势行销。

四、组织领导

公司成立"献礼十年庆典　情系神州人寿"客户大拜访及销售活动领导小组。

组长：××。

成员：各分公司个险销售部经理。

五、活动内容

1. 印制"十年伟业　情系神州"宣传折页，对客户进行登门拜访。

2. 向业务员及新老客户开展征集"神州成立十周年"图片、主题曲CD、吉祥物的活动。

3. 向客户宣传神州企业文化，讲解公司十年来的发展历程、荣誉及征集意义。

4. 通过拜访客户，宣传公司十年发展成就，促成新单业务提升。

六、评比流程

各分公司邀请设计专家进行初评，并按要求评选出报送总公司的作品。

活动结束后，总公司将邀请设计专家在所有的入围作品中，评选出一、二、三等奖。

七、奖励

（一）设计奖

1. 第一、二阶段分别设置入围奖100名（名额分配另行安排），由各分公司活动领导小组专家评出获奖作品，入围奖奖品由各分公司设定并发放。

2. 总公司评出一等奖3名（图片、主题曲CD、吉祥物各1名），奖励"成立十周年纪念币精装版"一套；二等奖 6 名（图片、主题曲 CD、吉祥物各 2 名），奖励"成立十周年纪念币"一套；三等奖 9 名（图片、主题曲 CD、吉祥物各 3 名），奖励纪念品一份。

3. 一、二、三等奖的获奖者将应邀参加成立十周年庆典活动并在庆典晚会上颁奖。

4. 设计作品被总部采纳的客户赠送保额 10 万元的意外伤害保险一份。

（二）业绩奖

1. 一季度新单业绩达到 15 万元的销售人员，由公司授予入围奖。获奖人员各奖励公司服装（包括冬装与夏装）。

2. 一季度新单保费居全系统前 30 名的人员，由公司分别授予一、二、三等奖。1～10 名为一等奖，11～20 名为二等奖，21～30 名为三等奖。一、二、三等奖获奖人员均可参加公司成立十周年庆典晚会，并分别赠送保险金额为 100 万、80 万、50 万元的意外伤害保险。

八、公司支持

1. 总公司定于 1 月 20 日左右举行"开门红第三阶段产品培训班"，对公司成立十周年庆典活动中服务客户的新产品进行统一培训，以配合本方案第二阶段的销售活动。

2. 总公司将下发活动专用的拜访卡。

3. 总公司将制作下发"成立 10 周年保单封套"、十周年庆典特别推出的新产品计划书、宣传单等与十周年庆典活动相关的资料。

4. 总公司将下发以成立十周年为主题的专场说明教案，并为各分公司培训讲授该说明教案的讲师。

九、工作要求

1. 阶段重点明确，制定详细实施方案。本次活动两个阶段重点不同，又相互作用。第一阶段工作重点在宣导和启动，通过早会进行方案宣导、媒体使用培训、活动话术训练，提起业务员对活动的兴趣，提升活动量。第二阶段工作重点在对已拜访过的客户进行促成，公司将推出以十年庆典为主题的新产品，业务员可借势对了解活动的客户进行销售。

2. 营造活动氛围。充分利用总公司下发的各种海报，对职场进行布置；利用各种活动，以作品评比、展出等形式调动各级人员的积极性，营造活动氛围；第一阶段结束后，结合客户拜访情况及准客户积累进度进行阶段性奖励及抽奖，激励士气。

3. 搭建活动平台。活动第二阶段，各分公司要以部门为单位组织 1～2 场以神州成立十周年为主题的产品说明会，帮助业务员对前期拜访过的客户进行促成。

4. 访量追踪到位。主管要一级抓一级，全员抓访量，要求每人每天建 3 张准客户卡，主管每日要检查拜访记录，并做批阅。要求业务员事前对新老客户进行筛选，选择优质客户。

5. 确保后台支持。本次活动运用的媒体及相关资料较多，各单位应提前预估好数量，有足够的媒体存量，确保业务员拜访及销售活动的顺利完成。

6. 确保信息交流。活动期间各公司好的创意、先进经验、典型事例、培训材料要及时上报总公司，以便信息的交流。

神州人寿保险公司

二〇二〇年六月

（引自叶坤妮主编《应用写作》）

例文评析：

这篇活动策划书的活动背景、活动目的、活动步骤及具体方式、所需人力物力等内容详细具体，层次清晰，行文简洁。

拓展延伸

策划书写作注意事项

1）策划书的语言要尽量简洁易懂。

2）策划书名称尽可能具体地写出活动的意义。

3）活动目的、意义应用简洁明了的语言将要点表述清楚。

4）活动目标要具体化，并需要满足重要性、可行性、时效性。

5）应急措施等应在策划中加以说明。

实践演练

演练：撰写活动策划书

请以"我爱我家"为主题，进行一次校园寝室文化节的策划，并写出活动策划书。

要求：

1）活动主题明确。

2）活动内容详细具体。

3）活动方案具有良好的可执行性。

任务③　撰写述职报告

任务描述

毕业后你经过两年的努力终于被提拔为销售部的项目经理，经过一年兢兢业业的工作，年底述职时你将如何写自己的述职报告？

任务目标

●**知识目标**：掌握述职报告内容、写作的要求，了解述职报告的概念、作用、种类和特点等基本知识。

●**能力目标**：掌握述职报告的写作格式，能写出语言得体、内容翔实的述职报告，能在述职报告中清晰地陈述个人在一定时间内履行的岗位职责。

●**素质目标**：提高应用文写作水平，培养严谨认真的写作态度，并能在写作中不断提高自己的政治和业务素质。

任务实施

1）组织学生根据课前搜集到的述职报告写作资料，分小组讨论述职报告的作用及特点。

2）结合述职报告范文，具体讲解述职报告每一部分的写作格式及要求。

3）学生根据今后的工作目标，书写自己的述职报告并分小组讨论交流。

　　4）组织模拟述职会议，分组述职，互相点评。

　　📝｜**知识平台**

微课 7-3　　　　课件 7-3

一、 述职报告的概念

　　述职报告是指党政机关、社会团体、企事业单位的领导干部或负责人，根据制度规定或工作需要，向所属的干部、群众以及单位人事、组织部门或主管领导、上级领导机关汇报自己在一定时期内履行岗位职责情况及成绩、问题、建议或体会等的书面报告。

二、 述职报告的作用

　　1）述职报告有利于述职人对照本人工作岗位职责及具体工作目标，定期进行自我工作的回顾、反思和经验教训的总结，从而在实践工作中不断提高自身思想高度和业务能力水平。

　　2）述职报告有利于组织人事部门、上级主管领导或本单位的领导、群众对所有工作人员在一个阶段内的思想认识、工作概况、业务能力以及工作成效等方面进行全面、细致地了解、分析与预测。

　　3）述职报告能为行政管理学和领导科学等学科提供现实的材料。

　　4）述职报告也是领导干部与所属单位群众之间思想感情和工作见解交流的渠道。

三、 述职报告的分类

　　从实际使用情况来看，述职报告主要有以下几种分类方法。

　　（1）按报告者划分：个人述职报告、集体述职报告。

　　（2）从内容上划分：

　　1）综合性述职报告　是一个时期所做工作的全面、综合的反映。

　　2）专题性述职报告　是对某一方面工作的专题反映。

　　3）单项工作述职报告　是对某项具体工作的汇报。这往往是临时性工作，又是专项性工作。

　　（3）从时间上划分：

　　1）任期述职报告　是对从任现职以来的总体工作进行报告。一般来说，任期述职报告时间较长，涉及面较广，要写出一届任期的情况。也有任期较短的述职报告，如试用期述职报告，也有试用期满的转正的述职报告。

　　2）年度述职报告　是一年一度的述职报告，写本年度的履职情况。

　　3）临时性述职报告　是指担任某一项临时性的职务，写出其任职情况。比如负责了一期就业招聘工作，或主持一项技术创新，或组织了一项体育竞赛，写出其履职情况。

　　（4）从表达形式上分：

　　1）口头述职报告　是指需要向本单位职工群众述职，或向选区选民述职的，用口语化的语言写成的述职报告。

2）书面述职报告　是指向上级领导机关和管理部门或单位群众报告的书面述职报告。

四、述职报告的特点

1）自我述评性。述职报告是用第一人称的写法，以自述的方式，从德、能、勤、绩、廉几个方面陈述并评价自己履行职责的情况。

2）内容的客观性。述职报告涉及有关思想、工作、能力、成效等几个方面的情况，要抱着对自己负责、对组织负责、对群众负责的态度，实事求是地进行汇报，客观地评价自己的成绩，恰当地分析工作中的教训和失误。

3）行文的庄重性。述职人态度必须严肃认真，报告内容要真实无误，因为述职是对干部或技术人员进行考核的重要组成部分，述职报告还要存入人事档案，因此行文必须十分庄重。

五、述职报告的结构与写作

述职报告的结构是相对固定的，根据不同类型的述职报告，可以灵活安排结构。一般由标题、称呼、正文、落款四个部分组成。

（一）标题

述职报告的标题，常见的写法有三种：

1）直书式，如《述职报告》。

2）全称式，姓名+时限+事由+文种名称，如《××2020至2021实习期述职报告》《哈尔滨市××局局长2021年度述职报告》。

3）新闻式标题，用正题或正副题配合，如《招生工作是生命线——院长王××的述职报告》。

（二）称呼

1）书面报告的称呼，写主送单位名称，如"××党委""××组织部"或"××人事处"等。

2）口述报告的称呼，写听者的称谓，如"各位代表、各位同志"，或"各位领导、同志们"。

（三）正文

述职报告的正文，由引言、主体、结尾三部分组成。

1. 引言

引言，又叫引语，一般交代任职的自然情况，如述职者身份、任职时限、岗位职责、工作主要情况，以及对自己工作尽职的整体评价等。这部分要写得简明扼要，给听者一个大体印象。结束时可以用转接语过渡到下文，如"根据×××要求，现将本人×××期间的工作情况报告如下"。

2. 主体

主体主要围绕岗位目标结合上级领导对本次述职的要求，具体陈述履行工作职责的情况，一般围绕德、能、勤、绩、廉五大块，主要写实绩、做法、经验、体会、问题和教训。

主体部分主要强调写好以下具体内容：对党和国家的路线、方针、政策、法纪和指示的贯彻执行情况；对上级交办事项的完成情况；对分管工作任务完成的情况；在工作中提出了哪些建议，采取了哪些措施，做出了哪些决策，解决了哪些实际问题，纠正了哪些偏差，做了哪些实际工作，取得了哪些业绩；个人的思想作风、职业道德，廉洁从政和关心群众等情况；存在的主要问题及产生的原因；今后改进的意见和措施。竞争上一级职务的述职报告，要注意紧扣上一级职务的有关要求来写，以说明自己有充分的理由担当上一级的职务。这部分要写得具体、充实、有理有据、条理清楚。

3. 结尾

结尾部分即对全文的总结，可以与开头相呼应，也可用一般结束语，如"以上报告请领导、同志们批评指正""以上报告请审查"等，最后以"谢谢大家"结束汇报。

(四) 落款

述职报告的落款，写上述职人员的姓名和述职日期或成文日期。署名可放在标题之下，也可以放在文尾。

案例分析

例文一

学生干部的述职报告

尊敬的各位领导、老师、同学们：

时光荏苒，岁月如梭。转眼间我已经从懵懂的大一新生，成长为大二的学姐。回顾这一年的学生会工作，让我刻骨铭心。首先，我很荣幸能够有机会站在这里向大家汇报我一年以来的工作。这一年来的工作经历，我感到既充实，又欣慰。

在系学生会工作的一年中，我收获了很多其他同学不曾得到的经验，我学会如何更乐观地面对压力，如何珍惜和爱护自己。一年以来，我勤勤恳恳、踏踏实实地做了很多学生工作，开展了 4 次校内大型活动、举办了 12 次社团交流会议，制定了践行社工作制度及流程。同时，也为丰富大学生课余活动、提高学生会在学生中的影响力做出了一些贡献。系学生会是一个很锻炼人的地方，践行社更是一个可以磨炼心态的地方，就像我和 18 级的新生说的一样"能够在践行社坚持下来的人今后一定是个有恒心、能成事的人。"

我和系里的老师和同学们一起学习工作，不仅增进了了解，沟通了感情，建立了友谊，也获得了许多有益的启示，工作能力也得到了一定的提高。总结一年来的工作，我觉得有所得也有所失，今后还要从以下三方面进一步努力。

一是要继续提高认识水平。特别是对工作中可能出现的问题和困难，要注重从总体上把握，增强工作的预见性和主动性，时刻保持清醒的头脑和强烈的忧患意识。

二是要提高工作效率。对各项工作要充分尊重现实，体现层次性，区别对待，循序渐进，注意把握规律性。

三是要更加严于律己。对工作总体上要高标准、严要求，在一些具体问题上要求新求细求精，以身作则。

总结过去，昭示现在，指导未来，我将继续努力，不断提升自我，完善自我，把践行社工作做得更好。践行社的工作任重而道远，在未来的生活中，我会更加努力地做好自己的工作，请各位领导相信我。

最后，再一次感谢关心和支持我工作的各位领导和老师们，感谢和我一起为践行社发展做出辛勤工作和不懈努力的各位同事及一直关注和支持学生会的广大同学们！谢谢！

以上是我的个人述职报告，若有不妥之处，请老师们批评指正。

×××

××年××月

例文评析：

这篇述职报告，先是交代了自身的基本情况，并对一年来的工作情况进行概述与自我评估；然后，从思想认识、工作能力、遵章守纪等几个方面进行叙述。最后，对下一年工作进行展望，表明自己的态度。全文写得重点突出、内容充实、条理清楚，有实实在在之意，无泛泛空谈之词，具有真实性和可信度。

例文二

述职报告

各位领导、老师们：

按照校团委的安排和部署，我把自己 2018 年的工作情况做一下汇报。我分四个方面进行汇报：

一是加强政治理论学习，不断提高思想觉悟，始终保持政治上的坚定。一年来，我能够按照校团委的要求，认真遵守学校各项规章制度，积极参加各种政治理论学习，特别是在"预备党员"学习活动中，始终坚持把学习放在首位，并且做到每学一篇即写出心得体会，全年共写出心得体会 16 篇。通过学习，开阔了视野，提高了政治理论水平，为做好本职工作打下了坚实的基础。

二是认真履行岗位职责，圆满完成了老师交给的工作任务。按照老师及学生会干部的安排，今年我继续负责校团委办公室的文字整理工作和档案管理工作。在工作中，我始终把文档工作的规范化作为追求的目标，力求体现出我们学生会的特点。在档案管理方面，随着学校档案管理工作规范化活动的开展，我校面临着各种文字材料的整理立卷工作量大且杂，任务比较繁重的现状。在此活动期间，我按照老师的要求开展工作，力求做到清楚、规范、整齐、有序，及时存档，确保不出任何差错。与上一年相比，2018 年我校的文字工作和档案管理工作可以说有了新的进展，规范化程度也有了进一步提高。

三是坚持辅助老师上好每一次课，注重学习的质量和效果。在课堂教学过程中，我帮助老师根据班级同学的不同情况和特点，采取适当的教学方法，注重实用性，强调实效。经过努力，圆满完成了助教的工作任务。

四是尽职尽责，做好团委老师交代的其他工作。2018 年，按照学校要求，我校原有的校报由报纸改为杂志，在出版周期、稿件的组织、数量以及工作等方面都发生了变化。一年中，我继续负责杂志的付印发行等工作。平均每月至少要往返报社五六次，从而确保杂志的质量与按期出版。用有的学生的话讲就是"比职业杂志毫不逊色"。

在新的一年里，我将按照老师的要求，再接再厉，争取把工作做得更好，为学校的发展做出新贡献。

×××

2018 年 1 月 4 日

例文评析：

这是一篇简短的述职报告。行文开门见山，仅用一句话即转入主体部分。主体部分，作者用四个段落从四个方面对述职内容进行精心整理，理性概括，思路清晰，紧扣主题，叙述内容翔实，并谈及自我内心感受，进一步以情动人，更容易调动听众感情，是一篇值得借鉴的范例。

拓展延伸

一、述职报告的写作要求

1. 内容真实。撰写述职报告，应坚持实事求是的原则。将自己在任期内的岗位工作实绩如实地写出来。同时，要恰如其分地评价工作中取得的成绩和存在的问题，不能文过饰非，更不能推过揽功，把领导班子所做的工作全部记在自己名下。

2. 述职全面。在述职报告中，述职者应该将自己分管的工作全面、系统地进行叙述，不能顾此失彼，也不能只讲成绩，不说问题。

3. 重点突出。述职报告既要全面，又要重点突出。所谓重点突出，就是要求全文紧紧围绕"职责"这个中心进行述职。要阐明自己的工作职责、履行职责的指导思想、工作中是否尽职尽责等情况。

4. 总结深刻。述职报告不仅能反映出述职者的实际工作能力，更能反映出述职者的政策理论水平和法律水平。因此，在述职报告中，不仅要叙述工作实绩还应详尽地阐述成功的经验和失败的教训，从中总结出对工作规律性的认识，增强述职报告的深刻性。

二、述职报告与总结报告的区别

1. 行文主体不同

述职报告一般是以个人为主，总结报告则是个人、集体兼而有之。

2. 行文目的不同

述职报告行文的目的是通过陈述自己在岗履行职责的情况，便于领导和组织人事部门的考察；总结报告则是对自己工作的检查回顾，总结出经验教训，找出事物发展规律，用以指导今后的工作。

3. 写作范围不同

述职报告重点写自己履行职责的情况，以证明自己称职与否，选材局限于职责范围内，重点反映自己在德、能、勤、绩、廉方面取得的成绩；总结报告选材不受任何限制，所取得的成绩，都可以纳入回顾总结的范畴。

实践演练

演练：撰写述职报告

假如你是学校学生会干部，在从事学生管理工作一年来一直受到老师称赞，请结合一年的工作情况拟写一份学生干部述职报告。

任务 4　完成工作总结

任务描述

光阴似箭，转眼间就到了期末，在期末考试结束后同学们就要进入到企业中进行假期实习，辅导员老师要求同学们在开学时对假期的实习工作进行全面而细致的回顾，总结主要承担的工作任务、学到的知识和经验，以便新学期在学习上能够更上一层楼。

任务目标

- **知识目标**：了解总结的概念、类别、特点和作用，并掌握总结的写作格式和内容要求。
- **能力目标**：能够学会总结的写作，能够分析不同类型的总结，并熟练写出格式规范的总结。
- **素质目标**：注重培养人文素养，提高决策水平、思想水平和写作水平，锻炼自身语言表达能力，树立事前写计划、事后善总结的好习惯。

任务实施

1）学生角色模拟。模拟学期末的优秀干部评选，请几位同学上台谈谈本学期的工作体会。评价自己在班级工作的管理中遇到的问题和解决的方法，总结经验教训，为其他同学及干部今后的工作提供经验借鉴。

2）学生分组讨论，总结的概念、分类、特点、作用和写作格式等。

3）按小组准备总结例文，在互相学习的基础上分析各种类型的总结例文。

4）教师根据同学的准备情况，深入讲解总结的写作格式，重点强调写作总结中可能会出现的问题。

5）学生针对本学期的工作及学习情况，以个人为单位撰写一份格式正确、符合要求的期末学习总结，先小组内互相评价，再选派优秀代表上台展示，进行全班评议。

6）教师释疑解惑，归纳提升，使学生熟记总结写作要点。

知识平台

微课 7–4

课件 7–4

一、 总结的概念

总结是工作的重要环节，是机关单位或个人以党和国家的路线、方针、政策和法律、法规为准绳，以单位或行业的规章制度和预定的目标任务为参照，以具体事实经过为依据，对自己过去一定时期的工作、学习、生产、科研等情况进行全面的或单方面的回顾和检查，联系当初制订的相关计划中提出的目标、任务、要求、措施、时限等，做出客观的、一分为二的分析判断和自我评价，从中归纳出经验和教训，再上升到理论层面，通过理性认识，找出规律。将这种认识和评价工作的结果写成书面文章，就是总结。

因此，简单地说，总结是单位或个人对过去一段时期内的实践活动做出系统的回顾、归纳、分析和评价，并从中得出规律性的认识，用以指导今后工作的事务性文书。

二、 总结的作用

总结是做好各项工作的重要环节，是将感性认识上升到理性认识的必由之路。古人云："前事不忘后事之师。"通过总结，可以检查和评价前一段时期的工作，从而肯定成绩，发现问题，明确方向，少走弯路，多出成果；通过总结，可以从成功中积累经验，从失败中吸取教训，不断提高认识水平和工作能力，从而提高工作和学习的效率。

总结的作用概括来说主要集中在几个方面：汇报作用（下情上达），通过总结向上级领导汇报情况，便于领导掌握下情，做出正确的决策；督查作用（自查或他查）；通气作用（内部沟通）；交流作用（对外沟通）；认知作用（理性认识自我），提高认识水平，把分散的材料和零散、片面的理解集中起来，分析研究，归纳提高，为今后实践活动的顺利开展打下基础；凭证作用（记载过去的情况）。

三、 总结的分类

根据不同的分类标准，可将总结分为许多不同的类型。

1）按内容分，有全面总结、专题总结等。

2）按时间分，有月份总结、季度总结、半年总结、年度总结等。

3）按范围分，有班组总结、单位总结、行业总结、地区总结、个人总结等。

4）按目的分，有情况汇报式总结、经验介绍式总结等

5）按性质分，有综合总结、专题总结等。

综合总结又叫全面总结，主要用于对一个地区、一个部门或一个单位在一定时期内各项工作进行全面系统的回顾与分析，包括成绩、问题、经验、教训等。专题总结又叫单项总结，是一个地区、一个部门或一个单位对过去的某一方面进行的专门总结，一般选取某些突出的成绩、典型的经验或者带有典型意义的问题来进行总结。

四、 总结的特点

（一） 客观性与限定性

总结是对前一段的社会实践活动、工作或思想的回顾、检查和评价的文种，因此总结以事实为依据，具备客观性特征。总结中所列举的事例要用自身实践活动中真实的、典型的材料，必须真实可靠，确凿无误，任何夸大、缩小、随意杜撰、歪曲事实的做法都会使总结失去应有的价值。总结的观点也只能是从自身实践活动中抽象出来的认识规律。

总结的对象、时间是限定的，使用的人称、评价的标准（如上级的指示、计划中的目标、行业的规程、相关的规定等）也是限定的。因此，总结具备限定性特征。

（二） 经验性与承接性

总结以具体工作实践为依据和材料，其成绩、做法、经验、教训等，都有经验性特征。一份有价值的总结，一方面是对过去的回顾，对前一段工作的检验。另一方面也包含着对未来的前瞻。

总结的承接性表现在：总结的结果不仅是表示一个阶段的结束，也意味着通过规律的寻找，对今后相似的工作产生指导及借鉴意义。总结是将具体实践概括为经验或教训，对今后的社会实践产生指导作用。

（三）典型性与指导性

总结依据的材料是典型真实的材料，形成的经验教训也是典型的、突出的，有利于指导将来

的工作，使今后少犯错误，取得更大成绩。

按照实践是检验真理的唯一标准的原则，总结必须找出典型经验，达到为今后活动产生指导的作用。

五、　总结的写作结构

总结在日常生活、学习、工作中的使用极为广泛，其在长期的使用过程中逐渐形成了相对固定的格式。一般由标题、正文和落款三部分组成。

（一）标题

标题的形式主要有以下三种：

1）陈述式标题，由单位名称、期限范围、内容和文种构成，如《××职业技术学院 2020 年工作总结》《××公司 2020 年上半年销售总结》《××市政府办事处 2019 年人员培训情况总结》等。

2）双标题式，正标题一般是将总结的结论归纳成论断式语句，或者将总结的核心内容揭示出来，副标题则按照陈述式标题写作。例如，《团结拼搏出成绩　严格管理结硕果——××大学 2019 年招生工作总结》《努力发挥共青团员在改革中的作用——共青团××院委员会 2020 年工作总结》。

3）普通文章标题式，如同第二种形式中的正标题的写法。例如，《两年来的改革及未来》《走好每步棋，质量稳提升》等。

（二）正文

正文一般由前言、主体和结尾三部分组成。

1. 前言

简明扼要地对所要总结的工作大体上进行概述，比如何时开始、分几个阶段，对该工作起初的认识、采取行动的依据、主客观方面的条件等。描述这部分内容是便于比较出后来的进步和发展。可以在这部分先亮出结论性的意见，做简短的总评价。如果写常规性工作总结，或者非专题、非专项工作的总结，这部分可以非常简单，只需一两句话交代总结的背景，引出下文。此部分应该文字精练，直入主题。

2. 主体

这是总结的核心内容。主要写工作过程中的基本情况、成绩、经验、教训及今后的设想。

（1）基本情况。可以用边叙边议的办法陈述工作进程中或完成任务指标过程中的具体做法、这么做的基本出发点、效果如何等。

（2）成绩和经验。可以归纳一下在工作过程中具有指导意义和认识价值的、带有规律性的经验，要善于引用政策法规，使总结达到一定的理论高度。

（3）教训。事物总是一分为二的，取得成绩和经验的同时一定还存在着某些不足或教训，有些是主观努力不够，有些属于客观条件的制约，也有些属于两者兼而有之。要如实说明情况，坦陈现有认识，同样也可以从理论高度分析原因，指出可以吸取哪些教训。

（4）今后的设想。在总结成绩、经验、教训的基础上要明确今后的工作方向，提出改进的措施与建议，表明信心。

总结的主体部分主要由上述四个方面组成，但并不是固定的模式。可以根据总结目的的不同，灵活掌握总结主体部分的侧重点和结构安排。

主体部分常见的结构形式有以下三种：

第一，纵式结构。就是按照事物或实践活动的过程安排内容。写作时，把总结所包括的时间划分为几个阶段，按时间顺序分别叙述每个阶段的成绩、做法、经验、体会。这种写法的好处是事物发展或社会活动的全过程一目了然，清楚明白。

第二，横式结构。按事实性质和规律的不同，分门别类地依次展开内容，使各层之间呈现相互并列的态势。这种写法的优点是各层次的内容材料集中，特点鲜明。

第三，纵横式结构。安排内容时，既考虑到时间的先后顺序，显现事物的发展过程，又注意内容的逻辑联系，从几个方面总结出经验教训。这种写法，多数是先采用纵式结构，写事物发展的各个阶段的情况或问题，然后用横式结构总结经验或教训。

主体部分的表现形式有贯通式、小标题式、序数式三种情况。贯通式适用于篇幅短小、内容单一的总结，它像一篇短文，全文之中不用外部标志来显示层次。小标题式将主体部分分为若干层次，各层次加一个概括核心内容的小标题，重心突出、条理清楚。序数式也将主体分为若干层次，各层次用序号标示，层次序列整齐明确。

3. 结尾

此部分可以进行"综上所述"，重申主体要点或提出希望、发出号召，表明今后更进一步的决心，也可以自然收尾，点明要点。

（三）落款

落款包括署名和日期。一般在正文右下方署名，署名下方标明成文时间。如标题中已经标明单位名称，落款中可以省略。

案例分析

例文一

苦练加巧练　两年见成效
——学习书法的体会

我自幼喜欢书法，也渴望自己能写出一手好字，见到写得漂亮的字，总是空临几次，但是没有字帖，也没有良师的悉心指导和学习书法的气氛。进入××学校后，学校把书法教学作为语文教学的一项重要内容来抓。我们每周要交书法作业两张（毛笔字、钢笔字各一张），每周的书法作业我都认真完成，期望自己的书法能有所长进。"功夫不负有心人"，经过两年的学习，我的书法有了较大的进步。根据两年来的书法学习实践，我有下面一些粗浅的体会。

入迷苦练，方有成效。我对书法从最先的感兴趣发展到后来的入了迷。有时盯着一个写得好的字出神，有时接连不断地攻练某一个字。见到老师板书写出来的好字，也总是模仿着书写或空临几次，下晚自习后，没那么早睡觉，我总是拿出字帖来练字。一次写"寰"，老觉得写出来的字不像，上床了还用手指对着蚊帐顶空临，寻找规律。关灯了，我还在思索怎样写这个字才好看。当时，我一点睡意都没有，又起床来练。直到把字写得差不多才睡觉。第二天，我宿舍一位同学说我怪。我认为，要学有成就，就得有这种入迷的精神。不迷不见效，古今中外凡成大事业者，无不潜心求知，以致如痴如醉。如没有这种入迷的精神，走马观花，心猿意马，不专心致志，绝不会有成效。

掌握规律，取长补短。起初，我专练麦华三字帖，其特点是秀气而不够苍劲，而我也学到了其弊端——写字不够苍劲有力，于是就改变方法，研究它为什么秀气，为什么无力，从中找出规律性的东西，扬长避短。我还找来王羲之字帖来练，互相取长补短。这样练下去，经过一段时间，我写字不够苍劲有力的缺点有所克服，写出来的字有些秀气，也不像以前那样无力了。所以，学字既要认真模仿，也要总结规律，有所创新。"只会模仿，不会创新，不懂得其规律性在哪，那还是停留在类人猿的程度。"

练须"暂停"，求得领悟。俗话说，"他山之石，可以攻玉"，我从打篮球活动中"借来"一些方法也是很有效的。一场球打到关键时刻，教练员往往叫一声"暂停"，利用这点滴时间来调整一下战术，稳定一下情绪，常常能打出更好的水平。我在学书法时也借用了这种方法，当写关键性的一笔时，总是叫一声"暂停"，体会一下当时书写的动作过程，领悟写好的原因。字帖是不会说话的老师，我们要从其字里找到规律性的东西，就得有个过程，不能像看小说那样一目十行，而要循序渐进，有时要几次"暂停"。

我虽然取得了一定的成绩，但在学书法上也存在不少缺点，比如缺乏悉心请教，不耻下问的精神；有时也想一步登天，楷书基础不过关，就急着练草书，这使我事倍功半。在今后的书法学习过程中，我要认真努力，发扬优点，尽量把字写得更好一些，提高质量，更好地完成学习任务。

×××

2020 年 8 月

例文评析：

这篇练习书法的学习总结，先是交代了书法练习的背景，包括为何开始练习、以什么方式开始练习，然后对书法练习的过程进行概述；接着阐述了练习过程中的感悟、体会、遇到的问题以及解决问题的方式方法。全文写作条理清晰、逻辑清楚、内容充实。

例文二

×××实习工作总结

从 2019 年 12 月 14 日开始我在××技术有限公司实习，实习目的是通过理论联系实际，巩固所学的知识，提高处理实际问题的能力，为毕业设计的顺利进行做好充分的准备，并为自己能顺利与社会环境接轨做好准备。下面是本人对这次实习的总结。

一、继续学习，不断提升理论涵养

在信息时代，学习是不断地汲取新信息，获得事业进步的动力。作为一名青年学子更应该把学习作为保持工作积极性的重要途径。走上工作岗位后，我会积极响应单位号召，结合工作实际，不断学习理论、业务知识和社会知识，用先进的理论武装头脑，用精良的业务知识提升能力，以广博的社会知识拓展视野。

二、努力实践，自觉进行角色转化

只有将理论付诸实践才能实现理论自身的价值，也只有将理论付诸实践才能使理论得以检验。同样，一个人的价值也是通过实践活动来实现的，也只有通过实践才能锻炼人的品质。在实际的工作和生活中，应自觉地进行实践，完成学生角色到工作者角色的转换。

三、提高工作积极性和主动性

实习，是开端也是结束。展现在我面前的是一片任自己驰骋的沃土，我也分明感受到了沉甸甸的责任。在今后的工作和生活中，我将继续学习，深入实践，不断提升工作的积极性和主动性，努力创造业绩和更多的价值。

在实习中，我严格按照实习规程进行操作。作为一名初出茅庐的普通大学生，我不会放松对自己的要求，我希望用自己一开始的学习热情来对待日后的每一项任务工作。在这次毕业实习期间，我虽然经常感到很苦、很累，但苦中有乐，累中有趣。

我这次实习内容主要是机器维修工作。我感受最深的，有如下几点：

其一，实习是个人综合能力的检验。要想优秀地完成工作，除了办公基础知识的功底要深厚外，还需有一定的实践动手能力、操作能力、应付突发故障的能力，还要对办公室中常用软件都能熟练操作。作为一名工作人员，还要求有较强的表达能力，同时还要善于引导自己思考、调节与人相处的氛围等。另外，还必须有较强的应变能力、组织管理能力和坚强的毅力。

其二，此次实习，我深深体会到了积累知识的重要性。以往觉得很容易操作的 Office，当我的组长要求我完成某次产品统计的数据与记录时，我却一头雾水，感觉和平时计算机课堂中学的完全不一样，这也让我感到巨大的惭愧。因为以前的自己总以为这些东西与专业没有多大联系，殊不知工作不是专攻一个方面，而是考察我们的综合知识水平。

此次实习增强了我就业的信心和勇气，我认为自己以后进入企业可以胜任部分工作。现在，我能做的就是多吸取知识，提高自身的综合素质。

可以说这次实习不仅使我学到了知识，丰富了经验，也帮助我缩小了实践和理论的差距，使我对系统编程有了进一步了解。这次实习将会有利于我更好地适应以后的工作。在未来的工作中，我会把学到的理论知识和实践经验不断地应用到实际工作中，为实现理想而努力。

×××

2020 年 8 月

例文评析：

这是一篇内容丰富的实习工作总结。总结前言部分简明扼要地对所要总结的实习工作做了整体概述，又用一句话转入总结主体部分。主体部分先用三个段落从三个层面对实习工作的感受进行理性梳理，之后用一段进行总结性概括，接着又从两个方面详细地对实习工作的主要内容和收获进行叙述。全文叙述内容翔实、条理清晰，是一篇值得借鉴的总结范例。

🧠 | **拓展延伸**

一、写好总结需要注意的问题

1. 总结前要充分搜集材料。最好通过不同的形式，听取各方面的意见，了解有关情况，或者把总结的想法、意图提出来，同各方面的干部、群众商量。一定要避免领导出观点，到群众中找事实的写法。

2. 要实事求是。成绩不夸大、缺点不缩小，更不能弄虚作假。这是分析并得出教训的基础。

3. 条理要清楚。总结是写给人看的，条理不清，人们就看不下去，即使看了也不知其所以然，这样就达不到总结的目的。

4. 详略要适宜。材料有本质的，有表象的，有重要的，有次要的，写作时要去芜存菁。总结中的问题要有主次、详略之分，该详的要详，该略的要略。

二、总结写作三忌

一忌"失议"。"失议"即缺失议论。总结是以"议"为重的。尽管在篇幅上"议"未必会超过"叙"，但其分量却远比"叙"来得重，甚至可以这样讲，"议"是否精当，是否切中肯綮，决定了一篇总结的写作高度与价值。当然，总结中的"议"，不同于议论文中的系统论述，而是要求精当凝练，不烦琐、不铺展。总结的作用，在于指导今后的实践，因此必须归纳出有规律性的认识和体会，此即谓之"议"。

一篇符合要求的总结必须有类似"我们的认识和体会是……"这样的段落提领句及相应的

重点内容。而一些基层机关单位和个人，却往往依循"基本概况、工作成绩及不足、今后打算"这样的模式来进行总结的写作。单纯地回顾情况，停留于介绍说明，缺乏对以往实践的理性分析，以致未能归纳出经验教训（亦即"失议"）。总结对今后实践的指导作用如何体现呢？而这种指导作用，又是总结写作之根本性目的。一些基层机关单位的同志常感叹工作没少做，成绩也很显著，可写出的总结却总感到分量不足，其原因便出于此。就总结的写作而言，"失议"对其价值产生的负面影响实在不可小觑。

二忌"铺陈"。"铺陈"即"铺展叙述"，其基本要求为"记叙详尽细致"。这是文艺创作中传统使用的手法，但它与应用写作是基本不搭边的。在总结的写作上，"铺陈"往往表现为两种情况：一是具体实践过程（工作、学习等）介绍过详，二是堆砌材料。前者且不论，单就材料运用而言，动笔写作总结之前，掌握的材料自然越多越好，因为这可以让总结者更清晰地把握全貌，从而进行归纳、分析。但进入总结中的材料则必须是典型的、有代表性的，即最能体现实践理念和事物本质的。这就需要经过一番比较和选择。在总结的写作上，追求篇幅有一定的普遍性。许多人认为总结写得越长才越有分量，越见水平，因此不愿意舍弃那些非典型材料，而是一股脑地纳入总结之中。这样做长则长矣，却导致材料主次混杂、文字拖沓冗赘，实为败笔。应当指出，长而空的文章比短而精的文章好写得多，但其价值则远逊于后者。故总结的写作当力戒"铺陈"。

三忌"重尾"。"重尾"即结尾过重。除专题性的经验类总结外，综合性总结往往安排一个谈今后打算及努力方向的结尾，这样内容的结尾并无不妥，只要能与正文中分析归纳出的认识体会相呼应即可。但应注意的是结尾必须简短，点到为止。而有些总结在这一部分将今后的打算谈得详细，方方面面都涉及，使结尾显得过重。这未免失当。因为那是新的计划应展示的内容。过重的结尾会造成整个总结中心不够突出，内容也会因此而失衡。

🔍 实践演练

演练：撰写工作总结

进入大学之后，不仅要学好专业知识，还要积极参加校园各种活动，提高个人身体素质、培养职业素养。张夏同学在开学后的学生干部选举活动中，经过层层选拔成为一名学生会干部。当上学生会干部后，她带领学生会的同学们开展了一系列有利于提高同学实践能力的活动，得到老师多次表扬。系书记在期末考核大会上要求张夏同学对自己的工作做一次总结。

请你按照总结的写作格式和要求，代张夏同学写一份本学期学生会干部工作总结。

附 录
职业语言汇编

职业语言是指在一定的社会团体内部使用的有其特定内容的日常交际用语。不同的职业有不同的职业用语，比如服务业、教师、医疗业、旅游业等都有本行业的语言特征。现将各行各业的职业语言汇编如下，希望同学们在职业活动中能够标准、流畅地使用职业语言，培养和提高职业语言表达能力。

一、 导游语言

（一） 导游语言的表达要求

1. 流畅通达，表达恰当

流畅通达的语言有三要素：用词得当、语法正确、语音语调传情。流畅通达的语言以能使旅游者听清、听懂导游词并能领会其用意为前提。导游语言需衔接自然，词语搭配得当，遣词造句准确，给人以清爽流畅之感，要达到不假思索脱口而出的程度。

2. 鲜明生动，形象传神

使用导游语言时，应选用丰富多彩的词语和灵活多样的句式组合，并恰如其分地运用多种修辞手法。生动、传神的语言会影响旅游者的心理和情绪，可以使旅游者游兴大增、兴高采烈。

3. 幽默诙谐，轻松愉快

导游在准备导游词时，可以有意识地加入一些文雅而恰当的幽默词语。运用幽默时，要注意适度和语言品格，不要滥用，不要低级庸俗。

4. 温文尔雅，礼节周到

温和的语言是文雅语言，礼貌的语言也是文雅语言。善良是文雅的内涵。导游语言应礼节周到，自谦而尊人。

5. 展现美感，赏心悦目

美的语言能使听者"赏心"，导游语言应适当选配音节，注意音调节奏规律，使导游说起来朗朗上口，使游客听起来入耳入心。

（二） 导游语言的运用技巧

1. 语音语调富于变化

导游除对导游词的用词、用句、表达手法等语言因素深入理解和感受之外，还应在语音语调上富于变化，即在调节音量、讲究停顿、运用语速、控制音色方面下功夫。

2. 正确把握语言的时机、节奏

讲解的艺术在于适度，导游应能根据自己对游客当时情绪的敏锐判断，调整讲解话题的长短、音调的高低。

3. 当敬则敬，当忌则忌

在不同场合准确使用不同的用语。与游客初次见面时应用"欢迎语"，与游客辞别时应用"告别语"，与游客交流时应用"应答语"，当游客为你提供方便时，应用"道谢语"。不能用命令式或否定式的语言与游客交谈。

4. 充满激情

缺乏激情，必然缺少感染力。

（三）导游语言摘录

1. 礼貌用语

1）称呼语：小姐、夫人、先生、同志、首长、女士、大姐、阿姨等。

2）欢迎语：欢迎您来我们这里、欢迎光临。

3）问候语：您好、您早、早安、午安、早上好、下午好、晚上好、路上辛苦了。

4）祝贺语：恭喜、祝您愉快、恭喜发财。

5）告别语：再见、晚安、明天见、祝您旅途愉快、祝您一路平安、欢迎您下次再来。

6）道歉语：对不起、请原谅、打扰您了、失礼了、十分抱歉。

7）道谢语：谢谢、非常感谢。

8）应答语：是的、好的、我明白了、谢谢您的好意、不要客气、没关系、这是我应该做的。

9）征询语：请问您有什么事、我能为您做些什么吗、需要我帮您做什么吗、您还有别的事吗、您喜欢（需要、能够……）、您……好吗。

10）基本礼貌用语：您好、请、谢谢、对不起、再见。

2. 导游语言的特点

1）口语化。一定要将书面导游词口语化。

2）存在焦点话题。一个大家都感兴趣的话题是不会引发游客逆反心理的。导游改写导游词必须站在游客的角度，进行取舍。

3）需要富有感染力。响亮、顿挫、节奏、停连的导游语言，便于游客理解内容，突出语言中的情感因素。

4）要求普通话标准。这是基本要求，导游的普通话水平要求是二级甲等，只有在音准的基础上才能创设导游语言的美感。

3. 导游讲解技巧——得体

得体，指导游语言恰如其分，既能合乎讲解内容、讲解场景，又能反映导游的讲解风格。

1）导游语言要有整体的和谐感。导游作为一种特殊的讲解者，其和谐应体现在：语言严谨而不呆滞，活泼而不轻率，幽默而不油滑，亲切而不低俗，明白而不粗浅。

2）导游语言要有分体的适应性。即针对不同的景观，运用不同的词汇，用不同的语调。如介绍自然山水时，导游语言要轻快，介绍园林建筑时，导游语言要斯文，介绍文物古迹时，导游语言要凝重，介绍革命史迹时，导游语言要庄重，介绍主题公园时，导游语言要高亢等。要因景因境因时，各有所异。

3）导游语言要有个体的独特性，主要是指导游个体的讲解风格。讲解风格应与导游的个体气质、修养吻合，或平和舒展，或朴实简洁，或严谨翔实，或情真意切，或激情昂扬。

4. 欢迎词的四要素

1）首先问候游客，并代表单位表示热烈欢迎之意。

2）介绍自己的姓名和职务，介绍接待人员的姓名和职务。如乘车游览，还应介绍司机的姓名及他所驾车的车牌号。

3）表示自己工作的态度，即愿意努力工作并解答大家的问题。

4）祝愿游客旅途愉快，并希望得到游客的合作和谅解。

5. 欢送词的四要素

1）表示惜别之情。与游客相处了一段时间，所以富有感情是自然的。

2）感谢合作。小结整个旅程，称颂旅行是成功的、有趣的、值得怀念的。

3）征求意见。导游工作中不尽如人意在所难免，应该欢迎大家提出宝贵意见，这也表明了自己的诚意和追求优质服务的决心。

4）期待相逢。用有文采的语言表达离别后愿再相逢的情感。

二、 服务语言

1. 服务语言的用语原则

1）必须满足交际的目的和内容。服务语言的主要目的是为本企业树立良好的形象，建立良好的声誉，赢得服务对象的了解、理解、信赖和支持，同时达到促销和企业赢利目的。为此，服务人员应正确理解服务对象，通过语言传递正确的服务信息。

2）必须适应服务对象的不同特点。服务人员在接待服务对象时，要充分注意服务对象的年龄、性别、职业、职务、身份、性格、心理、文化修养、风俗习惯等特点，根据特定语言接受对象的理解和接受情况正确选择最佳的语言表达形式。

3）必须适应特定的语言环境。语言环境主要指时间、地点、场合等因素，也包括前言后语等。语言环境是服务语言表达和领会的重要背景因素，服务语言表达应适应特定的语言环境。

2. 服务语言的基本要求

1）形式上的要求：服务人员在服务时要用流利的普通话，清楚、准确、亲切地表达出自己的意思，但不宜多说话，而应启发服务对象多说话。现代服务也不宜大声吆喝，它讲究轻声服务，要求三轻（说话轻、走路轻、操作轻）。

2）程序上的要求：

① 客人来店有欢迎声。

② 客人离店有道别声。

③ 客人呼唤时有回应声。

④ 客人帮忙时有致谢声。

⑤ 遇见客人时有问候声。

⑥ 服务之前有提醒声。

⑦ 服务不周有道歉声。

3. 服务语言摘录

1）称谓语：先生、小姐、夫人、大姐、大哥、阿姨、同志、老师、师傅等。

2）问候语：您好、早上好、中午好、晚上好、新年好、中秋快乐、国庆快乐、圣诞快乐。

3）致谢语：谢谢您、谢谢您的提醒、谢谢您的好意、谢谢您的鼓励、谢谢您的帮助、谢谢您的夸奖、谢谢您的合作、有劳您了、让您费心了、让您破费了、非常感谢您能赏光等。

4）赞赏语：太好了、真不错、相当棒、对极了、还是您懂行、您的观点非常正确。

5）祝贺语：祝您成功、心想事成、诸事顺意、兴旺发达、工作顺利、生意兴隆、生活开心、心情愉快、合家幸福、节日快乐、福如东海、寿比南山。

6）请托语：劳驾、拜托、借光、打扰了、请关照、请稍后、请让一下、请您拿好、有劳您帮帮忙。

7）指示语：先生/女士请随我来、先生/女士请一直往前走、先生/女士请您稍坐一会儿，马上就给您上菜。

8）推脱语：您可以到对面的商厦看看；我下班后要休息，不能接受您的邀请；谢谢您的好意，不过……，希望您理解。

9）提醒道歉语：对不起，让您久等了、对不起，打搅一下、请原谅，这是我的错。

10）应答语：

① 肯定应答语。好的、是的、很高兴为您服务、听候您的吩咐、随时为您效劳、我知道了、一定照办、我会尽量按照您的要求去做。

② 谦恭应答语。过奖了、请多多指教、请不必客气、您太客气了、这是我的荣幸、这是我们应该做的。

③ 谅解应答语。不必、不要紧、没有关系、我不会介意的。

11）征询语：

① 主动式征询语。"需要帮忙吗""您今天要些什么""我能为您做点什么"。

② 封闭式征询语。您是不是想先来试一试、您觉得这东西怎么样、您是不是很喜欢这种颜色、您不介意我来帮助您吧、您不来上一杯咖啡吗。

③ 开放式（选择式）征询语。您打算预订雅座还是预订散座，这里有红色、黑色、白色三种，您喜欢哪一种颜色；您需要这一种，还是那一种。

12）送别语：

再见、您走好/请慢走、多多保重，欢迎再来、一路平安（客人要远去时）；希望再次见到您。

三、 销售语言

1. 销售语言的基本原则

1）措辞。使用销售语言时，要充分尊重顾客的人格和习惯，经常使用谦谨语和委婉语，即用征询、商量的语气，用委婉、含蓄语代替禁忌词语。

2）生动。用语幽默生动，创设轻松愉快的营销环境。

3）细致。使用销售语言时注意察言观色，注意观察顾客的反应，针对不同场合、不同对象说不同的话。

4）礼貌。销售语言的礼貌性主要表现在敬语上，应彬彬有礼，热情而庄重，注意用"您"，而不用"你"。

每个销售人员都需要学习和研究工作语言，并在实践中努力提高自己的语言应变能力，注意培养随机性和灵活性，以便适应服务接待工作的需要。

2．销售语言运用技巧

1）语言简练。要注意语言的简练、明确，突出中心。在推销过程中，与顾客谈话的时间不宜过长，这就要用简练的语言去交谈。

2）选择词语。销售人员选择词语不同，往往会给顾客以不同的感受，产生不同的效果。

3）调节语调和语速。说话不仅是在交流信息，同时也是在交流感情。许多复杂的情感往往通过不同的语调和语速表现出来。销售人员应通过婉转柔和的语调，创造一种和谐的气氛和较好的推销环境。

4）仪态。与顾客对话时，销售人员首先要面带微笑地倾听，并通过关注的目光进行感情的交流，或通过点头和简短的提问、插话，表示对顾客谈话的注意和兴趣。为了表示对顾客的尊重，销售人员一般应站立说话。

3．销售语言摘录

1）基本用语：

① 迎客时说，欢迎、欢迎您的光临、您好。

② 对顾客表示感谢时说，谢谢、谢谢您、谢谢您的帮助。

③ 由于失误表示歉意时说，很抱歉、实在抱歉。

④ 在不能立即接待顾客时说，请您稍候、麻烦您等一下、我马上就来。

⑤ 对等候的顾客说，让您久等了、对不起，让你们等候多时了。

⑥ 打扰或给顾客带来麻烦时说，对不起、实在对不起、打扰您了、给您添麻烦了。

⑦ 要打断顾客的谈话时说，对不起，我可以占用一下您的时间吗、对不起，耽搁您的时间了。

⑧ 接受顾客的吩咐时说，听明白了、清楚了，请您放心。

⑨ 听不清楚顾客问话时说：很对不起，我没听清楚，请重复一遍好吗。

⑩ 顾客致谢时说，请别客气、不用客气、很高兴为您服务、这是我应该做的。

⑪ 顾客致歉时说，没有什么、没关系、算不了什么。

⑫ 送客时说，再见，一路平安、再见，欢迎您下次再来。

2）具体情境

① 拿商品给顾客看时，是这个吗？好！请您看一看。

② 将商品交给顾客时，让您久等了；谢谢，让您久等了。

③ 换商品时，实在抱歉，马上替您换（修理）；没有问题，请问您要换哪一种？

④ 请教顾客时，对不起，请问尊姓大名？对不起，请问邮寄地址写哪？

四、 医护人员语言

对患者来说，医患沟通是一种重要的心理需求，而医护人员的语言态度是解除患者内心紧张，表达医护情感，寻求患者配合的重要手段。医生、护士良好的语言和态度可使患者倍感亲切，产生良好的心理反应。而良好的心理反应可以引起患者神经内分泌系统积极的反应，使患者处于一个接受治疗所需的最好的心理状态。

1．医生用语技巧

医生的语言可能在不经意间，会损伤病人对医生的信任和尊重。但只要应用得好，就会在关键时刻帮助病人。对于医生，把话说好，并非简单地加几句客气话就可做到，内心具备仁爱之心才是大前提。我国著名医学家张孝骞说过一句话，"病人以性命相托，我们怎能不诚惶诚恐，如临深渊，如履薄冰。"这正是医生这一治病救人的神圣职业应具备的人文素质。病人来找医生看病时，往往对所患疾病的情况一无所知，非常需要医生提供解释，而当医生给予了病人个体化的健康指导和建议后，病人一般都会满意而去。而且，随着医学的发展和医学模式的转化，现代医学也要求医务人员不仅要了解患者的病理变化，更需要了解患者的心理需求，并在医疗的各个环节表现出对患者的关爱，让他们感受到温暖，而医务人员的语言便是最重要的载体之一。

2. 护士用语技巧

在护理工作实施中，语言是心理治疗与心理护理的重要手段；反之，若运用不当，语言又可成为导致心因性疾病的因素。因此，护士必须重视语言的运用。

护士在向医生或护士长报告工作情况、反映病情，或向病人交代诊治和护理意图时，或向病人家属叮嘱事情时，都应当把人物称谓、时间概念、空间关系及其间的联系说清，把一件事情的起始、经过、变化、延续和结局讲明。同时，在符合语法要求的前提下，要注意语言简明精练，这样才能提高工作效率。

护士用语的声音要轻一些、语气要温和一些、话语速度要慢一些，并且要适当配合手势和表情，这样才能显现护士的温文尔雅和对病人的体贴关切。

3. 医护人员语言摘录

1）问候语：您好、大家好、早安、晚安、上午好、下午好、来了、忙呢、感觉 好吗、感觉如何、你哪里不舒服、您有什么事吗、我能帮您什么忙吗、您需要我帮 您做些什么吗、我可以进来吗。

2）感谢语：谢谢、谢谢您、谢谢合作、非常感谢、让您费心了、有劳您了、给您添麻烦了、打扰了。

3）祝贺语：早日康复。

4）应答语：

当对方有事请求时，应回答，好、是的、我明白了、我明白您的意思、一定照办、我会尽量按照您的要求去做。

当对方表示谢意或口头表扬时，应回答，不必客气、这是我应该做的、您太客 气了、您过奖了。

当对方因故道歉时，应回答，没关系；我不会介意的，请放心；我理解您的心情。

5）请托语：请您帮个忙、劳驾、请您多关照、请您留步、请您稍后等。

6）道歉语：对不起、对不起，让您久等了、对不起，让您受疼了、不好意思，请原谅、抱歉、失敬、失陪了、很惭愧、真的过意不去。

7）送别语：慢走、请走好、一路平安、多保重、记住按时复查、请按时服药和定期检查、注意调整饮食、有事请及时与我联系等。

五、 教师语言

教师语言是指教学口语和教育口语。教学口语专指教师在课堂上为传授知识、培养学生能力所用的讲课语言。教育口语泛指教师对学生的思想、品德、行为、习惯等进行教育的语言。前者偏重于教书，后者偏重于育人。

教学应以学生为主体，所以教师教学口语应在启发、诱导学生思考、掌握知识、具备能力方面下功夫。在教学过程中，成功的教育口语可以表现在鼓励学生参与教学上。

教师语言的表达技巧有：

1）教学口语。不同的教学对象，不同的专业学科，不同的教学内容，不同的教学环节，在教学口语的运用上，有着不同的特点和要求。教师课堂上的语言应清晰标准，表现如下。

① 准确清晰。准确是指吐字合乎规范，字音标准；清晰是指语音具有较高的分辨率，即使在杂音环境中也能听清楚。

② 圆润动听。教师要有较好的声音音色和较高的吐字技巧。圆润动听与嗓音条件有直接关系，也与吐字技巧有关，同时完美的吐字会使人感到声音圆润动听并能弥补嗓音方面的某些不足。

③ 富于变化。教师的课堂发音力求变化。无论吐字力度，还是音高、音色、节奏，都尽可能随讲解内容和感情色彩的变化而变化。

④ 朴实大方。讲课发音接近生活中的讲述，不能过分夸张和过多修饰，讲课声音与口语声音接近。

2）教育口语。作为教师，尤其是班主任，在教育学生的过程中，口语表达能力直接关系到教育的效果。教育口语的基本技巧表现如下。

① 看人说话。针对不同的谈话对象，运用不同的方法。

② 选择时机。可以根据问题的性质和迫切程度、学生的个性心理特征、当时的心境和气氛以及谈话前的准备情况，确定谈话时机。

③ 以情动人。首先体现在对学生的尊重、平等对待的基点上。其次体现在对学生真诚地关心、信任和爱护的态度上。

④ 以理服人。所讲的内容一定要实在、准确、全面。

六、 接待语言

1. 接听电话用语

您好！

您好，××公司。

请问您贵姓？

请问有什么可以帮您的吗？

当听不清楚对方说的话时——

对不起，先生/女士，您刚才讲的问题我没听清楚，请您重述一遍好吗？

先生/女士，您还有别的事吗？

对不起，先生/女士，我把您刚才说的话再复述一遍，看妥不妥当？

您能听清楚吗？

当对方要找的人不在时——

对不起，他/她不在，有什么事情需要我转告他/她吗？

谢谢您，再见。

2. 打出电话用语

先生/女士，您好！我是××管理公司，麻烦您找××先生/女士。

当要找的人不在时——

您能替我转告他/她吗？

谢谢您，再见。

3. 用户电话投诉时

先生/女士，您好！××管理公司。

请问您是哪家公司？

先生/女士，请问您贵姓？

请告诉我详情，好吗？

对不起，先生/女士，我立即处理这个问题，大约在××时间给您答复。请问怎样与您联系？

您放心，我们会立即采取措施，包您满意。

很抱歉，给您添麻烦了。

谢谢您的意见。

4. 用户来访投诉时

先生/女士，您好！请问我能帮您什么忙吗？

先生/女士，请问您贵姓？

您能把详细情况告诉我吗？

对不起，给您添麻烦了。

当投诉不能立即处理时——

对不起，让您久等了，我会马上把您的意见反馈到有关部门处理，大约在××时间给您一个答复。请您放心。

谢谢您的意见。

限于职权或能力不能解决时——

对不起，先生/女士，您反映的问题由于某种原因暂时无法解决，我会把您的情况向公司领导反映，尽快给您一个满意的答复。

5. 物业管理接待语言

1）用户电话咨询管理费时用语：

先生/女士，您好！请问有什么可以帮忙的吗？

请稍等，我帮您查一下。

贵公司×月份的管理费×元、电费×元、维修费×元、仓库租金×元，共计×元。您打算来交款吗？

一会儿见。

2）收管理费用语：

先生/女士，您好！请问您是来交管理费的吗？请问您的房号？

您本月应交管理费×××元，上月电费×××元，维修费×××元。

收您×××元，找回××元。

这是您的发票，请保管好。

谢谢您，再见。

3）催收管理费用语：

先生/女士，您好！

贵公司×月份的管理费还没有缴纳。我们于×日已经发出“缴款通知”，想必您已经收到了，现在再提醒您一下，按管理公约，管理费应在当月 15 日之前缴纳，逾期管理公司将按 0.17% 计收滞纳金。

4）用户室内工程报修时用语：

您好，物业服务中心。请问您室内哪里要维修？

您可以留下您的姓名和联络电话以方便维修吗？

参考文献

［1］林灵. 实用口才与职场沟通［M］. 北京：人民交通出版社，2013.

［2］陈向平. 口语表达与交际沟通技巧［M］. 北京：化学工业出版社，2011.

［3］高彤心. 应用文写作实训教程［M］. 北京：高等教育出版社，2012.

［4］张丽荣. 口才与应用文写作［M］. 北京：高等教育出版社，2010.

［5］吕宏程. 职场沟通实务［M］. 北京：北京大学出版社，2012.

［6］陈涛涛. 世界500强企业面试笔试攻略［M］. 北京：中国法制出版社，2015.

［7］赵楠. 无领导小组讨论与结构化面试［M］. 广州：广东经济出版社，2013.

［8］应届生求职网. 应届生求职面试全攻略［M］. 上海：上海交通大学出版社，2009.

［9］陈沛然. 面试艺术［M］. 北京：人民出版社，2015.

［10］李玉珊. 商务文案写作［M］. 北京：高等教育出版社，2014.

［11］吴婕. 有效沟通与实用写作教程［M］. 北京：中国人民大学出版社，2014.

［12］张建. 应用写作［M］. 北京：高等教育出版社，2005.

［13］高滨，赵巍. 高职应用文写作教程［M］. 北京：中国铁道出版社，2018.

［14］章年卿. 应用文写作概论［M］. 北京：教育科学出版社，2014.

［15］陈桃源，朱晓蓉. 职场沟通与交流能力训练教程［M］. 北京：高等教育出版社，2014.

［16］邱飞廉. 科技应用文写作［M］. 北京：中国人民大学出版社，2015.

［17］孙秀秋. 应用写作［M］. 北京：中国人民大学出版社，2018.

［18］傅春丹. 演讲与口才案例教程［M］. 北京：中国水利水电出版社，2017.

［19］白吉秀，张立山. 应用文写作技能训练［M］. 北京：中国水利水电出版社，2016.

［20］苏琳. 实用语文（表达与写作）［M］. 北京：机械工业出版社，2015.

［21］毕思勇，赵帆. 商务谈判［M］. 3版. 北京：高等教育出版社，2018.

［22］王光文. 高职汉语实用写作新编［M］. 上海：上海外语教育出版社，2017.

［23］尉天骄. 汉语实用写作新编［M］. 上海：上海外语教育出版社，2015.

目 录

学习情境一　学习日常文书

测 试 题

一、单选题

1. 对客人发出邀请的一种专用函件是（　　　）。
   A. 请柬　　　　　　　B. 贺信　　　　　C. 邀请函　　　D. 电子邮件
2. 条据虽然小，但属于很简便的（　　　）。
   A. 记叙文　　　　　　B. 议论文　　　　C. 散文　　　　D. 应用文

二、多选题

1. 贺信的主要特点包括（　　　）。
   A. 祝贺性　　　　　　B. 简洁性　　　　C. 信电性　　　D. 可操作性
2. 请柬的正文部分包括（　　　）。
   A. 活动时间　　　　　B. 活动地点　　　C. 活动具体内容　　D. 其他告知事项

学习情境二　训练演讲口才

测 试 题

一、单选题

1. 下列选项，哪一项不属于态势语言？（　　　）
   A. 眼神　　　　　　　B. 手势　　　　　C. 表情　　　　D. 口语
2. 在演讲的开头，提出某个未能解决的问题激发听众的好奇心，促使听众迅速被演讲所吸引，这种演讲开头采用的方式是（　　　）。
   A. 幽默式　　　　　　B. 故事式　　　　C. 悬念式　　　　D. 开门见山式

二、多选题

1. 演讲选题遵循的原则是（　　　）。
   A. 选题要适合演讲者　　　　　　　B. 选题要适合听众
   C. 选题要适合特定的场合　　　　　D. 选题要适合规定的时间
2. 演讲中，遭遇冷场，你怎么办？（　　　）
   A. 讲述趣文逸事，活跃现场气氛，吸引听众的注意力
   B. 赞美听众，求得共鸣和好感
   C. 让听众和自己一起思考，调动听众参与的热情
   D. 制造悬念，激发听众的兴趣

学习情境三　学好科研文书

测 试 题

一、单选题

1. 下面哪项不是实习报告正文中的内容？（　　　　）
   - A. 实习内容介绍
   - B. 取得的成绩
   - C. 经验体会
   - D. 落款

2. 下面哪一描述概括了毕业论文的含义？（　　　　）
   - A. 毕业论文是高等院校应届毕业生在教师指导下按学术论文标准独立完成的具有一定学术价值和应用价值的文章。
   - B. 毕业论文是一种由高等院校应届毕业生自发完成的，旨在向社会或他人提供新知识的学术论文。
   - C. 毕业论文是由高等院校应届毕业生在教师指导下对专业知识学习情况的全面回顾、检查和分析的一种学术论文。
   - D. 毕业论文是对某一学科或领域内较为成熟的理论与知识的系统阐述，内容较为全面综合，是体系框架较为庞大的一种学术文章。

二、多选题

1. 实习报告的写作要求是（　　　　）。
   - A. 资料充分
   - B. 内容真实
   - C. 评价客观
   - D. 可以虚构

2. 下列毕业论文题目中，存在选题过大问题的有（　　　　）。
   - A.《论世界金融风暴》
   - B.《论政府管制制度》
   - C.《中国转轨期完善农村信贷制度的对策研究》
   - D.《国有企业产权研究》

学习情境四　进行求职面试

测 试 题

一、单选题

1. 求职信中的附件信息，应标注在求职信的（　　　　）。
   - A. 右下角
   - B. 左下角
   - C. 右上角
   - D. 左上角

2. 撰写个人简历时，应侧重介绍（　　　　）。

    A. 学校情况　　　　　　　B. 实践情况　　　　　　C. 专业情况　　　　　D. 自身情况

二、多选题

1. 求职信投递后，求职者在使用电话联系时，应注意（　　　　）。

    A. 选择恰当的通话时间　　　　　　　　　B. 提前准备通话要点

    C. 讲究通话的方式　　　　　　　　　　　D. 注意倾听的方式

2. 面试官示意面试结束时，求职者应（　　　　）。

    A. 微笑　　　　　　　　　　B. 起立　　　　　　　　C. 道谢　　　　　　　D. 离场

学习情境五　参加商务活动

测 试 题

一、单选题

1. （　　　　）是以科学的方法对市场的供求关系、购销状况以及消费情况等进行深入细致的调查研究后所写成的书面报告。

    A. 市场调研问卷　　　　　　　　　　　　B. 营销策划书

    C. 工作报告　　　　　　　　　　　　　　D. 调查报告

2. 签订经济合同是一种（　　　　）行为。

    A. 无效　　　　　　　　　　　　　　　　B. 法律

    C. 被动　　　　　　　　　　　　　　　　D. 主动

二、多选题

1. 市场调查报告的内容结构一般由以下哪几个部分组成？（　　　　）

    A. 标题　　　　　　　　B. 引言　　　　　　　　C. 主题　　　　　　　D. 结尾

2. 以下哪项是经济合同的正文中必须包括的法定条款？（　　　　）

    A. 标的　　　　　　　　B. 数量和质量　　　　　C. 结算　　　　　　　D. 违约责任

学习情境六　介绍说明产品

测 试 题

一、单选题

1. 在撰写产品说明书前，我们要对产品进行实际调查了解，查阅资料，掌握专门知识，这属于写作要求中的（　　　　）。

   A. 突出重点、防止疏漏   B. 把握分寸、实事求是

   C. 语言准确、简明、生动   D. 通俗易懂

2. 下列选项中不属于广告文案写作随文部分的是（   ）。

   A. 单位名称   B. 地址

   C. 联系电话   D. QQ 号码

二、多选题

1. 产品说明书的写作特点包括（   ）。

   A. 说明性   B. 实用性   C. 片面性   D. 客观性

2. 推销需遵循的原则包括（   ）。

   A. 需求第一   B. 互惠互利   C. 诚信为本   D. 说服诱导

学习情境七   撰写计划总结

测 试 题

一、单选题

1. 以下哪项不是制订工作计划的作用？（   ）

   A. 为前段工作确立目标   B. 为以后工作提供经验

   C. 为前段工作明确方向   D. 增强今后工作时的自信心

2. 以下哪项不属于述职报告的作用？（   ）

   A. 可以更好的监督群众   B. 有利于干部的自我提高

   C. 有助于强化自身职责观念   D. 减少任用干部中的主观性及盲目性

二、多选题

1. 计划的三要素主要包括（   ）。

   A. 计划的落款   B. 计划的目标

   C. 计划的措施   D. 计划的步骤

2. 工作总结的主体部分包含以下哪些方面？（   ）

   A. 事件   B. 过程   C. 结果   D. 体会

任 务 单

学习领域	职场沟通与写作技巧训练
学习情境	情境一 学习日常文书
布置任务	
学习目标	**知识目标：** 1. 了解倡议书概念、特点和类型。 2. 能够运用所学知识写作条据，并指出一些条据的不规范之处。 3. 掌握启事的定义、特点及分类，了解启事的用途；掌握各类启事的撰写格式和写法。 4. 了解声明的概念及用途，掌握声明的写作格式及要求。 **能力目标：** 1. 掌握倡议书书写格式，写出符合要求的倡议书。 2. 能够根据日常事务需要，规范完成条据类文书，明确条据写作误区。 3. 学会写作不同种类的启事。 4. 根据实际情况的要求，撰写规范的声明。 5. 掌握书面表达原则和技巧，提高应用文写作的能力。 **素质目标：** 1. 丰富语言积累。 2. 提高分析问题、解决问题的能力。 3. 培养严谨的生活态度和作风。 4. 培养团队协作能力。 5. 建立规范做事的习惯。 6. 增强维护自身声誉和合法权益的意识。
任务描述	假设今天你父亲突感不适，需要你陪同到医院检查照料，因而你无法参加学校的篮球比赛，请写一份相应的应用文给辅导员陈老师，时间为2020年7月5日。 请以小组为单位展开讨论，并组织开展应用文写作大比拼，完成以下任务： 1. 研究该情形应写何种应用文书。 2. 讨论该应用文书的写作要素和注意事项。 3. 撰写相应的应用文书。 4. 应用文写作比拼总结。
任务要求	1. 分析所给情形，有针对性地进行写作。 2. 注意规范格式。 3. 注意内容明确客观。 4. 注意言辞得体恳切。 5. 注意书写严谨无误。
参考资源	1. 唐丽. 实用礼仪与日常应用文书写作［M］. 上海：上海交通大学出版社，2014. 2. 孙秀秋. 应用写作［M］. 北京：中国人民大学出版社，2018. 3. 刘世权. 应用文写作［M］. 重庆：西南师范大学出版社，2008. 4. 卢广平，梁轶芳. 应用文写作［M］. 北京：经济科学出版社，2010.

资 讯 单

学习领域	职场沟通与写作技巧训练
学习情境	**情境一　学习日常文书**
资讯获取	小组合作采用查询笔记、课件、微课、图书资料，网络搜索信息的形式。
资讯内容	1. 什么是应用文？
	2. 应用文的写作特点是什么？
	3. 日常应用文书的类型有哪些？
	4. 说明式条据和凭证式条据分别指什么？
	5. 条据的写作要素有哪些？
	6. 如何写倡议书？
	7. 启事和声明的区别？
资讯导读	1. 查阅《实用礼仪与日常应用文书写作》。 2. 查阅《应用写作》。 3. 查阅《应用文写作》。 4. 查询本书微课视频、课件及其他课程资源。

实 施 单

学习领域	职场沟通与写作技巧训练	
学习情境	情境一　学习日常文书	
实施方式		
序号	实施步骤	使用资源
实施说明		
班　级		
组　长		
组　员		
日　期		
教师签字		

评 价 单

学习领域	职场沟通与写作技巧训练		
学习情境	情境一　学习日常文书		
评价内容	专业能力、社会能力、方法能力		
评价标准	项　目	个人评价	组内互评	教师评价
	资讯（10%）			
	决策（10%）			
	计划（10%）			
	实施（20%）			
	检查（10%）			
	过程（20%）			
	结果（20%）			
	班　级		第　组	
	组　长		日　期	
综合评价				

学习情境二　训练演讲口才

任 务 单

学习领域	职场沟通与写作技巧训练
学习情境	情境二　训练演讲口才

	布置任务
学习目标	**知识目标：** 1. 掌握演讲稿的概念、特点、种类，熟悉写作要求。 2. 了解即兴演讲、命题演讲、公众演讲几种演讲形式的基本知识。 3. 熟悉演讲中丰富的面部表情和不同的手势语。 **能力目标：** 1. 培养筛选文字信息、表达交流的能力。 2. 提升快速、敏捷的思维能力和记忆能力。 3. 提高学识，掌握临场应变技巧。 4. 能够准确、自然、规范、得体地使用态势语言，提高身体动作协调能力。 5. 能够语言流畅、主题明确、感情真挚地进行演讲。 **素质目标：** 1. 养成严谨的写作态度。 2. 克服紧张情绪，树立自信，提高心理素质。 3. 培养正确的价值观和思想观，对待事物或问题有自己的理解和立场。
任务描述	新生入学，系部召开迎新生开学典礼，请你作为学生代表进行发言。请以小组为单位展开话题讨论，并组织开展演讲，完成以下任务： 1. 撰写演讲活动方案。 2. 撰写演讲稿。 3. 准备演讲场所。 4. 针对演讲表现进行口头评论。
任务要求	1. 分析听众，认真准备好演讲内容。 2. 具有丰富的想象力和较强的记忆力。 3. 注意规范演讲场合所需的穿着、姿势、语言等礼仪。 4. 逻辑清晰、语言流畅地表达自己的观点和心声。 5. 将有声语言和态势语言相结合运用于演讲中。 6. 具备较好的心理素质和遇到突发状况处理问题的能力。 7. 具备团队合作精神和探究精神。
参考资源	1. 演讲稿、命题演讲、即兴演讲、公众演讲、演讲态势语的多媒体课件. 2. 傅春丹. 演讲与口才案例教程［M］. 北京：中国水利水电出版社，2017. 3. 刘娟萍，程逊. 演讲与口才［M］. 北京：人民邮电出版社，2008. 4. 王黎云. 演讲与口才［M］. 杭州：浙江大学出版社，2004. 5. 艾跃进. 大学生实用口才学［M］. 天津：南开大学出版社，2004. 6. 张丽荣. 口才与应用文写作［M］. 北京：高等教育出版社，2009.

资 讯 单

学习领域	职场沟通与写作技巧训练
学习情境	情境二　训练演讲口才
资讯获取	小组合作利用网络查询信息，查阅教材、图书案例、杂志资料、微课、课件、课程资源等方式。
资讯内容	1. 什么是演讲？
	2. 演讲的基本要求？
	3. 演讲稿写作要领？
	4. 用什么方法可以写出精彩的开场白？
	5. 如何克服紧张心理？
	6. 即兴演讲的技巧？
	7. 演讲手势语的分区？
	8. 演讲时应注意哪些礼仪？
资讯导读	1. 查阅《职场沟通与写作技巧训练》。 2. 查阅《演讲与口才案例教程》。 3. 查阅《演讲与口才》。 4. 查阅《大学生实用口才学》。 5. 查阅《口才与应用文写作》。 6. 查询本书微课视频、课件及其他课程资源。

实 施 单

学习领域	职场沟通与写作技巧训练	
学习情境	情境二　训练演讲口才	
实施方式		
序号	实施步骤	使用资源
实施说明		
班　　级		
组　　长		
组　　员		
日　　期		
教师签字		

评 价 单

学习领域	职场沟通与写作技巧训练		
学习情境	情境二　训练演讲口才		
评价内容	专业能力、社会能力、方法能力		
评价标准	项　目	个人评价	组内互评	教师评价
	资讯（10%）			
	决策（10%）			
	计划（10%）			
	实施（20%）			
	检查（10%）			
	过程（20%）			
	结果（20%）			
	班　级		第　组	
	组　长		日　期	
综合评价				

学习情境三 学好科研文书

任　务　单

学习领域	职场沟通与写作技巧训练
学习情境	情境三　学好科研文书

布置任务

学习目标	**知识目标：** 能有效、广泛搜集材料。 **能力目标：** 能撰写符合标准的实习报告。 **素质目标：** 实习报告能很好地总结实习情况，并有反思和升华。
任务描述	同学们，对自己参加过的实习工作进行回顾和总结，广泛收集资料，研究、撰写实习报告。 要求： 1. 格式标准，结构完整。 2. 条理清晰、逻辑贯穿。 3. 字数在 3000 字以上。
任务要求	1. 总结必须有情况的概述和叙述，有的比较简单，有的比较详细。这部分内容主要是对工作的主客观条件、有利和不利条件以及工作的环境和基础等进行分析。 2. 成绩和缺点是总结的中心。总结的目的就是要肯定成绩，找出缺点。成绩有哪些，表现在哪些方面，是怎样取得的；缺点有多少，表现在哪些方面，是什么性质的，怎样产生的，都应讲清楚。 3. 经验和教训。做过一件事，总会有经验和教训，为便于今后的工作，须对以往工作的经验和教训进行分析、研究、概括、集中，并上升到理论的高度来认识。 4. 今后的打算。根据今后的工作任务和要求，吸取前一时期工作的经验和教训，明确努力方向，提出改进措施等。
参考资源	1. 岳海翔，舒雪冬. 公文写作范例大全：格式、要点、规范与技巧（第 2 版）［M］. 北京：清华大学出版社，2018. 2. 谢海德. 公文写作从入门到精通［M］. 北京：北京大学出版社，2019.

资 讯 单

学习领域	职场沟通与写作技巧训练
学习情境	情境三　学好科研文书
资讯获取	小组合作利用网络查询信息，查阅教材、图书案例、杂志资料、微课、课件、课程资源，师生研讨等方式。
资讯内容	1. 什么是实习报告？
	2. 了解怎样完成实习报告？
	3. 如何收集资料？
	4. 了解实习报告的内容。
	5. 了解实习报告的结构。
	6. 实习报告写作技巧？
	7. 写作注意事项？
资讯导读	1. 查阅《职场沟通与写作技巧训练》。 2. 查阅《实用礼仪与日常应用文书写作》。 3. 查阅《应用写作》。 4. 查阅《应用文写作》。 5. 查询本书微课视频、课件及其他课程资源。

实 施 单

学习领域	职场沟通与写作技巧训练	
学习情境	情境三　学好科研文书	
实施方式		
序号	实施步骤	使用资源
实施说明		
班　　级		
组　　长		
组　　员		
日　　期		
教师签字		

评 价 单

学习领域	职场沟通与写作技巧训练		
学习情境	情境三 学好科研文书		
评价内容	专业能力、社会能力、方法能力		
评价标准	项　目	个人评价	组内互评	教师评价
	资讯（10%）			
	决策（10%）			
	计划（10%）			
	实施（20%）			
	检查（10%）			
	过程（20%）			
	结果（20%）			
	班　级		第　组	
	组　长		日　期	
综合评价				

16

学习情境四　进行求职面试

任 务 单

学习领域	职场沟通与写作技巧训练
学习情境	情境四　进行求职面试
布置任务	
学习目标	**知识目标：** 1. 了解面试前应该做哪些准备。 2. 掌握求职信、个人简历的制作方法。 3. 掌握结构化面试的流程及回答技巧。 4. 了解无领导小组讨论的流程及评分标准。 **能力目标：** 1. 提高分析能力、解决问题的能力。 2. 提高文字写作能力。 3. 培养学生的职场应变能力。 **素质目标：** 1. 丰富语言积累。 2. 克服紧张情绪，树立自信，提高心理素质。 3. 对待事物或问题有自己的理解和立场。
任务描述	迎接大一新生的工作已经结束了，校团委开始招募新人。很多大一的学生都踊跃报名，李磊也想好好锻炼自己，于是他仔细研究了校团委的招聘启事，觉得自己完全可以去试一试。可是，怎么写求职材料呢？我们来帮帮他。 1. 准备求职信。 2. 准备个人简历。 3. 准备面试。
任务要求	1. 分析所给情形，有针对性地进行写作。 2. 注意规范格式。 3. 注意内容明确客观。 4. 注意语言表达流畅准确。 5. 注意逻辑严谨，思路清晰。
参考资源	1. 陈涛涛 . 世界 500 强企业面试笔试攻略 [M] . 北京：中国法制出版社，2015. 2. 赵楠 . 无领导小组讨论与结构化面试 [M] . 广州：广东经济出版社，2013. 3. 陈冠军 . 给我 offer，世界 500 强面试秘籍 [M] . 北京：化工工业出版社，2011. 4. 陈沛然 . 面试艺术 [M] . 北京：人民出版社，2015.

资 讯 单

学习领域	职场沟通与写作技巧训练
学习情境	情境四　进行求职面试
资讯获取	小组合作利用网络查询信息，查阅教材、图书案例、杂志资料、微课、课件、课程资源等方式。
资讯内容	1. 什么是求职信？
	2. 求职信的基本写作要求？
	3. 什么是个人简历？
	4. 个人简历的基本写作要求？
	5. 如何应对结构化面试？
	6. 无领导小组讨论的评价标准有哪些？
资讯导读	1. 查阅《职场沟通与写作技巧训练》。 2. 查阅《给我 offer，世界 500 强面试秘籍》。 3. 查阅《无领导小组讨论与结构化面试》。 4. 查阅《面试艺术》。 5. 查阅《世界 500 强企业面试笔试攻略》。 6. 查询本书微课视频、课件及其他课程资源。

实 施 单

学习领域	职场沟通与写作技巧训练	
学习情境	**情境四　进行求职面试**	
实施方式		
序号	实施步骤	使用资源
实施说明		
班　级		
组　长		
组　员		
日　期		
教师签字		

评价单

学习领域	职场沟通与写作技巧训练
学习情境	情境四　进行求职面试
评价内容	专业能力、社会能力、方法能力

评价标准	项　目	个人评价	组内互评	教师评价
	资讯（10%）			
	决策（10%）			
	计划（10%）			
	实施（20%）			
	检查（10%）			
	过程（20%）			
	结果（20%）			

	班　级		第　组	
	组　长		日　期	

综合评价	

任 务 单

学习领域	职场沟通与写作技巧训练
学习情境	情境五 参加商务活动
布置任务	
学习目标	**知识目标：** 1. 了解经济合同的概念、作用、特点和种类。 2. 掌握经济合同的写作内容及结构。 3. 能够独立完成不同工作情境下的经济合同写作任务。 4. 掌握商务谈判相关理论知识。 **能力目标：** 1. 掌握经济合同书写格式，写出符合情境要求的经济合同。 2. 掌握书面表达原则和技巧，提高应用文写作的能力。 3. 熟练运用商务谈判技巧。 **素质目标：** 1. 丰富语言积累。 2. 提高分析问题、解决问题的能力。 3. 培养严谨的生活态度和作风。 4. 培养团队协作能力。 5. 建立规范做事的习惯。
任务描述	小赵大学毕业，在某公司的采购部工作1年，公司派他去与客户进行谈判，并签订一份采购合同。 小赵应该提前了解哪些商务谈判相关的信息，他该如何进行谈判，关注合同的哪些条款呢？
任务要求	1. 运用所学的商务谈判技巧进行一次商务谈判。 2. 合同撰写简明、具体、完备、规范。 3. 合同内容比较完备，对合同的履行有明显的制约作用。
参考资源	1. 祝子媛. 应用文写作模块化教程［M］. 武汉：武汉大学出版社，2019. 2. 郭雪峰，杨忠慧，岳五九. 应用文写作实训教程［M］. 北京：高等教育出版社，2019.

资 讯 单

学习领域	职场沟通与写作技巧训练
学习情境	情境五　参加商务活动
资讯获取	小组合作采用查询笔记、教材、图书资料、微课、课件、网上搜索等方式。
资讯内容	1. 商务谈判的基本原则有哪些？
	2. 进行商务谈判前应做好哪些准备工作？
	3. 商务谈判有哪些交流方式？
	4. 收集谈判信息时有哪些要求？
	5. 收集谈判信息时有哪些途径？
	6. 制定谈判计划有哪些要求？
	7. 谈判人员应具备哪些素质？
	8. 签订合同过程中有哪些注意事项？
资讯导读	1. 阅读教材学习商务谈判部分内容。 2. 观看微课视频《善于倾听，掌控局势——商务谈判技巧》。 3. 学习《善于倾听，掌控局势——商务谈判技巧》课件。 4. 阅读与商务谈判相关的拓展材料。 5. 学习经济合同相关材料。

实 施 单

学习领域	职场沟通与写作技巧训练	
学习情境	**情境五　参加商务活动**	
实施方式	模拟一次商务谈判。	
序号	实施步骤	使用资源
1	将班级同学分为两个谈判组并选出谈判负责人	
2	组织谈判组做好谈判前信息准备工作	
3	模拟谈判现场，进行商务谈判	
4	根据谈判过程及结果组内成员自评	
5	根据谈判过程及结果小组互评	
6	根据谈判过程及结果教师点评	
实施说明		
班　　级		
组　　长		
组　　员		
日　　期		
教师签字		

评 价 单

学习领域	职场沟通与写作技巧训练		
学习情境	情境五　参加商务活动		
评价内容	专业能力、社会能力、方法能力		

评价标准	项　目	个人评价	组内互评	教师评价
	资讯（10%）			
	决策（10%）			
	计划（10%）			
	实施（20%）			
	检查（10%）			
	过程（20%）			
	结果（20%）			

	班　级		第　组	
	组　长		日　期	

综合评价	

24

学习情境六 介绍说明产品

任 务 单

学习领域	职场沟通与写作技巧训练
学习情境	情境六　介绍说明产品

布置任务

学习目标	**知识目标：** 1. 了解广告文案的概念和特点。 2. 学习广告文案的结构、格式和写作要求。 3. 了解介绍推销产品的口语技巧。 **能力目标：** 1. 能够掌握广告文案这种文体的功能作用。 2. 能够完成工作情境下请示的写作任务，能够为创业项目设计新颖合理的广告文案。 3. 掌握并熟练运用推销产品的口语技巧。 4. 提升应用文写作和口语表达的能力。 **素质目标：** 1. 提高分析问题、解决问题的能力。 2. 培养学生对知识的钻研精神、创新意识。 3. 培养独立完成工作的能力。 4. 培养学生对知识的钻研精神、求实的学习态度。 5. 培养学生团队合作精神。
任务描述	公司开发的新产品已经投放市场，请为这款新产品设计一份广告文案，并将其推销给客户。 请以小组为单位，具体完成如下任务。 1. 为这款产品设计一则广告文案。 2. 小组间进行展示交流。 3. 模拟一次产品推销，将这款产品介绍推销给客户。
任务要求	1. 注意规范格式。 2. 注意内容充实。 3. 注意言辞得体。 4. 注意运用所学技巧。
参考资源	1. 本书对应微课资源 2. 本书对应多媒体课件 3. 孙秀秋. 应用写作［M］. 北京：中国人民大学出版社，2018. 4. 苏琳. 实用语文（表达与写作）［M］. 北京：机械工业出版社，2015.

资 讯 单

学习领域	职场沟通与写作技巧训练
学习情境	**情境六　介绍说明产品**
资讯获取	采用查询教材、笔记、课件、微课、图书资料，网络搜索信息的形式。
资讯内容	1. 什么是广告文案？
	2. 广告文案的写作特点？
	3. 广告文案的类型？
	4. 广告文案的写作结构？
	5. 广告文案写作注意事项？
	6. 介绍推销产品的口语技巧？
	7. 与客户面谈的技巧有哪些？
资讯导读	1. 查阅《实用礼仪与日常应用文书写作》。 2. 查阅《应用写作》。 3. 查阅《实用语文（表达与写作)》。 4. 查询本书微课视频、课件及其他课程资源。

实 施 单

学习领域	职场沟通与写作技巧训练	
学习情境	情境六　介绍说明产品	
实施方式		
序号	实施步骤	使用资源
实施说明		
班　　级		
组　　长		
组　　员		
日　　期		
教师签字		

评价单

学习领域	职场沟通与写作技巧训练		
学习情境	**情境六　介绍说明产品**		
评价内容	专业能力、社会能力、方法能力		
评价标准	项　目	个人评价	组内互评	教师评价
	资讯（10%）			
	决策（10%）			
	计划（10%）			
	实施（20%）			
	检查（10%）			
	过程（20%）			
	结果（20%）			
	班　级		第　组	
	组　长		日　期	
综合评价				

学习情境七 撰写计划总结

任 务 单

学习领域	职场沟通与写作技巧训练
学习情境	情境七　撰写计划总结

布置任务

学习目标	**知识目标：** 1. 了解总结的概念、作用、特点、种类。 2. 掌握总结的写作内容及结构。 3. 明确总结写作的注意事项。 **能力目标：** 1. 掌握总结的书写格式，学会撰写总结。 2. 掌握书面表达的原则和技巧，提高应用文写作的能力。 3. 掌握总结写作的技巧。 **素质目标：** 1. 丰富语言积累。 2. 提高分析问题、解决问题的能力。 3. 培养严谨的生活态度和作风。 4. 培养团队协作能力。 5. 建立规范做事的习惯。
任务描述	临近期末，请结合个人实际情况，撰写一份本学期总结。
任务要求	1. 运用所学总结写作技巧。 2. 总结撰写简明、具体、完备、规范。
参考资源	1. 祝子媛. 应用文写作模块化教程［M］. 武汉：武汉大学出版社，2019. 2. 郭雪峰，杨忠慧，岳五九. 应用文写作实训教程［M］. 北京：高等教育出版社，2019.

资 讯 单

学习领域	职场沟通与写作技巧训练
学习情境	情境七　撰写计划总结
资讯获取	采用查询笔记、教材、图书资料、微课、课件、网上搜索的方式。
资讯内容	1. 什么是总结？
	2. 计划和总结有什么区别？
	3. 总结写作之前需要了解并准备什么？
	4. 总结在工作中有哪些积极的作用？
	5. 总结的写作需要哪些步骤？
	6. 总结标题有哪几种写作方式？
	7. 总结的主体包含哪些内容？
资讯导读	1. 查询本书计划总结部分的内容。 2. 观看微课视频《总结的写作技巧》。 3. 学习《总结的写作技巧》课件。

实 施 单

学习领域	职场沟通与写作技巧训练	
学习情境	情境七　撰写计划总结	
实施方式		
序号	实施步骤	使用资源
实施说明		
班　级		
组　长		
组　员		
日　期		
教师签字		

评 价 单

学习领域	职场沟通与写作技巧训练		
学习情境	情境七　撰写计划总结		
评价内容	专业能力、社会能力、方法能力		
评价标准	项　目	个人评价	组内互评	教师评价
	资讯（10%）			
	决策（10%）			
	计划（10%）			
	实施（20%）			
	检查（10%）			
	过程（20%）			
	结果（20%）			
	班　级		第　组	
	组　长		日　期	
综合评价